KB262317

문학교육총서 ❶

텍스트 읽기

문학교육총서 ❶

텍스트 읽기

문학교육총서 ❶

텍스트 읽기

한국문학교육학회 엮음

역락

머리말

　삶 속에서 문학을 누리고 문학을 통해 인간과 세상을 보는 마음의 눈을 일깨우는 일이야말로 문학을 배우고 가르치는 궁극적 목적입니다. 학교라는 제도교육의 장에서 문학교육이 그 무엇보다도 소중한 가치를 지닌 이유도 여기에 있습니다.

　문학교육의 활성화와 이론적 토대 및 방향의 정립을 목표로 활발하게 연구 활동을 전개해 온 한국문학교육학회에서는 이미 '문학작품 읽기 방법의 재검토'라는 주제로 2005~2006년의 2년 간, 그리고 2007년에는 '문학텍스트와 정전의 제 문제', 2008년에는 '문학능력이란 무엇인가'를 주제로 하여 여러 차례에 걸쳐 학술대회를 개최한 바 있습니다. 이에 본 학회에서는 이와 같은 최근의 연구 성과들을 문학교육을 연구하고 관심을 가지는 모든 이들과 공유하는 한편, 교직에 뜻을 두고 있는 학부생들과 대학원생들의 공부에 요긴한 도움을 주고자 하는 취지를 가지고 '문학교육총서'를 기획, 발간하게 되었습니다.

　총서의 1권을 <텍스트 읽기>로 엮은 이유는 문학교육에서 '작품 읽기'가 가장 기본적이면서도 핵심적인 교육 내용을 차지하는 중요한 문제라 생각했기 때문입니다. 학생들은 작품을 읽음으로써 수용과 창작의 능력을 함양하여 새로운 문학의 주체로 성장해 갑니다. 이 과정에서 학생들은 교사들의 작품 읽기나 문학교육 연구자들의 작품 읽기 등, 다양한 차원에서 이루어지는 작품 읽기들을 참조합니다. 달리 말해 교사들이나 문학교육 연구자들의 작품 읽기는 학생들의 읽기 활동의 방향을 결정할 수 있는 실제적 영향력을 지닌 것입니다.

이러한 중요성을 지니고 있기 때문에, 교사들이나 문학교육 연구자들의 작품 읽기의 구체적 절차나 방법, 그리고 그것의 타당성에 대한 검토는 언제나 치열하게 이루어질 필요가 있습니다.

본 책에서는 시와 소설, 고전문학과 희곡, 수필, 아동문학 등 문학의 여러 장르를 중심으로 작품을 읽어내는 방법과 시각을 새롭게 할 수 있는 방안들을 모색하는 논의들을 담았습니다. 이러한 논의는 교실 현장 및 문학교육 연구 차원에서의 읽기 방법에 대한 비판적 성찰을 낳을 수 있을 것으로 보입니다.

총서의 2권인 <정전(正典)>은 아마도 각급 학교 문학 교재의 자료의 범위가 급격하게 확산된 7차 교육과정 이후 지금까지 가장 많은 논란을 불러일으키면서 연구와 논의를 거듭해온 핵심적인 문제를 다루고 있습니다. 문학교육에서 정전의 역사는 곧 문학관의 역사이자, 동시에 교육관의 역사이기도 합니다.

이 책에서는 문학교육에서 정전의 형성을 위한 요건은 무엇이며, 그것이 교재에서는 어떻게 구현되어야 하는지에 대한 성찰을 바탕으로 하여,

현대문학과 고전문학, 아동 및 청소년문학의 정전을 총체적으로 재검토하는 한편, 최근의 변화된 문학 향유의 환경을 고려하여 문화콘텐츠 정전의 구성 문제에 대한 논의도 함께 포괄하면서 정전 교육의 실제에 다가가고자 했습니다.

총서 3권에 해당하는 <문학능력>은 2008년도 한국문학교육학회가 <문학능력이란 무엇인가>라는 큰 주제 아래 3차에 걸쳐 개최한 학술대회의 기획발표 논문들을 토대로 이루어진 총체적 논의의 결산이 담겨져 있습니다.

문학교육의 중요한 목표 중 하나를 문학능력의 성장이라고 볼 때, 문학능력이 무엇인가를 명확히 하는 것은 중요한 문제입니다. 특히 하루가 다르게 변화하는 미디어 환경과 사회적·문화적 상황 안에서 문학능력을 바라보는 새로운 시각의 필요성이 대두되고 있습니다.

이러한 환경 변화를 배경으로 이 책에서는 지식과 취향 및 태도, 감수성과 비평적 능력과 연관되는 문학능력의 문제들을 검토하고, 미디어시대에서 문학능력의 함의를 탐색하는 동시에, 창작교육의 측면을 포함한 실제 교육현장에서 문학능력의 발현과 평가의 방향을 고찰하는 데 초점을 두었습니다.

한국문학교육학회는 이번 '문학교육총서'의 발간을 계기로 앞으로 교육 현장에 더욱 밀착된 연구를 지속적으로 수행해나갈 것이며, 이론적인 토대의 정립은 물론 우리의 문학교육, 나아가 국어교육의 발전을 위해 끊임없이 노력할 것을 약속드리는 바입니다.

아무쪼록 이번 기획 총서가 문학교육의 저변을 확대하고, 문학교육을 공부하는 연구자들은 물론, 현장에서 문학을 가르치는 각급 학교의 교사들에게 보다 즐겁고 유익한 지침서가 되는 동시에, 문학을 통해 삶의 희망과 꿈을 다지고 실천하는 데 조그마한 디딤돌이 되기를 바라면서, 어려운 여건에서도 언제나 한국문학교육학회에 성원을 보내고, 학술지 출판은 물론 연구의 활성화를 위해 도움을 아끼지 않으시는 도서출판 역락의 이대현 사장님께 마음의 빚과 더불어, 깊은 감사의 정을 표하는 바입니다.

2010년 8월 1일
문학교육총서 간행위원장　　최　병　우
한국문학교육학회 회장　　김　종　철

차례

제1부 현대시교육과 텍스트

제2부 현대산문교육과 텍스트

제3부 고전문학교육과 텍스트

제1부
현대시교육과 텍스트

제1장

시 교육에서 해석의 방법 연구

노 철
전남대학교 국어교육과

1. 서론

시 교육에서 해석의 의미를 살피기 위해서는 문학교육 목표와의 관련을 분명히 할 필요가 있다. 문학을 제도 속에서 교육하는 역사적 과정에서 오늘날 문학교육의 목표가 형성되어 왔기 때문이다. 문학 텍스트는 서구의 교육 제도에서 처음에는 모범적인 언어교육을 하기 위한 것이었으며, 이후 문학 텍스트는 인문학적 가치를 교육하는 수단이었으며, 국가 단위의 대중적인 교육제도에 정립되면서 국가나 사회수준의 요구를 수용하게 되었다. 시의 해석은 이러한 세 가지를 포함하고 있다. 여기에 오늘날 시 교육은 이러한 목표에 학습자의 감수성과 상상력을 신장시키는 것을 덧붙이고 있다.

그런데 교육 현장에서 해석은 위 네 가지 목표 가운데 주로 인문학적 가치 수용과 국가나 사회 요구 수준을 수용하는 데 치우쳐 있으며, 이것 또한 주입식 교육으로 이루어지고 있다. 학습자가 해석의 과정에 직접 참여하지 않기 때문이다. 해석 과정에 학습자가 참여하지 않으면 언어능력과 감수성이나 상상력의 신장은 이루어지기가 어렵다. 따라서 오늘날 우리나라의 시 교육은 학습자가 주체적으로 해석에 참여하는 과정이 절실히 요구되고 있다.

따라서 본고는 학습자가 작품을 주체적으로 다양하게 수용하는 방법으로서 해석을 살피고자 한다. 학습자가 해석에 참여하지 못하는 현상이 일어난 까닭은 문학 외적인 것으로 주로 대학입시 제도의 평가 방식을 들 수 있다. 그러나 문학교육의 내적인 측면에서 보면 해석에 대한 이해와 해석 방법에 대한 이해 부족과, 학습자가 스스로 해석 과정을 밟아가는 학습이 이루어지지 않기 때문이다. 그러므로 우선 그 동안 시의 해석 방법에 대한 반성적 검토가 필요하다.

그 동안 시 교육에서 해석은 주로 텍스트 중심의 해석 방법의 하나인 신비평적 해석과 저자의 의도를 파악하려는 의도주의 해석이 주를 이루어 왔다. 신비평은 작품을 꼼꼼하게 읽으며 체계적으로 이해하는 데 도움이 되어 왔지만 몇 개의 중심 개념을 제외한 시의 다른 요소를 배제[1]하는 결과를 낳고 있으며, 지식 위주의 학습을 요구하고 있다. 의도주의 비평은 삶과 문학을 총체적으로 인식하는 데 도움이 되어 왔지만 고정된 해석을 수용하면서 다양한 해석의 유통을 저해하고 있다. 이러한 문제를 해결하고자 도입한 독자반응비평은 학습자 중심의 활동을 강조하고 있다. 그러나 학습자의 주체적 수용을 어디까지 인정할 것인가에 대한 지침이 명확하지 않아 자의적인 해석이 유통되거나 특정한 해석이 고정화 되고 있다.

따라서 본고는 이러한 문제를 개선하기 위한 노력으로 시 해석의 개념, 해석 과정, 해석의 방법을 연구 대상으로 삼고자 한다. 구체적으로는 해석의 의미, 정확한 해석과 논쟁적 해석, 해석 과정과 해석 방법, 시 장르의 특성과 해석 방법 등을 살필 것이다.

---

1) 신비평은 '운율, 심상, 화자, 상징, 알레고리, 아이러니, 역설, 풍자' 등의 개념을 핵심으로 내세우고 있다. 이에 따라 서술(narrative)과 상세한 진술(details), 입장과 정치(place and politics) 등은 시 교육의 중심 개념에서 멀어져 있다. 즉, 시에서 서술의 문제와 수용자와 창작자의 지역과 시대, 인종과 계층에 따른 다양한 차이를 고려하지 않고 있다.

2. 해석의 의미

　시 작품의 감상은 '반응·해석하기 과정과 확장하기 과정'[2]으로 크게 구분할 수 있다. 반응·해석하기는 작품을 해석하고, 주제를 숙고하는 과정이라 할 수 있으며, 확장하기는 한 작품의 감상에 그치지 않고 다른 작품에 적용하거나 다른 작품과 비교하는 과정이라고 할 수 있다. 이러한 과정은 학생이 수업에서 배운 것을 교사의 도움 없이 혼자서 수행하고, 다른 작품에도 적용할 수 있는 능력을 기르기 위한 과정이라 할 수 있다. 그러므로 교사는 "교사는 가르칠 때 한편으로 개인의 인성적, 지적, 잠재적인 것의 계발에 도움을 주는 것과 학습자가 자신의 발전을 이행할 수 있는 능력의 계발에 도움을 주는 것의 균형을 유지할 필요가 있다."[3] 교사는 학생이 작품에 대해 인지적, 정의적 접근하면서도 자신의 활동에 대한 이해와 평가를 수행하는 메타-인지적인 접근을 동시에 하도록 유도해야 하는 것이다.

　이 논문은 이 가운데 반응·해석하기 과정인 작품의 해석과 주제의 숙고 과정을 어떻게 수행할 것인가의 문제를 다루고자 한다. 이때 해석이란 '무엇에 근접할 것인가, 어떻게 쉽게 풀어낼 것인가, 누가 받아들이는가, 해석하는 자와 받아들이는 자는 사회적 맥락에서 어느 위치에 있는가'[4]의 문제를 내포한다. 바꾸어 말하면, 독자와 텍스트의 문제, 텍스

---

2) Alan Maley, *That's for your poetry book!*, Ronald Carter & John McRae Edit., *LANGUAGE, LITERATURE & THE LEARNER : CREATIVE CLASSROOM PRACTICE*, (London), Longman, 1996, 109~112면을 참조해 '반응하기 과정과 분석하기 과정'의 의미를 우리나라의 문학교육 논의에 맞게 의역하였음.

3) Baebara Sinclair, *Learner autonomy and literature teaching*, Ronald Carter & John McRae Edit., 앞의 책, 141면.

4) Steven Mailloux, Interpretation, Frank Lentriccha & Thomas McLaughlin, *Critical Terms for*

트의 의미 해석의 방법과 해석하는 과정, 해석이 인정되는 문제, 해석의
불일치의 발생과 협상의 문제를 내포한다. 우선 해석이 무엇에 접근하느
냐는 문제를 살펴보자. 바꾸어 말하면 해석이 지향하는 것이 텍스트 내
의 언어냐 저자의 의도냐의 문제다.

> 돌담에 속삭이는 햇발같이
> 풀 아래 웃음짓는 샘물같이
> 내 마음 고요히 고운 봄길 위에
> 오늘 하루 하늘을 우러르고 싶다
>
> — 김영랑, 〈돌담에 속삭이는 햇발〉[5] 1연

위 시에 대한 텍스트 내 언어 해석의 대표적인 경우를 살펴보면, '원초
적으로 봄의 생명력과 함께 봄을 맞이하는 심리 상태'[6]라는 해석과 '하
늘의 질서에 대한 동경과 갈망의 표출'[7]이란 해석이 있다. 이와 같은 해
석은 문자 이외의 것을 일체 개입시키지 않은 해석이다. 그러나 저자의
의도에 바탕을 둔 해석은 문자 이외 해석자의 추정이 작용한다. 저자의
의도를 찾으려는 해석의 경우 대표적인 두 경우를 들 수 있다. 그것은
'알레고리화와 역사화'[8]다. 먼저 대표적인 알레고리화는 다음과 같다.

> '하늘을 우러르고 싶다'는 소망은 뒤집어 말하면 그가 현재 하늘을 마
> 음대로 우러러보며 살고 있지 못함을 의미한다. 이때 '하늘'은 그저 예사
> 스런 하늘에 그치지 않는다. 그것은 땅과 대립되는 것으로서, 땅이 현실

Literary Study, The University of Chicago Press, 1990, 121~122면.
5) 중학교 1학년 교과서에 실려 있다.
6) 정숙희, 「金永郎研究」, 인하대학교 박사학위논문, 1987, 198면.
7) 김재홍, 『韓國現代詩人研究』, 일지사, 1986, 144면.
8) Steven Mailloux, 앞의 글, 124면.

> 적인 생활의 세계를 의미한다면 하늘은 그로부터 벗어나 아무런 구속 없
> 이 명상하고 마음을 쉴 수 있는 터전에 해당한다. 김영랑이 소망하는 것
> 은 바로 이러한 명상과 평화의 생활이다. (…중략…) 돌담에 속삭이는 햇
> 발이나 풀 아래 웃음짓는 샘물이란 얼마나 따뜻하면서도 온화한 풍경을
> 연상하게 하는 구절인가[9]

이 해석은 '하늘을 우러르고 싶다'에서 '하늘'과 '우러르고 싶다'는 구절의 의미를 추정하고 있다. 먼저 '하늘'의 의미는 '내 마음이 봄길 위에' 있다는 구절과 관련하여 땅과 대립되는 것으로 추정하고 있다. 이어서 땅은 현실 세계이고 하늘은 아무런 구속 없이 명상하고 쉴 수 있는 터전이라고 해석한다. 뒤 이어 햇발과 샘물을 따뜻하고 온화한 풍경이라고 해석한다. 이렇게 되면 땅은 평화로운 곳이 된다. 결국 평화로운 곳에서 명상을 즐기고 싶다는 의미가 만들어지는 것이다. 이러한 해석은 역사적인 맥락을 넘어선 인간의 보편적인 의식의 차원의 해석이다.

반면에 역사적인 해석은 특별한 역사적 맥락에 기초를 둔다. 이 시가 쓰인 1930년대 현실을 감안하여 평화로운 명상의 세계에 대한 갈망은 역설적으로 당대의 현실이 불행하다는 것을 암시한다. 따라서 이 시는 고통스러운 현실에서 벗어나 평화로운 세계를 갈망하는 저자의 의도가 들어 있다는 것이다.

저자의 의도를 찾으려는 두 해석의 차이는 텍스트의 의미를 해석하는 방법과 해석 과정의 차이에서 비롯된다. 여기서 어떤 해석이 옳으냐를 판정할 기준이 무엇이며, 중립적으로 판단할 수 있는 해석자가 있느냐는 문제를 제기할 수 있다. 두 해석에서 한 쪽을 지지하는 것은 각자의 특

---

9) 김흥규, 『韓國現代詩를 찾아서』, 개정증보판, 한샘, 1991, 106면.

성과 입장이 작용할 뿐이다. 시 교육의 현장에서는 주로 전자의 해석이 우세하지만 부분적으로 후자의 해석도 수용하고 있다. 그래도 남는 문제는 현실적으로 특정한 해석이 권위를 얻는 경우가 허다하다. 이러한 해석의 권위는 어떻게 형성되는가? 한 쪽의 입장을 지지하는 자가 다수이면 그 해석이 권위를 얻을 수 있다. 그러나 시의 해석은 다수의 해석에 저항하는 데서 가치를 얻을 수 있다.

다수의 해석에 저항 할 수 있는 근거는 텍스트를 해석하는 사람의 시각이 텍스트의 의미를 만들어 낸다는 데서 가능성을 찾을 수 있다. 이것이 시 교육에서 해석의 다양성을 수용할 수 있는 토대인 것이다. 학교생활에 지친 누군가 위 시를 '휴식에 대한 갈망'이라고 해석할 수도 있다. 이러한 해석은 '오늘 하루'라는 구절을 주목하여, 속삭이고, 웃음 짓고, 고요히 하늘을 우러르는 일을 오늘 하루만이라도 하고 싶다고 읽은 것이다. 그러나 지금까지 이러한 해석은 교육 현장에서 충분히 수용되고 있지 않다. 도대체 왜 이러한 해석이 받아들여지지 않는가, 여기에 해석의 또 다른 비밀이 들어 있다.

해석은 텍스트와 독자의 문제나 텍스트의 해석 방법과 과정의 문제만이 아니라 해석자와 해석자 사이의 문제를 포함하고 있다. '특정한 해석이 인정되거나 인정되지 않는 것은 공동체의 권력관계에서 해석자가 어디에 위치하느냐는 문제'[10]인 것이다. 이런 점에서 해석은 해석자가 자신의 위치에서 자기의 신념을 피력하는 장인 것이다. 그런데 현재 우리 교육의 현실에서는 한 작품에 대한 해석이 고정화 되는 경향이 적지 않다. 이렇듯 해석의 고정화는 학습자에게 특정한 신념만 강요함으로써 학

---

10) Steven Mailloux, 앞의 글, 127면.

습자를 수동화, 자동화시킬 위험이 있다. 뿐만 아니라 다양한 신념의 공
존을 거세함으로써 학습자의 창의성을 훼손할 위험이 있다. 따라서 다양
한 신념이 공존하는 시 해석의 본령을 되찾는 일이 시급하다.

3. 정확한 해석과 논쟁적 해석

학교에서 이루어지는 시 교육은 정전으로 구성되기 마련이다. 그러나
시대의 변화에 따라 정전은 학습자의 요구와 불일치를 유발한다. 시대와
장소에 따라 정전은 새롭게 구성되며, 가치 해석에 따라 정전의 의미가
달라지기 때문이다. 그렇다고 마구잡이식의 해석이 모두 통용되는 것은
아니다. 그럼에도 불구하고 현재 우리의 시 교육은 잘못된 해석이 고정
화 되어 있거나 지나치게 자의적인 해석이 근거 없이 유통되는 경우가
적지 않다. 이런 점에서 먼저 해석의 오류들을 살피고자 한다. 이러한
해석의 오류는 해석의 방법을 충분히 살리지 못한 데서 비롯된다. 해석
은 무엇보다도 작품의 언어를 정확하게 해석하는 데서부터 출발해야 한
다. 그러나 어느 해석이 옳다고 결론짓기 어려운 경우도 적지 않다. 먼
저 해석의 오류와 대처 방법에 대해 살피고자 한다.

첫째, 문법적으로 올바르지 못한 시의 해석조차 고정화 되어 있는 경
우가 있다.

새악시 볼에 떠오는 부끄럼같이
시의 가슴에 살포시 젖는 물결같이
보드레한 에메랄드 얇게 흐르는

실비단 하늘을 바라보고 싶다.

— 김영랑, 〈돌담에 속삭이는 햇발〉 2연

지금까지 논의에서 이 시의 형상은 '에메랄드 빛 하늘'[11]이고, 의미는 '녹색의 봄기운'이란 해석이 널리 유포되어 있다. 그러나 이러한 해석은 형상과 의미의 관계를 정확하게 해석하고 있지 못하다. 위 구절을 문법적으로 정확하게 읽으면, '에메랄드'가 '하늘' 위에 흐르고 있다. 수식관계를 따져 보면 에메랄드가 보드레하고, 보르레한 에메랄드가 흘러서 실비단이 되고 있다. 하늘은 녹색이 아니라 파란색일 뿐이다. 그 파란 하늘 위에 녹색의 기운이 실비단처럼 흐르고 있는 것이다. 다시 말해서 새싹들이 하늘거리는 나무 아래서 하늘을 바라볼 때의 모습이 실비단 하늘인 것이다. 그러니까 녹색이 얇게 흐르는 푸른 하늘이 되는 것이다. 결론적으로 말해서 문법적으로 정확하게 해석하는 것이 시 해석의 기초라는 것이다.

둘째, 문자에 근거한 형상을 해석하기보다는 자의적으로 의미를 해석하는 경우가 있다.

하늘에는 석근 별
알 수도 없는 모래성으로 발을 옮기고,
서리 까마귀 우지짖고 지나가는 초라한 지붕,
흐릿한 불빛에 돌아앉아 도란도란거리는 곳,

—그 곳이 차마 꿈엔들 잊힐 리야.

— 정지용의 〈향수〉[12] 부분

---

11) 1정 연수 교사 43명을 대상으로 이 구절을 물었을 때 모두가 '에메랄드빛 하늘'이란 대답을 하였다.

먼저 '석근'은 언어학적인 해석에서 소리 나는 대로 쓴 '섞은'이란 해석13)과 '疎' 또는 '疎'의 번역어로서 '성근' 또는 '성긴'이란 해석14)이 있다. 다음으로 '알 수도 없는 모래성으로 발을 옮기고'를 '모래성을 쌓고 놀던 동심의 세계, 미지의 고난'15)으로 해석하였다. 여기서 '동심의 세계'라는 해석은 이 연을 유년의 경험으로 보는 것이고, '미지의 고난'이라는 해석은 전후문맥에서 일관성이 모호하지만 현재 성인 화자의 고난을 주목하고 있다. 두 해석은 담론의 차원에서는 유년의 따뜻한 가족과 식민지 지식인의 고뇌라는 갈래를 만들 수도 있다. 다음으로 '하늘에 별이 하나 둘씩 드물어지고 별빛조차 희미하게 느껴질 즈음'16)이라는 해석은 자의적이어서 근거를 찾기가 어려워 타당성을 확보하기가 쉽지 않았다. 마지막으로 '밤이 깊어지면서 점점 별이 많아져 은하수에 묻힌 모습'이란 해석을 들 수 있다. 이 해석은 비유를 형상으로 해석한 것이라 할 수 있다. 이 해석은 시의 문자를 지나치게 의미 중심으로 해석할 것이 아니라 형상으로 해석하는 것이 필요함을 보여준다.

그러나 형상 중심의 해석에도 서로 해석의 불일치가 있게 마련이다. 어느 해석이 옳으냐를 판단하기 어려운 경우 논쟁은 해소되지 않는다. 각 해석은 논쟁적으로 공존할 수밖에 없는 것이다.

유리(琉璃)에 차고 슬픈 것이 어린거린다.

---

12) 정지용의 <향수>. 7종의 '문학' 교과서에 실린 작품으로 실린 빈도수가 네 번째에 해당한다.

13) 민병기, 『정지용』, 건국대학교 출판부, 1999, 66~67면.

14) 사에구사 도시카스, 『사에구사 교수의 한국문학연구』, 베틀북, 심원섭 역, 2000, 308~310면. 사에구사는 '석근'을 <두시언해>에서 '疎' 또는 '疎'의 번역어로서 '성긴'의 뜻으로 해석하였다.

15) 고등학교 국어교사와 교육대학원생 63명 이상의 대답에서 찾은 해석들이다.

16) 고등학교 문학교육 인터넷 사이트의 한 해석이다.

열없이 붙어서서 입김을 흐리우니
길들은 양 언 날개를 파다거린다.

- 정지용, 〈유리창〉 부분

위 시 구절에 대한 해석에서 한 해석자는 "유리창에 입김이 어리는 모습을 파닥거리는 새의 날개에 비유하여 묘사한다. 섬세하고 감각적인 비유이다."[17]는 해석을 비판하면서 "성에가 끼어 밖이 제대로 보이지 않는 유리창 밖에 무언가가 나를 잘 아는 사이인 것처럼 언 날개를 파닥거리는 것."[18]이 타당하다고 주장하고 있다. 이러한 해석의 불일치는 '언 날개'에서 '언'에 대한 해석의 차이에서 비롯된다. '얼다'를 쌀쌀해서 매우 차가운 온도로 해석하느냐 얼음이 얼 정도로 추운 날씨 추운 정도로 해석하느냐의 문제인 것이다.

그런데 저자의 의도에 기초한 알레고리로 보는 해석은 두 해석의 차이보다 더 큰 폭의 차이를 만든다. '차고 슬픈 것'을 '아기'의 상징으로 해석한다면 '입김을 흐리우니 길들은 양 언 날개를 파다거리다'는 아기가 아버지의 동작에 길들어 손발을 바동거리는 모습으로 해석이 가능해진다. 이러한 해석은 추운 정도를 둘러싼 논쟁을 무의미하게 만들어 새로운 논쟁을 파생한다. 이와 같은 해석의 차이는 의미의 차이라기보다는 시상(詩想)의 차이다. 그렇다고 해도 어느 해석이 옳으냐는 논쟁이 끝나질 않는다. 문제는 이제 해석자와 해석자 사이의 일이 되었다. 좀 더 노골적으로 말하면, 어느 해석자가 더 많이 자신의 해석을 사회적으로 유통시키고 지지를 얻느냐의 문제가 되었다는 것이다.

---

17) 이남호, 『교과서에 실린 문학작품을 어떻게 가르칠 것인가』, 현대문학, 2001, 98~99면.
18) 이숭원, 「정지용 시 「琉璃窓」 읽기의 반성」, 『문학교육학』 16호, 한국문학교육학회, 2005. 4, 17면.

4. 해석 과정과 해석의 방법

한 작품은 해석자의 사회·문화적 배경과 지식에 따라 작품의 의미가 달라진다. 이것이 해석의 다양성을 발현시키는 요인이다. 이런 다양한 해석은 여러 각도에서 한 작품을 바라볼 수 있어 세계를 깊고 넓게 이해하는 데 도움이 된다. 이육사의 <청포도>의 경우 역사화 된 해석이 주류를 이루고 있다. 내재적 분석을 통해 이 작품의 의미를 싱싱하고 풍성한 고향과 손님을 기다리는 고귀하고 절실한 마음으로 해석할 수 있다. 하지만 외재적인 해석인 역사화의 맥락에서 보면 조국 광복의 염원이 될 수도 있다.

지금까지 교실 수업은 두 해석을 축으로 여러 층위를 형성해 왔다. 그러나 청포도가 주저리주저리 열린다는 것은 전설처럼 끊이지 않고 이어지는 시간을 나타내며, 하늘이 알알이 박힌다는 것은 푸르고 둥근 하늘이 고스란히 포도 알맹이로 옮겨온 공간이라는 해석[19]은 청포도를 새롭게 알레고리화한다. 이러한 해석은 <청포도>를 자연과 인간이 하나가 되는 인간의 최후의 꿈이라는 의미를 형성한다. 이러한 해석은 교실에서 쉽게 수용되지 않을 지도 모른다. 기존의 해석이 가진 권위를 무너뜨리기에는 지지자가 너무 적기 때문이다.

이처럼 한 해석이 정전화 되면 다른 해석이 배제되기 쉽다. 이런 점에서 시 교육의 해석 과정에서 다양한 해석이 형성되도록 지도하는 것이 필요해 보인다. 교사가 여러 해석을 소개하는 것이 중요한 것이 아니라 학습자가 해석의 과정에서 다양한 해석의 가능성을 찾을 수 있도록 유도되어야 하는 것이다.

---

19) 이어령의 해석.

눈은 살아 있다
떨어진 눈은 살아 있다
마당 위에 떨어진 눈은 살아 있다

기침을 하자
젊은 시인이여 기침을 하자
눈 위에 대고 기침을 하자
눈더러 보라고 마음놓고 마음놓고
기침을 하자

눈은 살아 있다
죽음을 잊어버린 靈魂과 肉體를 위하여
눈은 새벽이 지나도록 살아 있다

기침을 하자
젊은 시인이여 기침을 하자
눈을 바라보며
밤새도록 고인 가슴의 가래라도
마음껏 뱉자

– 김수영, 〈눈〉[20] 전문

위 시의 해석을 위해서는 '눈'의 상징적 의미를 찾는 것보다 먼저 화자의 위치에서 정황을 감지하는 것이 중요하다. 우선 먼 공중에서 쉼 없이 마당에 떨어진 눈, 눈이 반사하는 빛, 서늘한 기운이 자극할 때 서늘하고 반짝이는 눈빛을 느낄 수 있기 때문이다. 이 느낌에서 '눈'은 자연물로서 '순수한 생명력'이 될 수도 있고 '반짝이며 응시하는 눈동자'가

---

20) 이 작품은 5종의 '문학' 교과서에 실려 있다.

될 수도 있다. 다음으로 반복되는 '눈'은 한 의미로 반복될 수도 있고, 교체되면서 반복될 수도 있게 된다. 이에 따라 담론의 폭이 달라질 수 있다.

'눈'을 자연물의 반복으로 볼 때 눈의 처지와 자신의 처지를 비교하는 마음이 핵심이 된다. 이때 '눈'은 죽지 않고 살아 있는 존재로서 화자의 마음을 일깨우는 매개체가 되는 것이다. 다음으로 또 남는 문제는 '젊은 시인'이 '죽음을 잊어버린 靈魂과 肉體'와 동일한 것이냐 아니냐에 따라 의미의 차이가 만들어지는 것이다. 동일하다고 보면 젊은 시인은 병든 존재가 되며, 다르다고 보면 젊은 시인은 눈처럼 '죽음을 잊어버린 靈魂과 肉體'를 일깨우는 살아 있는 존재가 된다. 따라서 동일하다고 볼 때 '기침'을 하는 행위는 병든 존재가 생명을 회복하는 행위가 되며, 다르다고 볼 때 '기침'을 하는 행위는 눈의 살아 있는 행위를 본받아 숨죽였던 제 목소리를 조금이나마 외치는 행위가 된다. 반면에 '눈'을 자연물에서 응시하는 눈동자로 교체된다고 볼 때는 '젊은 시인'은 '죽음을 잊어버린 靈魂과 肉體'를 일깨우기 위해 목소리를 높이는 존재가 되며, '기침'은 사회적 실천 행위가 된다. 세 해석은 모두 시를 쓰는 행위와 관련할 때는 창작행위로 수렴되지만 젊은 시인의 성격은 사뭇 다른 것이다.

이렇듯 다양한 해석은 학습자의 주체적 참여가 있을 때 가능하다. 학습자들이 작품에 반응하고, 그 반응의 근거를 찾거나 의문되는 점을 찾아내고, 그 의문을 해소하려는 과정에서 서로 협의하게 마련이다. 이러한 해석 과정에서 각자 타당한 근거를 가진 해석들이 만들어지는 것이다. 따라서 시 교육에서 해석은 학습자의 참여가 가능한 해석 과정의 설계와 수행이 필요한 것이다.

그런데 위의 세 해석은 해석의 다양성을 보장하지만 앞에서 제시한

<청포도> 해석이 다른 각도에서 한 작품을 바라봄으로써 세계를 깊고 넓게 이해할 정도의 진폭을 만들지 못한다. 이런 점에서 다양한 해석은 도전적인 방법론도 필요로 한다. 실제로 오늘날 시 작품을 어떤 방법으로 해석하느냐에 따라 작품의 의미가 새롭게 생성되는 경우가 많다.

우리가 물이 되어 만난다면
가문 어느 집에선들 좋아하지 않으랴.
우리가 키 큰 나무와 함께 서서
우르르 우르르 비오는 소리로 흐른다면.

흐르고 흘러서 저물녘엔
저 혼자 깊어지는 강물에 누워
죽은 나무뿌리를 적시기도 한다면.
아아, 아직 처녀(處女)인
부끄러운 바다에 닿는다면.

그러나 지금 우리는
불로 만나려 한다.
벌써 숯이 된 뼈 하나가
세상에 불타는 것들을 쓰다듬고 있나니.

만리(萬里) 밖에서 기다리는 그대여
저 불 지난 뒤에
흐르는 물로 만나자.
푸시시푸시시 불꺼지는 소리로 말하면서
올 때는 인적(人跡) 그친
넓고 깨끗한 하늘로 오라.

— 강은교, 〈우리가 물이 되어〉[21] 전문

먼저 텍스트 내 언어의 해석은 먼저 '물'과 '불', '가뭄'의 대립과 '바다'와 '하늘'의 지향이라는 문법적 분석을 전제로 한다. 다음은 이러한 분석을 토대로 각 시어의 의미를 해석한다. '물'은 정화, 원초적 생명력이고, '불'은 갈등, 증오, 파괴, 세속적 욕망이며 '가뭄'은 비인간적인 메마른 삶의 의미로 해석하고 있다. 그리고 '바다'는 원초적 생명력이자 순수로, '하늘'은 순수로 해석한다. 이와 같은 해석은 위 텍스트의 의미를 '원시적 생명력과 만남의 희구' 또는 '메마른 삶에 대한 정화의 추구'로 규정된다. 다음으로 역사화를 진행한 해석은 1970~1980년대 우리 역사와 관련하여 '불'을 인간성을 파괴하는 물질문명으로, '가뭄'을 현대 사회의 비정한 모습으로 해석한다. 이와 같은 해석은 위 텍스트의 의미를 '현대의 비인간적인 삶을 극복하려는 의지'로 규정한다.

두 해석은 '그대'와 '나(화자)'가 만나는 것에 초점을 두고 있다. 다시 말해서 텍스트의 언어를 문자 그대로 개인과 개인의 만남으로 해석하고 있다.[22] 그러나 정신분석학적 방법을 적용하면 '그대'와 '나'는 의식 내의 여러 모습으로 해석이 가능해진다. 화자와 그대를 서로 다른 사람이 아니라 자신의 의식 속의 두 모습으로 설정할 수 있는 것이다. 인간은 의식 속에서 말하고 듣는다. 다시 말해서 '말하는 나(화자)'가 말하는 내용을 '듣는 나(그대)'가 듣고 인정해 준다. 이렇게 되면 '우리'는 말하는 나와 듣는 내가 합일되는 존재가 될 수 있다. 합일된 존재를 욕망하지만 인간의 에고는 공격성과 나르시시즘을 동시에 가지고 있어 늘 흔들리게 마련이다. 이런 점에서 '불'은 에고의 공격성으로, '물'은 에고의 나르시시즘으로 해석할 수 있다.

---

21) 강은교의 <우리가 물이 되어>는 6종의 '문학' 교과서에 실려 있다.
22) 6종의 '문학' 교과서는 모두 이러한 해석을 따르고 있다.

에고의 공격성과 나르시시즘의 갈등을 넘어서 이르고 싶은 곳이 '인적이 그친 넓고 깨끗한 하늘'이다. 여기서 '인적이 그친'은 타자와 관계를 모두 지워버린 텅 빈 공간이다. 아무 것도 없는 곳이다. 이곳은 아직 누구도 가보지 못한 알 수 없는 곳이다. 이런 점에서 '하늘'과 '처녀인 부끄러운 바다'는 동일한 곳이라 할 수 있다. 그곳은 '말하는 나'와 '듣는 나'가 하나가 되는 '우리'가 존재할 수 있는 곳이다. 인간이 그곳에 이르는 것은 영원히 불가능한 일이다. 의식 속에서 말하고 듣는 행위가 중단될 때 가능하기 때문이다. 말하는 순간 '듣는 나'는 언제나 '만 리 밖에' 있을 뿐이다. 이런 점에서 갈등하는 주체가 이르고자 하지만 늘 현실의 공간은 이를 허여하지 않는다. 주체가 잠시 머물렀던 곳이 '가문 어느 집'이고, 잠시 만났던 대상이 '키 큰 나무', '죽은 나무뿌리'이며, 주체의 상처가 '숯이 된 뼈'라 할 수 있다. 이러한 분석은 이 작품의 의미를 실존적 허무(虛無)로 해석하는 셈이다.

<우리가 물이 되어>의 정신분석학적 해석은 기존의 해석과 각도가 크게 다른 만큼 작품의 의미가 새롭게 형성됨을 보았다. 이러한 새로운 해석 방법의 적용은 교사의 몫이라기보다는 연구자의 몫이다. 그렇지만 이러한 새로운 해석의 다양화가 많아질수록 교육 현장에 다양한 해석의 가능성이 높아지는 것은 자명한 이치다.

5. 시 장르의 특성과 해석 방법

지금까지 살폈듯이 시의 해석에서 의미는 형상과 정서를 포함한다. 이러한 형상과 정서는 사전적 의미나 문맥적 의미만으로 해석이 불가능하

다. 시의 텍스트가 운율, 의미, 심상, 어조 등과 같은 장르적 특징을 갖
고 있기 때문이다. 시는 운율, 의미, 심상 등을 통해 형상과 정서를 파악
할 때 의미가 형성된다.

> 잔치는 끝났더라. 마지막 앉아서 국밥들을 마시고
> 빠알간 불 사르고,
> 재를 남기고,
>
> 포장을 걷으면 저무는 하늘.
> 일어서서 주인에게 인사를 하자
>
> 결국은 조금씩 취해가지고
> 우리 모두 다 돌아가는 사람들.
>
> 목아지여
> 목아지여
> 목아지여
> 목아지여
>
> 멀리 서 있는 바닷물에선
> 난타하여 떨어지는 나의 종소리.
>
> — 서정주, 〈行進曲〉 부분

위 시의 1연은 글자 수가 줄어들수록 천천히 읽어야 한다. 이러한 속
도의 변화는 잔치가 끝난 부산스런 상황에서 점점 잔치가 파하는 과정
을 표현하고 있다. 운율과 이미지와 의미가 형상을 이루고 있는 것이다.
여기에는 구두점까지 이런 효과를 자아내고 있다. 그런데 난해한 구절은

'목아지여'와 '바닷물'이다. 그 동안 해석은 '목아지여'를 한 행으로 네 번씩 반복한 행의 정서적 고양과 이러한 심리적 작용이 '난타하여 떨어지는 나의 종소리'로 가슴을 울리고 있다는 것에는 어느 정도 합의한 듯하다. 그러나 '멀리 서 있는 바닷물'에 대한 해석에서는 아직도 난관에 봉착해 있다. 문자에서 바로 의미만을 추출하려고 하였기 때문이다. 대표적인 의미 추출이 '관념의 바다 혹은 고향의 바다'라는 해석이지만 설득력을 갖지 못하는 것은 심상을 찾아내지 못했기 때문이다. 새로운 해석을 하기위해서는 이곳의 심상을 새롭게 해석할 필요가 있다. 이런 점에서 이 구절을 보리밭 사이를 걷는 사람들의 모습이라는 심상으로 해석23)하고자 한다.

위 사진처럼 걸을 때마다 들락날락하는 몸짓이 '난타하여 떨어지는' 듯하고, 출렁이는 보리들이 '서 있는 바닷물'인 듯하고, 그것은 마치 종을 치는 것 같고, 그 종소리가 울리는 것 같다고 해석하는 것이 타당해 보인다. 서정주가 스스로 조선일보 폐간에 부쳐서 쓴 시라고 말한 것을

---

23) 노철, 『시교육 방법과 실제』, 보고사, 2002, 28~29면.

고려해 볼 때도, 허전하고 쓸쓸하여 눈물겹지만 가슴 속에서 솟구치는 강한 울먹임을 묘사한 것으로 보인다. 해석의 승인 여부는 논란이 있겠지만, 이 해석의 의미는 형상적 해석이자 해석자의 문화적 경험과 지식에 의한 새로운 해석이라는 점에서 의의를 가질 수 있을 것이다.

위 해석은 전통적인 문자 읽기 중심의 해석 방법이다. 그러나 시는 운율로서 의미를 형성하는 경우가 적지 않다. 그런데도 그 동안 교육 현장에서는 '율격' 개념에 묶여 운율을 작품의 해석 방법으로 효율적으로 활용하지 못하여 왔다. 더 구체적으로 말하면, 그 동안 한 작품을 넘어선 보편적인 운율의 규칙을 발견하는 데 집중한 연구는 운율을 작품의 감상과 해석의 방법으로 충분히 활용하지 못했다는 것이다. 이런 점에서 낭송 중심의 해석 방법을 생각해 볼 수 있다. 낭송은 낭송자가 시 텍스트를 해석하고 감상하는 작용이자 청자에게 자신의 시 텍스트의 해석을 전달하는 방식[24]이기도 하기 때문이다.[25] 이러한 해석 방법을 창안한 이유는 시 해석을 지나치게 문자의 의미 해석에 치우쳐 학습자가 수동적으로 되는 경향을 벗어나 학습자가 해석에 적극적으로 참여하도록 하기 위한 것이다.

<blockquote>

폭포는 곧은 절벽(絕壁)을 무서운 기색도 없이 떨어진다.

규정(規定)할 수 없는 물결이
무엇을 향(向)하여 떨어진다는 의미(意味)도 없이
계절(季節)과 주야(晝夜)를 가리지 않고

</blockquote>

---

24) 노철, 「시 낭송교육에서 운율과 독자의 상호작용태와 의사소통 방식으로서 연희성」, 『한국문학이론과 비평』 29집, 2005. 12, 242면.
25) 특히 여러 사람의 공동 낭송은 집단적인 해석의 장이라는 점에서 모둠별 학습에 활용 가능성이 높다.

고매(高邁)한 정신(精神)처럼 쉴 사이 없이 떨어진다.

금잔화(金盞花)도 인가(人家)도 보이지 않는 밤이 되면
폭포(瀑布)는 곧은 소리를 내며 떨어진다.

곧은 소리는 곧은 소리이다.
곧은 소리는 곧은
소리를 부른다.

번개와 같이 떨어지는 물방울은
취(醉)할 순간(瞬間)조차 마음에 주지 않고
나타(懶惰)와 안정(安定)을 뒤집어 놓은 듯이
높이도 폭(幅)도 없이
떨어진다.

— 김수영, 〈폭포(瀑布)〉 전문

위 작품의 학습목표는 "'폭포'라는 대상을 통해 작가가 드러내고자 한 현실과 정신자세는 무엇인지 살펴보자."[26]이고 학습활동은 '상징적 의미 찾기, 지배적 심상 찾고 그 의미 찾기, 구절의 의미 찾기, 구절에서 폭포가 지향하는 정신 찾기'[27] 등으로 구성되어 있다. 이러한 해석은 텍스트의 역사화다. 이 작품이 1957년 <평화의 증언>에 실린 것과 당대 역사적 맥락에서 보면 해석의 타당성이 충분하다. 문제는 이러한 해석을 전제로 이 작품은 '문학' 교과서에 실렸고 정전화되었다는 것이다. 특히 이 작품이 실린 단원인 '해방~1980년대 문학'은 작품 선정이 사회·역사적 현실과 밀접한 관련을 가진 작품이 대부분이다.[28] 그러므로 교사가

---

26) 김윤식 외, 『고등학교 문학(하)』, 디딤돌, 2003, 274면.
27) 김윤식 외, 위의 책, 275면.

이 작품을 다른 해석을 시도하기에는 부담스러워 보인다. 교사들은 대부분 참고서의 해석을 그대로 따르고 있다.29)

시상의 전개를 '폭포의 외적 모습→폭포의 내적 속성→폭포의 의미→폭포의 힘'으로 설명하고, '밤'은 비리가 '횡행하는 어두운 현실', '곧은 소리'는 '정의로운 소리' 등으로 해석하여 주제를 '부정적 현실과 타협하지 않는 의지'라고 결론을 맺는다. 또, '떨어진다'의 반복이 운율을 형성한다는 것을 덧붙이기도 한다. 이러한 의미 해석은 작품을 학습자가 스스로 해석할 여지를 주지 않을 뿐만 아니라 시의 장르적 특성을 통한 감상과 해석 과정을 생략하도록 한다. 학습자의 활동이 생략된 해석은 당연히 주입되고 고정화되게 마련이다. 더 중요한 것은 학습자가 어떤 능력을 활용하여 시를 해석하느냐이다. 의미 중심의 해석은 상상력과 감수성의 활용보다는 논리적인 추론이 주되게 작동될 뿐이다.

위 텍스트가 폭포의 움직임과 반응을 중심으로 전개된다는 사실을 일정정도 승인하고 있어 상상력의 작동의 여지를 만들지만 '폭포의 움직임에서 느끼는 정서'를 배제할 위험은 여전하다. 폭포의 움직임을 감각하기 위해서는 상상력과 감수성이 작동되어야 가능하다. 이런 점에서 위 텍스트에서 폭포의 움직임을 상상하고 감수하도록 하기 위해서 새로운 해석 방법이 필요하다. 여기서는 그 방법으로서 낭송을 시도한 결과를 제시하고자 한다. 실제로는 4~6명씩 4모둠에게 협동하여 형상과 느낌을 살려 낭송하도록 하였다.30) 그 결과는 다음과 같다.

---

28) 이 단원에 실린 작품은 시로서는 <폭포>를 비롯해 황지우의 <새들도 세상을 뜨는구나>와 소설로서는 조세희의 <난장이가 쏘아 올린 작은 공>, 김학철의 <종횡만리>, 수필로서는 전혜린의 <먼 곳에서의 그리움>이 실려 있다. 수필만 제외하고는 모두가 역사적 맥락을 전제로 선정되어 있다.

29) 교사 13명의 문답 결과다.

30) 이 결과는 국어교육과 대학생에 투입한 결과다.

	1모둠	2모둠	3모둠	4모둠
1연	낮고 고요한 어조 혼자 낭송 (화자가 폭포 담담하게 바라보는 모습)	침착하게 혼자 낭송 (화자가 관찰함)	첫 구절 혼자, 나머지 여럿이 낭송 '떨어진다' 촉급하게 낭송 (폭포의 무서운 기색)	혼자서 낭송 '떨어진다' 느리게 낭송 (폭포에 대한 내면의 자극)
2연	강하고 빠는 어조로 여럿이 낭송 (세차게 떨어지는 폭포가 화자의 내면에 울림)	점점 많은 수가 많아지며 빨라지는 낭송 (폭포의 물줄기가 아래로 갈수록 커지는 것과 속도감)	첫 행 혼자, 나머지 여럿이 낭송 '떨어진다' 촉급하게 낭송 (폭포의 강렬한 힘)	모두가 함께 낭송 '떨어진다' 느리게 (폭포 속도감과 내면 자극)
3연	1연보다 조금 더 강한 어조로 혼자 낭송 (내면의 울림을 겪은 후 다시 폭포의 외적 모습을 바라보는 화자의 음성)	침착하게 혼자 낭송 (화자의 귀 기울임)	혼자서 낭송 (고요한 밤)	혼자서 낭송 '떨어진다' 느리게 낭송 (폭포에 대한 내면의 자극)
4연	힘찬 어조로 여럿이 낭송 (끊임없이 떨어지는 폭포의 소리가 강력한 자극과 계속된 울림으로 다가옴)	모두가 강하게 낭송 (메시지가 강하게 담겨 있으므로)	여럿이 돌림노래 식으로 낭송 (폭포의 소리가 온 세상을 가득 메움)	모두가 함께 낭송 (폭포의 소리)
5연	강한 어조로 점차 고조된 음성으로 혼자 낭송 (내적으로 충만한 감정을 강하게 표출하는 화자)	혼자서 강하게 낭송 크게 끊어 낭송 (화자의 감정 고조, 번개와 같은 폭포 소리)	첫 행 여럿이, 둘째, 셋째 행 혼자서, 넷째, 다섯째 행 여럿이 (폭포의 움직임과 마음의 움직임에 따라)	혼자서 낭송 '떨어진다' 느리게 낭송 (폭포에 대한 내면의 자극)
의도	화자의 폭포에서 받은 정서적 경험 강조	폭포의 움직임과 메시지 강조	폭포의 움직임과 정서적 움직임 모두 표현	폭포에서 비롯된 정서적 움직임 강조

    이후 각 낭송을 듣고 서로 협의하도록 하였다. 이 과정에서 학습자는 각자 주체적인 해석을 바탕으로 서로 협상하는 과정을 수행하였다. 낭송을 통한 해석의 학습 결과는 학습자가 역사화 된 해석 이전의 폭포의 모

습과 그 자극의 체험이 구체적으로 감수하였다. 이후 역사적 맥락과 관련지어 폭포의 상징적 의미와 정신적 지향을 쉽게 파악하였다.

이때 새로운 알레고리의 가능성을 제시하고 협의하였다. '금잔화도 인간도 없는 밤'을 '꽃도 인간도 없는 시공간'으로 해석할 때 <폭포> 전체의 의미를 찾는 작업이었다. 이때 폭포는 고독하고 절망적인 인간이 폭포의 위력적인 모습과 온 우주를 가득 채운 폭포의 소리에 자극 받아 새롭게 생명의 의지를 다지는 것으로 해석이 가능했다. 폭포의 상징적 의미가 '우주적 생명력'으로 새롭게 해석된 것이다.

이와 같은 실험에 비추어 볼 때, 시의 해석은 장르의 특징을 활용하여 해석하는 방법을 더 적극적으로 개발할 때 학습자 중심의 해석이 가능할 것으로 판단된다. 또, 학습자의 주체적 해석이 전제될 때 새로운 해석이 가능하며, 또 그 해석이 승인될 확률이 높다는 것도 확인할 수 있었다.

6. 결론

시 교육에서 학습자가 작품을 주체적으로 다양한 수용을 하도록 하기 위해서는 학습자가 주체적으로 해석하는 과정과 방법이 필요하다. 그러나 교육 현장에서는 특정 해석이 권위를 얻으면서 해석이 고정화 되는 경향이 있다. 이러한 고정된 해석을 벗어나기 위해서는 우선 해석에 대한 이해가 정확해야 한다. 해석은 텍스트의 낱말과 문장을 문법적으로 정확하게 해석해야 자의적인 해석을 벗어날 수 있다. 그렇다고 해도 해석의 불일치는 있게 마련이며, 논쟁적인 해석은 사라지지 않는다. 해석자의 사회·문화적 배경과 지식, 직관에 따라 해석이 달라지기 때문이다. 이런 점에서 다양한 해석은 여러 각도에서 대상을 새롭게 세계를 이해하는 데 도움이 된다.

이렇듯 다양한 해석을 위해서는 우선 학습자의 해석과정의 참여가 필수적이다. 작품의 해석 과정에서 참여자의 다양한 시각이 제기될 수 있기 때문이다. 그러나 다양한 해석은 낱말이나 문법의 정확한 해석만으로 이루어지지는 않는다. 시의 특성인 형상적 인식이 전제되어야 한다. 뿐만 아니라 해석자의 도전적인 새로운 해석 방법이 독창적인 해석을 생성한다. 그렇다고 해도 시 작품의 해석은 시 장르의 특성을 바탕으로 이루어져야 한다. 시의 여러 요소가 빚어낸 형상과 정서의 파악이 중요한 것이다. 여기에 해석자의 문화적 경험과 지식이 덧붙여지는 것이다. 그러므로 낭송을 통한 해석과 같이 시 장르의 특성을 바탕으로 작품을 해석하는 여러 방법의 개발이 필요하다.

참고문헌

[자료]

김윤식 외,『고등학교 문학(하)』, 디딤돌, 2003(이외 16종 고등학교 '문학' 교과서).

한국교원대학교·고려대학교 국정 도서 편찬 위원회,『중학교 국어』, 2005(1, 2, 3학년 교과서).

[논저]

김재홍,『韓國現代詩人硏究』, 일지사, 1986.

김종길,『시를 어떻게 읽을 것인가』, 고려대학교 출판부, 1998.

김홍규,『韓國現代詩를 찾아서』, 개정증보판, 한샘, 1991.

노 철,「시 낭송교육에서 운율과 독자의 상호작용태와 의사소통 방식으로서 연희성」,『한국문학이론과 비평』29집, 2005.

노 철,『시교육 방법과 실제』, 보고사, 2002.

민병기,『정지용』, 건국대학교 출판부, 1999.

이남호,『교과서에 실린 문학작품을 어떻게 가르칠 것인가』, 현대문학, 2001.

이숭원,「정지용 시「琉璃窓」읽기의 반성」,『문학교육학』16호, 한국문학교육학회, 2005. 4.

정숙희,「金永郎硏究」, 인하대학교 박사학위논문, 1987.

허형만,『永郎 金允植 硏究』, 국학자료원, 1996.

사에구사 도시카스, 심원섭 역,『사에구사 교수의 한국문학연구』, 베틀북, 2000.

Alan Maley, *That's for your poetry book!*, Ronald Carter & John McRae Edit., *LANGUAGE, LITERATURE & THE LEARNER : CREATIVE CLASSROOM PRACTICE*, (London), Longman, 1996.

Baebara Sinclair, *Learner autonomy and literature teaching*, Ronald Carter & John McRae Edit. *LANGUAGE, LITERATURE & THE LEARNER : CREATIVE CLASSROOM PRACTICE*, (London), Longman, 1996.

Steven Mailloux, *Interpretation*, Frank Lentriccha & Thomas McLaughlin, *Critical Terms for Literary Study*, The University of Chicago Press, 1990.

Wormse, Baronr & Cappella, David, *Teaching the Atr of Poetry : The Moves*, London, Lawrence Erlbaum Associates, Inc. Publishers, 2000.

제 2 장

현대시 텍스트의 위계화 양상 및 방안

유 영 희

대구대학교 국어교육과

1. 문학교육의 힘

교육에 대한 비판이 여러 방면에서 제기되고 있지만 여전히 많은 사람들은 교육의 힘을 믿고 있다. 교육의 방법에 대해 못마땅해 하는 많은 사람들조차 교육의 필요성에 대해서는 부정하지 않는다. 문학교육 분야에서도 그간 여러 방법적 모색과 반성이 이어져 왔다. 이러한 모색과 반성이 교육과정이나 교과서 등에서 몇몇 긍정적인 결과로 나타나고 있기도 하다.

그러나 문학교육은 세부적인 틀이나 방법 면에서는 정교해지고 있지만 현재 답보 상태에 있는 것이 아닌가 하는 조심스러운 의견도 제시되고 있다. 즉 초기에 비해 교육 현장을 고려하면서 상당히 구체적인 논의가 이루어지고 있음에도 불구하고 패러다임의 변화라고 할 수 있는 발전적 양상을 보이고 있지는 않다는 진단이다. 고요한 변화를 통해 바람직한 단계에 도달할 수 있다면 다행이겠지만 물이 너무 고요하다 보니 고인 상태에서 썩어버리는 것은 아닌지 내심 불안해하는 목소리가 조금씩 흘러나오고 있다.

꼭 그런 불안 때문이 아니라고 하더라도 이제 문학교육은 변화를 시도할 시기에 와 있다고 생각한다. 그러기 위해서는 먼저 기본 개념으로 돌아가는 것이 필요하다. 세부적인 방법이나 전략, 기술 등을 구체화하는 것도 필요하지만, 왜 문학교육을 하는지 지금까지의 문학교육은 어떤 면에서 문제가 있는지 점검해 볼 필요도 있을 것이다. 문학교육의 경우에는 문학의 본성에 대한 파악, 문학의 힘에 대한 신뢰를 바탕에 깔고,[1]

기초적인 부분부터 차근차근 재점검해 볼 필요가 있다. 사실 이러한 부분에 대해서는 어느 정도 인식이 공유되어 왔다고 볼 수 있다.[2]

본고에서는 이러한 과정의 하나로 교과서에 제시되어 있는 현대시 작품에 대해 살펴보고 그를 통해 문학교육 내에서의 위계화 개념과 양상에 대해 고찰해 보고자 한다. 양상을 총체적으로 구명하기 위해서는 초등학교 단계에서부터 고등학교 심화 선택 과목인 '문학' 과목에 이르기까지 전 단계를 분석하는 것이 바람직하겠지만, 문제점을 도출하고 바람직한 방향을 모색하는 데 목적이 있으므로 중등학교 국민 공통 기본 교육과정 관련 과목만 집중적으로 점검해 보기로 한다.

사실 초등학교 단계에서는 동시와 현대시가 엄밀하게 구분되어 있고 현대시 분야는 현대소설 분야와 달리 본격적인 제재로서의 역할을 담당하고 있지 못하다. 제7차 교육과정과 관련하여 현대소설 분야에서는 본격적인 의미에서의 소설, 예를 들어 김동인의 <무지개>와 같은 작품이 초등학교 단계에 투입되고 있으나 현대시 분야는 그렇지 못한 실정이다.

---

1) 프리드리히 쉴러, 안인희 옮김, 『인간의 미적 교육에 관한 편지』, 청하, 1995, 125면.
"정열에 관한 아름다운 예술은 존재합니다. 그러나 아름다운 정열적인 예술이란 모순개념입니다. 아름다움의 필연적인 작용은 정열로부터 자유롭게 하는 것이기 때문입니다. 마찬가지로 아름다운 교훈적인(교육적인) 예술이나 혹은 교화시키는(도덕적인) 예술도 모순개념입니다. 왜냐하면 기질에게 어떤 특정한 경향성을 주는 것보다 더 아름다움의 개념과 충돌하는 것은 없기 때문입니다."
2) 이러한 인식은 본고에서 언급하고자 하는 위계화 논의를 통해서도 찾아볼 수 있다.
우한용, 「제7차 교육과정 개정에 따른 문학 교재의 개발 방향」, 『문학교육학』, 문학과교육연구회, 한국교육미디어 제5호, 1998 가을호, 32면.
"문학교재의 위계화를 위해서는 문학현상의 위계성을 우선 고려할 필요가 있다. 문학의 생산-공감-비평-(재)창조 속에서 문학교육의 교재는 위계화되어야 한다. 위계화를 고려한 논리에서 문학의 본질로 논의되는 문학의 자기조명성에 주목할 필요가 있다. (생략) 이는 언어로 되어 있는 문학의 운명과도 같은 것인데, 문학은 그 자체 내부에서 철학을 수행한다. 문학이 무엇인가, 어떤 것이 문학을 수행하는 올바른 방법인가, 문학을 어떻게 가르칠 것인가 하는 등의 항목이 문학 안에서 검토되는 것이다."

시의 장르적, 규범적 관습이 동시와 현대시 사이에는 엄연히 존재하고 있으며 학습자에게 본격적인 현대시를 가르치는 것은 충격적 경험이 될 수도 있다고 판단하여 주로 동시 차원에서 제재를 선정하고 있기 때문이다. 이러한 현상은 중학교에서도 이어져 이전 교육과정과는 달리 제7차 교육과정에서는 상당량의 동시를 제재 속에 포함시키고 있다.3)

위계화 문제는 학습자나 교사, 교육 정책과 제도 등의 다양한 차원에서 논의가 가능하다. 그러나 학습자의 수준에 대한 기초연구가 되어 있지 않은 상황에서 학습자 쪽으로 논의를 이끌어가기에는 현실적으로 어려움이 있다고 판단된다. 그간의 많은 논의가 피상적이고 선언적인 수준에서 이 문제를 다룰 수밖에 없었던 정황도 이러한 사정과 연결되어 있다고 볼 수 있다.

그러므로 현대시 제재의 위계화 양상과 특성을 교과서 차원에서 꼼꼼히 점검해 보고 그것을 통해 기본적인 개념 차원에서부터 문학교육의 바람직한 방향을 모색해 나가는 것이 바람직하다고 본다. 현대시의 위계화 양상에 대한 비판을 받아들이면서 개념 차원에서부터 차근차근 점검해 나가야 비로소 부분적으로라도 긍정적인 효과를 거둘 수 있을 것이고 위계화 논의를 완결 짓는 데 도움을 줄 수 있으리라고 판단되기 때문이다.

---

3) 이에 대해서는 뒤 절에서 상술하기로 한다.

2. 교과서 현대시 제재의 위계화 양상과 경향

현대시 제재의 위계화 양상과 특성을 알아보기 위해서는 교과서의 제재 수용 양상과 특성을 살펴보아야 한다. 국어교육에서 교과서는 비중과 위상 면에서 다른 분야의 정전에 해당한다고 해도 과언이 아니다. 물론 일반적인 정전과는 달리 재구성이 가능한 열린 정전이라는 점에서 차이가 있다.

'문학' 교과서의 교육적 가치와 기능에 대해서도 이의를 제기할 필요가 없는데, 많은 논자들은 이와 관련하여 일정한 연구 성과를 쌓아 왔고 보편적인 논의 결과[4]에 도달하고 있다. 그러나 그러한 논의는 어디까지나 교과서의 일반적인 기능에 해당하는 것일 뿐 '문학' 교과서의 독특한 국면을 면밀하게 규명해 주는 것이라고 할 수 없다. 그러므로 문학교육의 시각에서 교과서의 기능을 재규정할 필요가 있을 것이다. 그간 '태도의 형성 기능' 등으로 일반화되어 온 기능을 좀 더 학습자 차원에서 섬세하게 규정할 필요가 있다. 예를 들어 '문학에 대한 안목과 시각 형성의 기능, 문학관 정립의 기능, 문학에 대한 잠재적 선호도 결정의 기능' 등으로 특화할 수 있을 것이다.[5] 이러한 기능과 관련하여 본다면 교과서 제재의 중요성은 강조하지 않아도 익히 짐작할 수 있다.

그렇다면 중등학교 교과서의 현대시 제재 위계화 양상은 어떠한가. 이

---

4) 최현섭 외 『국어교육학 개론』(삼지원, 2006)에서는 '관점 반영의 기능, 내용 제공 및 해석의 기능, 교수·학습 자료 제공의 기능, 교수·학습 방법의 제시 기능, 학습 동기 유발의 기능, 지식의 이해, 기능의 신장, 태도의 형성 기능, 평가 자료 및 방법의 제시 기능'을 들고 있다.
5) 이에 대해서는 다른 논문을 통해 좀 더 구체화, 체계화하는 과정이 필요하리라고 판단된다.

를 위해서 본고에서는 중학교와 고등학교 교과서에 제시되어 있는 현대시 제재에 대해 분석해 볼 것이다. 중학교는 '국어' 교과서로 제한하는데, '생활국어' 교과서의 현대시 제재는 문학교육적 의도를 가지고 선정된 것이 아니므로 제재 수용 양상을 파악하는 데 적절하지 않다고 판단되기 때문이다.[6] 또한 전문이 제시되어 있는 것으로 제한하며 현대 시조와 대중가요 또한 논의에서 제외하기로 한다.[7]

그리고 고등학교 심화 선택 과목인 '문학' 18종 교과서의 현대시 제재 또한 제재 선정과 관련하여 대략적인 양상을 파악할 수는 있으나 한 저자에 의해 집필된 것이 아니고 교과서 한 권이 나름의 완결된 체제를 갖추고 있다는 점에서 '국어' 교과서와의 위계화 원리 및 양상을 따져 보기에는 어려움이 있다고 판단되므로 구체적인 언급은 하지 않기로 한다. 다만 '국어' 교과서와의 관련 속에서 필요하다고 판단되는 부분에 관해서만 대략적으로 언급하기로 한다.

[표 1]과 [표 2]는 중학교와 고등학교 교과서에 수록되어 있는 현대시 제재를 목록화한 것이다.[8] 이 내용을 꼼꼼히 살펴보면 몇몇 특징적인 양상을 발견할 수 있다.

---

6) 중학교 교과서를 개발하면서 쓴 노명완의 글에서 "읽기와 문학 영역은 '국어' 교과서에 포함시켰고, 나머지 영역은 '생활국어' 교과서에 포함시켜 두 교과서 각각의 전문성을 높였다."(노명완, 중학교 '국어' 교과서와 독서 교육,『제7차 교육 과정의 적용과 독서 교육의 방향』, 한국독서학회, 2001, 81면)라는 진술을 통해 이러한 결론에 도달할 수 있다.

7) 대중가요가 현대시 분야와 관련하여 중요하게 취급되고 있고 실제 활용도가 매우 높은 장르라는 점에서 포함시키는 것이 바람직할 수도 있겠으나 대중가요는 현대시 장르에 포함된다기보다는 매체 영역과 관련하여 학습 활동 측면에서 활용되는 것이 일반적이므로 본고에서는 제외시키기로 한다.

8) 여기에서 진하게 표시되어 있는 작품이 교과서에서 본 차시 제재로 활용되고 있는 것들이다.

[표 1] 중학교 '국어' 교과서 수록 현대시 제재 목록

학년	수록 작품
1-1 (7작품)	• 김지하, 〈새봄〉 • 학생작품, 〈4교시가 끝났다 – 전쟁 서사시〉(보충·심화) • 학생작품, 〈어떤 손〉(읽기 전에) • 정지용, 〈호수〉 • 학생작품, 〈삼대 독자〉(단원의 길잡이) • 학생작품, 〈아버지가 오실 때〉(생각 넓히기)
1-2 (14작품)	• 기형도, 〈엄마 걱정〉(생각 넓히기) • 윤동주, 굴뚝(읽기 전에, 작가와 제목은 '저자 및 출처'에 밝혀져 있음) • 정일근, 〈바다가 보이는 교실〉 • 학생 작품, 〈동강은 흐른다〉(생각 넓히기) • 송명호, 〈가을 우체부〉(보충·심화, 동시) • 김동명, 〈내 마음은〉(보충·심화) • 김영랑, 〈돌담에 속삭이는 햇발〉 • 박남수, 〈마을〉(읽기 전에) • 도종환, 〈어떤 마을〉 • 안도현, 〈우리가 눈발이라면〉 • 김억, 〈연분홍 송이송이〉(생각 넓히기) • 윤정순, 〈이모〉(심화·보충, 동시) • 양정자, 〈가을 소녀들〉(심화·보충, 동시) • 박두진, 〈해〉(심화·보충) • 조태일, 〈국토 Ⅱ〉(생각 넓히기)
2-1 (9작품)	• 정현종, 〈모든 순간이 꽃봉오리인 것을〉 • 황동규, 〈귀뚜라미〉 • 윤동주, 〈오줌싸개 지도〉(단원의 길잡이) • 박목월, 〈가정〉 • 학생 작품, 〈두 얼굴〉(보충·심화) • 김소월, 〈바라건대는 우리에게 우리의 보습 대일 땅이 있었다면〉 • 김소월, 〈엄마야 누나야〉(단원의 길잡이) • 한용운, 〈나룻배와 행인〉 • 곽재구, 〈칠석날〉(보충·심화)
2-2 (10작품)	• 심훈, 〈그 날이 오면〉(학습 활동) • 김용택, 〈교실 창가에서〉(학습 활동) • 김용택, 〈농부와 시인〉(학습 활동) • 한하운, 〈파랑새〉(보충·심화, 제재 속 예시) • 한하운, 〈보리피리〉(보충·심화) • 이해인, 〈민들레의 연가〉(보충·심화, 제재 속 예시) • 이해인, 〈꽃씨를 닮은 마침표처럼〉(보충·심화)

2-2 (10작품)	• 김현승, 〈지각−행복의 얼굴〉 • 김초혜, 〈어머니〉(보충·심화) • 학생 작품, 〈여름은 아프다〉(보충·심화)
3-1 (15작품)	• 정호승, 〈내가 사랑하는 사람〉 • 나희덕, 〈배추의 마음〉 • 이형기, 〈낙화〉 • 복효근, 〈토란잎에 궁그는 물방울같이는〉(보충·심화) • 이수복, 〈봄비〉(보충·심화) • 김기림, 〈바다와 나비〉(보충·심화) • 변영로, 〈논개〉(보충·심화) • 이육사, 〈청포도〉(학습 활동) • 정지용, 〈향수〉(보충·심화) • 김소월, 〈가는 길〉 • 김소월, 〈먼 후일〉(학습 활동) • 유치환, 〈깃발〉 • 신동엽, 〈봄은〉 • 신동엽, 〈껍데기는 가라〉(학습 활동) • 김광균, 〈데생〉(생각 넓히기)
3-2 (4작품)	• 황동규, 〈즐거운 편지〉 • 김종길, 〈성탄제〉 • 신경림, 〈동해 바다〉(보충·심화) • 윤동주, 〈자화상〉(보충·심화)

[표 2] 고등학교 '국어' 교과서 수록 현대시 제재 목록

국어 (상)	• 학생 작품, 〈머리카락〉(준비학습) • 이은상, 〈가고파〉(준비학습) • 김소월, 〈진달래꽃〉 • 정지용, 〈유리창〉 • 이육사, 〈광야〉 • 백석, 〈여승〉(심화 학습)
국어 (하)	• 박재삼, 〈추억에서〉(심화 학습) • 김남조, 〈설일〉(심화 학습)

첫째, 전반적으로 현대시의 비중이 그다지 높지 않다. 중학교가 59작품, 고등학교는 총 8작품이 수록되어 있을 뿐이다. 중학교의 경우에는

이 중 8작품이 학생 작품이어서 기성 시인의 작품은 51편인데, 이 중에
는 동시도 섞여 있다. 뿐만 아니라 학년, 학기별 배열도 균등하게 되어
있지 못하다. 기계적으로 작품 수를 맞출 필요는 없겠지만 어느 정도의
원칙이나 기준은 발견할 수 있어야 할 텐데, 학년별 작품 수는 비슷하지
만 학기별 편차는 매우 크다. 그리고 고등학교 '국어' 교과서의 현대시
작품은 지나치게 적다는 사실을 알 수 있다. 물론 일반 선택 과목인 '국
어생활'과 심화 선택 과목인 '문학' 과목을 포함하면 고등학교 전 과정
에서 접하는 작품 수는 더 많아지겠지만, 국민 공통 기본 교육과정 하의
교과서가 현대시 교육을 완성하기 위한 기본적인 틀이라고 한다면 그
자체로 제재의 양이나 질에 대한 충분한 고려가 있어야 할 것으로 보인
다. 특히, 고등학교 '국어(하)' 교과서에 제시되어 있는 현대시 작품은 박
재삼과 김남조의 작품 단 두 편뿐이고, 게다가 심화 학습 제재로 활용되
고 있다. 고등학교 교과서에 처음 등장하는 시인은 백석, 박재삼, 김남조
인데 이들의 작품이 모두 심화 학습 제재로 활용되고 있다는 점을 감안
한다면 중학교 교과서 이후에 고등학교 교과서에서 심도 있게 작가에
관해 학습할 기회는 거의 없음을 알 수 있다. 또 교과서에 제시된 작품
들이 대표성을 띠는 작품인지에 대해서도 의견이 갈릴 수 있다는 점에
서 전반적으로 현대시 영역의 비중이 축소되었다고 판단할 수 있다.[9]

둘째, 제재 선정 기준이 불분명하며 현대 시사에서 중요한 시적 경향
을 보이는 다양한 시인의 작품이 골고루 배열되어 있지 못하다. 예를 들
어 이상, 김수영, 서정주, 조지훈, 이용악, 오장환, 김춘수, 신석정, 구상,
김남주, 홍윤숙 등의 작품은 한 편도 실려 있지 않다. 서정주 같은 시인

---

9) 졸고, 「국어 교과서 현대시 제재와 해석의 다양성」, 『국어 교육과 '국어' 교과서』, 『돈암
어문학』 18집, 돈암어문학회, 2006, 188~189면.

들은 친일 행적과 관련하여 이념상 문제가 되어 작품 게재가 어렵다고 하더라도 다른 시인들의 작품이 실려 있지 않은 이유를 설명하기는 쉽지 않다. 반면에 소위 교과서에서 정전으로 굳어진 작가나 작품의 존재는 쉽게 확인할 수 있다. 김현승이라든가, 이형기의 <낙화>, 변영로의 <논개>, 김종길의 <성탄제>, 김남조의 <설일>과 같은 작품이 대표적이다. 또 일반인들에게 잘 알려진 대중적인 작가의 작품이 교과서 속에 많이 수록된 것도 특징적인 현상 중 하나이다. 기형도, 도종환, 안도현, 정현종, 황동규, 김용택, 이해인, 김초혜, 정호승, 김남조 등은 소위 대중성을 확보한 현대 시인들이다. 그러나 이성복, 곽재구, 황지우, 장정일, 강은교, 김혜순 등의 작품은 국민 공통 기본 교육과정 교과서 속에는 담겨 있지 않다.

셋째, 학습 활동에 본 제재로 활용하고 있는 작품이 매우 제한적이고 편협하다. 즉 선정된 작가 및 시 작품의 대표성(정전성)에 대한 고려가 다소 부족하다. 중학교와 고등학교의 경우에는 김소월과 정지용이 중복되고 있고, 심지어 학교급 내에서 동일 작가의 작품이 제재로 중복 활용되고 있는 경우(황동규, 정지용)도 발견할 수 있다. 더 나아가 윤동주의 비주류 작품 계열이라고 할 수 있는 <굴뚝>과 <오줌싸개 지도>와 같은 동일 경향의 작품이 반복적으로 선정되어 있기도 하다. 한편 단원 구성상의 특징이긴 하지만, 중학교 교과서에서 김소월, 김용택, 한하운, 이해인, 신동엽의 산문이나 시 텍스트는 학습 활동에 반복적으로 제시되어 있다. 물론 그런 경향 자체가 전적으로 부정적이라고 할 수는 없지만 특정 학년에 집중적으로 분포되어 있고 김소월의 경우에는 작가의 중요성은 인정하더라도 2학기에 걸쳐 4작품이 제시되어 있다는 점에서 다른 작가와의 형평성을 고려하지 않을 수 없다. 그리고 김영랑의 <돌담에 속삭이

는 햇발>과 같은 작품은 ‘단원의 길잡이’ 부분에 예를 드는 형태로 상급 학년에 재수록되어 있기도 하다. 이러한 경향은 단원의 학습 목표나 해당 차시의 학습 활동과 관련하여 어쩔 수 없는 측면도 있지만, 다양한 경향의 작품을 균형 있게 배열하여 현대시의 종합적인 이해를 하게 해야 한다는 시 교육의 거시 목표에는 부합하지 않는 결과라고 할 수 있다.

넷째, ‘학습자의 수준’에 대한 고려가 철저히 이루어지지 않았다. 중학교의 경우, 동시가 꽤 많은 비중을 차지하고 있는데, 이는 초등학생과 중학교 1, 2학년 학습자의 현대시 수용 양상에 대한 연구가 제대로 이루어지지 못하고 경험적인 수준에서 교과서를 구성했기 때문으로 여겨진다. 이 부분에서 ‘학습자의 수준’ 문제에 대한 논의가 필요한데, 특히 중학교 학습자의 수준과 교과서 제재 간의 문제점에 대해서는 많은 논란이 이어지고 있다. 예를 들어 김지하의 <새봄>은 중학교 1학년 1학기 1단원 첫 작품으로 수록되어 상징적인 작품인데, 특별히 어려운 어휘가 없는 짧막한 4행의 작품이어서 난이도 면에서 특별히 문제가 없을 거라고 판단한 듯이 보이지만, 실질적으로는 학습자들이 전혀 이해하지 못한다는 볼멘소리가 여기저기서 이어지고 있다. 교과서 개발자의 수준과 취향에 맞추어 선정한 제재가 학습자들의 수준과 취향에 부합하지 못하는 전형적인 사례라고 할 수 있다. 사실 ‘학습자의 취향’이 반영될 수 있는 시기는 어느 정도 학습이 진행된 이후라고 판단되며, 그 취향 또한 자발적인 차원에서 형성된 것이라고 보기에는 시의 소통 상황 자체가 그다지 낙관적이지 않다고 할 수 있다. 학습자가 선호하는 작품과 교과서에 실린 작품 간에 일정한 차이가 존재함은 이미 잘 알려진 사실이다.[10]

다섯째, 현대시의 양대 경향이라고 할 수 있는 리얼리즘과 모더니즘의 특징을 파악할 수 있는 작품이 골고루 배치되어 있지 못하다. 우리 현대시는 리얼리즘과 모더니즘의 긴장 관계 속에서 발전되어 왔으며 아직까지도 두 경향은 여러 작품 속에서 뚜렷하게 발견할 수 있다. 그런데 김기림의 <바다와 나비>, 김광균의 <데생>과 같은 몇몇 작품을 제외하면 모더니즘 계열의 작품은 거의 눈에 띄지 않는다. 특히 70년대 이후 작가의 경우에는 서사 중심, 메시지 중심의 시 제재가 수록되어 있음을 확인할 수 있다.

이상과 같은 양상을 통해 현대시 제재의 위계화와 관련하여 몇 가지 경향을 도출해 낼 수 있다. 첫째, 교수·학습상의 용이성을 추구하는 경향이다. 학습자의 수준이나 취향에 대한 세부적인 연구가 되어 있지 않은 상황에서 제재 선택의 기준은 교과서 집필진과 개발진의 감각에 의존하는 수밖에 없는 것이 현 실정이다. 그러다 보니 자연 학습자의 수준을 낮게 잡고 수업 상황에서 교사가 학습자에게 가르치기 수월한 제재 위주로 선정할 수밖에 없다. 다수의 모더니즘 시가 배제되고 서정적인 서정시나 리얼리즘 계열의 작품이 주류를 이루고 있는 이유도 이러한 정황과 관련이 있는 것으로 판단된다.

둘째, 대중성을 동반한 정전성을 추구하는 경향이다. 교과서가 정전이라는 생각은 아직까지 교육 현장에 널리 퍼져 있지만, 작품을 보는 시각은 많이 느슨해졌다고 할 수 있다. 여전히 보수적인 시각이 일반적이긴 하지만, 학생 작품이 많아졌다는 사실은 주목할 만하다. 물론 현대 소설

---

10) 최지현, 「문학교육에서 정전과 학습자의 정서체험이 갖는 위계적 구조에 관한 연구」, 『문학교육학』 제53호, 한국문학교육학회, 2000, 68면.
　　"학습자들은 교과서에 실린 현대시 작품들이 특별히 재미있다거나 훌륭하다고 여기는 것은 아니지만, 그렇다고 자신들이 선호하는 작품이 교과서에 실리기를 바라는 것은 아니었다. 이것은 그들이 선호하는 작품을 문학적으로나 교육적으로 가치 있는 것으로 여기고 있지는 않음을 말해주는 것이다."

장르처럼 본 차시 학습 제재로 수록되어 있진 않지만, 적어도 기존 시인들의 작품과 같은 층위에서 학생 작품이 다루어지고 있으며 그 양 또한 괄목할 만한 성장을 보이고 있다. 학습자 중심 교육관이 널리 퍼진 탓이라고 분석할 수도 있겠으나 작품의 정전성에 대한 탄력적인 접근이 이런 경향을 가능하게 했다고 판단된다. 또한 앞에서 언급한 것처럼 일반인들에게 널리 알려진 안도현, 정호승, 도종환 등의 작품은 문학사의 평가가 완전히 끝난 작품들로 보기 어려운 것들인데도 교과서 속에 본 차시 제재로 수록되어 있다. 이러한 현상은 보수적인 정전성을 고수하는 관점에선 상당히 부정적으로 인식할 가능성이 높은 양상이라고 할 수 있다.

셋째, 학습 목표나 학습 활동을 우선시하는 경향이다. 두 번째 현상과 밀접한 관련이 있을 터인데, 작품보다는 학습 목표나 학습 활동을 먼저 고려하고 그 후에 작품을 선정하는 방식으로 교과서가 구성되는 상황과 연관된다. 한 작가의 여러 작품이 수록되는 단원 구성 방식, 전 학년에서 가르친 시를 통해 다른 개념을 설명하는 방식 등이 대표적인 사례이다. 이는 가르칠 시를 먼저 배열해 놓고 학습 목표나 학습 활동을 구성하는 경우에는 반복적으로 나타날 수 없는 현상이다. 초기의 교과서에서는 학습 목표나 학습 활동이라고 할 것이 없었기 때문에 제재 중심의 교과서 구성이 지배적이었다면 문학교육에 대한 인식이 뚜렷해지고 학습 목표나 학습 활동에 대한 인식이 강해지면서 아이러니하게도 제재에 대한 중요도가 저하되는 이러한 경향이 발생되었음을 알 수 있다.

이러한 상황은 위계화에 대한 인식이 제대로 정립되어 있지 못하기 때문에 발생한 것으로 볼 수 있다. 그렇다면 이러한 상황을 극복할 수 있는 방안은 무엇일까. 기존의 위계화 논의 양상을 점검해 보면서 위계화 개념부터 세밀하게 고찰해 가는 과정에서 그 방안을 모색해 보기로 하겠다.

3. 위계화의 논의 양상 및 재개념화

그간의 문학교육 관련 위계화 논의는 대부분 발달 단계와 관련하여 어떤 제재를 투입할 것인가, 어떤 부분에 초점을 맞추어 교수할 것인가에 집중되어 있었다.[11]

김중신[12]은 소설 교재의 위계화와 관련하여 콜버그의 논의에 의거, 학습독자의 체험적 평형성에 따른 주제론적 측면과 작품의 내적 함의를 해석하는 층위에 따른 배열, 즉 해석론적 측면으로 나누어 고찰하고 있다. 그리고 또 다른 논의에서 "동일한 연령의 학습자가 동일한 내용을 학습해야 한다는 명제는 재고할 필요가 있다."면서 인지 발달의 특수성과 관련하여 '순환적 위계화론'을 주장하고 있다. 즉 동일 학급, 동일 학년에 동일한 작품과 동일한 교육 내용을 다루는 것이 아니라, 일정 기간 내에 일정한 교육 내용을 순환적으로 다루는 방식을 고려할 필요가 있다는 것이다.[13]

---

11) "문학교육학자들 가운데 상당수가 직·간접적으로 영향을 받고 있는 피아제의 4단계 인지발달단계론이나 콜버그의 6단계 도덕발달이론, 에릭슨의 8단계 인성발달론 등은 발달심리학에 기초하여 인간의 인지적, 정서적 발달을 설명하고 있는데, 이것들의 공통점은 상·하위의 발달 단계에 부여하고 있는 서열성과 교육적 가치이다."(최지현, 앞의 논문, 87면)

12) 김중신, 「소설 교재의 위계화 가능성에 대한 고찰」, 『국어교육연구』 창간호, 국어교육학회, 1994.

13) 김중신, 「문학교육에서의 인지의 문제—문학의 순환적 위계화의 필요성과 가능성」, 『문학교육학』 11호, 한국문학교육학회, 2003, 180면.

김상욱은 비고츠키의 근접 발달 영역을 대안으로 제시하며 제재의 위계를 고려하고 있다. 그러나 그의 논의를 이론화하기에는 현실적으로 어려움이 있다고 판단된다.14) 그는 "문학교육의 위계화는 이제 본격적인 논의가 비롯되는 시점에 놓여 있다. 그러나 위계는 하나의 축을 통해 구성될 수 있다기보다 다양한 축들이 상호 연관을 맺으며 구성되어야 한다. 문학교육의 경우 위계는 텍스트인 제재의 위계와 함께 활동의 위계, 학습목표의 위계, 주제의 위계, 학습자의 위계 등 다양한 지점들이 함께 거론됨으로써 실제의 교육적 기획을 감당할 수 있게 된다."라고 주장하고 있다. 이러한 관점은 위계화의 개념을 다양한 시각에서 바라보아야 한다는 본고의 관점과 맥락상 통하는 부분이 있지만, 그의 '위계' 개념은 '변인'과 거의 구분되지 않는다는 점에서 실제적인 적용에는 무리가 있는 듯이 보인다.

김상욱과 비슷한 관점에서 선주원15)은 '교수·학습 내용의 위계화'를 강조하면서 '텍스트 변인, 학습자 변인, 교사 변인, 교수·학습 상황맥락 변인'으로 구분하여 '7~8학년, 9~10학년, 11~12학년'으로 구분하여 '교사 활동 수준, 장르 및 시대 수준, 주제 수준, 학생 활동 수준'으로 나

---

14) 김상욱, 「초등학교 아동문학 제재의 위계화 연구」, 『국어교육학연구』 12호, 국어교육학회, 2001, 174~175면.
　　"자칫 발달단계에 관한 일반론을 구체적인 개별 교과에 기계적으로 적용하려 들 때 많은 난점들이 따르는 것도 사실이다. 특히 기존의 발달이론들은 지나치게 모형 중심적이어서 개별적인 수준에서의 구체적인 논의들을 간과하는 경향이 있다. 일반적인 발달이론이 갖는 모형의 추상성과 개별 교과나 영역에서 논의되어야 할 교육과정 내용의 구체성, 그 사이의 긴장이야말로 위계화를 지향하는 모든 연구들이 봉착하는 어려움의 실체라고 보아도 과언이 아니다. 그러나 기존의 발달이론이 위계의 설정에 많은 어려움을 야기한다고 해서, 발달이론 자체를 거부하거나 새로운 방향을 모색하는 것 역시 그리 바람직한 대안일 수는 없다."
15) 선주원, 「문학 교수·학습 내용의 위계화 연구」, 『새국어교육』 71호, 한국국어교육학회, 2005.

누어 위계화를 시도하였다. 그러나 세부 내용은 다분히 주관적이어서 객관화하기 어렵다는 문제점이 있다.

고영화[16]는 학습자의 발달 단계를 초등학교, 중학교, 고등학교의 3단계로 나누고, 지식, 수행, 경험, 태도의 범주에서 교육 내용을 모색하고, 목표론, 교재론, 교수·학습 방법론, 평가론의 차원에서 시조 교육의 위계화를 시도하였다. 그러나 각각의 범주도 모호하고 교수 학습의 실제적 국면도 지극히 피상적인 수준에서 논의가 이루어지고 있어 설득력이 떨어진다. 다만 텍스트의 내용적 측면과 관련하여 "텍스트의 내용적인 측면에는 소재, 주제, 세계관, 미의식 등이 포함된다. 어렵거나 쉬운 느낌은 대상에 대한 친소와 상당 부분 관련되어 있다. 즉 익숙하기 때문에 쉽게 느껴지는 것이며 낯설기 때문에 어려운 것이다. 이러한 의미에서 텍스트에 나타나는 제재, 상황, 인물, 관심사, 의식, 감정, 표현 등에 걸친 주요 내용과 특질을 뜻하는 내용소의 관점을 위계화에 반영할 필요가 있다."라는 지적에 대해서는 참고할 필요가 있다고 판단된다.

문학교육 분야에서는 그동안 이처럼 위계화에 관한 논의가 적지 않게 이루어져 왔지만 논의 자체가 공전되는 듯한 인상을 피할 수 없다. 선언적 수준에서 위계화의 범주를 넓힐 것을 주장하고 있을 뿐 현실적인 문제점을 극복해 나갈 방안은 제시하지 못하였다. 그런 점에서 이홍우의 연구 성과는 참조할 만한데, 그는 브루너의 『교육의 과정』을 언급하는 자리에서 "어떤 교과든지 그 지적 성격에 충실한 형태로 어떤 발달단계에 있는 어떤 아동에게도 효과적으로 가르칠 수 있다."라는 유명한 명제를 인용하면서 "이 가설에 의하면, 모든 발달단계의 학생들에게 각각 알

---

16) 고영화, 「시조 교육의 위계화 연구」, 서울대학교 박사학위논문, 2007, 34면.

맞은 수준에서 교과를 가르치되, 그 교과의 지적 성격이 손상되지 않도록(다시 말하면 '교과답게') 가르칠 수 있다는 말이 성립한다. 교육의 내용을 중심으로 생각해 보면, 학생의 발달단계 여하에 관계없이, 가르쳐지는 내용은 동일하며, 다만 발달단계가 높아짐에 따라 그 동일한 내용이 점점 폭넓고 깊이 있게 되풀이되어 가르쳐진다고 말할 수 있다."17)라고 언급하고 있다. 현대시의 위계화도 이러한 관점에서 접근할 수 있을 것으로 보인다. 이와 관련하여 최지현은 '블록 쌓기 모델'을 제시하며 "정전과 문학정서체험의 상호작용적 성격을 반영할 수 있는 위계적 구조여야 될 것이며, 동시에 그것이 시대적으로 변동하며 수정될 수 있는 모델이 되어야 할 것이다."18)라고 주장하였다.

　문학교육 내에서 위계화 개념과 관련하여 논의가 공전된 배경에는 지나친 객관주의를 요구하는 학계의 분위기도 일정하게 작용하였다고 할 수 있다. 위계화의 원리 속에는 조너선 컬러가 언급한 바, '짐작／추측'이라는 의미에서의 이론 개념19)이 도입될 필요가 있다. 그는 이론은 가설 이상이어야 하며 이론은 분명한 것일 수 없고 이론은 많은 요소들 가운데서 체계적인 유형이 복잡한 관계로 얽혀 있는 것이라고 주장한다. 그렇기 때문에 이론은 쉽사리 수긍되거나 반박될 수 없고, 푸코의 성의 이론에서 알 수 있는 바와 같이 '내재적으로는 사변적'이어야 할 것이라

---

17) 이홍우, 개정·증보판, 『지식의 구조와 교과』, 교육과학사, 2006, 73~74면.
18) 최지현, 앞의 논문, 89면.
19) 조너선 컬러, 이은경·임옥희 옮김, 『문학이론』, 동문선, 1999. 이 책에서 컬러는 이론을 상대성 이론과 같은 '이미 성립된 명제'라는 뜻과 가장 일상적인 의미로 사용되는 '짐작(추측)'이라는 뜻이 있다고 언급하고 있다(11면). 한편, "상식에 대한 비판과 대안적인 개념에 대한 탐구로서, 이론은 문학연구의 가장 기본적인 전제나 가정을 심문하는 것이며, 당연한 것으로 간주되었던 것을 흔들어 놓는 것이다."(15면)라고 주장하고 있기도 하다.

고 주장하고 있다.[20]

　이를 문학교육의 위계화 방안과 관련하여 원용하면 물론 엄밀하고 객관적인 자료에 의거해 위계화 원리를 구축하는 것이 바람직하나 현실 여건이 그러한 기준을 충족하지 못한다면 이론 자체의 성격이 그러하므로 기준을 변경할 필요가 있다는 의미로 받아들일 수 있다. 피아제의 언어 발달 단계나 다른 어떤 단계를 따른다고 하더라도 문학교육 현상과 관련한 위계화의 엄밀성은 보장될 수 없다면 그러한 현실을 수용한 상태에서 생산적인 논의를 할 필요가 있다는 것이다.

　이러한 관점에서 '위계화'의 개념에 대해 검토해 보면 이미 앞에서도 언급한 바와 같이 위계화는 여러 차원에 걸쳐 있는 개념이라고 할 수 있다. 현재 사용되고 있는 위계화의 개념과 양상을 현대시 교육 분야와 관련하여 정리하면 다음과 같다.

[표 3] 현대시 교육 관련 위계화의 개념 및 양상

위계화의 개념	1. 위계화 = 학습자의 수준(취향)　→　학습자 중심 2. 위계화 = 교육 내용(제재)의 배열　→　제재 중심 3. 위계화 = 학습 목표의 배열　→　목표 중심 4. 위계화 = 가르칠 순서　→　교육주체(특히 교사) 중심
위계화의 양상	1. 학습 목표 및 활동별 위계화 2. 학년 간 위계화 3. 교과서별 위계화 4. 학교급별 위계화(초등학교, 중학교, 고등학교) 5. 교육과정상 위계화(국민 공통 기본 교육과정, 선택 중심 교육과정, 국민 공통 기본 교육과정+선택 중심 교육과정) 6. 교과서 개발 기관에 따른 위계화(국정 교과서, 검정 교과서)

　위계화의 개념은 위의 표에서처럼 학습자의 수준이나 취향을 나타내

---

20) 조너선 컬러, 앞의 책, 12~20면 참조.

기도 하고 현대시를 배열하는 방식과 관련되기도 하며 학습 목표의 배열과도 연관되고 가르칠 순서를 의미하기도 한다. 이런 측면에서 본다면 위계화의 개념 자체가 추상화되어 있어 그것을 객관적으로 기술하고 체계화하는 방식이 문제이지 위계화의 개념 폭 자체가 제한적이지는 않다는 사실을 알 수 있다.

문제가 되는 것은 오히려 '위계화의 양상'인데 일단 개념적으로는 위의 [표 3]에 제시되어 있는 것과 같은 범주들을 생각해 볼 수 있다. 그런데 이 범주들을 가만히 들여다보면 그동안 현대시 교육 분야에서는 각각의 범주를 몇몇 국면에 국한해서 점검하는 방식을 취해 왔음을 알 수 있다. 즉 '학습 목표 및 활동별 위계화'와 '학년 간 위계화', '학교급별 위계화'는 주로 교육과정 항목과 관련하여 목표 차원에서 점검해 왔으며, '교과서별 위계화', '교육과정상 위계화'는 교과서와 관련하여 제재 차원에서 점검이 이루어졌다. 물론 학교급별 위계화의 경우에는 초등교육과 중등교육의 경계가 된다는 점에서 교과서와 관련하여 점검되어 왔지만, 이러한 이원화된 분류 기준은 일관된 관점에서 '위계화'를 바라보기 어렵게 만드는 요인이 되어 왔다. 즉 현대시 텍스트의 관점이라고 한다면 그러한 관점에서 학습 목표나 활동 등과 관련하여 일관되게 총체적으로 점검해 보아야만 진정한 의미에서의 위계화 양상에 대해 점검할 수 있으나 지금까지의 논의 양상은 그러한 형태로 진행되어 오지 못했다는 것이다.

[표 3]에서 '교과서 개발 기관에 따른 위계화'도 부분적으로 시행되고 있는 개념이긴 한데, 2007년 개정 교육과정 하에서 개발되는 '국어' 교과서는 중학교부터 고등학교 선택 과목까지 모두 검정으로 개발된다는 점에서 더욱 주목을 요하는 부분이라고 할 수 있다. 즉 적어도 한 출판

사에서 간행된 중학교 교과서부터 고등학교 선택 과목 교과서를 학습하면 학습 목표나 활동의 중복을 어느 정도 피하면서 학습자에게 꼭 필요한 현대시 제재가 습득될 수 있도록 하는 학습 환경을 마련할 필요가 있다. 어떤 의미에서는 중학교 과정의 어느 교과서를 학습하더라도 고등학교 과정의 '국어' 교과서나 선택 과목 교과서와 중복되지 않는 학습을 받을 권리가 학습자에게는 있다고 할 수 있다. 이를 위해서는 적어도 교과서 개발 기관별 텍스트의 위계화 양상이 학습자와 교육 관련자에게 공표될 필요가 있고 이를 바탕으로 교수·학습이 이루어질 수 있도록 하는 제도적 장치가 마련되어야 한다. 다음 절에서는 이런 점과 관련하여 현대시 텍스트를 위계화할 수 있는 방안을 점검해 보도록 하겠다.

4. 현대시 텍스트의 위계화를 위한 몇 가지 방안

문학교육 내에서 제재의 위계화를 실현하기 어려웠던 이유로는 위계화 개념에 대해 지나치게 객관주의적 잣대를 적용해 왔던 그간의 정황, 위계화의 개념과 양상에 대해 철저하게 분석하지 않은 채 적용해 왔던 학계의 관습 등을 들 수 있다. 그러므로 그러한 부분들을 고려하면서 어느 정도 주관적, 경험적 차원에서 단계를 설정할 필요가 있다고 판단된다.[21]

---

21) 방금주, 「음악학습의 위계화」, 『국악과교육』 11호, 한국국악교육학회, 1993, 3면.
　"일반적인 교육심리학에서의 학습 위계층 이론은 영역별로 조금씩 다르게 세분화되어 있지만 공통적인 기본원리는 감각적, 지각적으로 쉽게 받아들일 수 있는 정보로 구성되는 하위단계로 시작하여 응용, 적용의 다음 단계를 거쳐 원리의 개념화라든가, 창작, 추상화 과정의 상위단계로 연결된다는 것이다."

이때, 학습자의 개별적 특성을 고려하게 되면 위계화의 양상은 복잡해
진다. 이와 관련한 한 연구22)에서는 "중학생의 읽기 수준은 읽기 유창성
에 의해 읽기 능력이 결정되며, 고등학생은 다양한 분야에 대한 지식과
어휘를 알고 있는 것이 중요하다."라는 언급과 "읽기 수준이 하위인 학
생들은 읽기 인지 변인보다는 심리적 변인, 신체적 변인, 환경적 변인,
텍스트 변인과 같은 다른 변인의 영향을 더 받을 수 있다는 가정이 가능
하다."라는 언급을 통해 다양한 변인이 고려되어야 함을 강조하고 있다.

따라서 영역의 특성에 따라 위계화 방식이나 전략상의 변화가 있을
수밖에 없는데, 국어교육 분야에서 위계화 논의가 비교적 수월한 영역은
'국어지식 / 문법' 영역이라고 할 수 있다. 이 분야에서는 가르쳐야 할 교
육 내용은 어느 정도 합의가 이루어졌고, 그 내용을 어떤 방식으로 어떻
게 배열할 것인가가 주로 쟁점이 되어 왔기 때문이다.23) 그래서 기존의
교육과정과 교과서를 분석하고 목표 차원에서 어떻게 교육 내용을 보완
하고 수정할 것인가를 중심으로 논의가 진행되는 경우가 많았다.

현대시 분야에서는 위계화 논의와 관련하여 차라리 선정, 배열될 수
없는 텍스트의 조건을 점검하고 교과서의 제재 수용 양상을 고려하여
종합적인 방안을 모색하는 것이 생산적인 듯이 여겨지기도 한다. 학습자
의 발달 단계를 객관화하여 선정, 배열 및 위계화의 원리를 도출하는 것

---

22) 가경신, 「읽기 능력과 읽기 인지 변인과의 상관」, 『독서연구』 15호, 한국독서학회, 2006,
　　260면.
23) 민현식의 연구(「국어 지식의 위계화 방안 연구」, 『국어교육』 108호, 한국어교육학회,
　　2002)에서는 다음과 같이 주장하고 있다.
　　"문법 지식의 위계화에서는 복잡성(complexity), 학습성(learnability), 교수성(teachability)
　　이 고려되어야 한다."(84면)
　　이와 관련하여 박형우의 논의(「국어사 교육의 내용 선정에 대한 연구」, 『국어교육』 114
　　호, 한국어교육학회, 2004)도 참조할 만하다.

이 어렵다면 텍스트에 중점을 두어 나름의 체계화 방안을 모색하는 것이 바람직할 것이기 때문이다.[24]

이러한 여러 제한점에도 불구하고 현 단계에서 현대시 텍스트를 위계화하기 위해 다음과 같은 방안을 도입해 볼 수 있다.

첫째, 2007년 개정 교육과정에서 볼 수 있는 바와 같이, 교육 내용을 '내용 요소의 예'로 세분화하여 가르치고 배워야 할 내용을 촘촘히 제시하는 방식으로 한계를 극복하는 방안을 생각해 볼 수 있다.[25] 즉 목표를 세분화함으로써 교과서에 수록될 제재의 성격을 다양하게 선정하고 배열하는 방식이 그것이다.

둘째, 중등학교 '국어' 교과서는 검정 체제를 도입하게 되므로 위계화의 개념을 재정립하는 방안을 모색해 볼 수 있다. 앞에서 언급한 교과서

---

24) 그렇지만 현 단계에서 이 또한 만만한 작업은 아닌 듯하다. 지금까지 중등학교 국정 교과서에 수록될 수 없었던 현대시 텍스트를 죽 분류해 보면 우리가 일반적으로 알고 있는 상식에서 크게 벗어나지 않음을 알 수 있다. 어느 정도의 주관성은 인정한다 하더라도 선정, 배열될 수 없는 텍스트의 조건은 너무 주관적, 경험적이라는 점에서 오히려 생산적인 조건이 되지 못할 수도 있다. 참고로 선정, 배열될 수 없는 텍스트의 조건을 대략적으로 제시하면 다음과 같다.
  • 텍스트의 길이가 긴 작품(신동엽의 <금강>, 장정일·황지우의 일부 작품 등)
  • 친일 행적, 월북 후 활동 등 이념적으로 문제가 되는 시인의 작품(서정주, 모윤숙, 임화, 박팔양 등)
  • 해석이나 감상에 어려움이 있는 작품(이상, 김수영, 황지우, 이성복 등)
  • 주제나 시어, 형식 등이 교과서에 수록하기에 적절하지 않다고 판단되는 작품
  → 비속어가 많이 들어 있거나 성적 묘사가 두드러지는 작품(최영미, 신현림 등)
  → 우울하거나 암울한 정서를 강하게 노출하는 작품(기형도 등)
  → 현대시의 기본 형식에서 많이 벗어나 있는 실험적인 작품(황지우, 장정일 등)
25) 강성빈, 「현장 수업내용으로부터의 목표추출 및 위계화와 세분화의 가능성」, 『교육과정연구』 13호, 한국교육과정학회, 1995.
  이 연구에서는 실제 수업 과정에서 이루어지는 세부 수업 내용을 하위 목표로 규정하여 학습 목표와 수업상의 목표를 통해 목표상의 위계화를 모색하고 있다. 그러나 세세한 수업 분석에서 목표와 활동의 개념이 불명료할 뿐만 아니라 목표 중심 수업의 의미가 퇴색할 수 있다는 점에서 연구 결과에 대해서는 면밀한 고찰이 필요하다고 판단된다.

개발 기관에 따른 위계화 방식을 도입하되, 중학교와 고등학교에서 꼭 가르쳐야 할 내용을 중심으로 '제재의 표준화' 방식을 도입하는 것이다. 이를 위해 교과서 설계 단계에서 관련 교육 내용을 철저하게 조직한 계획서를 제출하게 하는 방안을 고려해 볼 수 있다.

셋째, 현대시의 경우, 문학사와 긴밀한 연관 관계를 갖도록 사전에 강제성을 지닌 지침으로 규정화하는 방안을 생각해 볼 수 있다. 문학사적으로 의미가 있는 작품, 반드시 다루어야 할 작가, 독특한 경향을 가지고 있는 작품 등에 대한 선정, 배열 작업이 반드시 이루어지도록 지침화, 절차화하는 것이다.

넷째, 현대시 제재의 수준을 가늠할 수 있는 기준을 수립하고 이를 공표하는 방식도 가능하다. 현대시 제재의 경우 길이가 짧거나 사용하고 있는 어휘가 쉬우면 쉬운 시라고 여기는 경향이 있으나 그렇지 않은 작품도 상당수 있다. 그러므로 제재가 형상화하고 있는 내용, 주제, 형식에 대한 포괄적인 고려를 통해 어느 정도 기준을 설정하여 교과서 개발 과정이나 교육 자료 구성 과정에서 활용하도록 하는 것이 바람직하다. 세부적인 기준을 마련하기가 어렵다면 적어도 상·중·하 3단계나 5단계 정도의 분류는 가능할 것으로 여겨진다. 물론 이를 위한 기초연구가 선행되어야 할 것이다.

다섯째, '부록'을 활용하는 방안26)을 고려해 볼 수 있다. 참고할 만한 작품을 교과서 '쉼터'나 '부록' 등에 선별적으로 수록하여 수록 작품 수를 늘린 후, 교사의 교육 내용 재구성에 따른 학습이 이루어질 수 있도록 유도하는 방안 등은 현실적인 한계를 극복할 수 있는 대안이 될 수

---

26) 박형우, 앞의 논문, 151면.

있다. 같은 맥락에서 '교사를 위한 현대시 작품집'과 같은 참고 자료를 교육인적자원부에서 출간하는 방식도 가능하다. 이러한 방식이 교과서에 수록되는 작품을 제한한다는 우려가 있을 수도 있지만 현행 제7차 교육과정 하의 교과서에 수록되어 있는 현대시 작품의 수나 경향이 몇 몇으로 한정되어 있다는 점을 고려하면 오히려 현대시 교육의 폭을 확장할 수 있는 방안이 될 수도 있다.

여섯째, 2007년 개정 교육과정 하에서 개발되는 교과서는 교육과정과 마찬가지로 상시 보완 체제를 구축하도록 되어 있다. 그러므로 교과서 개발 기관별로 교과서 개발 및 적용 이후, 수록 작품에 대한 적정화 연구를 수행하고, 그 결과를 교육주체가 공유할 수 있는 시스템을 도입하는 방안을 모색해 볼 수 있다. 지금까지 교과서 개발 및 적용 과정을 살펴보면 결정적인 오류가 발생한 부분에 대해서만 수정, 보완하였을 뿐 학습자나 교육 환경 등 변인의 변화 등에 대해서는 제대로 고려되지 않았음을 알 수 있다. 교과서가 정전은 아니라고 하더라도 교사들에게 지침 역할을 수행하는 것은 틀림없는 사실이므로 활용 과정에서의 교과서 수정, 보완은 의미 있는 변화를 가져올 수 있으리라고 판단된다.

참고문헌

가경신, 「읽기 능력과 읽기 인지 변인과의 상관」, 『독서연구』 제15호, 한국독서학회, 2006.
강성빈, 「현장 수업내용으로부터의 목표추출 및 위계화와 세분화의 가능성」, 『교육과정연구』 13호, 한국교육과정학회, 1995.
고영화, 「시조 교육의 위계화 연구」, 서울대학교 박사학위논문, 2007.
김상욱, 「초등학교 아동문학 제재의 위계화 연구」, 『국어교육학연구』 12호, 국어교육학회, 2001.
김중신, 「소설 교재의 위계화 가능성에 대한 고찰」, 『국어교육연구』 창간호, 국어교육학회, 1994.
김중신, 「문학교육에서의 인지의 문제―문학의 순환적 위계화의 필요성과 가능성」, 『문학교육학』 11호, 한국문학교육학회, 2003.
노명완, 「중학교 국어 교과서와 독서 교육」, 『제7차 교육 과정의 적용과 독서 교육의 방향』, 한국독서학회, 2001.
민현식, 「국어 지식의 위계화 방안 연구」, 『국어교육』 108호, 한국어교육학회, 2002.
박형우, 「국어사 교육의 내용 선정에 대한 연구」, 『국어교육』 114호, 한국어교육학회, 2004.
방금주, 「음악학습의 위계화」, 『국악과교육』 11호, 한국국악교육학회, 1993.
선주원, 「문학 교수·학습 내용의 위계화 연구」, 『새국어교육』 71호, 한국국어교육학회, 2005.
우한용, 「제7차 교육과정 개정에 따른 문학 교재의 개발 방향」, 『문학교육학』, 문학과교육연구회, 한국교육미디어 제5호, 1998 가을호.
유영희, 「국어 교과서 현대시 제재와 해석의 다양성」, 『국어 교육과 '국어' 교과서』, 돈암어문학 18집, 돈암어문학회, 2006.
이홍우, 개정·증보판 『지식의 구조와 교과』, 교육과학사, 2006.
최지현, 「문학교육에서 정전과 학습자의 정서체험이 갖는 위계적 구조에 관한 연구」, 『문학교육학』 53호, 한국문학교육학회, 2000.
최현섭 외, 『국어교육학 개론』, 삼지원, 2006.
조너선 컬러, 이은경·임옥희 옮김, 『문학이론』, 동문선, 1999.
프리드리히 쉴러, 안인희 옮김, 『인간의 미적 교육에 관한 편지』, 청하, 1995.

제 3 장

미디어 시대의 시 텍스트 변화 양상과 시 교육

최 미 숙

상명대학교 국어교육과

1. 서론

최근 서점에 가 보면 시집 출판 경향이 변화하고 있다는 것을 한눈에 알 수 있다. 우선 여러 시인의 시를 골라 편집한 시 선집이 다양한 형태로 출판1)되고 있으며, 시와 그림(혹은 사진)을 접목시킨 시집의 등장이 눈에 뜨이고, 또 CD-ROM 형식의 전자 시집이 등장하면서 다양한 낭송시집과 영상시집이 속속 선을 보이고 있다.

이 연구는 이러한 변화에 착목하고자 하는데, 시 텍스트의 이런 변화가 미디어 시대 디지털 기술의 발전 및 미디어 문화와 밀접한 관련이 있다는 점에 주목하고자 한다. 미디어 시대를 맞이하여 이루어지는 시 텍스트 변화의 양상과, 그러한 변화에 대해 시 교육의 관점에서 어떻게 접근해야 할 것인가를 논의하고자 하는 것이다. 특히 두 가지 문제를 관련지어 논의할 것인데, 그 하나는 미디어 시대 독자의 미적 지각 방식의 변화이며, 다른 하나는 미디어 시대 시 텍스트 형식의 변화이다. 이는 미디어 시대에 시 텍스트가 독자와 어떤 방식으로 만나고 있는가를 논의하기 위한 것으로, 독자의 미적 지각 방식의 변화가 시 텍스트 형식의 변화와 밀접한 관련이 있다고 보기 때문이기도 하다.

이 연구는 '시 텍스트의 소통 맥락'과 '미디어와 시 교육'을 다룬 기존 연구와 문제의식을 공유하고 있다. 그동안 시 교육 연구에서는 독자가 시 텍스트와 어떤 방식으로 만나며, 어떤 환경 속에서 시를 읽는가를

---

1) 김정우(2006)는 최근 시집 판매 동향을 '시선집의 강세', '유명 시인의 해설 시집의 강세', '특정 시인의 독과점'으로 정리한 바 있다.

중요한 연구 과제로 설정했다.2) 또한 미디어 시대에 접어들면서 시 교육을 재편할 필요가 있다는 논의3)도 중요하게 다룬 바 있다. 이러한 연구의 공통점은 그동안 시 교육의 중심 텍스트였던 정전 중심의 시 교육에서 더 나아가 독자를 중심으로 하여 이루어지는 시 문화 현상 혹은 시 텍스트의 소통 맥락을 시 교육의 관점에서 적극 고려할 필요가 있음을 강조한다는 점이다.

시 교육이 그동안 시가 창작되고 독자들에게 읽히는 방식, 독자들의 시적 취향의 변화에 관심을 두었던 이유는, 교실에서의 시 읽기와 일상 생활에서의 시 읽기의 현실적 격차를 좁히면서 독자의 삶에 실질적 영향력을 갖는 시 교육을 설계하기 위해서였다. 미디어 시대라는 시 읽기 환경, 독자의 시적 취향, 시 텍스트의 형태적 변화를 관련지어 논의하고자 하는 이 연구가 시 교육에 중요한 이유도 바로 여기에 있다. 미디어 시대 독자들의 실질적인 시 읽기 방식에 관여하는 다양한 텍스트 요인을 분석함으로써 시 교육의 방향과 시 교육의 내용을 설정하는 데 중요한 시사점을 제공할 수 있기 때문이다.

미디어 시대 시 텍스트 변화에 대한 구체적인 논의를 위해 여기에서는 최근 시집 출판 경향에 주목하여 살펴볼 것이다. 시집 출판의 방식이

---

2) 현대 사회의 문화적 산물인 '키치 시'에 대해 시 교육이 주목할 필요가 있다는 논의(최미숙, 1995), 교실에서의 시 읽기와는 다른 형태로 이루어지는 독자들의 일상적인 시 읽기 경험을 고려해야 한다는 논의(김창원, 1997), 일상생활 속에서 생산되고 유통되는 것을 문화로 보는 확대된 문화 개념을 바탕으로 현대시의 소통 과정(생산, 분배, 소비)에 주목할 필요가 있다는 논의(윤여탁, 2006), 시 교육의 관점에서 시의 대중성을 논한 연구(김정우, 2006) 등을 대표로 들 수 있다.

3) 시 교육에 다양한 매체언어를 도입하여 교수·학습할 필요가 있다는 논의(윤여탁, 2000), 문학교육에 디지털 시 교육을 본격적으로 도입할 필요가 있다는 논의(남민우, 2006), 디지털 시대에 시의 생활화를 위한 새로운 관점의 시 교육이 필요하다는 논의(최미숙, 2007) 등이 대표적인 예에 속한다.

나 경향이 독자의 시 읽기 방식이나 시 향유 방식4)과 밀접한 관련을 갖기 때문이며, 최근 인터넷을 통한 다양한 시 향유 방식을 시집 출판에 적극 반영하고 있기 때문이다.5) 이는 새롭게 창작되는 시가 아니라 기존에 발표된 시를 새로운 형식으로 변화시켜 출판하는 경향에 주목하는 것이기도 하다. 기존 시 텍스트와의 비교를 통해 최근 시 텍스트의 변화를 논의함으로써 변화의 특성을 좀 더 효율적으로 분석할 수 있기 때문이다.

이상의 논의를 위해 미디어 시대 시 텍스트의 변화 중 중요한 측면으로 시 텍스트의 '변환'에 주목하고자 한다. '변환'이란 문자 그대로 원텍스트의 상태와 다르게 변하여 바뀌는 것을 의미한다. 미디어 문화의 활성화와 디지털 기술의 발달로 시 텍스트의 매체 변환이 이루어지고 있는 바, 시 텍스트의 매체 변환에 대해서는 슈넬(R. Schnell)이 구분한 '전용(Transposition)'과 '변형(Transformation)' 개념을 원용하여 논의할 것이다. 슈넬에 의하면, 소설이 영화화되면서 '소재, 갈등상황 또는 플롯의 전이'가 드러날 때 그것을 '전용'이라 하며, 이에 비해 변형이란 '어떤 미디어가 다른 미디어의 형식 언어를 구조적으로 변화시킨 것'을 의미하는데, 여기서 '변형 과정'은 미학적으로 매우 중요한 결정인자가 된다(R. Schnell, 2000 : 252).6)

---

4) 이 논의와 관련하여 「디지털 시대, 시 향유 방식과 시 교육의 방향」(최미숙, 2007)을 참조할 수 있다. 디지털 기술의 발달과 더불어 가능해진 여러 디지털 시의 유형(전자게시판 시, 멀티미디어 시, 핸드폰 문자 시)과 가능성을 다루고 있다.

5) 이 논의가 미디어 시대의 시 텍스트를 논의하면서 하이퍼텍스트 시나 멀티포엠 등의 시를 논의하지 않는 것은 현재 시점에서 그러한 시들이 독자와 어떤 점에서 미적인 공유가 가능한가에 대하여 논의하기 어렵다고 보기 때문이다. 그리고 무엇보다 그 시들은 독자의 시 향유 방식의 변화와 관련지어 논의하기에 거리가 있다고 판단하였기 때문이기도 하다.

6) 슈넬은 주로 소설을 예로 들어 텍스트의 변환을 논의하고 있지만, 그 미학적 특성은 시

　이렇게 보면 '텍스트의 전용'이란 원 텍스트의 특성과 구조, 모티프 등은 보존하면서 다른 텍스트 상황으로 위치를 변경하는 것으로 볼 수 있으며, '전용'이 이루어진 텍스트의 경우 여전히 문학적 관점에서 분석할 필요가 있다. 시 텍스트를 예로 들 경우, 원래의 시 텍스트에 표현된 시의 화자, 시의 상황이나 형식 등은 보존하면서 다른 텍스트의 상황에 놓이는 경우를 전용이라 할 수 있을 것이다. 이때 원래의 시 텍스트는 다른 텍스트 상황에 놓이면서 새로운 의미 변화를 보이게 된다는 점에 유의해야 하며, 그럼에도 여전히 문학적 관점에서의 분석이 중요하다는 점 또한 고려해야 한다.

　이에 비해 '텍스트의 변형'은 원 텍스트가 지니는 모티프는 공유하면서 다른 새로운 텍스트로 변환되는 것이다. 텍스트 변형의 과정을 통해 원 텍스트와는 다른 특성과 구조를 지닌 새로운 텍스트로 거듭나며, 따라서 이 경우에는 원 텍스트가 지닌 문학적 관점에서의 분석보다는 새로운 텍스트의 특성에 맞는 분석이 필요하다. 한 미디어가 다른 새로운 미디어를 통해서 확장되거나 보완된다고 할 때, 예를 들면 문자언어로 표현된 시 텍스트가 디지털 미디어를 통해서 영상 이미지와 소리, 음향 등과 결합된 텍스트로 표현될 때 그것은 문자로 표현된 시와는 다른 새로운 텍스트가 된다는 점을 고려하여 분석해야 하는 것이다.

　이러한 텍스트 변환의 관점은 미디어 시대 변화된 시 텍스트를 해석하고 표현하는 데 의미 있는 시각을 제공할 수 있을 것이다.

텍스트의 매체 변환에도 적용 가능하다.

2. 미디어와 미적 지각 방식의 변화

제2미디어 시대[7]를 맞이하여 시의 유통 방식이 변화하고 있다. 예전처럼 책 형태의 시집 속에만 존재하는 것이 아니라 전자게시판, 카페, 미니홈피, 블로그 등 무수한 인터넷 사이트에 존재하며, **CD-ROM** 형식의 전자 시집으로도 만날 수 있다. 이런 현상의 이면을 보면, 미디어의 발달이 시 텍스트의 형태적 측면을 변화시키고 있음을 알 수 있다.

미디어의 발달이 문학 텍스트의 형태를 변화시킬 수 있다는 것을 우리는 이미 개화기를 전후하여 경험한 바 있다. 1883년부터 시작된 새로운 인쇄술의 도입은 문학 텍스트의 형태와 대중의 문학 향유 방식의 측면에서 많은 변화를 가져왔다. 우선 문학 텍스트의 측면에서 볼 때, 텍스트의 형태가 유동적이었던 데서 벗어나 인쇄를 통해 고정화되었으며, 활자의 크기 조절, 행갈이, 도형의 삽입 등이 용이해지면서 시의 형태적 측면을 시각적인 것으로 변화시키는 데 많은 영향을 미치기 시작했다. 음성 언어로 표현된 문학 텍스트 그리고 필사 문화에 의해 표현된 문학 텍스트와는 다른 특성을 지니게 된 것이다. 근대 자유시가 운율의 측면보다 이미지의 측면을 강조하는 시로 바뀐 데에는 인쇄술의 발전이 무시할 수 없는 영향을 미쳤다고 볼 수 있다(홍정선, 1992).

그리고 향유 방식의 측면에서 볼 때 작품 내용을 여러 사람이 듣는 방식에서 개인적으로 글을 읽는 독서 방식이 자리 잡기 시작한다. 이른바 개인적인 차원에서 텍스트를 읽는 방식이 정착되기 시작하는 것이다.

---

7) 이 용어는 M. Poster의 용어다. M. Poster(1998)는 소수의 메시지 생산자와 다수의 메시지 소비자라는 방송 모델이 지배하는 시기를 제1미디어 시대라 하고, 인터넷과 같은 쌍방향적이며 탈중심화된 미디어가 중심이 되는 시기를 제2미디어 시대라 한다.

이전의 필사 문화가 대화적 성격을 지니고 있었다면, 인쇄문화로 접어들면서 대화적 성격은 사라지고 폐쇄적인 성격을 띠게 되며 개별화되는 현상을 보이게 된다.[8] 이렇듯 인쇄술의 발달이라는 미디어 환경의 변화는 유동성에서 고정성의 획득이라는 문학 텍스트의 변화를 가져오며 아울러 개인적 차원의 문학 향유라는 새로운 차원을 열었다.

인쇄 기술의 발달로 인해 음성언어 대신 문자언어가, 필사 방식 대신 인쇄 방식이 문학 텍스트 생산의 중요한 역할을 했던 것처럼, 디지털 기술의 발달로 도래한 미디어 시대에는 매체언어가 그 역할을 하리라는 예상이 가능하다. 실질적으로 최근의 문화 현상에서 이러한 모습을 발견할 수 있는데, 문자언어 중심의 시 텍스트에서 더 나아가 다양한 기호를 결합한 매체언어로 표현된 시 텍스트를 선호하는 현상이 등장하고 있는 것이다. 이러한 특성은 인쇄된 시집에 문자 언어로만 표현된 시보다는 그림, 이미지, 동영상, 소리, 음향 등과 결합하여 새로운 텍스트로 변환된 시 텍스트를 즐기는 현상과 밀접한 관련이 있다. 이제 시 텍스트는 인터넷상에서 다양한 모습으로 변주를 거듭하고 있으며, 이런 현상은 시집 출판에도 영향을 미치고 있다.

미디어 시대를 맞이하면서 우리들의 미적 지각 방식에는 미디어 문화에 의해 형성된 다양한 영상 이미지들, 음향, 스펙터클 등이 영향을 미치고 있다. 특히 미디어 문화는 이미지와 음향, 그리고 스펙터클을 통해 일상생활을 구조화하고 여가 시간을 지배하며, 나아가 미적 지각 방식의 변화를 유도하고 있다. 일상적 감각을 새롭게 구성하면서 미적 감각 또

---

8) 일단 활자의 조판이 닫혀지고 죄어지게 되면, 혹은 사진평판이 만들어지고 그것이 종이에 인쇄되면, 텍스트는 손으로 쓴 것만큼(삭제나 삽입 등) 변경하기는 어렵다. 대조적으로 필사본은 주석이나 난외 방주를 통해서 그것의 외부 세계와 끊임없이 대화를 주고받는다(W. J. ONG, 1995 : 200).

한 새롭게 재편하고 있는 것이다. 이러한 변화는 자연스럽게 시적 취향, 시를 보는 방식의 변화도 수반하고 있다.[9]

우선 디지털 영상 문화의 발달은 독자들이 문자로만 이루어진 텍스트를 읽는 것에 만족하지 않고 다양한 기호의 결합으로 이루어진 텍스트를 선호하는 데 많은 영향을 미치고 있다. 또한 영상 문화의 발달은 문자 언어를 읽는 방식 자체에도 변화를 주고 있다. 와다와쯔히코에 의하면 우리는 독서를 할 때 무의식적으로 활자를 영상화하면서 읽는다고 한다. 거기에는 영화와 TV가 영향을 미치고 있는 것인데, 정작 독자는 그 점에 대해서는 제대로 인식하지 못하고 있다고 한다. 글을 읽고 있는 중에 카메라가 돌고 있다는 것을 의식하지 못하고 있으며, TV 드라마나 영화의 문법을 이용하여 글을 읽으면서도 그것을 의식하지 못하는 것이다. 그러면서도 독자는 그러한 테크놀로지의 코드 없이 스스로가 상상하면서 읽는다고 생각한다고 한다(스가야 아키코, 2001). 이러한 논의는 디지털 중심의 영상 문화의 발달로 인해 독자들의 미적 지각 방식이 어떻게 변하고 있는가를 잘 보여주는 부분으로서, 무의식적으로 이루어지는 독자의 문학 텍스트 선호 현상이나 읽기 방식이 실은 미디어 문화 환경과 밀접한 관련이 있다는 점을 주장하는 것이다.

독자의 미적 지각 방식의 이러한 변화는 최근 출판되는 시집 경향에서도 나타난다. 이미 하얀 종이에 문자 언어로 출판된 시 텍스트가 다른 형태로 탈바꿈하여 새롭게 등장하고 있는 것이다. 시에 걸맞은 그림이나

---

9) 최동호·이성우(2003)는 박목월의 시 <청노루>에 대한 대학생들의 미의식 변화를 지적하고 있다. <청노루>에 대해 1990년대 대학생 독자들이 현실에 존재하지 않는 시의 세계에 대해 시적 공감을 느낄 수 없다고 비판한 것에 반해, 2000년대 초의 독자들은 <청노루>의 자연이 현실에 존재하지 않는 것이기 때문에 오히려 현실적일 수 있다는 감각의 변화가 이루어지고 있다는 것이다.

사진을 같이 결합하거나, 시에 대한 다양한 글을 함께 결합하여 싣는 경우, 그리고 이미지, 배경 음악, 플래시 동영상, 목소리 등을 결합하여 하나의 영상시로 제작하는 경우 등이 그 예이다.

그러한 현상은 앞에서 논의했듯 인터넷의 발달이나 영상 문화의 발달로 독자의 미적 지각 방식이 변화한 것과 밀접한 관련을 갖는다. 문자 언어로 표현된 시를 읽으면서 다양한 영상 이미지들을 떠올리거나, 특정 텍스트를 덧글과 함께 읽으면서 의미를 공유하는 방식은 미디어 시대 독자들에게 이미 친숙한 읽기 방식이자 소통 방식이다. 독자들은 무의식적으로 시 텍스트의 문자를 영상화하면서 읽고 있으며, 인터넷 게시판을 통해 활성화된 덧글은 시 텍스트에 대한 덧글 텍스트를 일상적인 방식으로 수용하는 데 많은 역할을 하고 있다.

이제 이런 논의를 바탕으로 시 텍스트가 과연 어떤 방식으로 변화하고 있는지 구체적으로 논의할 필요가 있을 것이다.

3. 시 텍스트의 매체 변환

시 텍스트의 매체 변환을 살펴볼 때, 시와 그림(혹은 사진)을 결합하여 표현한 시화(詩畵) 텍스트는 텍스트의 '전용'에, 영상시는 텍스트의 '변형'에 해당하는 것으로 볼 수 있다. 여기에서는 시화 텍스트와 영상시에 대해 논의하고자 한다.

1) 시화 텍스트

최근 출판되는 시집을 보면, 시와 그림(혹은 사진)을 결합하여 시집을 출판하는 경우를 종종 볼 수 있다.[10] 물론 예전과 동일하게 그림이 시의 단순한 배경으로 존재하는 경우도 있다. 하지만 그림이 시를 보조하기 위한 삽화(挿畵) 혹은 시의 배경이 아니라 문자 언어와 동등한 하나의 기호로 존재하면서 문자와 결합하여 통합적인 새로운 의미 형성에 기여하는 경우가 많다는 점에 주목할 필요가 있다. 이 경우, 그림은 시의 의미를 보충하거나 이해를 돕기 위해 넣는 삽화로서의 기능이 아니라 독자적인 의미를 담은 하나의 기호로서의 역할을 한다.[11] 문자 언어와 그림 언어의 결합을 통하여 시 텍스트의 의미를 확장하는 역할을 하는 것이다.

이 경우, 그림은 시와 미적으로 동등한 자격을 지니면서 결합하는데, 그 변환의 과정에서 문자 언어로 표현된 시 텍스트의 특성이나 구조를 변형시키지는 않는다는 점이 중요하다. 원 텍스트의 특성을 유지하면서 그림이라는 새로운 기호와 결합하는 것이다. 다음에 예로 드는 김종삼 <묵화>의 시화 텍스트(신경림 엮음, 2006)가 이런 특성을 잘 보여주고 있다.

---

10) 그 중 몇 권의 예를 들면 다음과 같다.
　　정호승 엮음·박항률 그림, 『너를 사랑해서 미안하다』, 랜덤하우스, 2005.
　　김춘수 시·최용대 그림, 『김춘수 자선 시화집 : 꽃인 듯 눈물인 듯』, 예담, 2005.
　　김남조 시·윤정선 그림, 『사랑하리, 사랑하라』, 랜덤하우스, 2006.
　　신경림 엮음, 『처음처럼 : 신경림의 소리내어 읽고 싶은 우리 시』, 다산책방, 2006.
　　안도현 엮음·김기찬 사진, 『안도현의 노트에 베끼고 싶은 시 : 그 풍경을 나는 이제 사랑하려 하네』, 이가서, 2006.
　　안도현 엮음·박남철 그림, 『잠들지 않은 것은 나와 기차뿐』, 랜덤하우스 중앙, 2006.
　　김용택 엮음·선종훈 그림, 『언제나 나를 찾게 해 주는 당신』, 랜덤하우스 중앙, 2006.
　　양성우 시·강연균 그림, 『길에서 시를 줍다』, 랜덤하우스, 2007.
11) 시집에 시인 이름과 그림을 그린 화가의 이름을 같이 명시하는 것도 그런 이유로 볼 수 있다.

이 텍스트에는 양쪽 면에 걸쳐 그림이 펼쳐져 있으며, 왼쪽 면 위쪽에 시가, 오른쪽 면 위쪽에 시 감상을 위한 간략한 도움말이 실려 있다. 그런데 여기서 그림이 단순히 시의 배경 화면에 그치지 않는다는 것을 쉽게 알 수 있다. 시의 의미를 또 다른 방식으로 구조화하고 있기 때문이다. 우선 그림에는 시에 표현된, 물 먹는 소 목덜미에 손을 얹은 할머니의 모습이 보이지 않는다. 서로 다른 페이지에, 일을 마치고 홀로 돌아오는 소와 할머니의 모습이 각각 그려져 있다. 문자로 표현된 시가 일을 마친 후 물을 마시는 소와 소 목덜미에 손을 얹은 할머니의 모습을 표현한 것이라면, 그림은 거친 노동을 마치고 집으로 돌아가는 소와 할머니의 모습을 각각 분리시켜 표현함으로써 문자로만 표현된 시와는 다른 관점에서 접근하도록 유도하고 있다.

시와 그림의 이러한 구성 방식은 시에 표현된 소와 할머니의 상봉을 그리는 것을 독자의 몫으로 남겨두는 것으로 볼 수 있다. 즉 그 장면을 독자의 상상력을 통해 채울 것을 요구하는 것이다. 따라서 그림은 할머니가 물먹는 소의 목덜미에 거친 손을 얹는 이미지를 독자 스스로 생성하지 않을 수 없도록 한 장치이며, 거친 노동 후에 서로 위로하는 장면을 숨김으로써 오히려 그 의미를 강화하기 위한 기호로 볼 수 있다. 또한 그림은 소와 할머니가 만나는 방식을 다른 방식으로 전경화하기 위한 중요한 요소로서의 역할을 하고 있다. 이 시화 텍스트에 표현된 그림은 문자 언어만으로 표현된 시와는 다른 방식으로 시 텍스트의 의미 자질을 전경화하고 있는 것이다.

이런 시화 텍스트의 등장은 전통적으로 활자의 형태로만 출판하던 시집이 미디어 시대를 맞이하여 이루어낸, 일종의 매체언어를 활용한 자기 변신의 일환으로 볼 수 있다. 또 이런 현상은 분명 디지털 기술의 발달로 인하여 독자들의 미적 지각 방식이 변화한 데서 기인한 것으로 보아야 한다. 디지털 기술의 발달로 인한 독자의 미적 지각 방식의 변화가 시집 출판에 영향을 주고 있는 것이다. 디지털 카메라, 핸드폰 카메라, TV, 영화 등을 통해 다양한 이미지와 접하고 컴퓨터 화면을 통해 일상적으로 영상 이미지와 접하면서 독자들의 지각 구조가 문자언어로만 표현된 시보다는 다양한 그림이나 사진 등의 시각 이미지와 함께 결합되어 표현된 시를 선호하는 방식으로 변화하고 있는 것이다. 다시 말하면, 시화 텍스트는 문자언어와 그림이 결합하여 텍스트를 이룬 것이며, 문자와 영상이 결합된 텍스트를 선호하는 독자의 미적 감각을 고려한 텍스트로 볼 수 있다.

2) 영상시 텍스트

영상시[12]란 이미지, 동영상 플래시, 소리, 음향, 목소리 등이 결합하여 하나의 텍스트로 표현된 시를 의미한다.[13] 이 텍스트에는 다양한 기호들이 결합되어 있지만 특히 영상과의 결합이 주도적으로 작용하기 때문에 영상시라는 용어를 사용하는 것이 적절한 듯하다. 이런 영상시 또한 기존의 문자 언어로만 이루어진 시에 비해 매체언어로 구현된 시라 할 수 있다.

독자들은 이러한 형태의 영상시를 다양한 방식으로 즐기고 있다. 문학나눔사업추진위원회에서는 시 낭송에 영상과 음악을 곁들인 영상시를 독자들에게 e-메일로 배달하고 있다. 주로 기성 시인들의 시를 그림이나 사진, 애니메이션 등을 활용해 움직이는 이미지 플래시로 제작한 것인데, 시인의 육성이나 성우 등의 낭송을 곁들여 독자들이 보고, 들을 수 있도록 제작했다. 도종환 시인이 문학집배원을 자칭하면서 영상시를 e-메일로 배달한 바 있으며, 이후 안도현, 나희덕, 문태준, 김기택 시인이 차례로 e-메일로 시를 배달하고 있다.[14]

---

12) 이 연구에서 '영상시'는 처음부터 영상시로 제작된 시 텍스트보다는 서론에서 서술했듯 기존의 시 텍스트를 영상시로 변환한 경우에 한하여 논의하는 것임을 밝히고자 한다.
13) 때로는 영상시에서 목소리가 드러나지 않는 경우도 있으며, MP3 파일을 통해 낭송시만 들을 수도 있다. 낭송시는 시와 소리, 음향, 목소리 등이 결합하여 하나의 텍스트로 표현된 시로서 시와 목소리가 하나의 파일로 만들어졌다는 점에서 사람이 직접 시를 낭송하는 '시 낭송'과는 다른 것으로 보아야 한다.
14) 시 배달뿐만 아니라 문장배달도 이루어지고 있다. 주로 산문이나 소설 작품 중 일부를 시배달과 같은 형식으로 제작하여 전달하고 있다. 한편, 소설의 내용을 CD에 담아 읽어 주는 오디오북도 최근 인기다. 소설가 은희경의 아홉 번째 작품 『아름다움이 나를 멸시한다』에 수록된 단편 <날씨와 생활>을 오디오 북으로 다시 제작했다. 은희경의 <날씨와 생활>(CD-ROM, (주)창비)의 경우, 작가가 작품에 대한 간단한 소개를 한 후 성우가 작품을 읽어준다. 독자는 CD를 구동시키면서 성우가 읽어주는 작품을 들으면서 감상할 수 있다.

　한편 시를 배경음악과 함께 낭송한 낭송시집이 CD-ROM으로 제작되기도 했으며(도종환, 2006), 도종환 시인은 시 배달을 하면서 작성한 플래시 동영상을 모아 『꽃잎의 말로 편지를 쓴다 : 도종환의 시 배달(2007)』이라는 영상시집을 멀티미디어북(CD-ROM) 형태로 발간하기도 했다.[15) 또 창비에서는 창간 40주년을 맞아 낭송시집 『언어의 촛불들이 피어날 때』를 제작했는데, 고은, 신경림, 김정환, 나희덕 등 25명의 대표작을 육성으로 담은 낭송시집 CD(강은교 외, 2006)는 컴퓨터에서 영상이 담긴 플래시로 감상할 수 있고, 오디오에서도 음악과 어우러진 낭송을 간편하게 들을 수 있도록 되어 있다.[16)

　이러한 형태의 시는 시 텍스트의 매체 변환 중에서도 '변형'에 해당한다. 디지털 미디어가 인쇄 미디어의 문자 언어를 구조적으로 변화시키면서 새로운 텍스트로의 변형이 이루어지는 현상을 보이고 있기 때문이다. 변형 과정에서, 문자 언어로 시 텍스트를 읽을 경우 독자의 상상으로 이루어지던 시의 상당 부분이 음향이나 동영상 이미지로 채워지며 때로는 탈락되는 부분도 발생한다. 또 화면 구성을 위해 시행이나 연을 변화시킴으로써 텍스트의 특성이나 구조를 변화시키기도 한다. 이러한 특성은 영상시를 감상하고 표현하는 데 관여하는 매우 중요한 특성이다. 다음은 그 예인데, 인쇄된 시집에 문자 언어로 표현된 시 텍스트와 '텍스트의 변형'이 이루어진 '도종환의 시배달'에서 배달한 영상시를 비교해 보면 그러한 특성이 잘 드러난다.

---

15) 2007년에 들면서 교보문고 시 분야 베스트셀러 10위권 안에 신경림의 『처음처럼 : 신경림의 소리내어 읽고 싶은 우리 시』와 도종환의 『꽃잎의 말로 편지를 쓴다 : 문학집배원 도종환의 시배달』이 진입하고 있다.

16) 이에 대한 자세한 설명은 최미숙(2007)을 참조할 것.

밭

정우영

　암시랑토 않다. 니얼 내리갈란다. 내 몸은 나가 더 잘 안디, 이거는 병이 아녀. 내리오라는 신호제. 암면, 신호여. 왜 나가 요새 어깨가 욱씬욱씬 쑤신다고 잘허제? 고거는 말이여, 마늘눈이 깨어나는 거여. 고놈이 뿌릴 내리고 잖으면 꼭 고로코롬 못된 짓거리를 헌단다. 온 삭신이 저리고 아픈 것은 참깨, 들개 짓이여. 고놈들이 온몸을 두들김서 돌아댕기는 것이제. 가심이 뭣이 얹힌 것맹키로 답답헌 것은 무시나 배추가 눌르기 땜시 그려. 윗배가 더부룩허고 속이 쓰린 것은 틀림없이 고추여. 고추라는 놈은 성깔이 쪼깨 사납잖여. 가끔씩 까끌허니 셋 바닥이 돋는디 나락이여, 나락이 숨통을 틔우고 잖은게 냅다 문대는 것이제. 등허리가 똑 뿐질러진 것맨치 콕콕 쏘아대는 것은 이놈들이 한테 모여 거름 달라고 보채는 거여. 밍그적거리면 부아를 내고 난리를 피우제. 그려, 내 몸이 곧 밭이랑게. 근디 말여, 나가 여그 있다가 집에 내리가잖냐. 흙냄새만 맡아도 통증이 싹 사라져뿐진다. 신통허제? 약이 따로 필요 없당게. 하이고, 먼 지랄로 여태까장 그 복잡헌 디서 뀌대고 있었다냐 후회막심허지. 인자 내 말 알아들었제? 긍게로 나를 짠하게 생각허덜 말그라. 너그 어매는 땅심으로 사는 사람이여. 나가 땅을 버리면 아매도 내 몸뚱이가 피를 토할 거이다. 그러니 내 말 꼭 명심히야 써. 어매 편히 모시겠다는 말은 당최 꺼내지도 마라. 너그 어매 죽으라는 소린게로. 알겠제?

— 도종환 엮음, 2007

시집에 실린 정우영의 <밭>은 문자 언어로만 표현된 텍스트로, 시 전체가 30개의 문장으로 이루어진 하나의 연으로 구성되어 있다. 시적 화자인 어머니가 아들에게 말하는 형식으로 표현되어 있는데, 자식 집에 머물러 있던 어머니가 어느덧 한 몸이 되어버린 자연과 더불어 농사지으며 살기 위해 고향에 내려가겠다고 말하고 있다. 시적 화자가 구사하는 전라도 방언이 시적 표현을 통해 구수하게 표현되어 있으며, 마치 자식을 앞에 두고 대화는 나누는 듯한 문체로 표현되어 있다. 가끔씩 의문형 문장이 등장하기는 하지만 그것은 직접 대화의 형식이기보다는 자식을 향해 읊조리는 독백 형식의 표현이다. 이런 표현 방식을 통해 자식을 향해 잔잔한 목소리로 고향으로 내려가야 한다고 천천히 이야기하는 어머니의 이미지를 잘 살려내고 있다.

그런데 이러한 시 텍스트가 영상시로 표현되는 과정에서 몇 가지 형태상 변화를 보이고 있다. 우선 원 텍스트에 하나의 연으로 구성된 30개의 문장을 영상시에서는 31개의 시행으로 재구성하여 표현하고 있으며, 또한 그것을 5개 화면으로 나누어 표현하여 마치 5연으로 이루어진 시라는 느낌을 준다. 인쇄된 시집에 표현된 방식과 영상시의 화면에 표현된 방식이 달라진 것이다. 아마도 영상시에서 31개의 시행으로 구성한 것은 시 낭송의 속도를 고려하면서 동시에 컴퓨터 화면에서 시를 보기 편하도록 표현하기 위한 것인 듯하다.

또 영상시의 경우, 문자언어로만 표현된 전라도 방언이 음성언어를 통해 생생하게 구현되고 있다. 잔잔하게 흐르는 음악, 플래시 동영상으로 표현된 늙은 어머니의 움직이는 모습은 이 시가 드러내고자 하는 고향 어머니의 이미지를 잘 드러내는 역할을 한다. 이런 텍스트 변형을 거쳐, 인쇄된 시집에 표현된 정우영의 <밭>과 영상시로 표현된 정우영의 <밭>은 다른 텍스트가 되었다. 이제 이 텍스트는 '도종환의 시배달에 실린 정우영의 <밭>'이라는 제목으로 불러야 하며, 이렇게 보면 시 텍스트의 '변형' 과정에서 다양한 이본이 가능해질 것이다.

이러한 특성은 대부분의 영상시에서 쉽게 발견할 수 있다. 또 다른 예를 들면, 박시교의 <이별 노래>는 12개의 시행이 12개의 연으로 구성되어 있다. 시행과 시행 사이를 넓힘으로써 한 행이 한 연으로 구성된 형식을 취하고 있는 것이다. 그런데 영상시에서는 완전히 다른 형태로 시행을 배치하고 있다. 4개의 화면에 각각 1~3행, 4~5행, 6~9행, 10~13행으로 구성하여 4연으로 이루어진 시가 된 것이다.

이렇듯 문자언어로 표현된 시와는 달리 영상시는 시를 표현하는 방식이 달라진다. 시를 전경화하는 요소가 달라지는 것이다. 서정시는 다른

장르와는 달리 "언어의 비의미론적인 성질-소리, 리듬, 글자의 반복 등
-을 전경화(J. Culler, 1999 : 126)"함으로써 장르적 특성을 드러낸다. 서정
시에서 시행과 연의 구조는 매우 중요하다. 그런데 영상시에서는 시의
낭송 속도와 화면 구성을 위해 시행과 연의 요소가 지니는 비중은 약화
되고, 음향, 낭송하는 목소리, 이미지(혹은 동영상) 등이 중요한 전경화 요
소로 새롭게 자리매김한다. 이제 시에 대한 느낌이나 감상이 낭송하는
목소리, 이미지, 동영상 등에 의해 좌우되는 현상이 발생하며, 영상시에
서의 텍스트 변형은 주로 이런 점과 관련하여 이루어진다.

소설을 영화화한 경우, "영화가 원전에 미치지 못하여, 그러한 자신들
의 환상이 더 매혹적이라고 생각하는 독자들이 나르시시즘적인 아픔을
경험(R. Schnell, 2000 : 243)"하는 경우가 있는데, 영상시의 독자 또한 그러
한 경험을 겪을 수도 있다. 영상시로 매체 변환하는 과정에서 시의 세계
를 상상을 통해 그려낼 수 있는 독자만의 선택권이 자칫 특정 영상으로
고정되면서 생기는 현상인 것이다. 독자가 상상했던 시적 화자의 목소리
가 구체적인 목소리를 가진 실체로 나타나고, 시를 둘러싼 분위기와 여
백이 구체적인 이미지와 동영상으로 드러나며, 시에 등장하는 인물이 각
기 구체적인 얼굴과 목소리를 가진 인물로 등장한다는 점에서 영상시
역시 독자들이 '나르시시즘적인 아픔'을 경험할 수 있는 것이다.

하지만 영상시 또한 시를 읽은 후에 발전시킨 영상들로서, 독자가 읽
은 시 텍스트를 다른 기호를 결합하여 새롭게 텍스트화한 것이다. 독자
가 상상한 시적 화자의 목소리를, 독자가 읽은 시 텍스트의 공간에 존재
하지 않던 여러 부재 요소들을 찾아내어 하나의 텍스트로 완성하는 것
이다. 그 과정에서 중심 요소가 부차적인 것으로 물러앉을 수 있으며,
새로운 의미가 첨가될 수 있다. 따라서 이러한 영상시는 원 텍스트와 밀

접한 관련은 있지만 새로운 텍스트의 생산으로 보아야 한다. 마치 "영화화된 문학은 텍스트와의 비교보다는 오히려 영화로서의 분석을 필요(R. Schnell, 2000 : 245)"로 하는 것처럼, 영상시의 경우도 문자로만 표현된 시를 읽는 방식보다는 영상시의 문법으로 읽는 작업이 필요하다.

4. 시와 '덧글'의 통합 텍스트 형성

시와 '그 시에 대해 쓴 글'을 같이 실은 시집이 독자들로부터 꾸준한 인기를 끌고 있으며, 일간지에서도 시와 그 시에 대한 글을 함께 소개하는 경우가 많다. 그 출발이라고 볼 수 있는 신경림의『시인을 찾아서』가 1998년에 출판되었고, 현재 25쇄를 기록하고 있는 안도현의『그 작고 하찮은 것들에 대한 애착』은 1999년에 출판되었다. 김용택(2001)이 엮은 『시가 내게로 왔다 : 김용택이 사랑하는 시』는 45쇄를 기록하고 있다. 이런 시집이 인기를 끌면서 2000년 이후에는 이와 유사한 시집들이 꾸준히 출판될 뿐 아니라 지속적으로 독자들의 뜨거운 호응을 얻고 있다.

『시인을 찾아서』만 해도 해설집의 성격이 강했으나, 안도현의『그 작고 하찮은 것들에 대한 애착』이후에 보이는, 시 텍스트와 같이 실리는 글들은 사뭇 다른 특성을 보여주고 있다. 몇 가지 예를 들면 다음과 같다.

(가) 강은교의 〈우리가 물이 되어〉
아직까지 이 절창에 취해 보지 않은 사람이 있다면, 그건 국어 교과서를 잘못 만들었거나 우리나라 국어 교육이 잘못 되었다는 뜻일 것이다.

─ 안도현, 1999 : 16

(나) 한하운의 〈파랑새〉

단순한 내용이요 소박한 기법의 시다. 그럼에도 이 시가 주는 울림은 크다. 때로는 덧칠이 없을 때 더 감동을 줄 수 있음을 이 시는 보여 준다. 물론 이 시의 울림에는 작자가 문둥이 시인이었다는 문학 외적 요소가 있다. 서정주의 "해와 하늘빛이 / 문둥이는 서러워 / 보리밭에 달뜨면 / 애가 하나 먹고 / 피처럼 붉은 울음을 밤새 울었다"와 함께 읽는다면 이 시의 맛은 더 신선할 터이다.

— 신경림 엮음, 2006 : 114

(다) 김정환의 〈유채꽃밭〉

80년 초 그의 시 <황색예수>가 『실천문학』에 발표되었을 때, 나는 숙직실에서 그의 시를 밤새워 읽었다. 지금 생각해도 이상한 것은 그날 밤 정말 하얗게 잠이 오지 않았다는 것이다. 그 무렵 그의 사진은 신문마다 미소년이었다. 그를 본 지도 오래되었다. 지금은 배가 좀 들어갔을까. 머리는 왜 그렇게 배토벤처럼 하고 다니는지. 언젠가 그의 집에 갔을 때 영어로 된 책이 하도 많아서 "야, 영어책 진짜 많다인−" 그랬더니 형은 몰라도 돼. 이런 된장(?) 내가 몰라도 되다니 되긴 뭐가 돼.

— 김용택, 2006 : 23

(라) 정우영의 〈밭〉

오셨던 어머니가 내려가겠다고 하십니다. 불편해서가 아니라고 하십니다. 온몸이 쑤시고 아픈 게 마늘, 참깨, 들깨 때문이라고 하십니다. 몸이 밭이고 밭이 몸이신 어머니. 땅심으로 사시는 어머니. 왜 땅을 버리면 안 되는지를 몸으로 말씀하시는 어머니. 그 어머니의 땅에서 우리도 나고 자랐습니다. 보통 이월엔 설이 있지요. 어머니를 가시게 하고, 어머니를 편히 모시지 못하고 우리는 돌아옵니다. 어머니는 그렇게 생각지 말라고 하시지만, 어머니를 생각하면 마음이 짠해집니다. 홀로 땅을 지키시는 우리 어머니.

— 도종환 엮음, 2007 : 39

김정우(2006)는 이런 유형의 시집을 '유명 시인의 해설 시집'이라고 명명하고 있다. 물론 상당 부분 해설의 성격이 강한 것이 사실이다. 그런데 시에 곁들여 실린 글들이 너무 다양해서 일원화하여 말하기 어려운 부분이 있으며, 또 우리가 통상적으로 '시 해설'이라고 하는 내용과 상당히 거리가 먼 경우가 많다. 아주 간략한 해설, 짧은 감상의 글, 시를 이해하기 위한 안내 글, 때로는 시와는 아무 상관없이 시와 관련된 떠오르는 생각을 적고 있는 경우도 있다. 해설의 경우에도 시를 분석하여 알려주는 것이 아니라 시의 세계로 안내하고자 하는 또 하나의 텍스트인 경우가 많다.

인용문에 실린 글을 간략하게 살펴보면, 우선 (가)는 시에 대한 엮은이의 가치 평가가 드러나 있는 글이다. 만인이 읽으면서 공부하는 '국어' 교과서에 당연하게 실어야 할 정도로 중요한 작품이라는 의미다. 뛰어난 시이며 의미 있는 시라는 평가를 하고 있는 셈인데, 이 글을 읽은 독자라면 당장 이 시에 취해야만 한다는 생각을 할 수밖에 없을 것이다. (나)는 시에 대해 이야기하되 시를 직접적으로 해설하지는 않고 있다. 단순한 내용과 소박한 기법의 시이기는 하지만 울림은 크다는 말로 시를 소개하고 있다. 특히 한하운의 <파랑새>와 관련 있는 다른 시를 소개하여 독자들이 상호텍스트적 관점에서 읽도록 배려하고 있는 점이 눈에 뜨인다. (다)에는 시 <유채꽃밭>과 직접적으로 관련된 언급이 없다. 시보다는 시인에 대해 쓴 글이다. 개인적인 관계에서 있었던 일화를 소개하고 있는데, 사실 이 일화는 시를 읽는 데 안내 역할을 하고 있다. 독자는 김용택 시인을 통해 김정환이라는 시인을 친근하게 느낄 수 있으며, 김정환의 다른 시 <황색예수>를 읽고 싶어질 것이다. (라)는 시의 의미를 쉽게 이해할 수 있도록 친절하게 안내하는 글이다.

이렇듯 시에 곁들여 쓴 다양한 글을 보면 글의 특성이나 성격이 각기 서로 다르다는 것을 알 수 있으며, 시 해설로 보기 어렵다. 하지만 공통적인 특성을 발견할 수 있는데, 일차적으로 원 시 텍스트에 '대하여' 쓴 글로서 원 텍스트의 존재 없이는 의미가 없는 글이라는 점을 들 수 있다. 또한 시에 대해 쓴 글이 대부분 이해하기 쉽고 편하게 읽을 수 있도록 배려하고 있으며 그 길이 또한 매우 짧다는 점을 들 수 있다. 이는 독자들이 부담 없이 읽을 수 있도록 배려한 것으로 볼 수 있다. 시와 관련하여 떠오른 다른 생각을 곁들이는 경우도 많은데, 중요한 것은 글의 내용이 틀에 얽매이지 않고 매우 자유롭다는 것이다. 시에 대해 해설을 한 경우에도 시 자체에 대한 분석이나 해석 내용을 서술하기보다는 글쓴이의 개인적인 감상 형식으로 쓰고 있다. 이런 특성들은 모두 독자들이 쉽고 편하고 재미있게 읽을 수 있도록 하기 위한 것이다.

이런 점을 고려할 때, 이런 글의 형식은 '시 해설'보다는 원래 글에 덧붙여진 글, 특히 시와 함께 덧붙여 읽는 글이라는 의미에서 '덧글'의 성격을 지닌다고 볼 수 있다. '덧글'이라는 용어를 쓰는 이유는 이것은 원 텍스트에 곁들여진 이차적 텍스트의 성격을 지닌 것이라는 점, 인터넷 게시판 글쓰기의 하나인 '덧글', '댓글'과 그 성격이 상당히 유사하다는 점을 고려한 것이다. 인터넷 게시판에 올려진 중심 텍스트에 대해 마치 개인적인 생각이나 느낌 혹은 감상 등을 짧게 쓰는 '덧글'의 형식과 매우 유사한 성격을 지니고 있는 글이다. 또한 시집에 실린 글은 대부분 시인이 자신의 시에 대해 쓴 글이 아니라 가려 뽑은 다른 사람이 쓴 글이라는 점 역시 주목해야 한다. 이렇게 보면 이 텍스트는 독자들이 인터넷 게시판의 덧글을 읽는 방식과 유사한 방식으로 읽을 수 있도록 새롭게 구조화된 것으로 볼 수 있다. 원래 이런 의도는 아닐 수 있지만, 이런 텍스트 형식에 독자들이 지속적인 관심을 갖는 배경에는 인터넷 '덧글' 쓰기와 읽기에 익숙한 독자의 소통 방식과 관련이 있는 것으로 볼 수 있다.

덧글은 인터넷을 통해 이루어지는 상호 소통적인 성격을 지니는 대화적 글쓰기 형식이며, 인터넷 시대에 들면서 가능해진 우리들에게 아주 익숙한 텍스트 형식이다. 독자는 중심 텍스트로서 시를 읽은 후 유명 시인들이 써 놓은 글을, 인터넷 게시판에 올려진 덧글을 읽듯 읽을 수 있다. 인터넷 게시판의 덧글과 차이라면 시집에 실린 글은 대가급 시인이 쓴 글이라는 점에서 그 내용에 대한 무한한 신뢰와, 그 때문에 별다른 비판이나 거부 없이 읽어도 된다는 심리적 안정감을 들 수 있을 것이다.

이제 독자는 이런 형식의 시집을 읽으면서 시와 덧글을 따로 분리시키며 읽는 것이 아니라 통합된 형태로 읽는다. 다시 말하면 '시와 덧글의 통합 텍스트'로 읽는 것이다. 덧글은 독자의 시 읽기에 많은 영향을 미치며, 독자는 시와 덧글의 통합을 통해 시만 읽을 때와는 다른 새로운 의미를 발견하게 된다. 그리고 시와 이상적 독자의 상호 소통 방식을 직접 바라보면서 시적 공감의 방식을 배우는 기회를 마련할 수도 있다. 그리고 이런 형식의 글은 점차 일반화되어 가고 있으며, 기성 시인의 시를 소개하는 일간지에서도 자주 찾아볼 수 있다. 다음은 그 예다.

시가 있는 아침(중앙일보, 2007)
한 시내가 태(太)자로 누워 있다
맨몸을 낙엽 깔린 땅에 바싹 붙이고
하늘 향해 사지를 척 벌리고 드러누워 있다
아버지가 임종 전까지 꼭 쥐고 계시던 거
오줌 호스를 끼우기 위해 간호사가 건드릴 때마다

어설픈 한 손으로 가리기를 먼저 하시던 거
그 늙은 소년의 수줍음이
거기 그 졸참나무 아래 솟아 있어
산다는 건 결국 사타구니에 점 하나 찍는 일
점이 무너지면 대(大)자로 뻗어버리는 일

—〈초가을〉 부분(최명란, 1963~)

착각일까. 오늘 아침 나는 서느런 가을을 느꼈다. 그러고 보니 입추가 한 달로 얼추 남지 않았다. 이것들이 벌써 이 여름 속을 슬쩍 왔다간 것이다. 최명란 시는 갑자기 산처럼 슬퍼진다. 산다는 건 '대'자에 점 찍어 '태'자가 되는 걸까. 남자들의 이 점 하나씩의 첫 가을, 멀지 않았다.

—고형렬, 시인[17]

5. 시 텍스트의 변화가 갖는 의미

1) 시 텍스트의 변화가 갖는 시 교육적 의미

기술의 발전은 새 자연, 새로운 환경을 제공한다. 기술의 발전에 따른 문화 현상을 '문화 산업'이라는 표지를 통해 비판했던 아도르노와는 달리 벤야민은 「기술복제 시대의 예술 작품」이라는 글에서 테크놀로지의 발전이 하나의 '새 자연(nature)'이 되었음을 강조한다. "우리가 화해해야 하는 대상은 새 자연, 테크놀로지의 자연(S. Buck-Morss, 2004 : 194)"이라는 말 역시 그런 맥락에서 이해할 수 있다. 이제 우리에게 남겨진 문제는

---

17) 대표적인 예를 들면 『중앙일보』에는 '시가 있는 아침', 『동아일보』에는 '이 아침에 만나는 시'가 있다.

시 교육은 '테크놀로지의 자연'과 어떤 방식으로 화해할 것인가 하는 것이다. 물론 일차적으로 독자의 미적 지각 방식의 변화와 시 텍스트의 변화 또한 이런 맥락에서 고찰하면서 시 교육을 기획할 필요가 있다. 최근 우리가 접하는 모든 시 텍스트가 이제까지 논의했던 특성을 모두 지니고 있는 것은 아니다. 하지만 새로운 경향으로 시 텍스트의 매체 변환 혹은 시와 덧글을 결합한 텍스트의 등장을 들 수 있는 것은 사실이며, 이러한 변화가 무시해도 좋을 정도의 단순한 변화가 아님을 논의하였다.

그렇다면 미디어 시대 시 텍스트의 변화가 시 교육에 어떤 의미를 갖는가 하는 점일 것이다. 우선 그러한 변화는 시 텍스트의 개념을 확장시키면서 미디어 시대의 독자와 적극적으로 만나기 위한 노력의 결과물이기도 하다는 점을 고려할 필요가 있다. 디지털 시대에 들면서 시 텍스트가 매체 변환이나 다른 텍스트와의 결합을 시도하면서 독자와 만나는 방식을 다변화하고 있으며, 이는 궁극적으로 독자들이 시를 즐기고 생활화하는 데 도움을 줄 것이다. 영상 세대의 미적 감각을 고려하여 시를 즐겨 읽을 수 있도록 하고, 또 시를 '스스로 혹은 제대로' 읽지 않는 현대인의 시 읽기를 활성화하는 데에도 도움을 줄 수 있다.

이렇듯 미디어 시대에 이루어지는 시 텍스트의 다양한 변화, 나아가 독자들의 시 경험을 시 교육에 적극 반영할 필요가 있다. 예를 들면 CD-ROM이나 인터넷을 활용하여 다양한 시 텍스트를 제시하고 교수·학습할 필요가 있다. 전자 시집을 통한 감상과 표현 활동 또한 가능하다. 시화 텍스트, 영상시 텍스트, 시와 덧글의 통합 텍스트 모두 시 교육을 활성화시킬 수 있는 텍스트 유형이 될 수 있을 것이다. 또한 텍스트의 '전용'과 '변형'에 따라 해당 시 텍스트를 읽고 감상하는 방법에 대한 교육도 필요하다. 시 텍스트의 유형을 고려하여 해당 시의 특성에 맞는 읽기 방식으로 읽어야 하는 것이다.

그런데 단순히 그러한 시 텍스트를 읽고 감상하는 것만으로 끝나서는 안 되며, 시 교육에서 경계해야 할 부분을 명확하게 해야 한다. 시화 텍스트와 영상시는 분명 디지털 세대에게 매력 있는 텍스트이다. 시와 같이 제공되는 덧글 역시 시를 읽는 즐거움을 배가시킨다. 이렇게 즐거운 마음으로 자주 시를 접하고 읽다보면 시를 스스로 즐겨 읽을 수 있으리라는 기대를 할 수 있다. 시와 덧글로 이루어진 텍스트 역시 이런 맥락에서 논의할 수 있다. 시에 대한 덧글이 지니는 시교육적 의미는 시를 덧글과 함께 읽는 과정이 신뢰할 수 있는 누군가의 도움을 받으면서 시를 읽을 수 있도록 한다는 점이다. '덧글'은 독자가 시의 세계로 진입하거나 시를 자기화하는 중요한 안내 역할을 할 수 있으며, 스스로 시를 읽을 때 시의 세계로 진입하는 데 중요한 보기를 제공할 수 있다. 시를 읽고 학생들 스스로 느낌이나 생각을 간단하게 쓰는 활동으로 전이시켜 활용할 수도 있다.

하지만 자칫 덧글의 세계에 안주하거나 갇혀버릴 수 있다는 가능성도 고려해야 한다. 문제는 시 읽기 과정을 안내받은 이후 어떻게 스스로 읽느냐 하는 것이다. 덧글의 내용에서 독자가 스스로 더 나아갈 수 있어야 하며, 여기서 우리의 과제는 비교적 명확해진다. 학생들이 초기에 덧글의 도움을 받을 수는 있지만 나중에는 덧글 없이 읽을 수 있도록 해야 하며, 나아가 자신이 읽은 시에 대해 덧글을 쓸 수 있도록 해야 한다. 덧글이 시에 대한 입문 역할을 한다는 점을 전제로 좀 더 넓은 시적 맥락으로 나아갈 수 있도록 해야 하며, 그래야 궁극적으로 문화적이고 사회적인 소통이 가능해진다.

그리고 그러한 시 텍스트들을 별다른 시적 자의식 없이 읽을 경우 시를 단지 소비하게 될 가능성이 농후하다는 점 또한 고려해야 한다. 넓은 맥락에서 보면 이런 현상은 시를 '소비'하는 향유 방식과 관련이 있다는 점에 주의하여 시 교육을 기획할 필요가 있다. 「'가벼운 詩'의 시대」라는 제목으로 독자들이 '예쁜 시 모음집'이나 '말랑말랑한 시'를 선호하고 있는 현상을 서술한 다음 기사는 이런 맥락에서 시사하는 바가 있다.

> 이젠 시집도 내용과 담는 방식이 바뀌어야 팔리는 시대가 되었다. 단적인 예가 시인 김용택 씨의 경우. 김씨는 '섬진강' 등의 시집으로 많은 독자를 가진 이른바 '인기 있는 정통시인'이다. 그는 지난해 후반기에서 올해 중반기까지 시집 세 권을 냈다. 한 권은 '창작과 비평사'(이하 '창비')에서 펴낸 시집 『나무』, 나머지 두 권은 '마음산책'에서 펴낸 『연애시집』과 『시가 내게로 왔다』. 창비에서 펴낸 시집은 이른바 전통적인 형태의 시집으로 '창비시선' 214번째다. 『시가 내게로 왔다』는 김씨가 감명 깊게 읽은 시를 골라 뽑은 시모음집이다. 『연애시집』은 말 그대로 김씨의 연애시만 모은 시집. 같은 시인이 펴낸 시집인데도 창비에서 펴낸 전통 형태의 시집 『나무』는 아직 초판을 다 소화하지 못했다. 반면 '말랑말랑한 시'인 『시가 내게로 왔다』는 무려 5만 부가 나갔으며, 『연애시집』은 나온 지 3개월 만에 약 3만 부가 팔렸다.
>
> — 배문성(2002)

같은 시인이 비슷한 시기에 낸 시집인데도 시집의 특성에 따라 이렇게 대중의 반응이 확연하게 다른 데서도 우리는 독자의 시 향유 방식의 변화를 확인할 수 있으며, 시의 세계에 쉽게 빠질 수 있고, 부담 없이 읽을 수 있는 시를 선호하는 현상은 앞으로도 가속화될 것이다. 그리고 앞에서 논의했던 시화 텍스트나 영상시 텍스트, 시와 덧글의 통합 텍스트에 대한 독자들의 선호 역시 말랑말랑한 시, 예쁜 시모음집이 인기를 모으는 것과 관련이 있으며, 이는 궁극적으로 영상 문화가 주도적인 미디어 시대의 문화 소비 경향과 관련이 있다. 물론 이러한 현상이 미디어 시대에만 존재하는 것은 아니다. 이전에도 이런 현상이 드러나곤 했지만 시집 판매의 주도적인 현상 그리고 시집 출판의 주도적인 경향으로 드러난 것은 미디어 사회의 미적 수용 방식과 밀접한 관련이 있다.

나아가 이러한 현상은 '키치화' 현상을 가속화시킬 수 있다. 예쁜 시 모음집을 선호하는 것, 쉽게 읽을 수 있는 '말랑말랑한 시'를 선호하는 것, 깊은 사고 과정 없이 시를 편하고 쉽게만 읽으려고 하는 것 등은 '키치화' 과정의 중요한 표지다. 앞으로 키치 시의 위치와 역할은 더욱 중요해질 것이며, 키치 시의 생산뿐 아니라 시의 키치화 현상 역시 가속화할 것이다. 물론 이것이 갖는 미덕은 있다. 숨 쉴 틈 없이 바쁘게 돌아가는 현대 사회, 한 시도 놓을 수 없는 강도 높은 긴장의 연속에서 긴장의 이완은 필요한 것이며, 긴장의 이완을 위해 소비의 즐거움을 향유하고자 하는 것은 당연한 욕망이다. 벤야민이 얘기했던 '유토피아에 대한 욕망'이란 우리 삶에서 인정하지 않을 수 없는 부분인 것이다.

하지만 시를 통한 자기실현과 자신의 삶에 대한 반성적 고찰에 이르지 못하고, 지속적인 소비로서의 시 읽기만 할 경우, 우리는 결국 키치 시[18]만 읽거나 시에 대한 정서적 편식에 이를 가능성이 매우 높아진다는 점 또한 고려해야 한다.

---

18) 키치 시의 개념과 특성에 대해서는 최미숙(1995)을 참조할 것.

2) 미디어 문화와의 공유, 사회적 소통을 위한 시 교육

이 시점에서 독자의 시 향유의 방식에 대한 문제의식을 바탕으로 하여 시가 소비―긴장의 이완―되는 현상에 대한 시교육적 대책과 기획이 필요하다. 시 교육에서는 이미 오래전부터 시 텍스트와 다른 문화 텍스트와의 결합을 통한 확장을 논의했다. "대중문화의 관점 또는 확대된 문화론의 관점에서 문학 읽기를 실천해야 한다(윤여탁, 2006 : 82)"라는 주장은 시 교육에서도 여전히 유효하다. 시 텍스트에 대한 교육 역시 다른 미디어 텍스트와의 관계, 나아가 문화적 능력의 신장이라는 관점에서 기획할 필요가 있다. 시 텍스트 읽기는 한 편의 시를 읽는 데서 그치는 것이 아니라, 자신이 위치하고 있는 문화와 세계에 대한 읽기 행위이며, 나아가 해석 행위이고 사회적 소통 행위로서 자리매김해야 하기 때문이다.

독자의 미적 지각 방식의 변화를 고려하되, 미디어 문화와의 공유, 사회적 소통을 위한 시 교육을 위해 기호학적 시 읽기를 실천할 필요가 있다. 기호학자 로트만은 일상적인 언어의 의미를 바탕으로 하고 있는 일차 언어(자연 언어)와, 일차 언어를 바탕으로 하여 예술이라는 문맥 속에서 새롭게 형성되는 이차 언어를 구분하면서 이차 언어의 체계에 근거하여 시를 읽을 필요가 있음을 강조한 바 있다(J. Lotman, 1991).

사실 키치 시는 일차 언어에 대한 이해만으로도 읽는 것이 가능하며, 특별한 훈련이나 교육 없이도 읽을 수 있다. 지적인 훈련이나 사고 과정 없이도 쉽게 접근가능하다는 점이 키치 시의 매우 중요한 특징이자 매력 중 하나다. 그런데 문제는 최근의 독자의 시 향유 방식은 키치 시가 아닌 시도 키치화하여 읽을 가능성을 넓히고 있다는 점이다. 그림과 다양한 이미지 등을 통해 새로운 시적 사유의 공간을 열지 못하고, 자칫 화려한 그림과 영상 자체에 몰입되어 버리거나 그리하여 일차 언어만으로 시 텍스트를 이해하고 넘어갈 경우가 얼마든지 가능하기 때문이다. 시화(詩畵) 텍스트로 김종삼의 <묵화>를 읽을 경우, 시와 그림의 의미를 결합하면서 시와 그림이 하나의 텍스트가 되어 전달하고자 하는 의미를 제대로 파악하지 못하고, 시에 부가적으로 존재하는 예쁜 그림만으로 접하고 넘어갈 경우, 그것은 이차 언어에 의한 읽기로 넘어가지 못한 것이다. 영상시 텍스트 또한 마찬가지다.

시 텍스트에 결합되어 있는 그림이나 영상의 의미를 파악하는 능력, 영상이 주는 느낌을 일회적인 즐거움으로 끝내지 않고 우리 삶을 돌아보고 문화적으로 공유하며 사회적으로 소통하는 능력을 위해서는 이차 언어를 통해 시를 읽는 방식을 강조할 필요가 있다. 이차 언어의 체계로 시를 읽는 과정에는 주체와 대상 간에 사유의 거리가 발생하며, 이 심리적 거리를 유지하면서 시를 읽고 시를 통한 사유의 공간을 넓히기 위한 시 교육이 필요하다. 일차 언어는 자동화된 인식구조를 통해서도 접근할 수 있지만 이차 언어는 주체의 역동적인 개입이 없이는 가능하지 않으며, 주체의 사고 작용에 의해 정보량은 증가하고 시의 의미는 풍부해진다. 여기서 관건은 이차 언어를 통해 자신만의 '새로운 정보'를 생산해 내는 능력이다. 주체적인 시 읽기는 일차 언어를 바탕으로 하되, 일차 언어를 넘어섰을 때 가능해지며, 이차 언어를 통해 시의 의미를 완성시키는 것은 독자의 몫이다.

시를 이차 언어로 읽는 능력은 현대사회, 다양한 미디어를 읽는 능력의 신장과 밀접한 관련이 있다. 숨겨진 의미를 찾아내고, 새로운 의미를 만들어가는 과정이 중요해지는 것이다. 이런 관점에서 시 텍스트와 다양한 문화 관련 텍스트가 밀접한 관련을 맺을 수 있으며, 이러한 능력의 신장을 위해서는 시 교육을 확장하여 다양한 미디어 텍스트의 수용과 생산으로 나아갈 필요가 있다.

일상적인 기호와는 달리 예술작품에 채용되는 기호는 사회적으로 받아들여지는 의미만을 통해서 해독될 수는 없다. 왜냐하면 '예술적'이란 말은 기존의 문화 안에서 관습화된 기호와 그 기호가 가진 의미를 깨뜨리려는 시도이기 때문이다. 그러나 '예술적'이라는 것의 속성이 기존의 관습과 상식을 파괴하려는 노력임에도 불구하고, 본질적으로 어떠한 예술작품도 관습화된 언어의 체계를 넘어설 수 없음도 분명하다(강명구, 2002 : 20~21). 따라서 일차 언어와 이차 언어가 지니는 긴장 관계를 토대로 하여 이차 언어의 체계를 지향할 때 비로소 내가 위치하고 있는 자리를 메타적으로 바라보면서 시와 문화, 사회를 읽고 소통하는 것이 가능해진다.

참고문헌

강명구, 「영상이미지의 사회적 소통과 수용」, 『영상 커뮤니케이션과 사회』, 나남출판, 2002.

강은교 외, 『언어의 촛불들이 피어날 때('창작과비평' 창간 40주년 기념 낭송시집)』, CD-ROM, 창비, 2006.

귀여니, 『아프리카』, 반디, 2005.

김용택, 『시가 내게로 왔다 2 : 김용택이 사랑하는 시』, 마음산책, 2006.

김정우, 「교육의 관점에서 본 시의 대중성」, 『한국시학연구』 제18호, 한국시학회, 2006.

김창원, 「독자들의 반란―대안 문학이 왜 필요한가」, 『독서 연구』 제2호, 한국독서학회, 1997.

남민우, 「디지털시 교육의 체계화 방향 연구」, 제49회 국어국문학회 학술대회 자료집, 국어국문학회, 2006.

도종환, 『흔들리며 피는 꽃』, 도종환 낭송시집, CD-ROM, AN'T SOUND CONTENTS, 2006.

도종환 엮음, 『꽃잎의 말로 편지를 쓴다 : 도종환의 시 배달』, 창비, 2007.

류철균, 「디지털 시대의 한국 현대문학」, 『국어국문학』 143호, 국어국문학회, 2006.

배문성, 「'가벼운 시'의 시대」, 문화일보, 2002. 11. 18.

신경림 엮음, 『처음처럼 : 신경림의 소리내어 읽고 싶은 우리 시』, 다산책방, 2006.

신범순, 「사이버 시대 시의 유령적 초상과 창조적 고민의 소멸」, 『한국현대문학연구』 제8집, 한국현대문학회, 2000.

안도현, 『그 작고 하찮은 것들에 대한 애착 : 안도현의 내가 사랑하는 시』, 나무생각, 1999.

안도현, 『안도현의 노트에 베끼고 싶은 시 : 그 풍경을 나는 이제 사랑하려 하네』, 이가서, 2007.

유영희, 「학습자의 수준 / 취향과 서정 텍스트의 선정 및 배열 / 위계화의 원리」, 문학교육학회 제45회 학술대회 발표자료집, 한국문학교육학회, 2007.

윤여탁, 「다매체언어를 활용한 현대시 교육 연구 : 한국 현대문학교육의 현황과 과제」,

『문학교육학』 제6호, 한국문학교육학회, 2000.

윤여탁, 「비판적 문화 연구와 현대시 연구 방법」, 『한국시학연구』 제18호, 한국시학회, 2006.

이용욱, 『문학, 그 이상의 문학 : 사이버문학론에 대한 연대기적 보고서』, 도서출판 역락, 2004.

정현선, 「기호와 소통으로서의 언어관에 따른 매체언어교육의 목표에 관한 고찰」, 『국어교육연구』 19집, 서울대학교 국어교육연구소, 2007.

최동호·이성우, 「디지털 시대의 새로운 문학 환경과 글쓰기 방법론 연구」, 『한국시학연구』 제9호, 한국시학회, 2003.

최미숙, 「키치와 문학교육」, 『선청어문』 23집, 서울대학교 국어교육과, 1995.

최미숙, 「디지털 시대, 시 향유 방식과 시 교육의 방향」, 『국어교육연구』 19집, 서울대학교 국어교육연구소, 2007.

최지현, 「매체언어 교육을 위한 교수학습방법 탐구」, 『국어교육학연구』 제28집, 국어교육학회, 2007.

스가야 아키코, 『미디어 리터러시』, 안해룡·안미라 옮김, 커뮤니케이션북스, 2001.

Berger, J., 강명구 옮김, 『영상커뮤니케이션과 사회』, 나남출판, 2002.

Buckingham, D., 기선정·김아미 옮김, 『미디어 교육』, Jnbook, 2004.

Buck-Morss, S., 김정아 옮김, 『발터 벤야민과 아케이드 프로젝트』, 문학동네, 2004.

Calinescu, M., 이영욱 외 옮김, 『모더니티의 다섯 얼굴』, 시각과 언어, 1993.

Culler, J., 이은경·임옥희 옮김, 『문학이론』, 동문선, 1999.

Darley, A., 김주환 옮김, 『디지털 시대의 영상 문화』, 현실문화연구, 2003.

Edgar, A., & Sedgwick. P., 박명진 외 옮김, 『문화 이론 사전』, 한나래, 2003.

Kanzog, K., 백종유 옮김, 「매체와 문학」, 『현대 문학의 근본 개념 사전』, 솔, 1996.

Lotman, J., 유재천 옮김, 『예술 텍스트의 구조』, 고려원, 1991.

Moles, A., 엄광현 옮김, 『키치란 무엇인가』, 시각과 언어, 1995.

Ong, W. J., 이기우·임명진 옮김, 『구술문화와 문자문화』, 문예출판사, 1995.

Poster, M., 이미옥·김준기 옮김, 『제2미디어 시대』, 민음사, 1998.

Schnell, R., 강호진·이상훈·주경식·육현승 옮김, 『미디어 미학 : 시청각 지각형식들의 역사와 이론에 대하여』, 이론과실천, 2000.

제 4 장

김수영의 〈어느 날 고궁을 나오면서〉 다시 읽기

이 명 찬

덕성여자대학교 국어국문학과

1. 머리말

한국시 연구의 장(場)이 이 세기 들어 가히 김수영의 무대가 된 느낌이다. 90년대 후반부터 각종의 문학지들이 김수영 특집을 지속적으로 마련하기 시작하더니, 이 세기 들어서도 그러한 경향이 수그러들 줄을 모르고 있다.[1] 거기에 더해 학위논문들이 쉼 없이 쓰이는가 하면 2000년 이후에만도 십여 종 이상의 단행본이 상재되고 있다. 이런 현상은 김수영 문학[2]이 어떠한 해석적 재단에도 너끈히 견딜 만큼의 풍부함을 갖추고 있음을 보여주는 증거라 하겠다. 그러나 이런 내재적 요인은 항상성을 지닌 것이어서 왜 하필 이 시대인가 하는 의문에 충분한 답을 주지는 못한다. 그렇다면 김수영 외부에서 그 원인을 찾아야 할 터인데, 필자의 짐작으로는 21세기의 초입이라는 현 단계가 그를 연구판의 한 가운데로 불러 낸 것이 아닐까 한다. 말하자면 지난 세기의 내내 우리의 근대 문학이 필연적으로 맞닥뜨릴 수밖에 없었던 근대 / 현대(성) 혹은 그것의 넘어서기라는 과제를, 이제는 어떻게든 종결지어야 한다는 세기말 / 세기 초 의식이 그를 지목했다는 의미이다. 달리 말해, 김수영 문학이야말로 그 해묵은 과제를 가장 표본적으로 시현(示顯)하고 있다는 뜻이겠다. 그런 점에서 김수영은 우리 시문학사의 21세기적 비약의 시금석인 것이다.

---

1) 『작가연구』(1998. 5), 『실천문학』(1998 봄~겨울), 『포에지』(2001 가을), 『작가세계』(2004 여름) 등의 특집뿐만 아니라 『창작과비평』에 연이어지는 개별 논문들도 기획된 특집의 양을 능가할 정도이다.
2) 김수영 문학이라는 용어를 쓰는 이유는 시와 산문을 굳이 구분하지 않겠다는 의도 때문이다.

필자는 모두(冒頭)에서 김수영과 관련해 두 가지를 강조했다. 그가 갖는 문학사상의 중요성에 대한 언급이 그 하나고, 그를 그토록 중요하게 만든 원천으로서의 해석 가능성의 풍부성에 대한 언급이 그 두 번째다. 이때, 해석 가능성의 풍부함이라는 두 번째 그의 미덕은, 일차적으로는 그의 문학 텍스트 전반을 꿰는 해석학적 준거틀을 여러 방향에서 찾을 수 있다는 의미3)와 함께 개별 텍스트들 또한 폭넓게 열려 있어서 다양한 접근법이 허용된다는 의미를 동시에 지닌다고 보아야 할 것이다. 아닌 게 아니라 그의 대표작으로 분류되는 시편들, 가령 <풀>이나 <사랑의 변주곡> 등에 가해지는 그 다종다양한 풀이들의 숲을 헤매노라면, 그의 시들이 지닌 좋은 맷집에 새삼 놀라게 된다. 하지만 관심을 그 외의 작품 쪽으로 돌려 보면, 사정이 이와는 확연히 다르다는 사실에 한 번 더 놀라게 된다.

필자는 최근 중등 교육 현장에서 많이 읽히는 시 개설서 및 안내서들 몇 종을 검토할 기회를 가졌다. 그런데 거의 모든 경우의 해설이 단정적인 진술로 일관하고 있어 실망스러웠는데, 신경림 선생의 책4)이 한 종 베스트셀러로 포함되어 있다는 사실을 알고는 내심 반가웠다. 아무리 간략한 인상기에 가까운 책이라 하더라도, 신경림 선생이면 뭔가 다른 관점을 보여 주리라는 기대 때문이었다. 과연 선생은 김수영의 <풀>을 민중주의로 몰아가는 상투적 읽기에 일침을 가하고 있었다. 그런데 문제는 <풀>이 아니라 <어느 날 고궁을 나오면서>였다. 이 시가 선생 자신이

---

3) 그간의 김수영 연구는 정말 전방위적 접근이 이루어져 왔다고 해도 과언이 아니다. 양의 동서와 고금의 문학 이론들이 거의 망라되다시피 하여 김수영을 이해하는 도구로 사용되고 있다. 연구사에 대해서는 강웅식(「김수영 문학 연구사 30년, 그 흐름의 방향과 의미―'김수영과 모더니즘'의 관계를 중심으로」, 『작가연구』 5, 1998 상반기)과 김명인(『김수영, 근대를 향한 모험』, 소명출판, 2002)의 정리를 참조할 수 있다.
4) 신경림, 『신경림의 시인을 찾아서』, 우리교육, 2002.

가장 좋아하는 김수영의 시라고 서슴없이 밝히면서, "한마디로 이 시는 도덕적 순결성을 지향하는 소시민의 갈등과 고뇌의 청교도적 표백으로 읽을 수 있"5)다고 단정짓고는, 거기 덧붙여 이 시의 감동의 원천이 "보통 사람들의 갈등과 고뇌를 대변했다는 데 있다"는 부언까지 하고 있었다. 평소의 필자 생각과 많이 다른 선생의 진술에 다소 당혹해 하면서도, 시단의 대가(大家)가 자기 식으로 읽은 독시 체험을 소개하는 책이니 그럴 수도 있겠거니 하고 마음먹기로 했다. 그래도 <어느 날 고궁을 나오면서>라는 김수영의 후기 시가 정말 그렇게 단순한 해석에만 바쳐진 텍스트인가 하는 의문이 남는 것은 어쩔 수 없었다.

2. <어느 날 고궁을 나오면서>를 바라보는 몇 개의 시선

신경림 선생으로부터 촉발된, <어느 날 고궁을 나오면서>에 대한 관심은, 자연스럽게 이 시에 대한 연구자들의 해석이 어디까지 그 외연을 넓히고 있는지를 짚어보는 작업으로 이어졌다. 그런데 검토 결과는 실망스러운 것이었다. 거개의 연구자들이, 별다른 유보 조항도 없이 신경림 선생의 해석과 유사한 판단을 내리고 있다는 사실만 확인할 수 있을 뿐이었기 때문이다. 가령 비교적 초기부터 김수영 문학의 가능성에 크게 주목했던 김현 선생의 다음과 같은 발언이 대표적인 경우다.

혁명과 비애라는 자유의 두 극단을 다같이 체험한 시인에게 자유는 큰 짐이 된다. 그 자유라는 이상을 버릴 수 없으면서, 그것을 위해 계속 싸

---

5) 같은 책, 334면.

우지 못하고, 일상적인 삶 속에서 소시민이 되어버리고 만 자신을 바라
본다는 것은, 시인에게는 오히려 분노만을 야기시킨다. 그 분노는 그러
나 안으로 스며들어 자신에 대한 쓰디쓴 연민으로 나타난다.[6]

인용 부분에서 보다시피, 김현 선생 역시도 '자유의 실천에 투신하지
못 하는 소시민의 자기 분노와 연민'이 <어느 날 고궁을 나오면서>를
받치는 정서라는 것을 확언하고 있었다. 김현의 글에서 우리가 또 하나
확인해 두어야 할 것은, 그가 김수영의 '자유'를 정치적 개념으로만 받
아들이고 있다는 점이다. <어느 날 고궁을 나오면서>에 대한 이러한 이
해 방식은 유종호 선생의 경우에도 별다를 바 없이 반복되고 있는데, 그
역시도 <어느 날 고궁을 나오면서>가 "옆으로 비켜 서 있다는 의식에
서 벗어나지 못하는 왜소성에 대한 자기반성"이고 "큰 일에는 제대로
분개하지 못하면서 힘없는 사람에게 조그만 일로 분풀이하는 소시민의
옹졸함에 대한 자아비판"[7]이라는 것이다. 이쯤 되면 거의 동어반복에
가깝다. 다만 유종호 선생은 김수영의 이러한 자기비판에서 두 가지 정
도의 특징을 찾아내고 있다. 이 <어느 날 고궁을 나오면서>의 자기비판
이 매우 솔직하고 정직한 방식으로, 곧 "직선적인 직접성"으로 드러나고
있다는 것, 그리고 그런 만큼 자기와 비슷한 정직성을 동료 인간들에게
촉구하는 호소로 작용한다는 것이다.

다른 연구자들의 견해[8]도 이와 크게 다르지 않다. 다만 김재용의 경

---

6) 김현, <자유와 꿈>, 황동규 편, 『김수영의 문학』, 민음사, 1997, 111면.
7) 유종호, <시의 自由와 관습의 굴레>, 황동규 편, 같은 책, 252면.
8) 이상옥(자유를 위한 영원한 여정, 황동규 편, 같은 책), 김명인(『김수영, 근대를 향한 모
   험』, 소명출판, 2002), 이은정(『현대시학의 두 구도―김춘수와 김수영』, 소명출판, 1999)
   의 시선이 대표적이다. 조영복(『한국현대시와 언어의 풍경』, 태학사, 1999)은 <어느 날
   고궁을 나오면서>를 일상적 어법에 기댄 쉬운 시라고 본다는 점에서 유종호의 견해에
   연결되어 있다.

우9)가 다소 각도를 달리하고 있는데, 그는 김수영의 삶과 문학이 분단 현실에 끊임없이 연루되어 있었다는 것, 따라서 김수영은 그 어느 쪽도 쉽게 손들어 지지하지 않는 소극적 저항의 방식10)으로 시를 써 냈다는 것, 그 대표적인 경우가 <어느 날 고궁을 나오면서>라는 것 등의 평가를 내린다. 이는 김수영이 한국의 근대 혹은 현대성 문제에 남달리 예민했음을 실증해낸 것으로, 한편으로는 매우 의의 있는 평가라 볼 수 있다. 하지만 그도, <어느 날 고궁을 나오면서>의 표면에 나타난 언술을 그대로 수용하여 '소극성'을 읽어냈다는 점에서, 읽기 방식 자체로 보자면 그다지 새로울 것이 없는 셈이다.

여기까지 오면 필자에게 남겨진 패는 겨우 셋인데, 정현종, 정남영, 하정일의 글11)이 그것이다. 그 가운데 정현종은, 같은 시인끼리라는 동업자적 직관에 기초해, 김수영이 고민한 행동의 문제를 실제 행동과 시적 실천으로서의 행동으로 분리한 다음, 김수영이 후자 편에 서 있었다고 결론짓는다. <어느 날 고궁을 나오면서>가 그 좋은 예라는 것이다. 실제 행동으로서의 '거즈 접기'는 옹졸한 일이지만 그것을 시로 옮겨 놓는 일은 옹졸한 일이 결코 아니며, 김수영이 주장한 '자유의 이행'이 바로 이것을 지칭한다고 보고 있다. 김현이 정치적 실천의 의미로 자유를 이해했던 것과는 선명한 대극을 이룬다. 문제는 김수영의 글에 정치 실천과 시적 실천

---

9) 김재용, 「김수영 문학과 분단 극복의 현재성」, 김명인·임홍배 편, 『살아있는 김수영』, 창비, 2005.
10) 한명희, 『김수영 정신분석으로 읽기』, 월인, 2002도 <어느 날 고궁을 나오면서>에서 권력에 대한 비판을 읽어내고 있다.
11) 정현종, 시와 행동·추억과 역사, 황동규 편, 『김수영의 문학』, 민음사, 1997, 223~224면. 정남영, 「바꾸는 일, 바뀌는 일 그리고 김수영의 시」, 김명인·임홍배 편, 『살아있는 김수영』, 창비, 2005.
하정일, 「김수영·근대성 그리고 민족문학」, 『실천문학』, 1998 봄.

으로서의 자유라는 이분법을 행사한 흔적이 없다는 점일 것이다. 그에게 그 둘은 궁극적으로 같은 의미를 지니는 것이었다. 정현종은 시인으로서의 자기 고민을 김수영에게 거꾸로 투사하고 있다는 생각이 들었다.

필자는, 『살아있는 김수영』의 첫자리를 차지하고 있는 정남영의 글이야말로 그 동안 숱하게 쏟아진 메타―김수영 담론 가운데 가장 윗길에 놓이는 것이 아닌가 생각한다. 김수영 문학이라는 내용에 가장 걸맞은 형식을 갖추고 있다고 판단했기 때문이다. 그의 미덕은, 쉽게 단정 짓지 않고, 주저하는 태도로 끝까지 밀고 가려는 엄정함에 있다.12) 그는 김수영의 소위 '난해시'의 언어가 재현적이지 않다는 전제에서 논의를 시작한다. 요컨대 김수영의 시는 다양한 변주를 포함한 반복의 율동이라는 형식에 기초해 "의미 / 무의미의 장(場)"을 형성하고, 그 장 위에서 새로운 삶과 관련된 주요한 주제들을 실험한다는 것이다.13) 그 점에서 볼 때 <어느 날 고궁을 나오면서>는 "전체적으로 옹졸함에 대한 자기비판에 해당하"14)지만 마지막 3행에 와서 그렇게 읽히지 않을 가능성(잉여)도 함께 안고 있다고 판단한다. 글의 나머지 부분에서, 정남영은 그 잉여의 자리에 무엇이 놓일 수 있는가를 추적하는데, 죽음 / 갱신에 대한 밀도 있는 사유 끝에 김수영이 발견한 것이, "조그맣고 더럽고 보잘것없는 존재"15)인 민중에 대한 사랑인 만큼, <어느 날 고궁을 나오면서>는 결국 '큰 것 콤플렉스'16)로부터의 탈출이라는 잉여의 의미를 갖게 된다고 파

---

12) 김수영 문학의 특징이 바로 이와 같다. 다만 김수영은 대단히 모호한 내용을 매우 단정적인 태도로 진술하고는 다음 단계에서 그것을 단호히 얼버무린다는 점이 다를 뿐이다. 정남영은 김수영 시법(詩法)의 핵심을 '좌절하고 후퇴하면서도 조금씩 앞으로 나아가는 것'으로 파악한 다음 자신의 글쓰기에 그러한 태도를 고스란히 반영하고 있다.
13) 이 견해 속에는 형식으로부터 내용의 특징을 추상해 내는 탁월함이 숨어 있다.
14) 정남영, 같은 글, 18면.
15) 같은 책, 25면.

악한다. 전략적인 용의주도함으로 김수영으로부터 새로운 형태의 민중주의[17]를 읽어내서 우리를 설득하고 있는 것이다. 문제는 김수영이 보잘 것없는 민중에 대한 애정을 갖고 있었던 것은 사실로 여겨지지만, 어느새 그조차도 넘어서는 듯한 언술을 버젓이 펼쳐 보인다는 데 있다.

정남영에 와서야 <어느 날 고궁을 나오면서>의 독법이 둘일 가능성이 있다는 점이 어렴풋이 드러난 셈인데, 하정일은 그것을 보다 명확히 시험해 보임으로써 조금 더 나아간다. 그가 주목한 대목은 화자가 "조금쯤 / 비겁한 것"[18]이라고 말하는 부분이다. 이 '조금쯤'의 양가성(兩價性)에 주목해 볼 때, 시인은 "한편으로는 자신이 엄청나게 비겁한 인간은 아니라는 긍지"[19]와 "다른 한편에는 조금쯤 비겁한 것도 결국 비겁한 것일 따름이라는 자기 성찰"을 동시에 드러낸다는 것이다. 다소 옹색하나마 하정일의 글은 옹졸함이 지닌 긍정적 가치에 주목하고는 있는 것이다. 하지만 그러면서도, 그는 이내 '긍지'를 제대로 된 '자기 성찰'의 요건으로 파악해버림으로써, '단호히' <어느 날 고궁을 나오면서>의 주제가 "자기 성찰" 하나로 귀결된다고 결론짓고 만다. 하정일은 대다수의 일의적 자기 성찰론과 정남영의 머뭇거림을 '조금쯤' 넘어서고는 있지만 '아주' 돌파하지는 못하고 있다.

---

16) 정남영은 그것을 '영웅적 자의식'으로부터의 탈출이라 부르고 있을 뿐, 민중에 대한 사랑이라는 직접적인 언술로 대체하지는 않는다. 그야말로 암시하고 있을 뿐이다.

17) 그간의 민중 개념이 아니라 '끊임없이 스스로 바뀌고 생성되는 사람들'이라는 의미에서 그냥 '미래의 사람들'이라 불러도 상관없지 않겠느냐고 반문하고 있지만, 그의 기획은 아무래도 리얼리즘적으로 문학을 읽어왔던 그룹의 김수영 독법을 체계화하려는 데 그 목표가 있다고 보아야 할 것이다(같은 책, 31면, 각주 24 참조).

18) 하정일, 「김수영·근대성 그리고 민족문학」, 『실천문학』, 1998 봄.

19) 하정일은, 언론 자유와 월남 파병 반대를 언급함으로써 실제로는 교묘히 현실 비판을 하고 있다는 점(이 부분은 앞서 언급한 김재용과 한명희의 관점에 연결된다)과 스폰지 만들고 거즈 접는 일을 통해 '반전사상'을 실천하고 있다는 점을 긍지의 근거로 들고 있다. 그러나 거즈 개키는 일에서 반전사상까지 읽어내기에는 다소 무리가 있다.

3. 〈어느 날 고궁을 나오면서〉에 대한 주류적 해석

　김수영의 시세계는, 한국전쟁과 4·19를 기점으로 하여 크게 세 시기로 나누어 살펴보는 것이 일반적이다. 해방기−50년대−60년대의 작품들이 각각 특징을 달리하기 때문이다. 두 개의 분기점 가운데서 김수영 시세계에 보다 본질적 영향력을 행사한 사건이 4·19라고 하는 점도 대부분의 연구자들이 동의하는 바다. 다만 4·19를 전후한 시세계 변화의 특징을 무슨 개념으로 설명할 것인가 하는 각론의 단계에서는 다양한 견해들이 족출(簇出)해왔다. 설움이나 속도, 죽음 혹은 자유, 혁명, 사랑 등의 어휘들이 이 변화를 설명하기 위해 자주 사용된 개념들이다. 여러 견해들을 종합해 보았을 때, 김수영의 시세계는 설움과 죽음의 단계를 지나고 혁명을 거쳐 사랑에 도달하는 과정에 바쳐지는데, 그 밑바닥에 언제나 자유의 이행이라는 실천 과제가 놓여 있었다고 이해하는 것이 가장 온당해 보인다. 1965년에 쓰인 시 <어느 날 고궁을 나오면서>는, 혁명의 좌절감을 바탕으로 사랑과 자유의 의미를 캐묻는 쪽으로 사유를 전환시켰던, 그의 후기 시세계 한복판에 서 있는 작품이다.

　　왜 나는 조그마한 일에만 분개하는가
　　저 王宮 대신에 王宮의 음탕 대신에
　　五十원짜리 갈비가 기름덩어리만 나왔다고 분개하고
　　옹졸하게 분개하고 설렁탕집 돼지같은 주인년한테 욕을 하고
　　옹졸하게 욕을 하고

　　한번 정정당당하게
　　붙잡혀간 소설가를 위해서

언론의 자유를 요구하고 越南파병에 반대하는
자유를 이행하지 못하고
二十원을 받으러 세번씩 네번씩
찾아오는 야경꾼들만 증오하고 있는가

옹졸한 나의 전통은 유구하고 이제 내 앞에 情緖로
가로놓여있다
이를테면 이런 일이 있었다
부산에 포로수용소의 第十四野戰病院에 있을 때
정보원이 너어스들과 스폰지를 만들고 거즈를
개키고 있는 나를 보고 포로경찰이 되지 않는다고
남자가 뭐 이런 일을 하고 있느냐고 놀린 일이 있었다
너어스들 옆에서

지금도 내가 반항하고 있는 것은 이 스폰지 만들기와
거즈 접고 있는 일과 조금도 다름없다
개의 울음소리를 듣고 그 비명에 지고
머리에 피도 안 마른 애놈의 투정에 진다
떨어지는 은행나무잎도 내가 밟고 가는 가시밭

아무래도 나는 비켜서있다 絶頂 위에는 서있지
않고 암만해도 조금쯤 옆으로 비켜서있다
그리고 조금쯤 옆에 서있는 것이 조금쯤
비겁한 것이라고 알고 있다!

그러니까 이렇게 옹졸하게 반항한다
이발쟁이에게
땅주인에게는 못하고 이발쟁이에게
구청직원에게는 못하고 동회직원에게도 못하고

야경꾼에게 二十원 때문에 十원 때문에 一원 때문에
우습지 않으냐 一원 때문에

모래야 나는 얼마큼 적으냐
바람아 먼지야 풀아 나는 얼마큼 적으냐
정말 얼마큼 적으냐……

— 〈1965. 11. 4〉[20]

진술 내용의 인접성 여부에 유의해 시 <어느 날 고궁을 나오면서>를 살펴보면, 이 시는 기(1, 2연) 승(3, 4연) 전(5, 6연) 결(7연)의 구조로 되어 있다는 것을 알 수 있다. 기(起)에서는 '조그마한 일에만 분개하는' 나에 대한 문제제기가 이루어지고, 승(承)에서는 제기된 문제를 이어받아 그 연원을 탐색하고 있으며, 전(轉)에서는 그러한 자기에 대한 가치 평가를 내린다. 결(結)은 전(轉)에서 이루어진 평가를 확인하고 강화하는 역할이다. 우선 이 시의 전체 구조에서 주목해 보아야 할 것이, 기와 결이 모두 의문문으로 되어 있다는 사실이다. 의문문이 갖는 다양한 기능에 유의하고, 그 의문문이 시를 여닫고 있다는 점에 주의를 기울인 사려 깊은 독자들이라면, 이 시의 전언(傳言)을 파악하는 일이 그리 녹록치는 않을 것이라는 점을 충분히 예단할 수 있을 것이다. 전체적으로 보아 또 하나 주목해야 할 것이, <어느 날 고궁을 나오면서>의 시적 진술 전체가 '(큰 일) : 조그마한 일'[21]의 구도에 따라 이원 분류가 가능토록 배열되어 있다는 점이다. 그 내용은 다음 도표와 같이 정리될 수 있다.

---

20) 『김수영전집 1 ─ 시』, 민음사, 1994. 앞으로 인용되는 시들도 전집에서 인용한다.
21) '조그마한 일'이 직접 서술되어 있음에 비해 그 상대 개념인 '큰 일'은 표면에는 직접 나타나지 않아 (큰 일)로 표기하겠다.
22) 3연의 '(큰 일)' 항목에 '포로경찰 되기'를 넣어야 한다고 말할 수도 있다. 그러나 포로

		(큰 일)에 대한 분개	조그마한 일에 대한 분개	23)
기	1연	왕궁의 음탕에 대한 분개	기름덩어리 갈비에 대한 분개 = 설렁탕집 주인년에게 욕하기	
	2연	언론 자유 요구 월남 파병 반대 (주장)	야경꾼의 잦은 방문 증오	
승	3연		너어스들과 스폰지 만들고 거즈 개키기	
	4연		개의 비명에 지기 애놈의 투정에 지기 은행나무 잎 밟기를 주저함	
전	5연	절정 위에 서 있기 (정정당당한 자유 이행)	조금쯤 옆으로 비켜 서 있기 비겁한 것	
	6연	땅주인에 대한 반항 구청, 동회 직원에 대한 반항	이발쟁이에 대한 반항 야경꾼에 대한 반항	
결	7연	모래, 바람, 먼지, 풀을 향한 질문		

이 시의 독자는, 1~6연을 읽어 내려가며 위와 같은 대차대조표를 마음속으로 그린 다음, 결(結)에 해당하는 7연의 의문문에 대해 어떤 대답을 할 것인가를 결정해야 한다.[23] 그 대답은 '모래, 바람, 먼지, 풀아, 나는 얼마나 작으냐?'라는 최후 질문의 형식을 어떻게 파악 하느냐에 따라 방향이 달라질 것이다. '스스로 생각해 보아도 참으로 작고 보잘것없음'에 대해 동의해줄 것을 요구하는 수사의문문으로 본다면 대답은 간단하다. 그러나 그러지 않고 '내가 정말 작은지'에 대한 판단을 요구하는 판정의문문[24]으로 본다면 사정이 다르다. 다행히 긍정적 판정을 할 경우라

경찰이 되는 것은 정보원이 생각하는 남자다운 일이지 화자 자신의 것은 아니다. 5연의 '(정정당당한 자유 이행)'이라는 내용은 2연에서 유추할 수 있다. 5연 전체의 성격이 다른 연들과 다르기에 강조해 두었다.

23) 1, 2연의 의문문은 독자의 주의를 환기하여 집중시키려는 장치이므로 특별한 대답이 요구되지 않는다.

면 수사의문문으로 보는 것과 같은 효과를 낼 것이므로 문제될 것이 없다. 하지만 부정적으로 판정하게 되면 사태가 복잡해진다. 지금까지 많은 이들이 읽어왔던 <어느 날 고궁을 나오면서>와는 전혀 다른 독법 하나가 탄생하기 때문이다. 이 두 가지 대응방식 가운데는 전자가 주류였음을 이미 밝힌 바 있다. 먼저 간단히 그것을 요약해보고, 이어 두 번째 대응방식의 가능성을 보다 세밀히 검토하는 쪽으로 논의를 진행하겠다.

<어느 날 고궁을 나오면서>에 대한 주류적 해석들은 화자의 '자기가 정말 옹졸하냐'는 질문에 대해 그렇다고 승인함으로써 비교적 손쉬운 결론에 도달한다. 연구사에서 검토했던 대부분의 견해들이 이 입장에 서 있다. 이 경우 시 <어느 날 고궁을 나오면서>는, 화자가 도표의 좌변에 나타난 '(큰 일)'에 동참하지 못하고 우변 '조그마한 일'에만 매달려 왔음을 고백하는 자기비판(유종호)이자 연민(김현)의 형식이 된다. 그러니 자기 자신의 옹졸하고 비겁한 소시민성의 유구한 전통까지 백일하에 까발리는 정직성(신경림, 유종호)이야말로 이 시가 지닌 최대의 무기이자 힘인데, 결과적으로 이것이 독자들의 반성까지 유도하고 있는 것(유종호)이다.

물론 여기에, 본질적으로 옹졸함의 표백이라는 점은 승인하면서도, '(큰 일)'을 시의 표면에 드러냈다는 사실을 높이 평가하거나(한명희), 3연의 '거즈 개키기'가 소극적 저항에 해당한다고 의미 부여를 하고(김재용), 행간을 읽어 '조금쯤' 저항에 참여한 긍지를 발견(하정일)해내는 입장들도 덧보태져야 한다.

---

24) 그렇다고 이 질문을 두고 '너는 누구냐?'와 같은 형식의 설명의문문으로까지 보기는 힘들 것이다.

4. 〈어느 날 고궁을 나오면서〉 다시 읽기

두 번째 독해 방식의 가능성을 시험해보기 위해 필자는 지금까지 많은 말을 허비해 왔다. 그런데 이 관점으로 〈어느 날 고궁을 나오면서〉를 다시 읽는다는 것은 기왕의 강력한 견해를 일거에 뒤집는 작업이므로 치밀하고 꼼꼼한 읽기가 필수적으로 요청된다. 주지하다시피 하나의 텍스트에 대한 축자적 읽기 단계를 지나, 그 텍스트에 대해 단일한 의미 체계라는 관점 아래 하나의 비평적 해석을 가하고, 그런 해석 층위가 하나가 아니라 복수로 존재한다는 사실을 받아들이게 된 과정이 현대문학 이론의 중요한 흐름일 것이다. 그 과정에서 자연스럽게, 개별 텍스트에 대한 관심이 텍스트간의 문제로 옮겨가기도 하고, 때로는 기왕의 장르 규칙이나 텍스트 내규를 전도 내지는 해체해보려는 움직임으로까지 변모하기도 했다. 신비평 혹은 러시아 형식주의, 구조주의, 후기구조주의로 진행된 이러한 흐름이 언어 중심적인 것이라고 반발하여, 그 언어를 낳은 사회 문화적 배경으로 환원해 보려는 태도를 여전히 견지하는 경우에도, 이들 문예이론들이 제기한 꼼꼼히 읽기라는 자세와 부분들의 유기적 구조로서의 텍스트라는 개념만은 오늘날 문학 독서의 대전제로 받아들이고 있는 형편이다. 신비평적으로만 읽으려는 것이 문제이지 읽기의 엄밀성까지 문제될 수는 없기 때문이다.

따라서 지금부터의 〈어느 날 고궁을 나오면서〉 다시 읽기도 이 과정에 따라 3 단계로 진행될 것이다. (1) 축자적 읽기를 통한 다양한 해석 가능성 확인 단계, 이때의 개별 가능성들은 텍스트에 주어진 정보의 길을 따라 일자적(一者的)으로 완결된 해석에 도달할 수 있어야 한다. (2) 가족 텍스트들 간의 상관관계를 고려한 (1) 의미의 확장 단계. 김수영의 시적 변모를 먼저 확인하여 <어느 날 고궁을 나오면서>의 위치가 어디인지를 파악한 다음, 변화의 맥락에 따라 (1)에 사용된 어휘들의 의미를 확장하는 단계다. (3) 문학사 혹은 사회사적 맥락을 부여하는 단계, 개별 텍스트만으로 역사적 의미를 검출한다는 것은 자칫 일반화의 오류에 빠질 수도 있겠지만, 텍스트가 가진 어휘 수준에 따라 아주 불가능한 일은 아니다.

2장에서 보았듯이, 시 <어느 날 고궁을 나오면서>의 '옹졸하고 비겁한 반항'을 두고 그렇게 보지 않을 수도 있음을 시사한 비평가로는 정남영이 유일하다. 그런데 <어느 날 고궁을 나오면서>의 화자가 '작고 보잘것없는 것들'에 대해 긍정적 시선을 던지고 있는 것이 아닌가 하는 그의 의문은 <어느 날 고궁을 나오면서> 자체의 언어 조직을 분석한 결과 얻어낸 결론은 아닌 것으로 판단된다. 김수영의 후기 시를 분석한 결과 민중지향성이 검출된다는 사실로부터 연역해낸 것일 가능성이 높다. 따라서 그의 입장은 <어느 날 고궁을 나오면서>의 2단계 읽기에서 다시 검토될 필요가 있다.

우선 위의 도표를 다시 들여다봄으로써 논의의 실마리를 찾아보자. 필자는 이 시가 전반적으로 '(큰 일) : 조그마한 일'의 대립 구도로 이루어져 있다는 사실을 지적한 바 있다. 그런데 이 전제가 참이 되려면, 5연을 제외한 나머지 내용들이 좌변은 좌변대로 우변은 우변대로 각각 등가성을 지녀야만 한다. 다시 말해, '(큰 일)' 항에 속하는 1, 2, 6연의 내용 요소들 사이에 층위가 져서는 안 되며, 마찬가지로 우변의 1, 2, 3, 4, 6연의 요소들 역시 서로 등가 관계에 있어야 하는 것이다. 그런데 좌변의 요소들 간에는 그런대로 내용상의 층위가 같다[25]고 보아도 크게 무리가 없을 듯한데, 우변 요소들 간에는 그런 동의가 쉽게 내려지지 않는 문제가 발생한다. 1, 2, 6연의 요소들(1그룹)과 3, 4연 요소들(2그룹) 간에 크게 층위가 져서 공통 속성을 뽑아내기가 쉽지 않은 것이다.

1, 2, 6연의 '설렁탕집 주인과 야경꾼과 이발쟁이'는 일상에서 만나는 반항의 대상으로 묶을 수 있겠지만, 그것들을 3, 4연의 요소들과 엮을 일이 난감해진다. '너어스들과 스폰지 만들고 거즈 개키기'를 소극적 저항으로 보는 김재용의 관점을 차용하면, 1, 2, 3, 6연까지도 하나로 묶어볼 수는 있겠다. 하지만 그 입장으로도 4연만은 수렴을 해 내기가 쉽지 않다. '개의 비명에 지는 것'과 '애놈의 투정에 지는 것', 더구나 '떨어진 은행나무 잎을 밟기가 주저된다는 것'이 '설렁탕집 주인, 이발쟁이, 야경꾼'들에게 반항하는 일과 무슨 상관이 있다는 것일까. 좌변의 항목들이 그랬던 것처럼, 우변의 항목간에도 유사성이 금방 인정되면, 좌변의 '(큰일)'로 우변의 '조그마한 일'을 비판하려 했다고 쉽게 받아들일 수가 있을 터인데, 지금 보다시피 우변의 정체가 매우 낯설어 자꾸만 거기에 주의가 집중되어 판단이 망설여진다. 아마도 시인은, 너무 쉽게 판단하지 말고, 이 낯선 동류항들의 정체를 파악하는데 주력하라고 요구하고 있는 듯하다. 시와 표를 나란히 놓고 다시 찬찬히 따져 보자.

1그룹과 2그룹의 거멀못으로 시인이 설정한 '거즈 개키기'의 성격을 다시 생각해볼 필요가 있다. 포로들을 감시하고 사찰하는 경찰이 되느니 차라리 간호사들과 거즈나 접겠다는 이 태도[26]를 두고 김재용이 '소극적 저항'이라 불렀거니와, 스폰지 만들고 거즈 개키는 것은 기실 생명을 살리는 작업에 참여하는 것이어서 본질적으로는 결코 옹졸하거나 사소한 일이 아니라는 해석을 할 수도 있지 않을까. 그렇게 해석하면, 4연의

---

25) '가진 자'라는 공통 의미가 추상될 수 있다.
26) 하정일은 이를 '반전사상'으로 연결시키는데, 그것은 좀 과장된 해석으로 보인다.

‘개의 비명소리에 지는 것과 애놈의 투정에 지는 것’도, ‘내가 못났다’는 것을 확인해주는 장치가 아니라, ‘여린 목숨에 보내는 화자의 관심과 연민’을 보여주는 장치라는 점에서, ‘거즈 개키기’에 정확히 겹친다. 더구나 거기에는 노랗게 거리를 덮은 은행잎 하나조차도 상하게 하지 않으려는 미학적 섬세함이 또 내접(內接)되어 있다. 그러니 ‘모래, 바람, 먼지, 풀’을 향하여 “나는 얼마큼 적으냐”고 묻고 있는 7연의 질문은, 결코 작지 않다는 자기 확신을 오히려 더 강하게 드러내는 진술 형식인 것이다.27) 하필이면 ‘모래, 바람, 먼지, 풀’을 선택하여 자신에게 화답하도록 만든 것도 바로 이런 인식의 전복을 보여주기 위한 의도였을 것이다. 겉으로는 ‘조그마한 일’이지만 그것들은 모두 자연과 생명이라는 커다란 가치를 환기해주는 소재들이기 때문이다. 시인은 결국 2그룹을 7연에 연결시켜 둠으로써, ‘조그마한 일’이 지니는 ‘큰’ 가치, 즉 작은 것이 오히려 큰 것일 수도 있다는 사유를 예비하고 있었던 것이다. ‘소극적 저항’이 아니라 ‘적극적 포용과 사랑’이라는 해석 가능성이 거기서 발생한다.

이런 판단을 앞세우면, ‘거즈 개키기’를 가운데 놓고 시인이 1, 2그룹을 연결한 의도가, 결국에는 작은 일(우변)과 큰 일(좌변)의 가치가 역전될 수 있음을 말하기 위해서였던 것으로 생각해볼 수 있다. 다시 말해, ‘조그마한 일에 대한 반항’이 결코 비겁하거나 옹졸한 일이 아니라 ‘(큰 일)에 대한 반항’보다도 훨씬 더 근원적이고 깊은 반항이자 적극적인 사랑일 수 있다는 사유를 드러내려 했다는 뜻이다. 사소한 반항이 더욱 철저한 반항이 되는, 궁극적으로 반항이 곧 사랑이 되는 이 논리의 비약에

---

27) 5연의 4행 “비겁한 것이라고 알고 있다!”는 진술과 7연의 “정말 얼마큼 적으냐”라는 진술을 연결해 보면 화자의 의중이 무엇인지가 보다 선명해진다. 앞에서 느낌표까지 쳐가며 스스로 비겁함을 잘 알고 있다고 큰소리치고는 그래도 내가 정말 작으냐고 묻는데 그렇다고 긍정할 수는 없는 일이다.

대해, 축자적 읽기 자체는 더 이상 아무런 정보를 주지 못한다. 따라서 이제 2단계로, 이 무렵의 김수영의 다른 시들과 산문들이 과연 어떠한 인식 체계를 보여주었는지를 점검하는 일이 필요해진다.

정남영이 김수영의 후기 시 <사랑의 변주곡>, <거대한 뿌리> 등을 검토한 다음 거기서 민중주의적 요소를 발견하고 있음은 앞에서 거듭 언급한 바와 같다. 그런데 김수영의 이 '작은 것' 지향성을 '작다는' 그대로의 의미로 받아들여 계층 의식에 결부시키는 것은 부분적으로만 옳아 보인다. 가령 <가다오 나가다오>에서 "상추씨, 아욱씨, 근대씨를 뿌리는", "잿님이 할아버지"나 <사랑의 변주곡>에 등장하는 '단단한 고요함의 복사씨 살구씨'는 폭발적 사랑의 감염력을 안으로 감추고 있는 '작고도 큰 것'이라는 역설적 인식에 연결되기 때문이다. 김수영의 산문에서도 이 점은 어렵지 않게 확인된다.

흔히 김수영 시론의 핵심이 <시여, 침을 뱉어라>와 <반시론>[28]에 잘 구현되어 있다고들 한다. 그 가운데서도, 기성의 질서, 기지(既知)의 것, 의식적인 것을 넘어서 "여직까지 없었던 세계",[29] 새로운 것, 미지의 것, 혼란과 사랑, 자유를 향해 이행해 가야한다는 이른바 '온몸론'을 그 정수로 이해한다. 모든 기성의 질서, 기지(既知)의 것과 의식적인 것은 이미 어떤 말로 틀 지워지고 규정되었다는 의미에서 낡은 것, 완성되어진 것이자 죽은 것이다. 의식되어버리는 순간 그것은 우리가 어찌해볼 수 없는 존재성을 지니게 되므로 내 의식에는 구속과 억압의 코스모스, 곧 질서가 된다. 우리 의식이 거기서 자유롭지 못하게 되는 것이다. 그런데 이 한 번도 경험해보지 못한 완전한 새로움, 자유이자 카오스(그러니 그것

---

28) 이하, 『김수영 전집 2－산문』, 민음사, 1983 참조.
29) 같은 책, 252면.

은 사실 자유나 혼란, 사랑 따위의 기성의 말로는 규정될 수 없는 어떤 상태일 것이다)로 다가가는 일은 전면적으로 그리고 동시적으로 진행되어야 한다. 그 혼란이란, 부분과 전체, 안과 밖, 큰 일과 조그마한 일, 나와 너, 나와 적, 시와 산문, 세계와 대지, 인간과 자연, 심지어는 남과 북, 민족과 세계, 문학과 정치, 내용과 형식 그리고 마지막으로 몸과 마음의 이항 대립이나 시간차를 둔 이해로는 도저히 도달할 수 없는 절대적 자유이기 때문이다. '온몸'으로 '온몸'을 밀고 가는 방법만이 해결책인 것이다. 그것을 혁명이라 불렀다. 그런데 김수영이 4·19라는 현실가운데서 그 혁명의 한 순간을 체득하지 못했다면 '온몸론'에로 나아갈 수 없었을 것이다. 비록 실패한 정치 혁명이었지만, 김수영은 그 와중에 진짜 혁명적인 체험을 함으로써 50년대의 관념벽을 한꺼번에 돌파하고 앞으로 나아갈 수 있었다.

나는 아직까지도 '시'를 안다는 것보다 더 큰 재산을 모르오. 시를 안다는 것은 전부를 아는 것이기 때문이오. 그렇지 않소? 그러니까 우리들끼리라면 '통일'같은 것은 아무 문젯거리가 되지 않을 것이오. 사실 4·19 때에 나는 하늘과 땅 사이에서 '통일'을 느꼈소. 이 '느꼈다'는 것은 정말 느껴본 일이 없는 사람이면 그 위대성을 모를 것이오. 그때는 정말 '南'도 '北'도 없고 '美國'도 '소련'도 아무 두려울 것이 없습디다. 하늘과 땅 사이가 온통 '자유독립' 그것뿐입디다. 헐벗고 굶주린 사람들이 그처럼 아름다워 보일 수가 있습디까? 나의 온몸에는 티끌만한 허위도 없습디다. 그러니까 나의 몸은 전부가 바로 '주장'입디다. '자유'입디다……. '4월'의 재산은 이러한 것이었소. 以南은 '4월'을 계기로 해서 다시 태어났고 그는 아직까지도 灼熱하고 있소. 맹렬히 치열하게 작열하고 있소. 이북은 이 작열을 느껴야 하오. '작열'의 사실만 알아가지고는 부족하오. 반드시 이 작열을 느껴야 하오. 그렇지 않고서는 통일은 안 되오.[30]

이 글은 잘 알려진 대로, 월북한 친구 김병욱을 예상 수신인으로 해서 4·19의 소회를 피력한 편지체 수필의 한 부분이다. '온몸론'의 핵심을 드러낸 이 글로 볼 때, 그가 생각하는 자유의 이행이란, 사적인 모든 행동이 곧바로 공적인 것이 되는, 개인의 일거수일투족이 전체의 운명에 직결되는, 그러면서 이상(理想)이 하늘에 머물지 않고 순간순간 땅에서 현실화되어 하나로 만나는, 지극히 시적인 삶을 가리키고 있다는 것을 알 수 있다.31) 최인훈이 <광장>에서 그려 보인 '밀실'과 '광장' 이미지가 하나로 통일된 형국에 유비해 볼 수 있을까. 물론 이런 낭만적이고 감성적인 환상과 정치의식32)으로는 현실 혁명의 전체상을 제대로 파악하여 거기에 능동적으로 대응하기란 불가능했을 것이다. 4·19혁명은 점점 비루한 사적 욕망 관철의 장으로 타락해 실패로 결말이 나고, 그에 따르는 일시적인 좌절 끝에, 그는 무엇이 잘못된 것인가에 대해 진지하게 사유했던 것으로 보인다. 그 사유의 끝에 그는, 실패의 원인을 '혁명적 순간'이 한 순간에 그쳐버리고 새롭게 갱신되어 앞으로 나아가지 못했던 데서 찾았던 것 같다. 전체와 개인이 분리되고 공과 사가 나뉘어 시적인 전일성을 잃어버린 것, 혹은 너무 큰 공(公)의 광휘에 눈멀어 사적인 갱신을 이루지 못했던 점에서 패인을 읽어낸 것이다. 그 결과 그는 혁명 실패에 분노하던 자신의 사유틀 자체를 과감히 바꾸어 버린다(<그 방을 생각하며>). 그는, 정치(세계) 혁명에만 매달리는 것이 아니라 세계 혁명과 동시에 자기 자신의 내부 혁명을 동시에 밀고 나가야 한다는 것,

---

30) 김수영, 「저 하늘 열릴 때」, 『세계의 문학』, 1993 여름.
31) 어쩌면 이 부분은 비슷한 경험을 공유하지 않으면 전달 불가능한 체험을 서술한 것일 수도 있다. 이미 언어화 되어 기지의 것이 되어버렸으므로 김수영 자신이 느낀 생생한 '자유'와는 차이가 있을 것이기 때문이다. 이 점에서 김수영 시론을 불교식으로 읽으려는 시도가 생겨나는 것 같다.
32) 김명인, 『김수영, 근대를 향한 모험』, 소명출판, 2002, 181면.

한 순간도 머물지 않고 끝없이 앞으로 유동하는 자유로움에 몸을 맡겨야 한다는 것, 4.19의 한 순간에 환상처럼 경험되었던 그 법열(法悅)의 순간을 시로 재현해 내야 한다는 결론에 도달했고, 그 방법에 '온몸론'이라는 이름을 부여했던 것이다.

이러한 관점으로 볼 때, 시 <어느 날 고궁을 나오면서>는, 소심한 자기 자신에 대해 성찰하고 비판하는 시가 아니라, 오히려 '(큰 일)'에만 매달려 생활의 미세한 전 영역에서의 자유를 제대로 이행하지 못함으로써 혁명을 실패로 만든 상황을 비판하고 있는 시가 된다. 그 동안 '조그마한 일'이라고 제쳐두었던 것들이, 사실은 조그마하지 않고 오히려 훨씬 넓고 크고 깊은 문제일 수 있다는 인식을 수용하여 묵은 위계의식을 전복할 것을 요구하고 있는 시인 것이다. 그러한 전복의 끝에, 노랑 은행잎에 대한 섬세한 연민과 언론 자유를 요구하는 저항의 큰 목소리를 동시에 온몸으로 밀고 나가는 것만이, '우습지도 않고 작지도 않은' 사랑의 실천에 도달하는 길이 아니겠느냐는 물음이 <어느 날 고궁을 나오면서>의 궁극적 전언인 셈이다.

5. 맺음말

<어느 날 고궁을 나오면서>에 대한 이 두 가지 방식의 독해 가운데 반드시 어느 하나가 옳은 것으로 정리할 필요는 없다. 김수영 시론의 핵심도, 어느 한 쪽으로 기울어 기성의 해석이 되는 것을 오히려 경계하는 쪽일 것이다. 모순의 양 축이 충돌해 일으키는 긴장과, 그 결과로서의 보다 풍성한 의미를 삶에서 발견하게 하는 것이 역설의 존재 이유인 것

처럼, 두 가지 해석은 서로 길항하는 다중 의미(polysemy)로 남아 또 다른 해석 가능성을 밝히는 길잡이가 되어도 좋지 않을까.

이제 남는 것은, <어느 날 고궁을 나오면서>를 통해 시현(示顯)한 그의 시적 실천이 문학사 혹은 사회사와 어떤 고리로 만나고 있는가를 검토해 보는 일이다. 최원식은, 김수영이 모더니스트의 입장에서 모더니즘과 리얼리즘을 회통케 함으로써 30년대적 문제의식에 한 개 매듭을 지었다는 평가[33]를 내렸다. 김기림과 달리 김수영은 현실 문제에 발을 딛고 있었다는 점이 그러한 평가의 근거다. 또한 그 점에서 김수영 문학이 진정한 현대성(근대성이 아니라)을 획득하고 있다고 판단한다. 그런데 최원식의 평가에는, 현실과 김수영의 시가 어떻게 만나는가에 대한 방법론적 검토가 빠져 있다. 어떤 방법으로 만났는지에 대해 설명할 수 없으면, 기교주의 논쟁의 결과 임화와 김기림이 동시에 현실과 언어의 변증법적 종합을 주장(방향은 다르지만)했음에도 공허한 관념론에 떨어지고 말았던 것과 똑같은 우를 범하는 격이 될 것이다.

김수영은 언어를 서술과 작용으로 나눈 다음, 문학의 언어는 작용의 언어라고 생각했다. 이때 언어 서술이란 자유를 주장하는 것이고, 언어 작용이란 자유를 이행하는 것이다. 따라서 문학이란 언어 작용은, 자유의 끝없는 이행으로 정의된다. 이 점에서 김수영은 모더니스트다. 자칫하면 문학의 자율성이라는 자유로 치달을 위험이 있다. 하지만 그는 '온몸론'을 통해 문학과 현실의 경계를 지워버렸다. 절대적 자유의 이행을 위해서는 현실 자유의 폭도 절대적으로 넓혀져야만 한다는 입장에 섰던 것이다. 말을 줄이자. 요컨대 그는 형식(문학)의 자유로움(작용)을 통해 내

---

33) 최원식, 「'리얼리즘'과 '모더니즘'의 회통」, 『문학의 귀환』, 2001, 52면.

용(현실)에 자유가 모자란다는 사실을 줄기차게 주장(서술)함으로써 대립적 요소를 하나로 묶어버린 것이다. 1920년대 김기림과 박영희에 의해 제출되고, 30년대 김기림과 임화에 의해 재론되었으되 끝내 미봉에 그쳤던 내용 / 형식의 관계 문제를, 형식의 입장에서 하나로 통일한 최초의 문학적 사례가 김수영이라는 평가가 이에 가능한 것이 아닐까.

> <내용>은 언제나 밖에다 대고<너무나 많은 자유가 없다>는 말을 해야 한다. 그래야지만 <너무나 많은 자유가 있다>는 <형식>을 정복할 수가 있고, 그때에 비로소 하나의 작품이 간신히 성립된다.[34]

인용 부분은, 현실의 자유 확대 문제를 문학이 최대 관심사로 삼고 형상화해야 한다는 점, 그래야만 형식이 저 혼자 풀어져 자율성 쪽으로 치달아 가는 일을 막을 수 있다는 것, 그 경계에서 내용과 형식이 하나로 통합된다는 것을 힘주어 말하고 있다. 사실 4·19가 나던 그 해의 몇 편, 가령 <푸른 하늘을> 같이 자유를 직접 노래(서술)한 작품들을 제외하면, 김수영은 언제나 <어느 날 고궁을 나오면서>처럼 쉽게 한쪽 손을 들지 않는 자유를 형식화(작용)하는 데 전력을 쏟음으로써 자신의 주장을 지켜냈다. 남는 문제가 있다면, 김수영과 동시대 혹은 후대 시인 가운데, 정반대 방향에서 김수영에 필적해오는 누군가[35]를 찾는 일일 것이다. 자본주의와 사회주의를 동시에 넘어선, 시문학사의 진경이 바로 거기서부터 펼쳐질 것이기 때문이다.

---

34) 『전집 2-산문』, 251면.
35) 북한에도 4·19가 일어났다는 가정을 한다면, 김병욱 쯤이 맞수가 되리라고 김수영은 믿었던 것이 아닐까.

참고문헌

[자료]

『김수영 전집 1-시』, 민음사, 1994.

『김수영 전집 2-산문』, 민음사, 1993.

『민족문학사연구』 20호, 민족문학사학회, 2002. 6.

강웅식, 「김수영 문학 연구사 30년, 그 흐름의 방향과 의미-'김수영'과 '모더니즘'의
　　　　관계를 중심으로」, 『작가연구』 5, 1998 상반기.

김명인, 『불을 찾아서』, 소명출판, 2000.

김명인, 『김수영, 근대를 향한 모험』, 소명출판, 2002.

김명인·임홍배 편, 『살아있는 김수영』, 창비, 2005.

김상적, 「언어의 온몸-김수영론」, 『창작과비평』, 창작과비평사, 1999 겨울.

김우창, 『궁핍한 시대의 시인』, 민음사, 1993.

김윤식, 『김윤식 선집』 5, 솔, 1996.

김춘식, 「김수영의 초기시-설움과 자의식과 자유의 동경」, 『작가연구』 5, 1998 상반
　　　　기.

김홍규, 『한국현대시를 찾아서』, 한샘, 1994.

문혜원, 『돌멩이와 장미, 그 사이에서 피어나는 말들』, 하늘연못, 2001.

박윤우, 「전후 현대시의 상황과 김수영 문학의 논리」, 『한국전후문학의 형성과 전개』,
　　　　태학사, 1993.

박지영, 「김수영 시 연구-시론의 영향 관계를 중심으로」, 성균관대학교 대학원(박사),
　　　　2002. 6.

박지영, 「김수영 시에 나타난 '자연'과 '몸'에 관한 사유」, 『민족문학사연구』 20호, 민
　　　　족문학사학회, 2002. 6.

신경림, 『신경림의 시인을 찾아서』, 우리교육, 2002.

유성호, 「타자 긍정을 통해 '사랑'에 이르는 도정」, 『작가연구』 5, 1998 상반기.

유중하, 「달나라에 내리는 눈」, 『실천문학』, 실천문학사, 1998 여름.

이경덕, 「사물과 시선과 알리바이」, 『실천문학』, 실천문학사, 1998 가을.

이광호, 「자유의 시학과 미적 현대성 - 김수영과 김춘수 시론에 나타난 '무의미'의 문제를 중심으로」, 『한국시학연구』 12호, 한국시학회, 2005.4.

이기성, 「고독과 비상의 시학」, 『작가연구』 5, 1998 상반기.

이성혁, 「시의 모더니티 추구와 그 정치화 - 김수영 시론의 아방가르드적 성격에 관한 고찰」, 『한국시학연구』 11호, 한국시학회, 2004. 11.

이은정, 『현대시학의 두 구도 - 김춘수와 김수영』, 소명출판, 1999.

임홍배, 「시와 혁명 - 김수영 후기 시의 '난해성' 문제」, 『창작과비평』, 창작과비평사, 2003 겨울.

장석원, 「김수영 시의 '새로움' 연구 - 전위의식과 부정의식을 중심으로」, 『한국시학연구』 8호, 한국시학회, 2003. 5.

조영복, 『한국 현대시와 언어의 풍경』, 태학사, 1999.

최원식, 『문학의 귀환』, 창작과비평사, 2001.

하정일, 「김수영, 근대성 그리고 민족문학」, 『실천문학』, 실천문학사, 1998 봄.

한명희, 『김수영 정신분석으로 읽기』, 월인, 2002.

황동규 편, 『김수영의 문학』, 민음사, 1997.

제2부
현대산문교육과 텍스트

제 5 장

단원 구성을 통한 소설 읽기 방법의 재검토
― 〈메밀꽃 필 무렵〉을 중심으로 ―

김 동 환
한성대학교 한국어문학부

1. 논의의 출발점

이 논의는 문학교육의 궁극적이거나 잠정적인 목표를 어디에 두어야 할 것인가에 대한 질문으로부터 출발하게 된다. 수용자인 학생들과 직접적인 접촉을 통해 구체적인 향유활동을 이끌어내는 일은 교사의 몫이지만 그 방향을 어떻게 설정하느냐는, 현재의 교육환경에서는 비 교사들의 몫이 대부분이다. 그리고 그 구체적인 모습은 교과서로 나타나게 된다.

교과서의 현장 구속력이 어느 정도인지에 대해서는 명시적으로 말하기 어렵다. 그러나 수업과 인식의 출발이 교과서라는 점에서는 그 영향력을 짐작할 수 있을 것이다. 한 예로, 대학생들을 대상으로 한 '한국 전쟁에 대한 의식 조사' 결과에서 교과서의 영향은 매우 강하게 드러나고 있음을 확인할 수 있었다. 특히 교과서 속의 문학작품을 통해 얻게 된 한국전쟁에 대한 의식이 전반적인 영향 요소였다는 점이 그 같은 사실을 잘 말해 준다.[1]

교과서를 논의의 대상으로 삼게 될 때의 초점은 교육의 결과를 가정한 목표의 설정에 놓여야 할 것이다. 과연 문학교육을 받은 학생들이 어떤 모습으로 나아가기를 원하는가, 그리고 어떤 결과를 보이는가를 논의

---

[1] 김동환, 「한국 현대소설에서의 전쟁의 형상화 방식 — 교육적 지평을 위한 접근」, 한성대학교 전쟁과 평화연구소 8차 콜로키엄(2006. 10).
4개 대학의 학생 100여 명을 대상으로 이루어진 조사 결과에서 많은 학생들은 한국 전쟁에 대한 인식의 원천으로 대부분 교과서 속의 소설 작품을 들었다. 그들이 제시한 작품들은 다음 순이었다.
<학마을 사람들>, <오발탄>, <수난이대>, <장마>, <태백산맥>(교과서 외), <엄마의 말뚝>, <학>, <광장>, <유예>

해야 할 것이다. 현재의 현실에서 거의 대부분의 사회구성원이 받는 문학교육은 고등학교 수업이 끝인 경우가 일반적이다. 삶에서 훨씬 많은 비중을 차지하는 고등학교 시절 이후에는 문학교육이 존재하지 않는다고 봐야 할 것이다. 이는 역설적으로 고등학교까지의 문학교육의 중요성을 말해주는 대목이기도 하다. 그들이 중·고등학교에서 무슨 작품을 통해 무엇을 생각하게 되었느냐가 문학 향유자로서의 존재성을 결정하게 되는 셈이다.

현재의 문학교육의 결과는 과연 어떻게 평가될 수 있을 것인가를 생각해 보게 된다. 대학에서 교양강좌를 통해 문학 수업을 하다보면 대학인들이 지닌 문학능력이 매우 저조한 데에 대해 놀라게 된다. 인문대학 몇 개 학과, 특정한 몇몇 학생을 제외하고는 중·고등학교까지의 문학교육에 대해 회의적인 시각을 보이지 않을 수 없는 상황을 맞게 된다. 물론 자책과 반성이 밑바탕을 이룬 시각이다. 문학 작품의 주체적인 수용에 다가가지 않더라도 문학현상에 대한 생산적인 접근 통로를 갖지 못하고 있다는 사실이 부각된다. 많은 학생들이 자신에게 주어진 '새로운 소설', 즉 교과서에서 배운 소설들과는 여러 면에선 다른 작품을 읽고 스토리 라인 정도를 충분하게 설명하기도 어려워한다. 어떤 작가에 대한, 문학사적 현상에 대한 진술도 띄엄띄엄, 단편적으로 해낸다.

문학교육의 목표에 대해 필자는 오랫동안 '이상적인 독자로서의 성장'에 두어야 한다고 주장해 왔다.[2] 그런데 이상적인 독자로서의 모습을 개별적인 문학능력의 함양이라는 맥락에서만 바라게 될 때, 불특정 텍스트로 주어지는 문학 작품을 자신의 능력으로 생산적인 수용을 할 수 있

---

2) 김동환, 『문학연구와 문학교육』, 한성대학교 출판부, 2004.

게만 할 수 있다면 한 작품에 대한 교육의 내용은 그리 크게 문제가 되지 않을 것이다. 그렇지만 이상적 독자의 요건으로, 한 사회의 구성원으로서 갖추어야 하는 공동체적 자질의 하나로 함양해야 할 문화적 소양을 설정하게 된다면, 문화적 소양의 일부를 이루게 되는 문학 현상에 대한 '집단적·제도적 경험'의 최대치를 제공하게 될 문학교육의 내용 설정은 매우 신중하게 이루어져야 할 것이다.

문학교육에서 교과서가 지니는 일차적인 의미는 문학 현상에 대한 '선험적 인식'을 준다는 데 있을 것이다. 교과서에 실린 작품과 작가는 거의 무의식적으로 대표성이나 규범성을 얻게 된다. 그리고 교과서에서 배우게 되는 특정 작품에 대한 '강렬한 인상'은 고스란히 평생의 문학관으로 자리 잡게 된다. 초등학교 때부터 운명적으로 맞이하게 되는 '사적 독서'를 통해서보다는 학교에서 교과서를 통해 이루어지는 '공적 독서'가 더욱 강력한 영향을 미치게 된다고 보는 입장에서는 교과서의 의미는 보다 강화된다. 교과서에 제시된 목표나 활동 하나 하나는 잠재적이라 할지라도 한 학생에게는 평생의 감수성이 되기도 하고 인식의 통로가 되기도 한다. 그래서 교과서의 작품 선택이나 접근 방향 설정, 지식의 진술 등은 고도의 정제과정을 거쳐야 할 것이다.

새로운 교육과정이 마련되고 다시 교과서가 편찬되게 되는 시점이 되었다. 짧게는 5~6년 동안 길게는 십 수 년 간 수많은 학생들에게 '문학'에 이르는 길을 제시하고 문학적 인식의 토대를 제공해 줄 역할을 담당할 교과서들이 다시 편찬되게 된다. 이번 기획 주제가 이러한 시점을 고려한 결과일 것이라는 판단에서 이 논문의 방향이 설정되었다. 이 글에서 7차 검인정 '문학' 교과서들의 검토를 통해 주어진 주제를 해결해 보려한 것은 자기반성과 함께 문제의 공유를 제안하기 위해서이다.

교과서의 내용에 대한 문제제기가 지속적으로 이루어지거나, 그 타당성에 대한 의문이 이어지는 것은, 교육과정안이 확정 고시된 연후 그에 따른 교과서를 편찬할 수 있는 물리적 시간이 매우 한정적이라는 제도적인 탓도 있겠지만, 본질적으로는 연구자들이나 편찬자들의 탓이라고 할 수 있기 때문이다. 특히 '문학' 교과서에서 다루게 되는 작품에 대한 접근이 과연 타당하고 적절한 지에 대한 충분한 검토와 논의 없이 기술되는 경우가 많지 않은가 하는 우려의 목소리에 귀를 기울여야 할 것이다.

최근에 필자는 '교과서 비평'이라는 용어를 사용한 바 있다.3) 교과서를 편찬하는 과정에서 작품에 접근할 때는 일반적인 문학연구나 비평과는 사뭇 다른 접근법이 필요함을 말한 대목이다. 물론 편찬자의 관점이나 철학이 반영된 접근이라는 점에서 비평으로서의 일반적 성격도 지녀야 한다. 하지만 앞서 설명한 맥락에서 볼 때 경계하거나 주의를 기울여야 할 요소들이 많다. 지나치게 편찬자들의 주관적 관점이나 접근법이 작용하는 경우도 있을 것이고, 교과서의 속성 상 드러날 수밖에 없는 서술 상의 문제도 있을 것이다. 이 글에서는 주로 후자의 경우를 다루고자 한다.

이 글은 궁극적으로 교과서 서술 상의 보편적인 문제를 들추어 그 문제의식을 공유하자는데 초점을 두고자 하였다. 서술 상의 보편적인 문제들이 대개는 편찬의 시간 부족이라는 제도상의 맹점에서 비롯되는 것임에도 불구하고 편찬자들의 문제에 대한 인식만으로도 해결될 수 있는 성격의 것들이라 보기 때문이다. 특히 교과서들에서 자주 접하게 되는

---

3) 김동환, 「소설사 기술 내용 설정의 한 방향성」, 『국어교육학』 122호, 2007. 2.

‘자동기술법(自動記述法)’[4]은 문제점의 공유만으로도 해결될 수 있다는 점에서 대표적 사례가 될 것이다. 그래서 이 글의 주된 내용을 교과서의 기술 과정에서 발견할 수 있는 접근 방식과 기술 방식에서 드러나는 ‘보편적 문제의 구체적 사례 제시’에 두게 된 것이다. 그러다보니 문제의 해결과 그에 이어지는 대안 제시는 시도하지 않았다. 작품에 대한 최종적인 기술 내용은 편찬자의 고유한 몫이라고 보기 때문이다.

논의할 대상 작품으로는 이효석의 <메밀꽃 필 무렵>을 선택했다. <광장>, <동백꽃>, <비오는 날>과 더불어 가장 많이 수록된 작품이며, 일반인들이 가장 많이 기억하는 작품 중의 하나임이 우선적으로 고려되었다.[5] 강한 영향력을 행사해 왔고, 행사할 것으로 보이는 작품이기에 ‘어떻게 다룰 것인가’를 살피는 데 도움이 될 것이다.

2. 어떤 단원에 속해 있고, 어떻게 도입하고 이끌고 있는가?

<메밀꽃 필 무렵>을 본 제재로 다룬 교과서로는 다음 A~E의 다섯 종을 들 수 있는데, F는 참고로 살폈다.[6] 각 교과서들이 제재를 다룬 1차

---

4) 이 용어는 필자가 편의적으로 끌어다 쓴 것이다. 교과서를 편찬할 때, 매 단원에서 반복적으로 이루어지는 일련의 서술 내용들이 거의 자동화된 형식, 어법, 구조, 어휘 등을 통해 이루어진다고 보이기에 이 용어를 사용했다. 작품의 개괄적인 소개, 줄거리 소개, 작자 소개 등에서 특히 잘 드러난다.

5) 2002년 상반기에 검정을 통과한 교과서를 기준으로 삼을 때 <광장>과 <메밀꽃 필 무렵>이 5권에, <비 오는 날>, <동백꽃>이 4권에 실려 있다.

6) 서술의 편의를 위해 A~F로 표기하고자 한다. 각 교과서의 대표 저자와 출판사는 다음과 같다.
A : 박경신 외－금성출판사
B : 오세영 외－대한교과서
C : 권영민－지학사

적인 방향은 단원명에서 드러나게 되며 수용의 측면에서 다룬 경우가 창작의 측면에서 다룬 경우보다 우세한 편이다. 이러한 방향설정에 대해서는 교과서 고유의 몫이므로 문제를 지적할 대목은 아니다. 발표자가 관심을 가지고 살펴본 대목은, 이 작품을 창작활동과 관련하여 설정된 단원에서 제재로 삼는 경우와, 배경이라는 측면에 초점을 맞춘 경우이다.

해당 교과서	단　원
A	소설의 형식과 표현
B	문학의 창조적 재구성
C	문학 작품의 창작
D	소설의 배경과 사건
E	인물과 배경
F	문학의 갈래

　그런데 이 작품이 특별히 학생들의 창작활동 수업과 관련하여 어떤 미덕을 지니고 있는지에 대한 설득력 있는 근거가 없이 해당 단원에 배치한 것으로 보인다는 생각을 떨쳐 버리기 어렵다. '창작을 염두에 두고 작품을 감상'한다거나 '소설 창작의 원리를 이해하고 실제로 창작해'보는 것은 굳이 이 작품이 아니라도 가능한 목표이기 때문이다. 물론 단원에 적절한 제재란 딱 맞아 떨어지는 경우란 거의 없다. 그러나 그 같은 접근이 가능한 근거를 최대한 확보하려는 노력 없이 주어진 작품을 단원에 맞추어 나가는 일은 피해야 할 일이다. 처음부터 창작의 원리는 무엇인데 어떤 작품에서 이런 원리들이 가장 잘 드러나고 있는지를 체계적으로

D : 최　웅 외─청문각
E : 김병국 외─케이스
F : 홍신선 외─천재교육

탐색해야 할 것이라 본다. 그렇지만 교과서들을 살펴다보면 대체로 적절한 것으로 보이는 작품을 그 단원에 배치하고 그 작품으로부터 원리를 이끌어 낸 것은 아닌지 하는 의구심을 떨쳐버리기 어렵다. 그러다보니 그 원리 학습이 비체계적으로 이루어지게 된다. 단원과 제재의 선택이 정말 최적인지에 대한 심도 있는 논의가 편찬과정에서 필요할 것이다.

다음에는 각 교과서에서 이 작품을 도입하는 맥락을 살펴보도록 하자. 논의의 편의를 위해 해당 내용들을 인용해 보도록 한다.

(A)

메밀꽃이 하얗게 핀 강원도 산골의 달밤이라는 환상적인 배경 위에 어느 장돌뱅이의 잊을 수 없는 아릿한 추억이 크레파스 그림처럼 겹쳐진 낭만적인 이야기이다.

메밀꽃에 하얗게 핀 강원도 산골의 달밤을 배경으로 부자의 기구한 인연을 전지적 작가 시점으로 그린 이 작품은 인생을 자연에 융화시킨 예술성과 부드러우면서도 강단 있는 문체가 잘 조화된 낭만적 경향의 작품이다.

(B)

<메밀꽃 필 무렵>은 어느 장돌뱅이의 사랑과 인연을 서정적인 문체와 감각적이고 비유적인 묘사로 형상화한 작품이다. 토속적인 정취와 그윽한 향토미 속에 드러나고 있는 우리 민족의 전통적인 인생관과 운명관을 살펴보도록 하자. 또한 뚜렷한 결말을 제시하지 않은 작품의 결말을 여러 가지 방법으로 새롭게 재구성해보자.

(C)

이 작품은 강원도 산골을 배경으로 장돌뱅이 허생원의 순박한 삶을 그려 낸 소설이다.

(D)

    <메밀꽃 필 무렵>은 공간적 배경이 직접 작품 주제에 관여한 점이 특징이다. 이 작품 전체의 공간적 배경은 강원도 땅 봉평에서 대화에 이르는 팔십 리의 밤길로, 이 밤길은 떠돌이인 유랑객들에겐 정신의 고향이자 안식처인 것이다. 푸른 달빛에 젖은 메밀꽃이 깨알깨알 흐드러지게 피어 있는 밤길이 아름답고 낭만적인 자연이야말로 그들에게 꿈과 같은 환상의 세계이면서 동시에 현실의 세계이다.

이러한 진술들에서 눈에 띄는 것은 '환상적', '낭만적' 등의 용어이다. 그런데 이 용어들의 내포적 의미가 교과서마다 다르게 쓰이고 있을뿐더러 서로 배치되기까지 한다. 말하자면 내포적 의미도 분명하지 않고 논리적일 수 없는 개념을 사용하여 작품을 설명하고 있다. 그것도 단원의 첫머리에서 접근의 방향과 태도를 결정하는 맥락에서 사용하고 있다는 점에서 문제적인 부분이라 아니할 수 없다. 요즘 같은 문화적 환경에서 학생들은 말 그대로 환상적이고 낭만적인 세계를 바탕으로 생산된 애니메이션이나 게임 등에 익숙해 있을 터인데, 이 작품을 낭만적이고 환상적인 이야기의 형상화라고 설명할 때 어떤 혼란을 겪게 될지 염려스럽기도 하다.[7]

작품에 대한 접근의 초입에 해당하는 도입 부분에서는 '사실적인 정

---

[7] 『국어교육학사전』에서는 '낭만성'에 대해 다음과 같이 설명하고 있다. 그 내용을 참조하더라도 교과서 상의 '낭만적'이라는 용어의 내포적 의미는 여전히 불확실하다.
"(전략) 낭만주의는 무질서와 부조화를 승인하였다. 또한 비합리적 사고와 환상적 사유를 인정하였다. 또한 비합리적 사고와 환상적 사유를 인정하였다. 지성적 세계 인식보다는 감성적 세계 인식을 선호하였으며, 인간의 자유로운 상상력과 내면적 능력을 중시하였다."
서울대학교 국어교육연구소, 『국어교육학사전』, 대교출판, 1999, 163면.

보+방향 제시' 정도가 서술 내용으로 적절하리라 본다. 작품에 대한 가치의 형성은 학생들의 활동의 결과로 미루고 최소한의 정보와 활동의 방향을 제시하는 것이 어떨까 싶다. 위의 인용 부분 중 (C)의 내용은 경우에 따라 사실적인 정보로 구성된 것이라 할 수 있겠지만 '순박한 삶'이라는 표현에 상당히 비중 있는 가치가 개입되어 있다고 할 수 있다. 물론 '낭만적'이라든가 '환상적' 같은 용어와는 다르겠지만 도입 부분에서 기술한 내용으로는 적절치 않다고 본다. '순박하다'는 규정이 된 마당에 등장인물들의 삶에 대한 다양한 접근이 가능하겠는지 생각해 보면 그렇다.

'환상적'이고 '자연적'이고 '낭만적'인 배경이라 설명하고 나서 "이 작품의 배경이 어떤 특성을 지니고 있는지 이야기해 보자"라는 활동은 그리 생산적으로 보이지 않는다. 또한 교과서 어디에도 개념에 대한 설명이 없는 상태에서 학생들에게 단순한 '인상적 지식'으로 남게 될 용어를 사용하는 일도 그리 바람직스럽지 않은 것으로 보인다.8) '환상적'이나 '낭만적' 등이 쓰인 자리에 어울릴만한 개념을 찾는 일이 결국은 학생들의 활동이 아닐지 생각해 보게 된다. '향토미'라는 말도 마찬가지로 설명적 정보가 필요한 용어이다.

한편 다음의 경우는 학습 목표와 같은 맥락에서 수용 방향을 제시하

---

8) 이런 경우 차라리 다음과 같은 일차 자료를 제시하는 것이 보다 생산적인 활동을 유도할 수 있을 것이다.
"이런 네 살 때의 어렴풋한 기억에다 낙향한 후 어머니에게서 가지가지의 이야기를 듣는 동안에 마음속에 아름다운 꿈의 보금자리가 잡히게 되었으며 그 꿈의 보금자리에 <추월색>의 아름다운 이야기가 들어와서 말할 수 없는 <u>낭만적 동경</u>을 싹트게 한 것인 듯하다. 정임과 영창의 애끓는 이야기는 서울 안에 얼마든지 흩어져 있을 것이요, 그 이야기의 배경되는 가을 달빛에 비친 상야공원의 풍경 또한 서울의 구석구석에 있으려니 생각되었다. 참으로 <추월색>이야말로 이야기의 아름다움을 가르쳐 주고 어린 감성에 <u>낭만의 꿈</u>을 부어 준 문학의 첫 스승인 셈이었다."(이효석-나의 수업시대)

고 있는데 그 내용은 다음과 같다.

(A)

자연의 아름다운 배경과 순박한 인간상이 어떻게 조화를 이루는지 주의하면서 작품의 분위기에 젖어 보자.

(E)

작가의 고향인 봉평을 무대로 메밀꽃이 하얗게 핀 여름밤의 자연 속에서 인간과 자연이 혼연일체를 이루는 신비스러운 삶의 모습을 보여주는 작품이다. 자연적 배경을 중심으로 작품을 읽어보자.

이와 같은 내용들은 다른 교과서에서도 비슷한 맥락으로 드러나고 있는데 학생들에게는 매우 추상적인 접근을 요구하고 있다는 인상을 받게 된다. "좋은 작품이기는 한데 어떻게 읽혀야 할지?"라는 고민의 일단이 드러나는 대목으로 판단된다. '분위기에 젖는다.'는 표현이나 '배경을 중심으로 읽는다.'는 말이 구체적으로 의미하는 바를 찾기란 쉽지 않다.

이러한 기술 내용들의 전제는 우리가 흔히 이 작품의 특징적인 부분이라 보는, 메밀꽃 핀 산길을 묘사하는 대목이 작품의 구조나 주제에 필연적인 요소로 작용하고 있다는 판단일 것이다. 그렇지 않다면 이러한 활동들은 무의미하게 될 것이다. 그러나 이 작품에서 해당 대목은 허생원이 자신의 이야기를 하기에 '제격'인 분위기를 연출해줄 따름이다. 그리고 그 이야기란 이미 조선달은 너무나 익숙해져서 별다른 감흥도 없다. 다만 처음 동행하는 동이에게 들려주는 이야기를 그 '길'에서 하는 것일 뿐이다.

그 표현의 필요성을 우선 인정하고 살핀다 하더라도, '산 길'보다는 좀 더 의미 있는 공간이라 할 수 있을 '개울'은, 그렇지만 '아름다운' 자연으로 보기에는 적절치 않아 보인다. 그렇기에 위의 활동들은 그리 구체적이고 적절한 것으로 보이지 않는다. 전제가 흔들리기 때문이다. 이런 맥락들은 교과서 서술이 '자동기술법'에 의해 이루어지는 것은 아닌가 하는 의구심을 낳게 해준다. '메밀꽃 핀 산길=아름다운 자연=배경과 인간의 조화'라는, 우리 고전 시가를 통해 익히 학습해 온 등식이 충실히 작용하고 있는 것으로 읽힌다.

3. 무엇을, 어떻게 분석하고 있는가?

단원 및 도입, 그리고 접근 방향 제시에서 드러나는 문제점들은 대체로 본문 학습이나 학습활동을 통해서도 드러나게 된다. 이제 구체적으로 그 양상들을 살펴보도록 한다. 해당 교과서들을 살피면서 떠오르는 문제들을 다음 몇 가지로 나눠 보았다.

1) 사건은 하나인가? 둘인가?

교과서에 따라 다르기는 하지만 이 작품을 통해 설명하는 '사건'의 양상은 상당한 편차를 보이고 때로는 혼란스럽기도 한다. 이는 서사양식에 대한 가장 기본적인 원리 학습이라는 점에서 검토를 요하는 부분이기도 하다. 그 해당 맥락을 예를 들면 다음과 같다.

(A)

　이 작품은 두 개의 사건을 축으로 하고, 그 두 축이 씨줄과 날줄처럼 서로 교차하면서 이야기가 진행된다. 그 하나는 허생원이 회상하는 과거의 추억이고 또 하나는 등장인물들이 봉평장에서 대화장으로 옮겨가는 과정과 관련된 현재의 사건이다. 그리고 그 두 축을 결합시키는 것이 메밀꽃이 흐드러지게 핀 달밤이라는 배경인 것이다. 작가는 전자를 통하여 인간의 근원적인 유랑의 삶을 보여 주고자 하였으며, 후자를 통해서는 인간의 혈육에 대한 정을 부각시키고자 하였다.

(B)

　이 작품에서 사건은 시간의 흐름과 공간의 이동에 따라 교묘하고 치밀하게 구성되어 있다. 기법상 평면적 시간의 흐름을 골격으로 하고, 역순행적인 과거 시간을 끼워 놓은 구성 방법을 취하고 있다.

　이러한 진술들은 학생들에게 소설의 '사건'에 대한 오해를 불러일으킬 가능성이 크다. 우선 이 작품에서 사건이 '두 개'라는 대목이 문제시될 수 있다. 구조나 플롯 등의 개념의 도움 없이 '사건'이 사용되다 보니 '이야기', '구성' 등과 섞여 개념이 불분명하게 잡힐 개연성이 크다. 학생들의 입장에서는 '작은 사건들이 모여 소설을 이루어낸다'고 생각할 수도 있고, '여러 요소들이 모여 사건을 만들고 그것이 진행되어 어떤 결론에 이르는 것'이라 이해할 수도 있다. 그러나 이러한 체계에 대해 판단할 수 있는 사전 정보 없이 다양한 층위에서 '사건'이라는 용어를 사용한다면 학생들이 얻게 될 교육적 결과는 그리 바람직스럽지 않을 것이다.

　또한 예로 든 (A)와 (B) 사이에도 사건에 대한 정의가 상당한 거리감을 보여주고 있듯이 기본적인 원리에 대한 교과서 간의 편차도 고려의 대상이 된다.9) 교과서 편찬자들의 관점이나 해석으로 보기에는 너무 원리적인 것이기에 보다 심도 있는 접근이 요구된다. 적어도 교과서를 편찬하기 이전에 주요한 원리적인 개념이나 용어에 대한 충분한 논의를 통해 의미규정이 이루어진 상태에서 교과서 편찬이 이루어지게 된다면 교과서 간의 편차는 오히려 줄어들 것이라 판단된다. 충분한 논의를 거친다면 적어도 교과서를 통해 학생들에게 가르칠 내용은 자연스럽게 한, 두 이론으로 수렴될 가능성이 크다고 보기 때문이다.

2) 배경은 과연 주제인가?

대부분의 교과서에서 이 작품의 핵심 요소로 '배경'을 들고 있다. 그 대표적인 내용을 들어보면 다음과 같다.

(A)

이 작품의 핵심적 모티프는 '혈육 찾기'라 할 수 있는데, 이는 작품의 배경과 밀접한 관계를 맺고 있다. 이 작품의 배경은 시간적으로는 여름날 달밤이며, 공간적으로는 산길이다. 달밤이라는 서정적인 분위기는 인간의 본연적인 애정을 부각시켜 주는 역할을 하며, 산길은 삶의 역정을 암시하는 동시에 허생원과 동이가 육친으로서의 따뜻한 정을 느끼게 하는 역할을 한다.

---

9) 소설에서 사건을 분리해서 설명하는 일은 그리 간단하지도 않고 일정하지도 않다. 다만 한 서술 체계 내에서 일관성을 지니고, 관련 정보들이 제공된 상태에서 사용된다면 그 이해 결과가 '응용 가능한 지식'으로 남을 수 있을 것이다. 필자는 개인적으로는 학생들에게 제공할 수 있는, '사건이란 무엇인가'라는 것과 같은 기본적인 지식은 교과서 편찬자나 교사가 최대한의 공분모를 지닌 상태에서 학생들에게 제공할 수 있어야 한다고 본다. 문학교육학 연구자들이 담당해야 할 중요한 몫이라 생각한다.

이 작품의 가장 큰 장점은 줄거리나 구성보다 배경 묘사에 중점을 둠으로써 배경 자체가 사건이 일어나는 장소나 시간을 제시하는 본래 기능뿐만 아니라, 작품의 분위기 형성과 사건의 진행이나 주제 형성에 적극적으로 기여하게 한다. 그리고 대화 중심의 진행과 암시와 추리의 기법을 통해 주제를 간접적으로 부각시킨 구성, 지명을 반복하여 사용함으로써 인물의 의식과 감정을 고조시켜 나가는 전개방식도 특이하다.

(B)

이 작품에서 공간적 배경은 매우 중요하다. 달이 비치는 메밀밭, 장꾼들이 이동하는 강원도의 산길, 고개, 개울, 벌판, 그리고 해가 기울 무렵부터 달이 기울 때까지의 분위기 등은 순박한 인물들과 조화를 이루어 서정성 짙은 소설을 만들어 내고 있다. 특히 푸른 달빛에 젖은 메밀꽃이 흐드러지게 핀 광경이야말로 현실의 세계이면서도 환상을 자아내기에 충분하다.

(E)

이 작품은 사건이나 인물보다는 배경이 중요한 역할을 하는 특이한 작품이다. 봉평 장터에서 대화로 가는 길의 달빛과 메밀꽃은 한 폭의 산수화를 연상시킨다. 이러한 공간적 배경은 자연과 인간의 친화를 의미하는 낭만적 공간이다. 늙은 나귀에 대한 묘사를 통해 허생원의 성격을 암시한 것에도 이러한 특징적인 묘사 방식이 드러난다.

이 작품의 시간적 배경은 현재의 일상적인 시간이지만, 허생원의 과거, 동이와 그의 어머니의 과거가 교묘하게 삽입된다. 공간적 배경은 강원도 봉평 장터와 봉평에서 대화에 이르는 메밀꽃이 흐드러진 달밤이다. 메밀꽃 핀 개울가는 단순한 자연적 정경에 그치는 배경이 아니라, '인생의 인연'을 상징하여 작품 주제와 직접 관련된다. 그리고 메밀꽃 핀 산길의 달밤은 낭만적인 자연 배경으로 허생원의 옛 이야기를 꺼내는데 효과적이다. 이런 낭만적인 배경은 작품의 주제를 애잔한 그리움으로 이끌어간다.

이들 내용에서 제기할 수 있는 것은 배경의 중요성을 그같이 강조하는 것이 타당하며 그것을 주제와 동일시하는 것이 가능한가하는 문제이다. 어느 측면으로는 배경의 지나친 강조는 작품의 의미를 축소시키는 결과도 낳을 수 있을 것이다. 배경 외에는 특별히 소설적으로 설명할 것이 없는 작품일 가능성이 크기 때문이다. '특이한 작품'이라고까지 설명하게 되는 맥락이 그 한 예이다.

그러나 어느 소설에서도 배경은 한 구성 요소에 불과하며 본령은 될 수 없다. 분명 이 소설의 스토리 라인에서도 배경의 역할을 그리 과중해 보이지 않는다. 성서방네 처녀와 허생원이 연을 맺은 것도 배경 때문일 수 없다. 산길은 여정 중의 한 과정일 따름이다. 학생들의 입장에서는 이 작품이 자꾸 특이한 작품으로 남을 가능성이 크고, 그 결과 소설에 대한 학습 결과는 예기치 않은 방향으로 흐를 개연성이 크다.

교과서에서는 작품이 지닌 특수성보다는 보편성의 측면에 중점을 두어야 한다고 생각한다. 예를 들어 이 작품에서의 배경을 '길'로 보고 그 '길'이 지니는 성격에 주목하여 '여로 형식'의 측면에서 접근하는 것이 형식에 대한 이해, 메시지 창출을 위한 장치 등에 대한 이해라는 면에서 더 생산적이리라 판단된다. 그렇데 판단한 근거는 '여로 형식'은 하나의 특수한 장치가 아니라 소설이라는 양식이 보여준 다양한 형식 중에서도 가장 대표적인 것이라 보기 때문이다.

여행을 떠나 '길' 위에서 벌어지거나 겪은 일들을 이야기하다보면 자연스럽게 '구성'이 이루어지게 되는 방식은, '변형담'이나 피카레스크 소설 군에서 확인할 수 있듯이 소설이 발생하고 발전하는 초기 단계에서부터 가장 흔하게 사용되는 방법이었다. 근대와 현대에 들어와서도 '자아의 탐색'이나 '세계의 발견' 등의 주제를 구현하기에 적절한 장치로 지속적인 재생산이 되던 방식으로 인식되어 왔다. 이런 측면에서 여로 형식의 측면에서 설명해 들어가는 맥락이 보다 생산적이고 보편적이지 않겠느냐는 판단을 하게 된다.

3) 생원과 처녀는 사랑하는 사이였는가?

대부분의 교과서에서는 허생원과 성서방네 처녀 사이의 사랑에 대해 이야기하고 있다. 다음 경우가 대표적이다.

(E)

　작가는 짧았던 순간이나마 한 여성을 사랑하고 그것을 평생 잊지 못하는 허생원의 모습을 제시하여, 삶의 근원적인 가치가 사랑에 있음을 말하고 있다. 이 작품에는 허생원과 성서방네 처녀의 이야기, 동이와 어머니의 이야기, 허생원과 동이가 나란히 길을 걷고 있는 현재의 상황이 복합적으로 진행되고 있다. 이같은 과거와 현재의 사건 연결은 허생원과 동이의 관계를 암시하는 복선으로 제시된다. 그러나 작가는 그것을 암시하는 데에 그친다. 사건을 낱낱이 보여주는 것보다는 독자 스스로 짐작하게 함으로써 여운 있는 결말을 짓고 있다.

(F)

　허생원을 중심으로 한 장돌뱅이의 사랑과 애환을 그리고 있다. 그러한 주제가 달빛과 메밀밭이 이루어내는 서정적 분위기에 의해 더욱 잘 전달된다. 특히 이 작품의 초입에 보여지는 달빛에 젖은 메밀밭의 풍경 묘사는 작가의 미적 감각을 잘 드러내 준다.

작품에 나타난 상황을 통해 볼 때 허생원과 성서방네 처녀가 사랑하는 사이였다 라든가 장돌뱅이의 사랑을 그리고 있다는 식의 진술은 수

궁하기 어렵다. 그 둘의 만남은 지극히 우연적인, 하룻밤의 일이다. 두 사람 중 어느 쪽도 둘의 관계를 위해 노력한 흔적은 보이지 않는다. 훗날을 위한 방책을 마련한 것도 아니고, 두 사람 모두 적극적으로 찾아나섰다는 대목이 없다. 성서방네가 그 다음날 제천으로 줄행랑을 친 것은 다급한 사정 때문이었으니 미처 겨를이 없었다 하더라도, 둘이 사랑하는 사이였다면 연락 가능성을 열어 두었을 것이다. 허생원도 성서방네가 제천으로 갔다는 사실을 알면서도 제천 시장에 들르는 것이 아니라 추억의 봉평만 찾아다니는 모습을 보인다.

두 사람이 사랑했다는 식의 진술은 학생들에게 이 작품이 '사랑 이야기'라는, 선지식에 가까운 수용 양상을 유도하게 될 것이다. 장돌뱅이의 속성이나 '도주민'들의 상황 정도만 고려해도 이같은 진술은 쉽지 않을 것이다. '사랑 이야기'로서의 속성 규정은 이 소설에 담긴 삶에 대한 다양한 접근을 원천봉쇄하는 역할을 하게 될 것이다.[10]

4) 자연은 인간과 융합하고 있는가?

교과서들은 대체로 배경으로 거론된 메밀밭을 위시한 풍경과 나귀로

---

[10] 이 작품에서는 사실 '장돌뱅이'에 대한 역사적·사회적 정보도 상당히 중요하게 작용할 수 있다. '성서방네 처녀'와의 일을 둘러싼 맥락이나, 그 이후의 삶에 대한 이해가 필요하기 때문이다. 다음 자료들을 참조할 때 <메밀꽃 필 무렵>은 당대 현실의 반영이라는 측면에서도 의미 있는 접근이 가능하리라 본다. 예를 들어 허생원이 성서방네 처녀에 대해 사전 정보를 가지고 있었을 가능성을 배제할 수 없다. 특히 그녀의 집안이 어렵다는 점, 이사를 갈 거라는 정보 등이 그에 해당한다. 성서방이 야반도주를 해야 할 상황의 원인이자 당시 농촌경제 붕괴의 주요 원인이었던 '빚'과 장돌뱅이의 관계가 밀접하다는 점은 좀 더 깊이 있고 폭넓은 독법의 가능성을 제공해 줄 것이다.
박원선, 『보부상』, 한국연구총서 16, 한국연구원, 1965.
김택준 편집, 『장돌뱅이 돈이 왜 구린지 알어?』, 뿌리깊은 나무, 1984.

대표되는 동물을 자연으로 규정하고 그것들이 인간과 합일을 이루는 경지를 보여줌으로써 주제의식을 드러낸다고 보고 있다. 다음 예는 가장 전형적인 경우이다.

(A)

    허생원과 나귀─나귀는 허생원과 정서적으로 융합하는 존재로 등장하고 있다. 나귀의 과거 내력이나 외모, 행동 양상이 허생원과 흡사하다. 나귀의 눈꼽 낀 눈은 나이 든 허생원의 모습을 대변한다. 암나귀를 보고 발광하는 늙은 나귀의 행동은 충주집을 찾아가는 허생원과 닮은꼴이다. 강릉집 피마에게서 새끼를 본 것은 성서방네 처녀와 인연을 맺고 동이를 얻은 것과 유사하다. 이것은 자연과 인간의 합일이라는 작가의 주제 의식과 밀접한 관련을 맺고 있다.

나귀가 허생원과 정서적으로 융합한다는 설명은 그 의미가 쉽게 드러나지 않는다. 융합이라는 용어 자체가 낯설거니와 대변─유사로 이어지는 관계 규정도 논리적으로 보이지 않는다. 어디까지나 허생원이 중심이 되고 나귀는 그의 분신이거나 상징 정도로 형상화되고 있다. 이런 나귀를 자연의 대리물로 보고 인간과 자연의 합일을 이야기한다면 혼란을 야기하게 된다. 고전시가를 통해 인식해 왔던 자연합일이라는 개념과 상당 부분 배치될 가능성이 크기 때문이다.

대학생들이나 일반인들이 기억하는 <메밀꽃 필 무렵>에서 가장 인상적으로 남아 있는 부분이 '허생원과 나귀의 관계'라고 하는 것을 듣게 되는데, 그런 만큼 보다 정확한 접근이 이루어져야 할 것이다. 체홉의 '비탄'에 나오는 늙은 마부와 말의 관계를 고려하게 되면 이러한 문제제기는 보다 구체적이 될 것이다.[11] 아주 냉정하게 이야기한다면 이 부분은 이효석의 독서체험에서 비롯된, 비교문학적 '영향'관계를 고스란히 보여주는 대목으로 설명할 수도 있기 때문이다.

5) 한국인의 운명관이 드러나고 있는가?

이 작품에 대한 풍부한 접근 내용에서 아마도 가장 곤혹스러운 부분은 이 작품이 한국인 또는 우리 민족의 전통적인 운명이나 인생관을 드러낸다는 진술이다. 다음 두 경우가 특히 직접적으로 그러한 진술을 하고 있다.

(A)

토속적인 정취와 그윽한 향토미 속에 드러나고 있는 우리 민족의 전통적인 인생관과 운명관을 살펴보도록 하자.

(B)

이 작품에서 작가는 길, 유랑인의 애수, 길을 장식하는 아름다운 대자연과 거기에 녹아드는 삶의 실상, 만남과 헤어짐, 그리고 그리움 등을 통해 한국인의 전통적인 운명관과 정서를 형상화하고 있다.

중·고등학교에서 문학교육을 받은 학생들이 대학에 와서 문학작품과 관련된 보고서 등의 글을 쓸 때 전가의 보도처럼 활용하는 내용들이 있

---

11) 주종연, 「효석 소설의 원천에 대한 고찰」, 『이효석 전집 8』, 창미사, 1983.
    작가의 다음과 같은 언급도 살필 필요가 있다.
    "체홉의 작품을 거의 다 통독한 것이 고등 3, 4년급 때 16, 7세경이었으니 무슨 멋으로 그맘때 하필 체홉을 그렇게 즐겨했는지 모른다. 미묘한 작품의 향기나 색조까지를 알았을 리는 만무하고 아마도 개머루 먹듯 하였을 것이나 어떻든 끔찍이도 좋아하여 검은 표지의 그의 작품집과 그의 초상화를 몹시도 아껴하였다."(이효석—나의 수업시대)

다. '일제 강점기의 궁핍한 현실 속에서', '우리의 전통적인 정서를 표출하는' 등의 표현이 그것이다. 전자는 그렇다 치더라도 후자를 보는 입장은 씁쓸하다. 도대체 헤어짐이나 이별, 슬픔, 고난 등이 나오면 왜 전통적 정서와 연결되는가라는 의구심 때문이다.

이 작품이 체홉의 소설을 비롯한 서구문학의 체험적 영향을 받은 것임을 굳이 밝히지 않더라도 '장돌뱅이 허생원'의 삶의 과정이나 정서가 우리의 전통적인 것이라고 할 어떠한 근거도 없다. 학생들이 배우게 되는 '전통과 인습'의 개념적 관계를 대입해 보면 그 타당성에 대한 의문이 보다 커지게 될 것이다.

6) 서정적 소설이란 무엇인가?

교과서들에서 발견하게 되는 위험한 용어 중의 하나가 바로 '서정적 소설', '시적 소설'이라는 용어이다. 그리고 이 용어들은 이렇게 사용되고 있다.

(B)

이 소설은 세련된 언어와 시적 분위기 속에서 낭만적 정서의 세계로 독자를 이끈다. 특히 허생원 일행이 달밤에 걸어가는 장면은 언어 예술의 한 진경(眞境)을 이룬다.

(E)

짐승 같은 달의 숨소리가 손에 잡힐 듯이 들리며, 콩포기와 옥수수 잎새가 한층 달에 푸르게 젖었다. 산허리는 온통 모밀밭이어서 피기 시작한 꽃이 소금을 뿌린 듯이 흐뭇한 달빛에 숨이 막힐 지경이다.

[예시 답]

　'짐승같은 달의 숨소리'는 죽은 듯이 고요한 배경을 보여준다. '콩포기와 옥수수 잎새가 한층 달에 푸르게 젖었다'는 표현은 푸른 달의 이미지를 선명히 보여준다. 또한 '소금을 뿌린듯이 흐뭇한 달빛'을 통해 메밀꽃을 부각시킨 표현도 시적(詩的)이다. 이런 의미에서 이 작품은 시적 소설, 서정적 소설이라는 평가를 받는다.

　두 교과서의 예를 들 때 소설은 '장르'가 아니라 어떤 '표현 방식' 정도로 규정될 것이다. 서정이나 시는 서사나 소설과 대응되는 장르명일 터인데 두 개의 대비적인 장르가 형용 가능한 관계로 전화되어 있는 셈이다.

　물론 '서정소설'이란 장르적 명칭에 대한 논의가 존재하고 구체적인 이론도 나름대로 정립되어 있는 상태이다. 그러나 그러한 용어는 한 민족문학사에서 상당히 독특한 면모를 지닌 현상에 대한 탐구이지 일반적이고 보편적인 현상에 대한 접근으로 보기는 어렵다.[12] 가장 일반적인 규정인 '시의 기능에 소설을 접근하도록 사용한 혼성적 장르'이며, '소설의 틀 속에서 인과적이고 시간적인 움직임을 초월하는 독특한 양식'이라는 프리드먼의 규정에서 접근해도 많은 무리가 따르는 것으로 판단된다.

　그것도 작품의 전반적인 경향이 아니라 어느 한 부분에 집중함으로써 가능해진 서술이라는 점에서 문제가 된다. 뒷부분에 주목하다보면 '극적 상황'을 보게 되는 데 그렇다면 '극적 소설'이라고도 해야 할 것이다. 언

---

12) '서정소설'에 대해서는 다음 참조.
　　Ralph Freedman, *The Lyrical Novel*, Princeton University Press, 1971.
　　에밀 슈타이거, 이유영·오현일 공역, 『시학의 근본개념』, 삼중당, 1978.
　　찰스 E. 메이, 최상규 역, 『단편소설의 이론』, 정음사, 1983.

제부터인가, 누군가로부터 시작된 '메밀꽃 밭' 묘사 부분의 문체에 대한 영탄(詠嘆)이 지금까지 생명력을 이어내려 오고 있는 셈이다. 전체가 아닌 부분에 집중된 진술은 '문학교육의 방향성'과 관련해서 지양되어야 할 문제라 판단된다. 이 부분은 '시적인 정서나 분위기, 또는 시와 같이 감각적 표현이 주를 이루는 묘사가 인상적인 소설' 정도가 되어야 하지 않나 생각한다.13)

7) 어떤 활동을 하게 하는가?

교과서에 주어진 활동은 학생들이 수행하면서 해당 작품에 대한 직접적 인식을 갖게 만든다는 점에서 그 의도와 목표, 방향성이, 실천적 가능성 등이 매우 중요하다. 무엇보다도 이 활동을 통해 학생들이 무엇을 생각하고 느끼게 할 것인가를 신중하게 고려해야 한다.

(A)

배경의 기능

봉평에서 대화장까지의 70리 밤길이라는 공간적 배경이 주제의 형상화에 어떻게 기여하고 있는지 그림 (가)를 참고로 말하여 보자. 또 만약에 배경을 그림 (나)나 (다)로 바꾼다면 이 작품의 주제와 어울리겠는지, 어울리지 않는다고 생각한다면 그 이유를 말하여 보자.

---

13) 이와 관련해서는 다음 자료 참조.
    김동리, 「산문과 반산문」, 『이효석 전집 8』, 창미사, 1983.
    이상옥, 「이효석의 심미주의」, 『이효석 전집 8』, 창미사, 1983.

(가)　　　　　　(나)　　　　　　(다)

- (가)는 허생원이 조선달에게 들려주고 있는 추억담이며, (나)는 (가)를 '보여주기'의 방법으로 바꾸어 쓴 것이다. 두 글을 읽고 주어진 활동을 해보자.

(가)

"장 선 꼭 이런 날 밤이었네. 객줏집 토방이란 무더워서 잠이 들어야지. 밤중은 돼서 혼자 일어나 개울가에 목욕하러 나갔지. 봉평은 지금이나 그제나 마찬가지나 보이는 곳마다 모밀밭이어서 개울가 어디 없이 하얀 꽃이야. 돌밭에 벗어도 좋을 것을, 달이 너무도 밝은 까닭에 옷을 벗으러 물방앗간으로 들어가지 않았나. 이상한 일도 많지. 거기서 난데없는 성서방네 처녀와 마주쳤단 말이네. 봉평서야 제일가는 일색이었지. (……) 날 기다린 것은 아니었으나 그렇다고 달리 기다리는 놈팽이가 있는 것두 아니었네. 처녀는 울고 있단 말야. 짐작은 대고 있었으나 성서방네는 한창 어려워서 들고날 판인 때였지. 한집안 일이니 딸에겐들 걱정이 없을 리 있겠나. 좋은 데만 있으면 시집도 보내련만 시집은 죽어도 싫다지 …… 그러나 처녀란 울 때같이 정을 끄는 때가 있을까. 처음에는 놀라기도 한 눈치였으나 걱정 있을 때는 누그러지기도 쉬운 듯해서 이럭저럭 이야기가 되었네 …… 생각하면 무섭고도 기막힌 밤이었어."

(나)

"어휴 방이 너무 덥군. 잠을 잘 수가 없네,"

허 생원은 밤중에 혼자 일어나 메밀꽃이 하얗게 핀 개울가로 내려갔다.

'오늘은 달이 왜 이렇게 밝담. 보름인가. 저기 물레방앗간이 보이는군. 게서 옷을 벗어야 겠군.'

물레방앗간으로 들어서던 허 생원은 사람이 있는 것으로 보고 놀라 발을 멈추었다.

"거기 누가 있소?"

하고 소리를 작게 하여 물었다.

"누, 누구세요?"

성 서방네 처녀는 깜짝 놀라 눈물을 닦으며 쪼그리고 앉아 몸을 잔뜩 움츠리고 경계하는 모습이었다.

"아가씨, 놀라지 말아요. 이렇게 한밤중에 혼자서 울고 있으니, 무슨 걱정이라도 있소?"

(1) (가)의 내용에 충실하게 (나)의 뒤를 이어 써보자.
(2) 동일한 사건을 내용으로 하는 (가)와 (나)의 차이점을 말하여 보자.

이 활동들을 보게 되면 다양하고 흥미 있는 활동도 중요하지만 작품 자체가 부정될 가능성에 대해 생각해 보게 된다. 앞의 활동의 경우 (나)와 (다)도 분명히 작품 내적 공간으로 배경으로서 기능하고 있는데, 그 같은 공간을 배경으로 삼는다면 주제가 달라질 것이라는 답변을 유도하고 있다. '달밤 메밀꽃 장면'에 주목하다 못해 거의 긴박당하고 있다는 느낌마저 갖게 하는 활동이다. 저자들의 입장에서는 소설의 요소에 대한 다양한 접근(이 단원명은 '소설의 형식과 표현'이다)도 중요하지만 적어도 작품을 형해화하는 일은 피해야 할 것이다.

두 번째 활동은 '보여주기'라는 용어가 문제가 된다. 같은 교과서의 다른 부분을 보면 보여주기와 설명하기에 대해 언급하고 있다, 물론 성격에 관해서다. 그런데 추억담의 한 상황을 '대화'로 만들면 '보여주기'가 되는 것인가? 왜 이런 활동을 해야 하는지 선뜻 이해가 되지 않는다. 그 결과에 대한 확신이 서지 않아서이다. 차라리 대화로 처리하는 과정을 통해 회상할 때의 (서술)시간문제와 대화로 처리할 때의 (서술)시간문제를 인식하게 하는 것이 더 중요하지 않을까 생각된다.

이 제재가 아니더라도 많은 교과서에서 만연에 가까울 정도로 양식 변용을 요구하는 활동이 설정되고 있는데, 그 목표가 불분명한 경우가 많다. 교과서에 실린 작품이 하나의 정전이 아니라 모델이라 하더라도 목표가 불분명한 양식 변용은 흥미유발이라는 차원을 넘어서기 어려울 것이다.

다음 예를 통해서도 하나의 문제를 발견하게 된다.

(B)
　다음의 활동을 통해서 이 작품을 재구성해보자.
　• 이 작품의 주제 의식을 현대인의 감수성에 맞추어 바꾼다면, 어떻게 바꿀 수 있겠는가?

[예시 답]
이 작품에서는 남·녀간의 사랑이나 혈육의 정을 지나치게 운명적인 것으로 바라보고 있는데, 이러한 운명적인 태도를 현대인이 수용한다는 것은 어려운 일이다. 사랑의 상처는 새로운 사랑을 통해서 치유될 수 있고, 가족은 혈연을 떠나서도 형성될 수 있다. 그러므로 인간 본연의 애정의 소중함을 운명적인 태도로 드러내고 있는 이 소설의 주제 의식은 인

간의 애정은 운명적인 것이 아니라 그때그때의 상황에 최선을 다할 때 얻어질 수 있는 것으로 바뀌어야 한다.

- 이 작품의 결말구조를 미완성이라 가정하고, 앞의 주제에 맞추어 이 작품의 결말을 300자 내외의 분량으로 보완해보자.

[예시 답]

　대화장을 마치고 제천으로 들어선 일생은 주막집 앞에서 헤어졌다. 조선달과 허생원은 주막에 봇짐을 풀고 동이는 어머니 집으로 간다고 나섰다. 허생원은 슬그머니 동이의 뒤를 따라가 동이가 들어간 집 울타리에 서서 안을 살펴보았다. 이윽고 방문이 열리고 한 여인이 나왔다. 세월이 흘러 모습이 변했으나 분명히 잊지 못하던 성서방네 처녀였다. 허생원은 이끌리듯 마당으로 들어섰다. 성서방네 처녀는 누구인가 의아해 하는 눈치더니 이내 눈물을 훔치며,

　"허생원님……" 하고 말을 잇지 못했다.

　"자네가 그럼…… 동이 어미?" 그녀는 말없이 고개를 끄덕였다.

　허생원은 동이가 자신처럼 왼손잡이 인 것이 핏줄을 닮은 탓이로구나 생각하니 마음이 벅차 올랐다. 혼자인 줄로만 알았던 자기 바로 곁에 자신의 피붙이가 있었던 것이었다. 허생원은 운명이 얄궂다는 생각을 하며 동이 어미의 손을 힘껏 쥐었다. 허생원을 이끌고 방문을 열면서 동이 어미는 떨리는 목소리로 말했다.

　"동이야…… 아버님 오셨다."

　이 활동의 압권은 '동이야…… 아버님 오셨다'이다. 이 활동에서는 허생원과 성서방네 처녀, 동이 등의 관계를 '운명적인 것'이라 규정한 다음, 그것을 현대적인 것으로 바꿀 때는 '그때그때의 상황에 최선을 다하는 것'이라고 유도함으로써 활동으로서의 의미는 현저히 약화되게 된다. 물론 '현대인의 감수성'이라는 단서 차제부터 수긍하기 어려운 측면이

있다. 수많은 생각과 태도를 지닌 사람들이 하나의 생각을 가질 것으로 예단하는 결과를 낳고 있기 때문이다. 예시 답으로 주어진 내용을 보더라도 이 같은 활동이 매우 부자연스러운 것으로 나타난다. 현대적인 감수성이 아니더라도, 주제를 바꾸지 않더라도 이어질 수 있는 내용이기 때문이다. 매우 비판적으로 본다면 이런 활동은 '재구성'이 아니라 '작품 다르게 보기'일 터인데, '재구성'으로 접근함으로써 오히려 작품을 잃게 되는 결과를 얻게 되는 것은 아닌지 우려가 된다.

또 다른 변용의 예를 보자.

(D-1)

다음은 <메밀꽃 필 무렵>의 일부분이다. 갈래의 속성이 잘 드러나도록 이를 시로 표현해보자.

이지러는 졌으나 보름을 가제 지난달은 부드러운 빛을 흐붓이 흘리고 있다. 대화까지는 칠십 리의 밤길, 고개를 둘이나 넘고 개울을 하나 건너고 벌판과 산길을 걸어야 된다. 달은 지금 긴 산허리에 걸려 있다. 밤중을 지난 무렵인지 죽은 듯이 고요한 속에서 짐승 같은 달의 숨소리가 손에 잡힐 듯이 들리며, 콩포기와 옥수수 잎새가 한층 달에 푸르게 젖었다. 산허리는 온통 모밀밭이어서 피기 시작한 꽃이 소금을 뿌린 듯이 흐붓한 달빛에 숨이 막힐 지경이다. 붉은 대궁이 향기같이 애잔하고 나귀들의 걸음도 시원하다. 길이 좁은 까닭에 세 사람은 나귀를 타고 외줄로 늘어섰다. 방울 소리가 시원스럽게 딸랑딸랑 모밀밭께로 흘러간다. 앞장선 허생원의 이야기 소리는 꽁무니에 선 동이에게는 확적히는 안 들렸으나, 그는 그대로 개운한 제 멋에 적적하지는 않았다.

[예시 답]
부드러운 빛 흐붓이 흘리는 달 아래

대화까지는 팔십 리 밤 길
죽은 듯한 고요 속 짐승 같은 달의 숨소리
푸르게 달 젖은 콩포기와 옥수수
소금을 뿌린 듯한 메밀밭은
흐뭇한 달빛에 숨이 막힌다
좁은 길 외줄로 늘어서 나귀 탄 세사람과
딸랑딸랑 방울소리 메밀밭께로 흘러간다.

앞에서 살펴본 것처럼 이 소설을 시적인 것이나 서정적인 것으로 보려는 데서 온, 거의 자동화된 접근법이 가져 온 활동의 하나도 판단된다. 어떤 갈래의 일부를 갈래로 변용하는 일이 왜 필요한지를 충분히 경험할 수 없는 제한된 상황에서 이루어지는 활동은 의미를 갖기 어렵다. 여기에 주어진 활동을 통해 학생들이 소설의 한 속성에 대해 또는 시의 어떤 속성에 대해 알 수 있으리라는 기대를 하기 어렵다. 예시 답에서 드러나는 바와 같이 어떤 상황을 '행 구분'이라는 형식을 통해 다시 정리하고 있기 때문이다. 차라리 박목월의 시 '청노루'를 패러디 하여 이 부분을 '회화적'으로 표현해 보라는 것이 낫지 않을까 싶다. '청노루'라는 시의 표현적 특성을 통해 소설의 묘사법, 이 소설의 문체적 특성을 보다 구체적으로 인식할 수 있을 것이기 때문이다.

8) 작가는 어떻게 소개하는가?

교과서들에는 예외 없이 작가에 대한 소개가 이루어지고 있다. 그런데 그 작가 소개의 내용이 무성격이다. 이 소개를 통해 학생들이 무엇을 얻어 가야 할지 쉬 잡히지 않는다.

(A)

　소설가. 호는 가산(可山). 강원도 평창(平昌) 출생. 1928년 「도시와 유령」으로 문단에 나온 이후, 초기에는 경향문학을 발표하다가 점차 자연과 교감을 묘사한 서정적인 작품을 발표하였다. 주요 작품으로 「노령근해」, 「돈(豚)」, 「들」, 「산」, 「화분(花粉)」 등이 있다.

(B)

　호는 가산(可山). 동반작가로 데뷔하고 활동하다 구인회에 참여하여 순수 문학 경향의 향토색 짙은 작품을 발표하였으며, 작품에서는 자연과의 교감을 수필적인 필체로 유려하게 묘사하였다. 대표작으로는 '수탉', '들', '메밀꽃 필 무렵' 등이 있다.

(C)

　소설가. 호는 가산(可山). 강원도 평창 출생. 경성제국대학 영문과 졸업. 1920년대 말부터 소설 창작을 시작하였다. 1932년 무렵부터 점차 향토색 색채가 강한 서정적인 작품을 썼으며, 구인회에 가담하여 창작활동에 전념했다. 단편 소설 '산', '돈', '개살구', '석류' 등과 장편소설 '화분', '벽공무한'이 있다.

(D)

　호는 가산(可山). 강원도 평창 출생. 1928년 단편 <도시와 유령>을 발표하면서 문단 활동을 시작했으며, 한때는 동반자 작가의 입장에서 작품 활동을 하다가 그 후 예술적 가치를 추구하는 순수 문학을 지향하였다.

(E)

　소설가. 호는 가산, 강원도 평창 출생. 1928년 '도시와 유령'을 발표하여 데뷔했다. 초기에는 반도시적이면서 사회적 모순을 고발하는 동반자적 경향을 보이나 후기에는 유미적인 문학 경향으로 전향했다. 세련된 언어, 풍부한 어휘, 시적인 분위기로 산문 세계의 예술성을 승화시켰다는 평을 받는다. 대표작에 '분녀', '들', '돈' 등이 있다.

　작가는 초기의 동반자적인 경향을 청산한 다음, 인간과 자연의 조화를 중시하는 서정적인 세계를 작품의 주제로 삼았다. 그 작품 세계는 매우 낭만적인 분위기를 띠고 있어서 현실적인 문제들은 의도적으로 배제되었나. 평생 힘겹게 장터를 떠도는 장돌뱅이 삶의 어려움을 작가는 서정적인 필체로 감춘 셈이다.

　앞에서도 언급했듯이 학생들이 이 수업을 끝으로 '공적인 경험으로서의 문학 현상 수용'을 그만둔다고 할 때, 이후에 작용할 영향력은 매우 심대할 것이다. 그런데 대부분의 소개 내용이 '동반자적 경향에서 다른 경향으로의 변화'에 초점을 맞추고 있다. 매우 기계적인 수용이 이루어질 가능성이 큰 대목이다. 실제 대학생들이 기억하는 이효석은 대부분 여기에 머물고 있다. 정작 '동반자 작가'가 어떤 의미를 지니고, 그가 변모해간 양상이 무엇을 의미하는지에 대해서는 기억하거나 알지 못한다.

　작가 소개는 구색 갖추기에 그치지 않고 단원명에 걸맞은 내용으로 구성하거나 문학사적 현상을 제시하는 장치로 활용될 수 있어야 할 것이라 본다. 이효석의 경우 교과서에서 다루는 초점이 '배경', '창작' 등에 있다면 그의 문학적 영향 관계, 이 작품의 창작과 관련된 사항들을 중심으로 그 내용을 구성함으로써 '작가 소개'의 정체성을 확보해 나가야 할 것이다.14)

---

14) 예를 들어 이 작품이 실화를 바탕으로 하고 있다는 주장들에 대한 고려도 필요할 것이다. 특히 창작의 측면에서 활용도가 높을 것이다. 이완 관련된 자료는 다음 참조.
　자료조사연구실, 「<모밀꽃 필무렵>의 소재는 실화였다」, 『문학사상』 창간호, 1972. 10.
　김용성, 『<메밀꽃 필무렵>의 이효석』, 한국현대문학사탐방, 현암사, 1984.

4. 제언

고등학교의 '문학' 교과서는 우리 사회 구성원들의 대다수에게는 문학에 대한 '공적인 경험'의 최대치로 남게 될 것이다. 문학의 기능을 과연 무엇으로 보느냐에 따라 교과서의 의미에 대해 다양한 평가가 가능하겠지만, 변하지 않는 것은 그 공적 경험이 개인에게나 공동체에게나 매우 중요한 자산으로 남을 것이라는 사실이다. 개인의 성장과 문화적 함량에, 공동체의 기반적인 정서의 형성에 기여하고 있기 때문이다.

앞에서 살펴본 내용들을 바탕으로 교과서 단원 구성을 중심으로 이루어지는 소설 읽기 방법에 대한 제안을 거칠게나마 해본다.

첫째. 문학에 대한 관점의 전환

우리는 문학을 '문학'으로만 대하고자 한다. 그런데 기본적으로 문학에 대한 관점을 확대할 필요가 있다고 본다. 교육과정 상에서 제시되는 담화의 형태는 차수에 따라 구체적인 제시양상이 다르기는 하지만 설득, 설명, 사회적 상호작용, 정서 표현 등의 구분법을 보여 왔다. 그리고 문학은 정서 표현에 속해 있었다. 그러나 이제 이러한 구분법은 좀 더 유연하게 적용되어야 한다고 본다. 특히 소설의 생산적 읽기를 위해서는 소설을 '설득'적이기도 하고, '설명'적이기도 하며, '사회적 상호작용'을 위한 텍스트이기도 한다는 방향으로 관점을 전환할 필요가 있다고 본다.

<메밀꽃 필 무렵>도 당대 사회의 한 구성원들의 삶의 모습을 설명하는 텍스트이자, 삶이란 무엇인가에 대한 작가의 설득 텍스트이기도 하며, 당대 독자에게 작가가 잡지라는 매체를 통해 던져 주는 메시지일 수도 있다는 점을 염두에 두고 설명의 요체, 설득의 근거, 상호작용의 기

대치 등을 탐색한다면 보다 폭넓은 수용이 이루어질 수 있을 것이다. 물론 이 같은 텍스트 속성이 한 작품 내에서 이루어지기도 하겠지만 어떤 작품은 설명에 더 가깝고, 어떤 작품은 설득의 성격을 좀 더 강하게 가지는 것으로 설명할 수도 있을 것이다.

둘째, 지식과 이론의 교육적 재구 노력

소설에 대한 생산적인 접근을 위해서는 읽기에 필요한 틀이 제공될 필요가 있다. 이를 지식이나 이론이라 부를 수 있을 터인데 그동안 우리 학계에서는 이에 대한 합의된 내용을 이끌어내기 위한 노력을 제대로 수행하지 못했다. 그래서 가징 기본적인 지식이나 이론 개념들이 교과서마다 혼재된 상황에서 또는 오류의 양상을 지닌 채 교수·학습되고 있다.15) 이는 시급히 해결해야 할 문제하고 본다. 앞에서 검토한 다양한 용어상의 문제와 직결되는 맥락이다.

셋째, 어휘 교육 등 기본에 충실한 과정적 접근

앞에서 교과서 단원 구성 내용을 검토한 결과, 각 교과서마다 다양한 절차와 활동을 통해 작품에 접근하고 있지만, 학습자들에게 그러한 단원 구성을 통해 '이상적 독자'로 성장할 수 있는 토대를 마련해 주기에 충분한가라는 의문을 갖게 된다. 최소한의 동의가 필요한 과정적 접근이 필요하다는 생각이다. 이에 대해 필자는 어휘 차원의 접근 → 체계적 지식의 제공 → 맥락을 통한 접근 → 쓰기 활동에 이르는 활동의 과정을 제시한 바 있다.16)

---

15) 그 구체적인 양상의 한 예에 대해서는 다음 참조.
　　김동환, 「소설교육에서의 '시점' 개념에 대한 반성적 고찰」, 『문학교육학』 30호, 2009.

넷째. 작가의 부활

현재의 교과서에는 작가가 부재한다. 그런데 작가는 국어문화현상의 실체를 구성하는 중요한 요소이다. 국어교육이 국어문화교육을 표방하면서도 정작 그 문화적 실체의 하나인 작가에 대해 홀대하고 있다. 작가의 이름만이 존재할 따름이다. 작가는 창조적 언어사용의 대표적인 주체이다. 학습자들이 무엇을 역할모델로 삼아 언어에 대해 고민하고 창조적 사용 양상을 익히고 국어문화 창달에 기여할 것인가를 생각하게 될 때 작가는 교과서에서 부활해야 할 것이다. 물론 해방 이후 우리 교과서에 작가는 제대로 존재해 본 적이 없지만, 그래서 부활이라는 의미가 어색할지 모르지만 그 뜻은 충분히 전달되리라 본다.[17]

아상과 같은 제언이 소설 읽기 방법론을 위한 논의의 한 출발점이 되기를 기대해 본다.

---

16) 김동환, 「비평 능력 신장을 위한 문학 독서교육」, 『독서교육』 20, 2008.
17) 이와 관련해서 필자는 2009년 서울시연수원 직무연수에서 '현재작가론―작가론과 국어교육'이라는 강좌를 진행한 바 있다.

참고문헌

권영민, 『고등학교 문학』, 지학사, 2002.

김동리, 「산문과 반산문」, 『이효석전집 8』, 창미사, 1983.

김동환, 『문학연구와 문학교육』, 한성대학교 출판부, 2004.

김동환, 「소설사 기술 내용 설정의 한 방향성」, 『국어교육학』 122호, 2007.

김동환, 「비평 능력 신장을 위한 문학 독서교육」, 『독서교육』 20, 2008.

김동환, 「소설교육에서의 '시점'개념에 대한 반성적 고찰」, 『문학교육학』 30호, 2009.

김병국 외, 고등학교 문학, 케이스, 2002.

김용성, 「<메밀꽃 필무렵>의 이효석」, 『한국현대문학사탐방』, 현암사, 1984.

김중신, 「서사 장르의 교육과정 개정에 관한 한 제언」, 『문학교육학』 21호, 2006. 8.

김택준 편집, 『장돌뱅이 돈이 왜 구린지 알어?』, 뿌리깊은 나무, 1984.

박경신 외, 『고등학교 문학』, 금성출판사, 2002.

박원선, 「보부상」, 『한국연구총서』 16, 한국연구원, 1965.

서울대학교 국어교육연구소, 『국어교육학사전』, 대교출판, 1999.

오세영 외, 『고등학교 문학』, 대한교과서, 2002.

우한용, 「문학교육과정 개정의 방향 탐색」, 『문학교육학』 21호, 2006. 8.

이상옥, 「이효석의 심미주의」, 『이효석전집 8』, 창미사, 1983.

자료조사연구실, 「「모밀꽃 필무렵」의 소재는 실화였다」, 『문학사상』 창간호, 1972. 10.

주종연, 「효석 소설의 원천에 대한 고찰」, 『이효석전집 8』, 창미사, 1983.

최웅 외, 『고등학교 문학』, 청문각, 2002.

홍신선 외, 『고등학교 문학』, 천재교육, 2002.

에밀 슈타이거, 이유영·오현일 공역, 『시학의 근본개념』, 삼중당, 1978.

찰스 E. 메이, 최상규 역, 『단편소설의 이론』, 정음사, 1983.

Ralph Freedman, *The Lyrical Novel*, Princeton University Press, 1971.

제 6 장

학습자의 발달 특성에 기반한 서사 텍스트 선정 원리 연구

— 청소년 학습자를 중심으로 —

최 인 자

신라대학교 국어교육과

1. 서론 : 문제 접근의 시각

이 글은 학습자의 발달 특성에 기반한 서사 텍스트[1] 선정 원리를 이론적으로 모색하고 체계화하고자 한다. 특히, 청소년 학습자를 중심으로 논의하겠다.

문학교육에서 무슨 텍스트로 가르칠 것인가는 매우 중요하면서도 그 해답이 시원하지 않은 문제이다. 열린 교재관이나 목표 중심 수업 설계에 따라 교재 선택의 폭은 확장되고 있음에도 불구하고 정작 어떤 교재를 선택해야 하는지에 대해서는 체계화된 이론이 부족하다. 특히 교재 선정이 학습자의 발달 특성을 고려해야 한다는 점에는 많은 사람들이 동감하고 있지만 아직은 당위적 차원에 머무르고 있는 실정이다. 게다가 더욱 문제적인 것은 교재 선정과 관련된 논쟁 국면에서도 합리적인 판단을 이끌어 내고 의견을 소통할 수 있는 기본 범주조차 공유하고 있지 못하다는 사실이다. 이것은 그간 교재 선정이 다소 관행적이거나 인상 비평적 차원에서 이루어져 왔기 때문이라 할 수 있다.

교재론 분야는 문학교육 이론 분야 중에서도 상대적으로 많은 주목을 받지 못하였다. 이는 목표 중심 교육과정에서 '활동'이 크게 부각되면서 텍스트가 다소 주변화된 정황과도 무관하지 않을 것이다. 그러나 문학교육에서 텍스트의 역할은 매우 중요하다. 텍스트는 학습자의 문학 경험을

---

1) 이 글에서 '텍스트'는 교재로서의 텍스트를 말한다. 이는 교과서 제재(subject) 층위 이전에 교육을 위해 동원할 수 있는 문학, 혹은 문학적 텍스트 전체이다(박인기, 「문학교과 교재론의 이론적 접근과 방향」, 『운당 구인환 선생 화갑 기념 논문집』, 한샘, 1989). 특히 본고에서는 교과서 개발이나 수업 계획을 염두에 두고 논의를 진행하도록 하겠다.

형성하는 중핵 변인 중의 하나이기 때문이다. 우리는 중학교 시절의 문학 교실을 '<소나기>를 배웠던 시절'로 기억하지 '소설의 인물에 대해 배웠던 시절'로 기억하지 않는다. 텍스트를 괄호치고는 학습자가 겪는 문학 경험의 전체상을 파악할 수 없다.2) 또 주목할 점은 텍스트는 문학의 교육적 작용에서 가장 큰 영향력을 발휘한다는 점이다. 텍스트는 인간의 사고와 마음을 발전시키는 문화적 매체이다. 구성주의에서는 독자가 텍스트를 구성해 나간다는 점을 강조하지만 역으로 독자는 텍스트에 의해 구성되기도 한다는 점에 주목할 필요가 있다. 텍스트가 독자를 구성한다는 구조론적 명제를 잘 활용함으로써 우리는 문학교육에서 추구하는 인간 발달의 비전을 구체화할 수 있다. 이런 맥락에서 영국과 미국 교육과정 그리고 우리나라의 개정 교육과정에서도 텍스트의 수준과 범위를 제시하고 있는데 이는 매우 바람직한 현상으로 보인다.

교재 선정 원리에 대해서는 여러 논자들의 논의가 있었다. 그 중 가장 많이 이루어진 접근법은 학습자의 일반 발달 도식으로부터 텍스트 선정의 위계화 원리를 도출하는 것이다.3) 주로 피아제(Piaget)의 인지 발달과 콜버그(Kohlberg)의 도덕성 발달 모델이 원용되었다. 반면 일반 발달 이론보다는 문학능력의 발달에서 접근한 논의도 있었는데 경험적 문학 수행 능력4)이나 독자의 흥미도 발달5)을 문제 삼았다. 또 '청소년 독자'의 특

---

2) 이는 교육과정뿐 아니라 문학교육이론에서도 경계해야 할 대목이다. 텍스트와 주체가 분리된 상태로 이루어지는 문학 활동, 문학 경험, 문학 내용의 설정은 추상적일 수 있다. 이때 '주체'가 꼭 경험 주체여야 한다는 점을 의미하는 것은 아니다. 다만 특정 시기 학습자의 특성을 고려해야 한다는 것이다.

3) 우동식, 「문학 제재 선정 기준의 설정과 적용에 관한 연구」, 교원대학교 석사학위논문, 1992. 김중신, 「소설교재의 위계화 가능성에 대한 고찰」, 『국어교육연구』 1, 서울대 국어교육 연구소, 1994. 신헌재, 「아동을 위한 서사 문학 작품 선정의 기준 고찰」, 『국어국문학』 114, 국어국문학회, 1995.

4) 김상욱, 「초등학교 아동 문학 제재의 위계화 연구」, 『국어교육연구』 12, 국어교육학회,

성을 강조하는 논의도 있었는데 청소년 독자를 위한 도서 선정의 원리로 '위계화'와 '다양화'를 지적하거나[6] 청소년 문학의 관점에서 교재 선정을 논의한 연구[7] 등이 그것이다.

이러한 연구들의 가장 큰 장점은 학습자의 특성을 객관적으로 이론화함으로써 교재 선정의 이론적 준거를 모색하고자 하였다는 점이다. 학습자에 대한 지식이 텍스트에 대한 지식만큼이나 중요한 것으로 바뀌는 흐름은 매우 긍정적이라 할 수 있겠다. 그러나 아쉬운 점은 문학 경험의 특성을 충분히 고려하지 않은 채 일반 발달 도식을 다소 기계적으로 적용하거나 문학 경험에 필요한 다양하고도 중층적인 요소를 충분히 고려하지 못하고 있다는 점이다. 기존 논의에서 던졌던 기본 질문은 "학습자가 이 수준의 텍스트를 읽을 수 있는가?" 하는 문제라고 할 수 있다. 교재 선정에서 학습자의 수용 가능성을 예측하는 일은 중요한 일이긴 하지만 '수용적 적합성'만을 문제 삼을 경우 텍스트가 지닌 발달적 효과를 충분히 고려하기는 힘든 측면이 있다. 문학교육의 큰 흐름도 문학을 통한 인간 발달의 범교과적 에너지가 강조[8]되고 있는 방향이라는 점에 비추어 볼 때, 이젠 '수용적 적합성'을 넘어서 '발달 적합성'이 핵심 이슈가 되어야 한다. 이미 영국 교육과정도 제반의 인간 발달적 가치에 기반

2001.

5) 정동화, 「독서 흥미의 발달연구」, 『국어교육』 30, 한국어교육학회, 1977.

6) 서울대학교 국어교육연구소는 1994년 '독서 체계 연구 1차년도' 작업에서 청소년 도서 선정의 제 원리, 가령 위계성, 적절성, 균형성, 다양성 등을 제안한 바 있다(김대행, 「독서 체계 연구」, 『국어교육연구』 1, 서울대학교 국어교육연구소, 1994).

7) 류덕제, 「청소년 문학과 문학교육의 방향」, 『문학과 교육』 17호, 2001.

8) 김창원, 「초·중등 문학교육의 연계 연구」, 『한국초등국어교육학회』 13집, 1997. 박인기, 「발달로서의 서사」, 『내러티브』 7호, 한국서사학회, 2003. 선주원, 「범교과적 관점에서의 청소년 문학교육연구」, 『청람어문학』 30권, 청람어문학교육학회, 2005. 김종철, 「7차 교육과정 국어과 1종 도서에 대한 비판적 검토」, 서울대 국어교육소 발표대회, 2006.

하여 언어 교육을 종합적으로 고려하고 있으며 그 결과 정신적 발달, 사회적 발달, 도덕적 발달의 체계를 제시[9]한 바 있다.

이에 본고에서는 '발달 적합성'[10]이란 개념으로 발달의 중층적 기제와 총체성을 고려하고자 한다. 이는 텍스트 선정이 학습자의 발달 상황에 기초할 뿐 아니라 발달을 불러 들여야 한다는 점을 강조하는 것이다. 이를 위해 첫째, 학습자의 발달이 이루어지는 중층적 변인을 살필 것이며, 둘째, 또 서사 경험의 기제에 개입하는 발달적 요소를 추출하되, 셋째, 청소년 발달 특성에 부합하는 내용으로 교재 선정 원리를 논의하고 구체적인 예도 제시하도록 하겠다. 본고는 위계화보다는 체계화에 관심을 두고 있다. 다소 원론적이고 추상도 높은 서술이 될 수도 있겠지만 교재 선정에서 논의될 수 있는 기본 범주 마련에 중점을 두고자 한다.

2. 텍스트 선정에서 학습자의 발달 특성을 어떻게 고려할 것인가

1) '발달 적합성'의 문제

텍스트 선정에서 학습자 변인은 교과 내용과 함께 가장 핵심적인 변인 중의 하나이다. 특히, 구성주의나 수용 이론의 영향으로 '학습자' 변인의 비중은 날로 커지고 있고 학습자에 대한 실증적 연구도 증가하고 있다. 분명 학습자에 대한 이해와 지식이 문학교육의 질적 심화에 중요

---

9) 우리말교육연구소, 『외국의 국어교육과정』 1·2, 나라말, 2003.
10) '적합성'(good of appropriateness)은 맥락적 발달 이론에서 발달과 맥락과의 상호성을 중시하기 위한 개념이다. 본고에서는 텍스트와 발달의 상호관련성을 드러내기 위해 이 개념을 사용하고자 한다.

하다는 인식은 타당하다. 그러나 정작 학습자의 발달을 문학교육 실천에서는 어떻게 고려할 것인가의 문제 역시 성찰되어야 한다. 간혹 '학습자를 위하여'라는 다소 모호한 명제가 당위적 명분이 되어 이론의 합리성이나 과학성을 제한하고 심지어는 교과서나 교육과정 검열의 단골 메뉴로 작동하기도 한다.[11] 무엇이 학습자를 위하는 것인지 학습자의 특성을 고려한다는 것은 무엇인지에 대한 다양하고 합리적인 이론이 필요하다는 것이다. 그렇지 않다면 '학습자 중심'은 마치 '휴머니즘'의 이념처럼 그 추상성으로 하여 '이데올로기적 권력'을 행사하는 일종의 '신화'가 되어 버린다. 따라서 문학 교재 선정에서 학습자의 발달 특성을 어떻게 고려해야 하는지 그 발달적 적합성의 판단 근거는 무엇이어야 하는지에 대해 살펴보고자 한다.

먼저, 문학교육에서는 문학교육적 지향과 연관된 특정의 발달 요소들을 재구성하여 고려해야 한다. 대부분의 교과교육학에서는 발달 심리학을 원용하고 있으나 이는 주로 발달의 현상적 원리와 기제를 설명한 것이기에 특정 방향으로의 교육적 실천을 추구하는 교과 교육에는 적합하지 않은 측면이 있다. 가령, 피아제(Piaget)의 인지 발달론의 경우 수학 능력을 중심으로 구조화된 것이어서 상상력과 놀이와 창조를 비이성적인 것으로 배제하였고 예술적 상상력을 논리적 사고보다 더 낮은 수준의 사고로 이해하고 있다. 이런 상황에서 문학교육에서도 이를 그대로 원용

---

11) 이와 관련하여서는 7차 초등학교 교과서 심의에서 있었던 일화를 예로 들 수 있다. 5학년 '국어' 교과서에서 "작품에 나오는 인물의 다양한 삶을 이해한다."는 항목을 구현한 교과서 단원 심원 과정에서 심의진에서는 초등학생들에게는 우울한 소재(가난, 죽음) 등이 적절하지 않다고 판단하면서 대신 신지식인, 벤처 등의 사례가 적절한 것으로 제안된 바 있다. 여기서도 초등 학습자들의 구체적인 발달 정보 없이 다소 직관인 차원에서 적절하다 혹은 적절하지 않다의 판단을 하고 있음을 볼 수 있다(양정실, 「문학 독서교육의 제재」, 『문학 독서교육, 어떻게 할 것인가』, 푸른 사상, 2005).

한다면 문학적 사고의 특수성에 주목하고 상상력을 개발하려는 문학교육 원래의 취지에 부합하지 못하게 된다. 따라서 어떤 능력이 어떻게 발달해 가는가의 문제보다는 그 교과가 추구하는 "어떤 가치로운" 인간을 만들기 위하여 무엇을, 언제, 어떻게 가르쳐야 하는가의 실천적 문제를 중심으로 해야 할 것이다.12) 곧 문학교육에서는 제 발달 이론을 '국어교육적' 혹은 '문학교육적' 발달 이론으로 재구성할 필요가 있다는 것이다.13)

둘째, 발달의 연속적 측면과 불연속적 측면을 동시에 고려해야 한다. 18세기 이후 발달론은 인간 발달의 단선적 계열성을 체계화하였다. 문학교육에서도 학습자의 발달론은 주로 '위계화', 곧 연속적인 측면을 중심으로 도입되었다. 이 경우 청소년이 성인으로까지 이어지는 수직적 과정을 중시하기 때문에 청소년은 '작은 성인'으로 인정된다. 그의 고유한 자질은 다음 단계인 '성인'을 위한 준비적인 성격으로 이해될 뿐이다. 그러나 청소년은 미성년의 결핍적 존재일 뿐 아니라 그 시기만의 특권(관심, 취향, 성향)을 누리는 존재이기도 하다. 따라서 '발달 적합성'에서는 두 기준을 모두 고려할 필요가 있다. 한편의 축에서는 '수준'의 차이를 중심으로 수직적인 위계성을 확보하고 다른 한편으로는 학습자의 관심을 배려하는 수평적 분화를 고려하는 것이다.

셋째, 발달 적합성에는 가치적 해석이 성찰되어야 한다. 학습자의 실제적 발달 상황에 대한 실증적 연구의 필요성이 부각되고는 있지만 발

---

12) 임충기, 「인간 발달의 교육적 조망」, 『논문집』, 서원대학교, 1988. Egan, Kieran, *Imagination in Teaching and Learning*, The University of Chicago Press, 1998.

13) 이와 관련된 흥미로운 연구로는 고영화(2007)가 있다. 그녀는 고전시가 교육의 위계화에서 '사회 인지' 발달의 중요성을 부각시켰다. 이는 문학 경험이 지닌 사회적 속성 때문인데 이런 논지는 본고에서도 서술되고 있다.

달은 경험적 발견의 대상이기도 하지만 동시에 이념적 합의의 대상이기도 하다. 발달 심리의 실증적 논의들에도 문화적 가치와 신념을 배제하기는 힘들다. 가령, 콜버그(L. Kohlberg)의 발달 이론에는 남성 중심의 가치관이 피아제(Piaget) 이론에는 서구 남성 중심주의가 내재되어 있다는 의혹이 여러 연구자들을 통해 제기된 바 있다. 따라서 어떠한 발달을 의미 있는 것으로 인정할 것인가 혹은 어떤 발달을 추구할 것인가에 대한 가정적 전제를 성찰하는 일이 무엇보다 중요하다. 발달은 교육의 전제이기도 하지만 동시에 교육의 결과이기도 한 것이다. 이렇게 보면 실증적으로 검토되는 학습자의 현재적 흥미와 수준은 징후에 불과한 것일 뿐 교육은 이를 적극 해석하여 그 잠재성을 도와주어야 할 것이다.14) 부르너(Bruner)가 발달연구를 '정책 과학'이라고 한 것도 이처럼 발달의 사실과 가치는 뗄 수 없기 때문이다. 그런 점에서 '발달 적합성'에는 교육이 어떠한 문화와 가치를 선택할 것인가의 문제가 판단되어야 한다.

넷째, 발달의 중층적 기제를 고려해야 한다. 문식성의 발달은 인간 발달의 사회, 문화의 제 요소와 연관되기 때문이다. 발달은 개인의 생애사적 전개 과정이기도 하지만 동시에 그가 속한 사회, 문화적 관습에 부응하는 과정이기도 하다. 문화적 관점에서 보면 발달은 그 공동체가 기대하고 인정하는 문화적 적합성에 따르기 때문에 사회 문화적 맥락에 따라 다양한 패턴이 존재할 수밖에 없다. 그럼에도 맥락과 무관하게 개인의 항존적, 구조적 '발달' 단계만을 고수한다면 다양한 역할과 맥락을 고려하지 못한 채 발달을 표준화하는 우를 범할 수 있다.

---

14) John, Dewey, 박철홍 역, 『아동과 교육과정』, 문음사, 2002.

2) 발달의 중층적 변인 : 학습자의 관심·수준·역할

그렇다면 이제 텍스트의 '발달 적합성'을 판단하는 데 관여하는 중층적 변인들을 살펴보도록 하겠다. 먼저 학습자의 발달 '수준'의 변인이 있을 수 있다. 이는 제반 능력의 발달적 위계와 연관되는 것인데 단선적이고 연속적인 일련의 발달 과정에서 학습자의 수준을 평가할 수 있다.

또 학습자의 '관심' 변인이 있다. '관심(interest)'은 삶의 문제에 처하면서 지니게 되는 일련의 심리적 경향이라 할 수 있다. 이는 나이 또래의 삶이 초래한 본질적 결핍 그리고 이 문제를 해결하려는 열망에서 기인하기 때문에15) 일시적으로 지나가는 흥미와는 그 속성이 다르다. 그러나 이는 그 시기 고유의 인지적, 정의적 경향성에 바탕을 두고 있기 때문에 발달의 불연속적 측면이라고 할 수 있다.

이 두 요소는 기존에도 많이 언급된 것이다. 반면 그동안 별로 언급되지 않았던 변인으로 '역할'이 있다. 이는 학습자에게 공동체에서의 어떠한 위치와 역할을 부여할 것인가의 문제이다. 인간은 나이가 들어감에 따라 심리적 요소뿐 아니라 공동체에 참여하는 방식과 사회 문화적 역할에 변화가 생긴다. 그리고 이러한 역할의 변화는 발달의 중요한 지표이자 동력이 된다.16) 발달에 대한 맥락주의적 관점에서는 개인의 발달은 문화 공동체의 발달, 종족 발달의 장과 상호의존적으로 엮이면서 이루어진다는 점을 강조하고 있다. 개인은 결코 혼자만의 고립된 장에서 발달하는 것이 아니며 공동체 문화 속에서 요구하는 가치와 기대 속에서 발달하며 또 역으로 개인의 발달에 의해 문화와 종족의 발달도 이루어진

---

15) Weinstein, G.·Fantini M. D, 윤팔중 역,『정의 교육과정』, 성원사, 1992, 47~49면.
16) Rogoff, Barbara, *The Cultural Nature of Human Development*, Oxford University Press, 2003.

다는 것이다. 이렇게 보면 학습자 개인의 발달은 고정된 '생체 발달 시계'를 반복하는 기성 인류사의 복습 과정이 아니라 문화적 공동체와 인류 종족의 발달에 대한 비전과도 밀접하게 연관되어 있는 것이다.

이를 텍스트 선정에 적용한다면 개인의 발달을 고려하는 일과 문화 공동체의 미래적 비전을 투영하는 일은 분리되지 않는다. 그런 점에서 기존에 존재하였던 이분법, 곧 '좋은 텍스트'와 '적합한 텍스트', '재밌는 텍스트'와 '의미 있는 텍스트', '문화적으로 가치 있는 텍스트'와 '학습자의 발달 시기에 적합한 텍스트', '문학사적으로 가치 있는 텍스트'와 '청소년의 삶에 의미 있는 텍스트'17)의 대비는 단순 논리에 불과하다. 일례로 교재 선정 과정에서 흔히 보는 장면은 청소년의 흥미와 관심, 취향을 살려 대중문화나 청소년 문학을 가르쳐야 할 것인가, 아니면 교육적 효과를 살려 정전을 가르쳐야 할 것인가의 갈등을 일으키는 예를 종종 본다. 그러나 이 문제를 '역할' 발달의 관점으로 본다면 둘 중의 하나를 선택해야 하는 이분적인 상황으로 귀착되지 않는다. 왜냐하면 청소년의 취향 문화를 고려한다고 하더라도 그것은 개인적으로 '재미있는' 작품이 아니라 우리 공동체의 새로운 문화 창조 비전 면에서도 '가치 있는' 작품이어야 하기 때문이다. 이처럼 발달적 적합성의 판단 변인을 학습자의 수준, 관심, 역할로 한다면, 발달의 연속성과 불연속성, 사회적 요소와 개인적 요소를 종합적으로 고려할 수 있다는 이점이 있다.

---

17) 이런 경향은 정전 중심의 교재관을 지닌 사람이나 청소년 문학론, 혹은 제도 밖에서의 문학교육을 주장하는 사람 모두에게서 발견된다. 그러나 발달과 교육을 상호적으로 본다면 청소년의 관심과 문학사적 평가를 이분화하는 시각은 재고될 필요가 있다. 이분법의 부조리함에 대해서는 우한용 교수(1998)의 언급도 있었다. 우한용, 「문학교육의 이념과 문학 교재론의 방향」, 문학교육학회 학술발표대회, 1988.

3. 청소년의 발달 특성과 서사 텍스트 선정 원리

1) 서사 경험의 기제와 그 발달적 요소

그렇다면 이제는 서사교육으로 좁혀서 서사 텍스트 선정에서 고려해야 할 발달 적합성에 대해 논의해 보도록 하겠다. 먼저 서사교육에서 중요하게 고려해야 할 발달 영역은 무엇일까? 이에 대한 답은 별도의 지면이 필요할만큼 광범위한 내용이겠지만, 이 글에서는 서사 경험[18]의 기제에 대한 논의와 서사교육의 지향점을 분석하여 대략적으로 논의하고자 한다. 보다 정밀한 논의는 다음을 기약한다.

서사 경험에 대한 리차드 게리그(Richard J. Gerrig)의 연구를 보면[19] 서사 경험은 독자가 등장인물에 자신을 전이시켜 그의 역할을 수행하는, 연행적이면서도 사회적인 경험으로서의 속성을 지니고 있다고 한다. 독자는 배우처럼 다양한 인물들을 연행하면서 그 세계를 생생하게 느끼고 '살아내는' 것이다. 이때 그는 '나'이면서도 동시에 또 다른 사람이기도 하는 공유적 자아를 경험한다. 이러한 과정은 역할 이행을 통한 강렬한 전이 체험이며 전인격적인 참여의 경험이라 할 수 있다. 이 과정에서 독자는 자신의 신념과 행동을 결정하며 그 결과 자아를 형성, 창조, 변화시키고 정체성을 만들어 나가게 된다. 이런 논의는 <돈키호테>나 <제인 에어>와 같은 작품에 잘 나타나 있다.

그런데 이러한 경험은 독자의 발달 수준과 관심, 역할에 따라 상이하

---

18) 텍스트보다는 '텍스트 경험'을 문제 삼은 이유는 우리가 발달 특성이라고 할 수 있는 것은 매우 추상적인 것이어서 이를 텍스트 차원에 직접 반영하는 것은 다소 무리가 따르기 때문이고 또 동일한 텍스트라도 다르게 경험될 수 있었기 때문이다.

19) Gerrig, J. Richard, *Experiencing Narrative Worlds*, Yale University, 1993.

게 나타날 수밖에 없다. 이른바 '최소화의 법칙' 때문이다. 독자는 '자신의 현실 경험과 관심, 배경 지식과의 유사성에 입각하여 서사 세계에 반응하기 때문에 그의 제반 능력과 관심에 따라 허구 세계에 대한 경험은 다르게 나타난다. 앞에 서술된 내용에서 서사 경험에 직접적인 영향을 미치는 변인을 추출한다면 학습자의 자아 발달 수준이나 인지 능력의 발달 정도, 공감 능력을 포함한 도덕성 발달 정도, 역할 발달의 수준을 꼽아 볼 수 있을 듯하다.

먼저, '자아 개념의' 수준은 독자가 허구적 인물의 자아를 이해하는 방식이나 자신과 허구적 인물을 연관 짓는 방식을 결정한다. 초기 아동기와 같이 자아를 일관된 어떤 속성으로 이해하지 못하는 시기라면 작중 인물의 정체성이나 성격보다는 개별 에피소드에서 담당하고 있는 인물의 기능이 결정적인 영향을 미칠 것이다. 반면, 청소년처럼 신념이나 가치를 지닌 이념적 자아의 이미지가 싹트기 시작하면 허구 세계에서도 인물의 이념과 가치관이 서사 경험을 형성하는 주요 변수가 된다. 또, 독자의 인지 발달 수준도 독자가 사건과 행위, 배경, 작중 인물을 추론하는 방식을 결정한다. 구체적 조작기의 아동이라면, 행위를 인물의 심층적인 동기나 환경 요소와 연관 지어 이해하기는 힘들 것이다. 따라서 인물의 행위에 대한 표층적인 정보가 나타나야 할 것이다. 공감력과 같은 도덕성 발달 수준도 어떤 인물의 유형과 공감할 수 있는가를 결정할 수 있다. 아동기라면 자신과 상황이 직접적으로 유사해야 공감할 수 있겠지만 청소년기에는 보편적 정황에 감동할 수 있다. 또, 독자가 어떠한 역할을 부여받는지에 따라 서사 경험의 양상은 달라질 수 있다. 단순 독자로 즐거움만을 얻는 역할인지, 자신이 해석한 결과를 책임 있게 발표해야 하는 역할을 부여받았는지에 따라 서사 경험 역시 달라지는 것이다.

이러한 변인들은 그동안 서사교육이 추구했던 가치 혹은 발달적 지향성과도 크게 다르지 않다. 그동안 서사교육은 서사를 통한 인간 발달의 총체를 추구하고자 해 왔다.[20] 서사 텍스트의 읽기와 쓰기를 통해 학습자가 자기와 세계를 이해함은 물론이고 자신의 정체성을 창조하고 나아가 세계에 대한 새로운 가능성을 찾을 수 있도록 해 왔던 것이다. 서사교육 역시 서사 경험을 형성하고 있는 자아 정체성 형성, 인지적 발달, 도덕성 발달, 역할의 발달을 추구하는 것이다. 이에 본고에서는 이 네 가지 요소로 체계화하겠다.

2) 청소년의 발달적 특성과 서사 텍스트 선정의 원리

이제는 청소년 학습자의 관심, 수준, 역할의 발달적 특징을 고려하여 서사 텍스트 선정 원리를 구안하도록 하겠다. 발달은 평형과 불균형, 위기와 기회의 역동적인 갈등 상황 속에서 전개되기 때문에 특정 지표로 정리된 발달 단계보다는 발달의 과정과 메커니즘을 통찰하는 일이 더 중요하다. 그래야 현재의 수행이나 능력의 개별적 사실에 국한되지 않고 발달의 전 과정에 입각한 논의를 펼칠 수 있기 때문이다.

(1) 자아에 대한 관심 및 발달 수준의 적합성

먼저 자아 형성의 문제와 연관된 선정 원리에 대해 서술하겠다. 그동안 청소년 독서교육의 중요한 과제로 합의한 것에는 '자기화', '자기 향상'[21]이 있다. 자아 정체성 향상은 독서의 본질적 요인이기도 하지만 특

---

20) 우한용 외, 『서사교육론』, 동아시아, 2001.
21) 김대행, 「독서 체계 연구」, 『국어교육연구』 1, 서울대학교 국어교육연구소, 1994. 박인

히 청소년기에는 가장 핵심적인 과제에 해당된다. 그것은 청소년기의 발달 과제가 자아 정체성의 모색에 있기도 하지만 청소년 독자의 문학적 전유 방식 자체가 자아 모색과 밀접한 연관을 지니기 때문이다. 청소년 문학논자인 도넬소와 닐센(K. L. Donelso & A. P. Nilsen)은 연령별 문학적 읽기의 특성을 살피면서 중학생은 "책 속에서 자기 발견하기"(Finding oneself in books), 고등학생은 "자신을 넘어선 모험하기(venturing beyond self)"22)라고 하여, 청소년들의 문학 활동이 자아를 발견하고 확장하는 일과 밀접히 연관되어 있음을 밝혀 주었다. 청소년들은 그들 특유의 불안정과 불균형의 심리 때문에 책에서 자기와 유사한 상황을 발견하고 정서적 안정과 성숙을 추구하는 것이다. 이들에게 책은 기존 권위에 저항하면서 자아를 모색하도록 도와주는 매체이기도 하다. 이런 점에서 서사 텍스트 역시 정체성에 대한 이들의 관심과 자아 발달의 수준을 바탕으로 하면서도 이들의 자아 형성을 이끌어 줄 수 있는 텍스트를 중심으로 선정해야 한다.

그렇다면 이에 적합한 어떠한 텍스트적 조건은 무엇일까? 이에 대한 답은 정체성 발달의 기제에서 실마리를 찾을 수 있다. 정체성은 에릭슨이 지적한 것처럼 개인과 그가 속한 사회의 역할 규정, 금기, 가능성 간

기, 「문학 독서 방법의 상위적 이해」, 『국어교육연구』 1, 서울대학교 국어교육연구소, 1994.

22) 이들은 청소년 문학론에서 문학적 전유의 방식을 전 7단계로 나눈 바 있다. 1단계(탄생 −유치원 시기) : 쓰인 텍스트에서 즐거움과 이로움에 대한 이해(Understanding of pleasure and profit from printed words), 2단계(초등학교) : 해호화 배우기(Learning to decode), 3단계(후기 아동기) : 자신을 잃고 몰두하기(Losing oneself in books), 4단계(중학생) : 자신을 발견하기 위한 책 읽기(Finding oneself in books), 5단계(고등학생) : 자신을 넘어 모험하기(venturing beyond self), 6단계(대학생) : 폭넓게 읽기(reading widely), 7단계(성인기) : 미적 감상이 그것이다(Kenneth. L. Donelso & Alleen Pace Nilsen, *Literature for today's young adults*, Columbia University, 1997).

의 교차점에서 파생된다. 아동기가 존재적 안전감을 유지할 수 있었던 것은, 주어진 사회적 역할, 또 '착한 소년/소녀'의 관습적 역할에 동일시하고, 또 인지적 지능의 미숙으로 다양한 역할 모델들 사이의 모순, 불일치를 자각하지 못하였기 때문이다. 그러나 청소년기는 급격한 신체적, 정신적 변화가 이루어짐에도 불구하고 사회적 위치는 변하지 않는, 그래서 불협화음이 일어나면서 정체성의 '위기'가 발생한다.

특히, 청소년기에는 추상적 사고가 발달함에 따라 기존의 만들어진 역할 모델에 그대로 동일시되기보다는 나름의 이상적 가설 등을 동원하여 새로운 역할 모델과 정체성을 실험하고 창조하며 모색하는 노력을 펼치게 된다. 이것이 바로 청소년기의 '정체성 유예와 실험'이다. 그들은 어디에도 소속되지 않은 채 자아 통합을 시도한다. 그러나 신체와 정서·정신의 성숙이 불일치하고 사회적으로도 다양한 진로를 선택해야 하며 과거의 자아와 현재의 자아, 미래의 사이에서 혼돈을 느끼기 때문에 그들은 언제나 내가 누구이고, 또 무엇을 할 수 있는지, 또 하고 싶은지에 대해 그들은 불안을 느낀다. 그러나 이 '위기'와 '혼돈'은 당연하고도 필연적인 것이다. 이 시기의 '정체성 유예와 실험을 하지 못한다면 건강한 정체성을 가질 수 없기 때문이다.

아울러 주목할 점은 청소년기는 가치관, 세계관과 같은 삶의 원칙이나 형이상학적인 설명을 추구하는 시기라는 점이다. 이들은 자신의 삶을 이끌어 나갈 신화 혹은 이야기의 사상적 뼈대(Ideological Setting or Plot)를 탐색하기 시작한다.[23] 그 방식은 전통과 문화의 권위적 담론들과 투쟁하고 갈등하면서이다. 이들은 자신의 이념을 외부의 권위에 의해서가 아니라

---

23) 양유성, 『이야기 치료』, 학지사, 2004.

자신의 내적 설득력으로24) 정체성을 확보하고자 한다.

이러한 논의에 비추어 볼 때 서사 텍스트는 그들이 자기 나름의 역할 모델에 대한 이상적 가설을 동원하고, 또 새로운 역할 모델과 정체성을 실험할 수 있어야 한다는 조건을 갖추어야 한다. 곧, 관습적인 역할 모델을 반복하고 있는 서사보다는 새롭고 다양한 성격, 사고방식, 행동 양상, 아이디어, 목표, 사회적 관계를 실험할 수 있도록 하는 서사여야 한다는 것이다. 그래야 청소년들은 서사 텍스트를 통하여 '내적으로 설득력 있는 담론'을 스스로 만들어 낼 수 있다. 실제로 학습자들에게 긍정적인 평가를 받고 있는 작품들은 이러한 기준에 충실하다. 가령, 7차 교육과정 '국어' 교과서에서 학습자들이 가장 '재미'와 '의미'가 있는 작품이라고 뽑은25) <봄봄>도 이런 관점으로 설명할 수 있다. <봄봄>은 청년기의 화자가 등장하여, 권위자인 장인과의 심리적 갈등을 표 나게 내세우고 있는 작품이다. 그 과정에서 기성세대의 위선이 폭로되면서 심리적 보상을 주고, 그러면서도 화자 스스로 해체되어 과도하게 동화된 자아에 현실 원칙을 일깨움으로써 통찰력을 제공하는 것이다. 이로써 청소년 독자는 자신의 내면적 관심에 맞닿는 즐거움과 함께 새로운 지적 안목을 얻을 수 있다.

그러나 이러한 발달적 관심은 자아 발달의 수준에 따라 전기 청소년기(13~15(16)세)와 후기 청소년(16(17)~19세)26)으로 구분할 수 있다. 전기

---

24) 바흐찐은 내적으로 설득력 있는 담화와 외적으로 권위 있는 담화를 구분 지으면서 전자를 성장 소설에 등장하는 담화로 제시하기도 하였다. 여기서 '내적으로 설득력이 있다'는 것은 청소년들이 자기 나름의 이론적 가설을 통해 파악하고 선택해야 한다는 것이다(M. Bakhtin, 전승희 외 역, 『장편소설과 민중언어』, 창작과비평사, 1998).
25) 김종철, 「7차 교육과정 국어과 1종 도서에 대한 비판적 검토」, 서울대 국어교육 연구소 발표대회, 2006.
26) 본고에서는 청소년기를 전기 청소년과 후기 청소년으로 나누는 용법을 그대로 사용하

청소년기는 간주관적 상호성에 기초한 '자아'상을 지닌 단계이다.[27] 이 시기의 자아는 객체/타자가 나름의 욕구와 관심, 희망을 지닐 수 있다는 점을 무시하지는 않지만, 자신과 관계하지 않는 타자, 또 타자와 별도로 존재하는 자기 자신에 대해서는 인식하지 못한다. 타자와의 상호적 관계 속에서만 자신을 깨닫는 것이다. 자아는 관계를 지닌 존재가 아니라 관계 그 자체라 할 수 있다. 따라서 이들은 작중 인물과 동일시하고 이들과 공유하는 과정에서 자기 자신에 대한 인식도 형성해 나간다. 반면, 후기 청소년은 형식적 조작기가 완성되면서 자기 주도적 권위와 정체성, 심리적 통제와 이데올로기를 모색한다. 일관된 가치관, 세계관을 추구하면서 이념적 자아를 형성하기 시작하는 것이다.

이런 점에서 본다면 중·고등학생은 자아 형성에서 각기 다른 단계에 있다고 하겠다. 이를 배려한다면 전기 청소년에는 청소년의 현실 상황과 유사하거나 동일시·공감할 수 있는 '작중 인물'과 '소설적 상황'을 지닌 텍스트를, 후기 청소년이라면 독자 자신의 신념과 가치관에 기반을 두어 '자기 주도적인 응답'을 하거나 자신의 이념을 밝힐 수 있는 텍스트가[28] 각 시기의 자아 발달에 적합하다고 하겠다.

(2) 인지 발달 수준 및 관심의 적합성

청소년기는 사고력이 혁명적으로 변화하는 시기이다. 이 시기에는 형

기로 한다.

27) Cicchetti, Dante, Hesse, Petra, *Emotional Development*, Jossey-Bass, Publishers, 1982, 108~109면.
28) 이정우의 『탐독』에 나오는 독서 경험도 이와 유사하게 서술되어 있다. 그가 어두운 사회 현실에 관심을 갖게 된 과정을 보면 먼저 <화수분>과 같이 정서적으로 친근감을 느꼈던 공유의 경험이 나오고 이후 <운수 좋은 날>과 같은 '아이러니적 고통'에 대한 이해로 나아가고 있다.

식적 조작이 가능함으로 해서 상상력이 비약적인 성장을 하게 되고 서사경험에도 큰 변화를 가져온다. 구체적 조작기와 이 시기의 사고가 다른 점은 추상적 사고, 미래에 대한 가능성의 사고, 자기 자신에 대한 성찰의 사고가 가능하다는 것이다.[29] 추상적 사고가 가능해진다는 것은 현재의 사실을 주어진 사실 그대로 인정하기보다는 이상과 당위 등의 가설적 조작을 통하여 다양한 가능 세계를 고려하고, 현실을 변형하여 판단할 수 있음을 의미한다. 그 결과 현실과 이상의 갈등이 강화되기도 하지만 자기 자신과 세계를 미래 지향적으로 이해할 수 있다. 또 자기 자신을 성찰하고, 사고 자체가 다음 사고의 대상을 삼을 수 있게 됨에 따라 새로운 정신세계를 열어 나갈 수도 있다.

이러한 인식의 발달로 하여 청소년은 '허구성' 인식 면에서 아동기와는 큰 차이를 보인다. 아동기는 공상과 놀이, 허구와 실재를 변별하지 못했던 반면, 청소년기는 추상적 사고를 통해 허구를 현실에 대한 대안적 사고, 혹은 모델로 인식할 수 있게 된다. 이로써 상상력은 비약적으로 발전한다. 비고츠키(Vygotsky)도 말했듯이, 청소년기의 이성 능력 발달은 감각적 구체성에 의존했던 아동기의 상상력과는 달리 '비평적 사고'를 통해 경험적 직접성을 넘어서는 것이다.[30] 이들의 상상력은 추상적 개념, 이성적 비판 능력에 의해 오히려 확장되는 것이다. 이 시기는 이성과 상상이 행복하게 만나는 유일한 시기이다.

또 인지 발달의 수준은 서사적 추론 능력에도 큰 영향을 미친다. 아동기가 주로 명시적으로 드러난 행위적 요소에만 초점을 두었다면 청소년

---

29) Breger, Louis(1974), 홍강의 역, 『인간 발달의 통합적 이해』, 이화여자대학교 출판부, 1998, 108~109면.

30) L. S. Vygotsky, 「Imagination and creativity in the adolescent」, *Soviet Psychoiogy*, Vol.29, No.1, 1991, 72~88면.

기는 텍스트 이면에 심층적으로 제시되고 있는 인물의 동기, 목표, 지각 등을 추론할 수 있다. 그리고 후기 청소년기가 되면 광의의 사회적, 심리적 접근이 이루어져서 인물을 다양한 정황 맥락에서 이해할 수 있게 된다.31) 지속적인 인지 발달을 통하여 청소년들은 텍스트의 표층보다는 심층으로 행위나 사건을 다양한 요소와 연관 지어 해석할 수 있도록 한다.

이러한 논의를 서사 텍스트 선정에 반영한다면, 전기 청소년기에는 서사의 구조가 단순하고 강렬하여 구성 요소간의 포괄적인 연관보다는 인물과 같은 특정의 요소가 부각된 단선적인 서사 텍스트가 적합하다. 문제 해결이나 소망 충족의 플롯을 지닌 소설이 그 예가 되겠다. 또, 청소년의 생활이나 욕망과 유사하여 작품 이해에 요구되는 배경지식이 적고 구체적 형상이 뚜렷하게 나타나는 작품이 적당하다. 당대적인 이슈를 담고 있거나 리얼리즘적 소설이 이에 해당될 것이다. 반면, 후기 청소년기는 함축된 정보량이 많고 아이러니나 양가적 의미와 같이 여러 요소를 복합적으로 의미를 분석할 수 있는 텍스트가 적합하다. 또한 배경 지식이나 비판적 사고력을 동원하여 상상력을 확장할 수 있어야 한다. 설화나 동화, 우화와 같은 무시간적 텍스트보다는 역사성을 지니거나 사회적 이슈를 지닌 소설들, 또 시공간적 배경이 이질적인 서사가 그 예가 될 수 있다.

그런데 인지 발달의 수준뿐 아니라 인지적 관심 혹은 경향에도 주목할 필요가 있다. 청소년은 현실에 대한 총체적인 인식을 발전시켜 나가는 과정에서 이상주의적 그리고 낭만주의적 경향을 지니고 있다.

추상적 이상주의 경향은 자신의 추상적 가설을 과도하게 동화함으로

---

31) Richard Beach, Linda Eendeg, 「Developmental Difference in Response to a story」, *Research in the Teaching of English*, Vol.21, No.3, 1987, 287면.

써 발생하는 주관주의이다. 그들의 미래 지향성이 지나치게 강화될 때 나타나는 것이다. 게다가 이들은 자신의 성찰을 통해 얻은 것이 마치 자기만의 고유한 것, 자기들이 발견하여 세상에서 처음 있게 된 것인 양 받아들이면서 성인을 비롯한 다른 집단을 배제한다. 이것의 장점은 새로운 사고방식을 발견하는 창조적 혁명 단계[32]로까지 발전시킬 수 있다는 점이다. 그러나 이 이상주의가 창조적 사고로 전환되기 위해서는 성인 역할, 경력, 업적 그리고 인생 계획들을 사회 속에서 탐색하는 활동이 필요하다.

또 이들에게는 낭만적 인지 경향도 있다. 이는 주로 전기 청소년들에서 나타난다. 이들은 아동기처럼 외부 세계의 존재를 자신의 주관으로 동화하지는 않지만, 이 세계가 이상하고도 생경한 법칙에 의해 작동되는 냉혹하면서도 신비스러운 것이라는 점을 깨닫고는 지적 안정감에 위협을 받는다.[33] 이에 자신을 세상에서 가장 힘 있고 고귀하며 용기 있는 것들과 연합하고 동일시하여 위기를 극복하고자 하는 것이다. 가령, 영웅, 국가, 관념 등과 같은 초월적 존재들이 위협적인 존재와 투쟁하여 영광을 얻는다는 식의 낭만적인 이야기에서 위안을 얻는 것이다. 그러나 이러한 관심은 후기 청소년기가 되면서 점차 철학적 관심으로 넘어간다. 그것은 특수한 삶의 양식을 넘어서 삶의 양식 전체를 이해하고자 하는 태도를 지니게 되는 것이다.

청소년의 이러한 관심은 그들만의 삶에서 배태된 것으로 성인들의 인지적 관심과는 다소 거리가 있다. 그러나 발달의 불연속성을 고려한다면 이것을 섣부르게 수정, 교정하는 접근은 타당하지 않을 것이다. 자신의

---

32) Louis, Breger, 홍강의 역, 앞의 책, 1998.
33) Egan, Kieran, *Romantic Understanding*, Routledge, 1990.

관점을 그 한계까지 충분히 진행해야 그 다음 단계로의 발달도 가능하기 때문이다.

이러한 연구 결과로 우리는 청소년들이 '의미 있는' 반응을 보이는 텍스트의 내용을 예측할 수 있다. 전기 청소년은 주관적 이상에 강렬하게 몰두하거나 내용과 형식면에서 혁신성과 개성을 앞세운 텍스트, 또 초월적이며 힘 있는 것들에 동일시할 수 있는 텍스트가 이들의 관심에 부합할 수 있다. 실제로 외국의 경우, 중학생의 교재 선정 목록에는 초월성이나 이국적이고 낭만적인 이야기, 개인적 이상과 관련된 이야기가 많다.34) 다음, 후기 청소년은 전기 청소년의 관심을 이으면서도 과도한 주관주의가 현실과의 대결을 통해 조절되는 텍스트가 필요하다. 주관적 이상이 현실과의 조우를 통해 수정되는 과정을 담은 텍스트나 이념과 현실과의 관계 등을 사고할 수 있는 텍스트가 그것이다.

(3) 도덕성 발달에의 적합성

도덕성의 발달은 서사 텍스트 경험에서 매우 중요하다. 서사는 근본적으로 인물과 세계, 인물과 인물의 가치 갈등을 다루기 때문이다. 기존 연구는 주로 콜버그(Kohlberg)의 도덕적 추론 발달과 연관 지어 논의되었

---

34) 청소년 문학의 고전적 저서에서는(G. Robert Carlsen, 1967) 단계별 텍스트로 다음과 같이 소개하고 있다.
초기 청소년(12~15세) : 동물 이야기, 모험 이야기, 미스터리 이야기, 초자연적인 현상에 대한 이야기, 스포츠 이야기, 다른 지역의 청소년 이야기, 가정과 가족 이야기, 유머, 과거를 배경으로 한 이야기, 판타지.
중기 청소년(16~17세) : 모험에 대한 비허구적 서사물, 역사 소설, 낭만적 소설, 청소년 생활에 대한 이야기.
후기 청소년(18~19세) : 개인적 가치를 추구하는 이야기, 특이하고 신비로운 인간 경험의 이야기, 청소년에서 성인으로의 발전 과정을 다룬 이야기가 그것이다(G. Robert Carlsen, Books and the reader, Bantam Books, 1967).

다.35)

　도덕성은 도덕적 추론 능력뿐 아니라 도덕적 감정, 공감 능력 등의 다양한 요소로 구성된다. 도덕적 추론 능력이 딜레마 상황 속에서의 가치 선택 양상을 살필 수 있다는 이점은 있으나 허구적 서사물의 도덕적 상황과 현실적 세계에서의 도덕적 추론은 동일하게 적용할 수 없다는 문제도 간과할 수는 없다. 허구 세계는 현실 세계의 추론을 그대로 적용하기보다는 도덕적 가치를 다양하게 실험하는 성격을 지니고 있기 때문이다. 가령, 전기와 후기 청소년기는 콜버그(Kohlberg)의 도식에 따른다면 '인습기'에 해당되는데 구체적으로는 "3단계 : 착한 소년, 소녀의 지향"과 "4단계 : 법과 질서 지향" 단계에 속한다. 그런데 이 단계의 가치 판단은 주로 '사회적 규칙, 관습, 권위' 그리고 '권위적 인물이나 자신이 좋아하는 사람의 승인 여부'에 기초하는 것이기 때문에 이를 서사 텍스트에 적용하면 전래 동화, 설화, 대중매체의 서사와 같이 관습적인 가치를 옹호하는 텍스트가 중심이 된다. 앞에서 '자아 정체성 발달'의 문제를 살폈지만, 청소년기는 오히려 관습적인 모델에서 나아가 새로운 역할 모델을 추구하는 텍스트가 더 의미가 있다고 본다.

　그런 점에서 도덕성 발달 중에서도 서사 경험과 밀접한 연관을 지니는 것은 '도덕 감정의 발달'의 요소라 할 수 있겠다. 이에 따라 작품 세계의 어떤 부분에 공감할 것이냐를 예측할 수 있기 때문이다. 도덕 감정은 타자에 대한 애정과 공감 능력을 말한다. 이 역시 연령에 따라 그 발달 수준이 달라지는데, 전기 청소년기는 타자의 정신적 이미지 전체를

---

35) 김중신, 「소설교재의 위계화 가능성에 대한 고찰」, 『국어교육연구』 1, 서울대학교 국어교육 연구소, 1994. 황혜진, 「가치 경험을 위한 소설 교육 내용 연구」, 서울대학교 박사학위논문, 2006.

이해할 수 있어 주로 인물에만 공감하는 반면, 후기 청소년은 인물이 처하고 있는 조건에 대한 공감 역시 가능해진다. 그리하여 타인의 고통을 집단의 고통으로 일반화하여 이해할 수 있게 되는 것이다(Rich, John M. DeVitis · Josep L., 추병완 역, 1999).

이러한 연구 결과에 따른다면 전기 청소년이라면 작중 인물과 독자와의 정서적 연관이 강한 작품을 선택할 필요가 있는 반면, 후기 청소년이라면 서사적 상황과 조건에 대한 공감 능력을 바탕으로 보편적 정황, 다양한 계층에 대한 상황적 이해와 공감을 유도할 수 있는 작품이 적합할 것이다.

(4) 역할 발달에의 적합성

한 개인이 공동체에 어떤 방식으로 참여하고 어떤 역할을 담당하는가는 그가 발달함에 있어 매우 큰 영향을 미친다. 청소년, 성인으로 발달하는 과정은 그가 속한 공동체에서의 역할과 참여 방식이 확장, 변화되는 과정이다. 청소년기는 아동기와 성인기 사이에 존재하는 과도기적 단계이다. 치숄름(Chisholm)에 따른다면[36] 이 시기의 '역할'은 자기 자신에 대해 생각하고 자신의 일을 자립적으로 해낼 수 있고 성인의 책임 있는 삶을 위한 제반 영역에서의 숙련이 필요한 시기라고 한다. 그러니까 자신을 정립하는 일과 함께 예비 성인으로서 책임 있는 역할을 담당할 수 있는 일을 동시에 교육받아야 하는 것이다.

그러나 근대 도시 문명사회에서 청소년은 '예비 성인으로서의 책임 있는 역할'과는 거리가 먼 듯하다. 육체적으로는 성인과 큰 차이가 없지만

---

[36] Rogoff, Barbara, *The Cultural Nature of Human Development*, Oxford University Press, 2003.

사회적 역할에서는 큰 차이가 있기 때문이다. 그들은 결혼도 투표도 할 수 없고 오로지 소비 생활에서만 주인이 된다. 근대 이후 청소년은 사회에서 '생산적인 역할'로부터 분리된 것이다. 그러나 이러한 사정은 문화의 영역에 오면 달라진다. 청소년은 현실로부터 상대적으로 자유롭다는 이점으로 다양한 의미 실험에 몰두하면서 새로운 문화 주체로 빠르게 성장하였다. 한국 근대 문화 형성 과정에서 이들은 '새로움'의 취향을 통해 근대 문화 창조의 주역으로 기능하였다.37) 게다가 새로운 복합 매체 시대의 신속한 적응 능력을 보이면서 매체 문화도 선도하고 있다.

사회 역사적 발달 이론에 따르면 개인의 발달은 그가 속한 문화 공동체의 실제 도구 / 문화에 참여적 변형(transformation of participation)을 실천할 때 성취된다.38) 그리고 개인이 자신의 발달로 성취해 낸 결과는 곧 문화 공동체의 발달로 이어진다. 청소년에게 '참여적 변형'의 역할을 부여한다면 우리는 미래 지향적 관점에서 그들의 문화를 중요한 자원으로 인정하고 교재 선정에 적극 반영할 수 있겠다. 특히, 학습자는 나름의 사회 문화적 위치 속에서 문화적 자원과 유산을 지니고 있는 존재이고 또 교육이 학습자의 문화와의 대화하며 문화적으로 응답하는 실천(Culturally Responsive Practice)39)이라고 한다면 더욱 그러하다.

다소 다른 분야의 이야기지만 문학 독자의 발달 과정에서도 '역할의 발달'은 성장을 구획 짓는 의미 있는 변수이다.40) 초기 아동기 독자의

---

37) 천정환, 「식민지 시기의 청년과 문학·대중문화」, 『오늘의 문예비평』 55, 2004.

38) Rogoff, Barbara, *The Cultural Nature of Human Development*, Oxford University Press, 2003.

39) Birr, Elizabeth Mo Je & Hinchman, Kathleen, "Culturally Responsive Practices for Youth Literacy Learning", Tamara L. Jetton & Janice A. Dole, *Adolescent Literacy Research and Practice*, Guilford, 2004.

40) Appleyard, J. A. S. J., *Becoming a Reader — The Experience of Fiction from childhood to*

역할이 '즐기는 향유자'의 역할에 머문다면 전기 청소년은 자신의 생각을 펼치는 '사색자'의 역할을 취할 수 있다. 반면, 후기 청소년은 '해석자'의 역할을 즐길 수 있어 작품이 생산된 포괄적인 사회 문화적 위치를 해석하고 비판적으로 개입할 수도 있다. 바로 이 '해석자'의 역할은 앞에서 논의한 '변형적 실천의 역할'과 맥을 함께 한다. 이 역할은 텍스트와 독자 자신을 연결 짓는 활동에서 나아가, 텍스트가 차지한 사회 문화적 위치를 해석하고 비판하며 참여하는 활동까지를 펼칠 수 있기 때문이다.

그렇다면 이 논의가 지닌 텍스트 선정에서 지니는 시사점은 무엇인가? 청소년에게 변형적 실천의 역할을 부여한다면, 텍스트는 현실 문화 공동체의 다양한 문화유산으로 확장되어야 하며 그 접근 범위도 넓혀져야 한다. 곧 보호주의적 관점에서 나아가 실제의(authentic) 다양한 문학 문화와 대면하고 책임 있는 역할을 할 수 있는 기회를 줄 수 있다는 것이다. 이를 위해서는 텍스트 내적 요소뿐 아니라 매체, 장르, 작가, 서사 문화에서의 위치와 범위 등 문학의 장을 형성하는 다양한 요소들을 종합적으로 고려할 필요가 있다. 가령, 동일한 작품이라도 어떤 '매체'나 '장르'를 선택할 것인가, 또 작가의 선택에서도 어떠한 사회 문화적 위치, 서사 문화 내에서의 위치를 우선시할 것인가가 문제는 학습자의 문화적 '역할'을 어떻게 부여할 것인가의 문제와 직결되어 있다. 가령, 친일 작가와 같은 이념적 논쟁에도 그 이면을 보면 학습자의 역할을 어떻게 볼 것인가의 문제가 담겨 있다. 청소년에게 '참여적 변형'의 역할을 부여하고 그들의 문화적 자원을 의미 있게 활용하기 위해서는 고전 문

Adulthood, Cambridge University Press, 1990.

학뿐 아니라 청소년 문학, 당대 문학, 대중문화, 현실적·사회적 이슈와 관련된 논쟁적 텍스트로 확장할 수 있겠다.

3) 서사 텍스트 선정의 세부 원칙 예시

앞에서 제시한 발달적 적합성은 텍스트 선정에서 내용, 형식, 표현을 분석하는 주요한 근거가 될 수 있을 것이다. 여기서는 텍스트 내용을 중심으로 세부 원칙의 예를 제시하고자 한다.

	중학생	고등학생
자아 형성의 발달적 적합성	• 정체성의 혼돈과 불안에 대해 정서적 안정감을 줄 수 있는 서사 • 주인공 중심의 비교적 단순하면서도 강렬한 서사	• 다양한 역할 모델을 통해 미래의 성적, 이념적, 직업적인 정체성을 상상, 실험할 수 있는 텍스트 • 가치관, 세계관을 확고히 하고 공고히 할 수 있도록 인물 간의 다양한 이념 차이를 드러내는 다성적 서사
인지적 발달 적합성	• 인물의 이상 추구, 소원 성취를 다룬 서사 • 이국적 시공간, 초현실적인 존재나 영웅과 같은 강력한 인물, 관념이 등장하는 낭만적 경향의 서사 • 특정한 사실이 구체적이고, 세부적으로 제시되어 있는 기록적 서사 • 자신을 성찰하는 내면적 경향의 서사 • 내용과 형식에서 '혁신성'이 강한 서사	• 인물의 이상 추구와 현실의 팽팽한 긴장을 다룬 서사 • 역사와 현실의 총체성을 다루고 있는 깊고 풍부한 내용의 서사 • 사회적, 현실적 이슈를 심층적으로 살피고 있는 서사 • 자기 자신의 사고를 성찰하는 내면적 경향의 서사 • 혁신성도 강하지만 동시에 현실적 타당성에 대해서도 긴장을 지니고 있는 서사
도덕적 발달 적합성	• 중학생 수준의 경험으로 공감할 수 있는 인물 중심의 서사	• 전형적인 상황을 담고 있는 서사
역할의 발달적 적합성	• 청소년 문학 작품 • 당대적 문학 작품 • 새로운 매체로 변형된 텍스트들	• 비평적, 사회적 이슈가 되는 작가와 비평가의 텍스트들 • 작가, 비평가, 독자의 수용과 창작 과정이 담긴 텍스트 • 다문화적 텍스트

4. 결론 : 문학 텍스트 선정을 위한 제도와 정책 제언

이제까지 청소년 학습자를 대상으로 한 서사 텍스트 선정 원리를 살펴보았다. 애초의 기획이 텍스트 선정의 원리를 체계화하자는 것이었지만 워낙 추상도가 높은 의제였던 만큼 결론은 낯익은 내용들로 채워져 있다. 그럼에도 의의가 있다면 지금까지 교과서 개발을 비롯하여 텍스트 선정이 학문적인 성격보다는 다소 정치적이고 관습적인 판단에 근거하였는데 이제는 서로 간의 의견이라도 소통하고 조율할 수 있는 기본 범주라도 마련했다는 것이다.

이제까지 논의된 내용은 문학 텍스트 선정은 기본적으로 학습자가 텍스트를 이해하고 받아들일 수 있느냐의 '수용적 적합성'보다는 학습자의 발달 기제에 대한 이해를 바탕으로 발달을 도모하는 '발달 적합성'에 기초해야 한다는 것이었다. 이 '발달 적합성'은 발달의 연속성과 불연속성, 발달의 사실과 가치, 발달의 개인성과 사회성을 복합적으로 고려해야 한다. 특히 교과교육에서는 발달 심리학의 일반 도식을 기계적으로 적용하기보다 문학 경험 혹은 서사 경험의 기제와 교육적 지향성에 기초하여 재구성해야 한다고 보았다. 이에 청소년 대상의 서사 텍스트 선정의 원리로 ① 자아 형성의 관심과 수준에의 적합성, ② 인지 발달의 수준과 관심에의 적합성, ③ 도덕성 발달에의 적합성, ④ 역할 발달에의 적합성을 제시하였다. 다음 청소년의 발달적 특징을 분석하여 서사 텍스트 선정의 원칙을 제시하였다. 물론 이는 실제 청소년 학습자의 발달 상황에 대한 경험적 연구들로 보완되어야 할 것이다. 그리고 이론적으로도 '교재 비평'을 활성화하여 특정 작품의 교재적 타당성을 이론적으로 설명하는 논의가 지속적으로 이루어져야 할 것이다.

그러나 교재 선정에는 여전히 이론적으로는 해결되지 않는 문제가 있다. 교육적 목적에 부합하는 교재가 일단 있어야 하고 교육 주체들이 상시적으로 의견을 모을 수 있는 기구가 있어야 하기 때문이다. 청소년 학습 독자의 관심과 발달이 항시 변화할 수 있다고 할 때 학생, 교사, 학자, 창작인이 모두 참여할 수 있는 제도적 장치와 정책은 매우 중요한 역할을 한다. 미국의 경우에도 국제 독서 협회(IRA)와 미국 아동 도서 위원회(TCBC)가 지속적으로 참여하여 아동, 청소년을 참여시키는 장기간의 제재 선정 체제인 '아동 도서 선정 위원회(TCBC, The Children's Book Council)'의 사례가 있다고 한다. 우리나라에도 학회, 청소년, 교육 당국이 함께 논의할 수 있는 교재 선정 관련 정책 기구를 만드는 등의 제도적인 보완책이 있어야 할 것으로 생각된다.

참고문헌

고영화, 「시조교육의 위계화 연구」, 서울대학교 박사학위논문, 2007.
구인환 외, 『문학교육론』 4판, 삼지원, 2001.
김상욱, 「초등학교 아동 문학 제재의 위계화 연구」, 『국어교육연구』 12, 국어교육학회,
　　　2001.
김대행, 「독서 체계 연구」, 『국어교육연구』 1, 서울대학교 국어교육연구소, 1994.
김대행, 「國語敎育의 位階化 方案」, 서울대학교 국어교육연구소 연구 발표대회, 2006.
김종철, 「7차 교육과정 국어과 1종 도서에 대한 비판적 검토」, 서울대 국어교육소발표
　　　대회, 2006.
김중신, 「소설교재의 위계화 가능성에 대한 고찰」, 『국어교육연구』 1, 서울대학교 국
　　　어교육연구소, 1994.
김창원, 「읽기 교재의 체계화와 그 적용 연구」, 『한국초등국어교육』 11집, 한국초등국
　　　어교육학회, 1995.
김창원, 「초·중등 문학교육의 연계 연구」, 『한국초등국어교육학회』 13집, 한국초등국
　　　어교육학회, 1997.
류덕제, 「청소년 문학과 문학교육의 지향」, 『문학과 교육』 17, 2001.
류덕제, 「문학교육에 있어서 제재 선정과 지도 방법」, 『어문학』 60, 어문학회, 1997.
박인기, 「문학교과 교재론의 이론적 접근과 방향」, 『운당 구인환 선생 화갑 기념 논문
　　　집』, 한샘, 1989.
박인기, 「발달로서의 서사」, 『내러티브』 7호, 한국서사학회, 2003.
박인기, 「문학 독서 방법의 상위적 이해」, 『국어교육연구』 1, 서울대학교 국어교육연
　　　구소, 1994.
양유성, 『이야기 치료』, 학지사, 2004.
양정실 「문학 독서 교육의 제재」, 『문학 독서교육, 어떻게 할 것인가』, 푸른 사상,
　　　2005.
우동식, 「문학 제재 선정 기준의 설정과 적용에 관한 연구」, 교원대학교 석사학위논문,
　　　1992.
우리말교육연구소, 『외국의 국어교육과정』 1·2, 나라말, 2003.

우한용, 「문학교육의 이념과 문학 교재론의 방향」, 문학교육학회 학술발표대회, 1998.

우한용 외, 『서사교육론』, 동아시아, 2001.

이정우, 『탐독』, 아고라, 2006.

임충기, 「인간 발달의 교육적 조망」, 『논문집』, 서원대학교, 1988.

신헌재, 「아동 문학 작품 선정을 위한 기준 고찰」, 『선청어문』 23, 서울대학교 국어교육연구소, 1995.

신헌재, 「아동을 위한 서사 문학 작품 선정의 기준 고찰」, 『국어국문학』 114, 국어국문학회, 1995.

신헌재 외, 「독서 자료론」, 『독서교육의 이론과 방법』, 박이정, 1993.

정동화, 「독서 흥미의 발달연구」, 『국어교육』 30, 한국어교육학회, 1977.

정재찬, 「현대시 교육의 지배적 담론 연구」, 서울대학교 박사학위논문, 1996.

최지현, 「현대시 교육의 담론 분석」, 서울대학교 석사학위논문, 1994.

천정환, 「식민지 시기의 청년과 문학·대중문화」, 오늘의 문예비평 55, 2004.

황혜진, 「가치 경험을 위한 소설 교육 내용 연구」, 서울대학교 박사학위논문, 2006.

Allen Pace, Nilsen, *Literature for today's young adults*, Columbia University, 1997.

Appleyard,J. A. S. J., *Becoming a Reader—The Experience of Fiction from childhoo to Adulthood*, Cambridge University Press, 1990.

Breger, Louis(1974), 홍강의 역, 『인간 발달의 통합적 이해』, 이화여자대학교출판, 1998.

Barbara, R., *The cultural nature of human Development*, Oxford university, 2003.

Birr, E. M. J., & Hinchman, K., "Culturally Responsive Practices for Youth Literacy Learning", Tamara L. Jetton & Janice A. Dole, *Adolescent Literacy Research and Practice*, Guilford.

Csilkszentmithhalyi, Mihaly, *Being Adolescent*, Baskin Books, 1984.

Cicchetti, Dante, Hesse, Petra, *Emotional Development*, Jossey-Bass, Publishers, 1982.

Egan, K., *Romantic Understanding*, Routledge, 1990.

Egan, K.(1998), *Imagination in Teaching and Learning*, The University of Chicago Press. Francine, J.(1984), A Reconstruction of Vygotsky's theory of Creativity, University of Chicago.

Gerrig, J. Richard, *Experiencing Narrative Worlds*, Yale University, 1993.

John, Rich, M. DeVitis · Josep L., 추병완 역, 『도덕 발달 이론』, 백의, 1999.

John, Dewey, 박철홍 역, 『아동과 교육과정』, 문음사, 2002.

Noddings, Nel, 추병완·박병춘·황인표, 『배려교육론』, 다른 우리, 2002.

Rosenblatt, L. M., 김혜리·엄혜영 역, 『탐구로서의 문학』, 한국문화사, 2006.

Rogoff, B., *The Cultural Nature of Human Development*, Oxford University Press, 2003.

Beach, R. Eendeg, L., "Developmental Difference in Response to a story", *Research in the Teaching of English*, Vol.21, No.3, 1987.

Turner, J., 류승구 역, 『인지 발달과 교육』, 학문사, 1987.

Weinstein, G.·Fantini M. D., 윤팔중 역, 『정의 교육과정』, 성원사, 1992.

Vygotsky, L. S., "Imagination and creativity in the adolescent", *Soviet Psychoiogy*, Vol.29, No.1, 1991.

제7장

김우진의 〈난파〉 다시 읽기

이 진 아
숙명여자대학교 국어국문학과

1. 문제제기 : 김우진, 우리의 동시대인

한국연극사에서 수산 김우진은 1920년대를 대표하는 선구적 연극인이자 가장 실험적인 극작가로 평가된다. 그러나 "20년대의 귀재"[1]이자 "1920년대 한국연극의 감각으로는 매우 낯설고 혁신적인"[2] 작품을 창작한 그가 한국연극현장에서 거의 외면되고 있는 것은 무슨 까닭일까? 특히 <난파>는 극문학 연구자들에게 "작품의 현대성은 오늘날에 와서야 더욱 주목을 받고"[3] 있다고 평가됨에도 불구하고, 정작 무대에서 공연되는 것을 보기는 쉽지 않다. 이것은 작품의 난해함에도 기인하지만, 무엇보다 <난파>에 드러나는 가족사적 특징[4]에 중심을 둔 나머지 오늘 우리 시대에 여전히 유효한 의미를 지니는 보편성과 시의성을 지니는 작품으로 <난파>를 읽어내는 일이 간과된 까닭이다.

모든 문학의 해석이 그러하겠지만, 특히 희곡 작품의 독서와 교육에 있어 '왜-지금-여기'의 질문은 매우 중요하다. 희곡은 연극의 한 요소인 상연 텍스트로서의 특징을 지니는 동시에, 잠재적 공연성을 문학적인

---

1) 유민영, 「초성 김우진 연구(上)」, 『한양대학교 논문집』 5, 1971, 89면.
2) 양승국, 『한국현대희곡론』, 연극과인간, 2001, 85면.
3) 양승국, 위의 책, 85면.
4) 두 차례에 걸쳐 김우진 전집을 편집하고 그의 전기를 집필하기도 한 서연호는 <난파>의 '가족사설(家族史說)'을 주장하는 대표적인 연구자이다. 그는 <난파>를 "그의 다섯 개 희곡 가운데 가장 자서전적인 채취가 풍기며, 그의 가족사라 이를 만큼 가문과 가정의 문제를 적나라하게 극화시켜 놓았다"라고 주장한다(서연호, 「김우진의 생애와 문학세계」, 『한국현대극작가론 1 - 김우진』, 태학사, 1996, 9면). 적극적으로 '가족사설'을 주장하지는 않더라도 많은 연구자들이 <난파>와 작가의 개인적 이력 간의 밀접한 관련성에 동의한다.

특징으로 지니는(이것은 실제 상연과 별도의 독립적 특징이다) 텍스트5)이기 때문이다. 그렇기에 희곡 읽기에 있어 드라마터그적 질문 "왜, 지금, 여기서 이 작품을 공연(독서)하는가?", "이것은 누구(관객 / 독자)를 위한 것인가?", "무엇을 소통하는가?"를 던지는 것은 중요하다.6) 즉, 작품과 역사성(당시의 사회와 우리), 작품과 시의성(오늘의 사회와 우리)의 문제를 끊임없이 생각해야 하는 것이다. 오늘, <난파>를 읽는 일 역시 바로 이러한 맥락이 고려되어야 한다.

김우진의 <난파>에 대한 선행 연구는 거칠게 두 가지로 요약할 수 있다. 첫째는 작품의 선구적 면모를 부각하려는 시도이다. 이 경우 표현주의를 서구와 거의 동시대적으로 실험한 작가의 선구성을 강조하면서 서구 표현주의 연극의 일반적 특징과 <난파>의 형식 및 내용상의 특징을 비교 고찰하는 연구가 일반적이다.7) 그런데 '선구적', '최초'라고 하

---

5) 이것은 희곡 읽기가 항상 연출적 읽기를 염두에 두어야 함을 의미한다. 여기서 연출은 구체적인 무대 위의 연출 행위만을 의미하지 않는다. 개인적으로 텍스트를 읽으며 상상하는 것을 의미한다. 독자는 허구를 읽으면서 텍스트의 내용을 '현재화'하고 연기를 비롯한 다양한 '상연의 요소(공연성)'를 상상한다.

6) 빠비스(P. Pavis)는 희곡 텍스트를 논하는 자리(희곡 읽기 및 희곡 교육)는 연극의 실기 부분까지 아우르는 연극 구성의 기술 드라마투르기를 이야기해야 한다고 강조한다. 그는 드라마 텍스트 분석 이론을 제시하면서, 허구 세계와 그 논리를 독립적으로 다루는 것과 동시에 독자의 지시 대상 세계를 함께 다룰 것을 제안한다. 후자는 관객이 드라마 텍스트를 통해 구체적으로 연출을 보면서 미장쥬를 통해, 혹은 텍스트를 읽으며 상상을 통해 허구를 해석하고 그에 대해 질문을 던지는 구체적인 장이다. 의사소통, 드라마 상황을 넘어서는 담화, 리듬, 휴지, 그 밖의 연극성의 표식들, 연극적 총보, 상호텍스트성 등은 바로 이 부분에서 작동한다.
파트리스 빠비스, 한덕화 역, 「현대연극─드라마 텍스트의 분석이론」, 『연극평론』, 2003 · 2004 겨울 복간 11호, 통권 31호, 225~251면.

7) <난파>와 표현주의 사조와의 비교 연구로 대표적인 것은 다음과 같다.
손필영, 「김우진 희곡연구─표현주의 사조와 관련하여」, 국민대학교 석사학위논문, 1987.
이미원, 「김우진 희곡과 표현주의」, 『한국근대극연구』, 현대미학사, 1994.
이은경, 「김우진의 희곡 <난파> 연구」, 『문명연지』 제5권 3호, 2004.
이지혜, 「김우진의 표현주의 의식연구─주요 희곡작품 고찰을 통하여」, 연세대학교 교육대학원 석사학위논문, 1991.

는 선언적이고 희곡사적인 의미에 가려 작가와 표현주의와의 관계, 김우진 문학관에서 그것이 진정으로 의미하는 바를 간과하고 있는 것은 아닌가 재고할 필요가 있다. 다른 하나는 <난파>를 자전적인 작품이자 1920년대 식민지 지식인의 자의식을 보여주는 작품으로 읽어내려는 시도이다. 이 경우 그의 가계사와 전기적 사실을 조사하고 이를 통해 <난파>의 의미를 밝히려는 시도[8]로부터 정신분석학적인 방법을 동원하여 작가의 체험과 무의식이 작품에 어떻게 투영되고 있는가를 살피는 시도[9]까지 다양한 방법으로 나타난다. 이러한 접근은 <난파>와 작가에 대한 이해에 있어 실증적 연구 성과를 가져온 것은 사실이나, 더불어 작품을 지나치게 작가 개인의 체험과 가족사에 밀착하여 해석하도록 만드는 것이 아닌가 하는 반성도 요구된다.

그런데 김우진의 <난파>를 고찰하면서 간과해서는 안 되는 것이 다른 작가 및 철학자들과의 관계이다. 김우진은 여러 논문, 평문, 수필 등을 통하여 니체, 쇼펜하우어, 버나드 쇼, 스트린드베리, 카렐 차펙, 독일

홍창수, 「김우진의 표현주의와 <난파> 연구」, 『목원어문학』 12집, 1993.

8) 김우진의 <난파>와 작가의 전기적 사실과의 관련성은 많은 연구자들이 동의하는 바이지만, 대표적 연구는 서연호와 양승국의 다음의 연구이다. 그런데 두 연구자가 작가의 전기적 사실과 작품의 관련을 맺는 시각에 차이가 있어 주목을 요한다. 즉, 서연호의 연구가 <난파>를 가족사적인 작품으로 전제하고 작품에서 찾을 수 있는, 반영된 사실들을 확인하는 것에 중심을 두고 있는 것에 반하여, 양승국의 연구는 개인사 중에서 무엇을 어떻게 드러내고 있는가의 문제, 즉 변형과 굴절의 문제에 중심을 둔다고 할 수 있다.
서연호, 「김우진의 생애와 문학세계」, 『한국현대극작가론 1 - 김우진』, 태학사, 1996.
양승국, 「극작가 김우진 재론」, 『한국극예술연구』 7집, 1997.

9) 이러한 경향의 대표적 연구는 다음과 같다.
신아영, 「1920~1930년대 한국희곡의 극적 구조와 수용에 관한 연구 - 김우진, 채만식, 유치진의 작품을 중심으로」, 이화여자대학교 박사학위논문, 1996.
윤금선, 「김우진 희곡 연구 - 작가와 작중인물의 심리적 전이관계를 중심으로」, 『극예술연구』 13집, 2001.
윤선경, 「김우진 희곡 <난파> 연구 - 표현주의와 정신분석학을 중심으로」, 단국대학교 교육대학원 석사학위논문, 2000.

의 표현주의 극작가들 등에 대한 관심을 보여 왔고, 실제로 그 영향이 작품을 통해 나타나 있다.[10] 특히 <난파>에는 직접적으로 인용되는 서구의 극예술 작품이 있어 주목을 요한다. 작품의 라이트모티프 역할을 하고 있는 베르디(G. F. Verdi)의 오페라 <리골레토(Rigoletto)> 중 아리아 <카로 노메(Caro Nome)>를 비롯하여, 작중 인물로 등장하는 비비(버나드 쇼(G.B.Shaw)의 「워렌부인의 직업(Mrs. Warren's Profession)」에서), 갈레오토(호세 에체가라이(J.Echegaray)의 「위대한 뚜쟁이(El Grand Galeoto)」에서), 그리고 시인의 입을 통해 언급되는 덴마크의 왕자(햄릿)에 이르기까지 <난파>에는 외부의 극예술로부터 가져온 많은 인물들이 등장한다. 이렇게 다른 문학 작품으로부터 인용되어 등장하는 인물들은, 인물이 지니는 특징(성격, 사회적 지위, 외형적 특징 등)뿐 아니라 원 작품의 의미와 원 작가들의 문학세계를 <난파> 안으로 함께 가지고 들어온다는 점에서 중요한 의미를 지닌다. 그럼에도 김우진 문학 텍스트에 직간접적으로 드러난 여러 작가의 영향을 면밀히 검토하고 상호간의 관계를 밝히는 논문은 그리 많지 않다. 이것은 그가 실험한 표현주의 사조가 그저 극의 형식으로서가 아니

---

10) 그럼에도 불구하고 <난파>에서 인용되고 있는 다른 텍스트와 인물들에 대해 본격적인 관심을 보이는 연구는 아직 없다. 다만 김우진과 영향관계에 있는 작가, 혹은 철학자에 대한 언급은 대부분의 연구자들 논문 안에서 언급되고 있다. 이것은 특히 버나드 쇼와 니체에 집중되어 있는데, 본격적인 비교연구라고 하기에는 아쉬움이 있다. 관련한 주요 연구는 다음과 같다.
김성희, 「김우진 희곡의 현대성과 그 방법적 특성」, 『공연예술연구소 논문집』 제2권, 단국대학교, 1996.
문수경, 「김우진 3막 희곡의 연구」, 성균관대학교 석사학위논문, 1986.
박혜령, 「극작가 김우진 연구-자전적 희곡을 중심으로」, 이화여자대학교 석사학위논문, 1985.
사진실, 「김우진의 근대극 이론 연구」, 『한국극예술연구』 제8집, 1998.
손필영, 「김우진 연구」, 국민대학교 박사학위논문, 1999.
홍창수, 「김우진 연구-수상을 포함한 문학평론과 희곡의 관련성을 중심으로」, 고려대학교 석사학위논문, 1992.

라 작가의 세계관과 표현에 있어 어떠한 의미를 지니는가를 검토하는 것과 더불어 <난파>의 이해에 있어 중요한 열쇠이다.

본고는 이러한 문제들을 고려하여 선행연구의 성취를 비판적으로 수용하면서 <난파>를 다시 읽는다.11) 이를 위하여 김우진의 평문들, <난파>와 유사한 시기에 쓰인 작품들, 특히 <난파>에 인용된 서구의 고전들을 함께 고려한다. 그러나 그들 간의 단순한 영향관계, 혹은 표현되거나 인용된 것의 기원을 밝히는 연구는 지양한다. 그보다는 인용되거나 관련된 작품이 <난파>에 참여하는 방식에 초점을 맞출 것이다. 이것은 일차적으로는 김우진에게 이들 서구 고전들이 의미하는 바, 즉 작가가 자신이 인용하고 있는 텍스트와 대화하고 이어 쓰는 방식을 고찰하는 작업이 될 것이며, 나아가 맥락과 역사적 배경이 다른 작품들이 <난파> 내에서 충돌하며 새롭게 창출하는 의미에 초점을 맞추는 일이 될 것이다. 즉, 여러 텍스트들의 교차점에 선 작품으로서의 <난파> 다시 읽기인 것이다. 이를 통해 <난파> 읽기와 희곡교육에 있어서의 새로운 관점을 제시할 수 있을 것이며, 궁극적으로 지금, 여기에 여전히 살아있는 동시대 작가로서의 김우진과 <난파>를 재고하게 될 것이다.

2. 김우진의 문학관과 <난파>

김우진 문학세계를 가장 잘 설명하는 용어는 '생명력'12)이다. 생명력

---

11) 본고에서 참고한 김우진의 모든 글은 서연호, 홍창수가 정리한 『김우진 전집 Ⅰ, Ⅱ, Ⅲ』 (연극과인간, 2000)의 총 세 권이다. 이하 『전집』으로 표기한다.

12) 주지하는 바와 같이 김우진의 '생명력'의 문제는 버나드 쇼의 '생명력(Life force)'와 관련이 있다. 김성희는 버나드 쇼와 김우진의 영향 관계를 논하는 자리에서 작가의 거의

의 문제는 평론과 희곡작품을 포함한 김우진 문학 전반에 걸쳐 언급된다. 예를 들면, 비평가의 시대적 사명을 주장하는 「아관(我觀) '계급문학'과 비평가」에서는 '민중의 대언자'인 비평가에게 가장 중요한 것은 '생의 힘'이라 강조하면서 '프로메토이스의 반발력과 생명력과 의욕력'으로 민중을 자극하고 고무해야 한다고 주장한다.13) 또한 조선 문학의 문제를 토로한 「이광수류의 문학을 매장(埋葬)하라」에서는 "조선이 지금 요구하는 것은 형식이 아니오, 미문(美文)이 아니오, 재화(才華)가 아니오, 백과사전이 아니오, 다만 내용, 것칠드라도 생명의 속을 파고 들어갈녀는 생명력, 우둔하더라도 힘과 발효(醱酵)에 쓸는 반발력, 넓은 벌판 우의 노래가 아니오, 한곳 짱을 파면서 통곡하는 부르지즘이 필요하다"14)고 역설한다.

알려진 바와 같이 김우진의 '생명력' 개념은 버나드 쇼의 생명력(Life force)으로부터 영향을 받은 것이다. 그러나 동시에 그의 생명력은 버나드 쇼를 벗어나는 것이기도 하다. 그는 버나드 쇼의 생명력 사상이 현실에 기반을 두지 않은 채 이성적인 세계의지에 지나치게 기울어 보편적 생명만을 강조한다고 비판한다.15) 김우진은 그보다는 구체적 현실에 기반을 둔 실천적이고 본능적인 개인의지가 더욱 중요하다고 생각했다.16) 그

모든 평문에 '생명력'과 '자유의지'의 문제가 나타나고 있으며, 그의 전 희곡에서 등장인물의 입을 통해 '생명력'의 문제가 주장되고 있다고 말한다. 그런데 연구자는 김우진의 생명력은 버나드 쇼의 사상에서 이름을 빌려오기는 했으나 그 사상의 근간은 니체나 쇼펜하우어와 더욱 유사하다고 주장한다. 김우진은 생명력을 "맹목적인 살고자 하는 의지로 파악하며, 더 나아가 낡은 전통과 인습과 도덕에 반역하는 생명의 요구, 자기 자신의 의지대로 살고자 하는 생명체의 자연적인 힘으로 파악한다. 이는 운명이나 고통과 마주쳐서 더욱 강해지려 하고 더욱 상승하려는 적극적인 힘에의 의지를 주장한 니체의 창조성과 생명력 사상과 통한다"고 설명한다.
김성희, 「김우진 희곡의 현대성과 그 방법적 특성」, 『공연예술연구소 논문집』 제2권, 단국대학교, 1996, 10~11면.
13) 『전집 Ⅱ』, 274~292면 참조.
14) 위의 책, 304면.
15) 위의 책, 341면.

는 이 점을 여러 글에서 강조하였는데, 특히 1926년 3월의 「생명력(生命力)의 고갈(枯渴)」에서 "오늘 우리 조선예서 무엇이 불요하냐 함은 이 요구나 생의 충동이 부족한 것이 아니라, 그것을 실현코져 하는 힘이 부족하단 말이다. 알고만 잇슬 것이 아니라, 그것을 실현코져 하는 힘이다"17)라고 주장한다. 추상적이고 보편적인 생의 충동, 생명력이 요구되는 것이 아니라 구체적인 생명력의 실현, 현실적 실천이 중요하다는 것이다. 더불어 이를 위해 필요한 것이 '자극'과 '충동'이라고 강조한다.

그런데 김우진이 강조하는 '생명력'의 문제는 다시 그의 표현주의 연극에 대한 관심과 일맥상통한다. 그는 독일의 표현주의 희곡의 발생과 발전을 이야기하면서 "독일인의 생명력은 컷습니다. 또는 크다는 것보다도 남보다 우월한 사색력을 헛되이 써버리지 안코, 생활과 인생에 대한 감가적 통찰을 진실한 길로 인도햇습니다. 生이란 것은 고민이요, 전투외다. 이러한 생을 회피하려는 독일인은 아니엿습니다"18)라고 강조한다. 또한 1925년에 쓰인 「창작을 권합내다」에서 김우진은 작가의 '창작' 생활을 '생명력의 자각', 나아가 '혁명'으로 연결하고 있는데, 이 글 또한 독일의 표현주의 희곡에 대한 언급으로부터 시작된다. 김우진이 일련의 글에서 강조하는 것은 독일 표현주의 희곡에 드러난 '독일인의 생명력'이다.

> 창작의 길은 절대합니다. 새 생명을 나으려는 어머니 모양으로 전(全) 우주의 집중(集中)이외다. 이 갓흔 생활 속에서 무엇이 나옴닛가. 힘과 열

---

16) 이 문제를 사진실의 「김우진의 근대극 이론 연구」(『한국극예술연구』 제8집, 1998), 73~79면에서 자세히 다루고 있다.
17) 『전집 II』, 419면.
18) 위의 책, 64~65면.

과 광명, 즉 천상천하 유아독존이라는 자기의 생명력에 대한 자각이 생
깁니다. 이 생명력의 자각이 생겨서 극(極)할 때엔 피와 땀과 혁명이 잇
습니다. (…중략…) 개혁이나 진보나 실제적이니 똑똑하니 하는 것보다
무질서하고 힘센 혁명이 필요합니다. 이 혁명은 단지 총칼뿐으로만 생각
지 마시오. 예술가는 혁명가라고 합니다. 창작은 인생의 혁명가의 폭탄
이라고 합니다.[19]

그는 창작 생활이란 소위 문학청년의 생활과는 다르며, "예술가는 혁
명가"라고 주장한다. 김우진이 강조하는 '혁명과 폭탄으로서의 예술'의
구체적 예시가 바로 독일의 표현주의 연극이었다. 그것은 소위 문학청년
들의 "피상적, 향락적인 사상과 문예"를 극복하기 위한 문학이며, "지금
까지의 피상적, 부박하고 허영적인 모든 생활을 버리고, 철저하게 자기
에 충실하게, 그리해서 우리의 주위의 모든 사물을 직시"[20]하기 위한 예
술이었다.

김우진은 유진 오닐의 표현주의 극 <황제 죤스>를 진정한 표현주의
작품이 아닌 '푸레엑쓰푸레네씨즘'이라 평하는 글에서 독일의 표현주의
극의 핵심은 "'자아의 장엄한 신비' 그것의 표현이다. 존재 그것이다. 시
공을 초월한 존재의 표면 그것이다"[21]라고 주장한다. 즉, 표현주의는 자
아를 표현하려는 것이 아닌 자아 그 자체라는 것이다.[22] 자아를 표현하
려고 한다면 그것은 표현주의 극이 아닌 사실적인 심리극에 불과한 것
이라고 김우진은 주장한다.[23] 그는 "객관을 벗어나는 곳에 순연한 자아

---

19) 앞의 책, 65~66면.
20) 앞의 책, 66~67면.
21) 앞의 책, 191~192면.
22) 앞의 책, 187면 참조.
그는 이것을 "자아의 원시적 신비화"이며, "시간과 공간을 초월한 주관적 존재"라고도
표현한다.

의 동작"이 생기게 된다고 하면서 표현주의 극에서 "자아는 형체와 관념을 벗어난 초월적 존재이기 째문에 자연한 경로로서 표현상의 동작이 신속해지고(소위 이히드라마) 쏘는 절규해진다(소위 쥬라이드라마)"24)라고 설명한다. 그에게 있어 자아드라마(Ichdrama)와 절규드라마(Schreidrama)로 설명되는 표현주의 극의 핵심은 단순히 심리적인 모놀로그나 분위기, 음향효과 등의 형식상의 특징이나 표현상의 방법에 있지 않다. 표현주의 극의 핵심은 그것의 정신과 철학, "유물에서 버서나랴는 자아의 영혼의 절규"25)에 있다. 그것은 비물질적인 연극이요, 영혼의 연극이며, 생명력의 연극이다.

<난파>를 한국희곡사 최초의 표현주의 희곡으로 보는 것은 작가가 'Ein Expressionistische Spiel in drei Acten'(3막으로 이루어진 표현주의 희곡)라는 부제를 붙였기 때문이다. 홍창수는 <난파>와 표현주의 연극과의 관계를 논하면서 '표현주의 연극의 선구자'라고 하는 선언적 의미보다는 작가가 실제적으로 이해하고 창작한 표현주의 연극을 구체적 살펴야 한다고 제안한다.26) 즉, <난파>가 독일의 표현주의 극과 공유하는 특징이나 그 완성도를 살피는 것도 중요하지만, 작가가 독일의 표현주의를 어떠한 관점으로 이해하고 창작했는가가 우선적으로 연구의 중심이 되어야 한다는 것이다. 이 같은 지점에서 연구자는 비평가로서의 김우진이 표현주의에 대하여 저술한 글들을 꼼꼼히 분석한 후, 김우진에게 있어

---

23) 김우진에게 <황제 죤스>가 표현주의극으로 평가되지 못하는 것은 바로 그 때문이다. 김우진에 의하면 오닐은 죤스의 공포를 표현주의극과 유사한 모노드라마라는 형식을 가진 '심리 작용의 무언극적 표현'으로 보여주었을 뿐이다. 오닐은 죤스의 영혼을 보여줌에 있어 객관을 벗어나지도 형체와 관념을 벗어나지도 못한 것이다.

24) 『전집 Ⅱ』, 187면.

25) 위의 책, 190~191면.

26) 홍창수, 「김우진의 표현주의와 <난파> 연구」, 『목원어문학』 12집, 1993, 100면.

독일의 표현주의는 '긍정의 운동양식'이자 '생명력의 운동양식'이었다고 주장한다.[27] 작가에게는 '표현주의'라는 사조 자체에 대한 실험보다는, '생명력', '자유의지', '삶의 힘' 등, 그의 여러 평문에서 보이는 철학적 관심을 적절하게 연극적으로 표현하는 것에 관심이 있었던 것이다. 그리고 그 철학적 관심을 연극적으로 표현하기에 가장 적합한 양식이 독일의 표현주의 연극이었다.

이 문제는 '구체적 현실' 강조와 '개인의 의지' 문제와 관련되면서 김우진의 작가의식으로 발전해 나간다. 김우진에게 있어 '생명력'의 문제는 '구체적 현실에 기반을 둔 실천적이고 본능적인 개인의지', 즉 '자유의지'이다.[28] 사진실은 이러한 김우진의 작가의식을 인과율과 자유의지와의 투쟁으로 설명한다. 작가에게 있어서 고통스러운 현실은 자유의지와 인과율의 대립에서 생겨난 필연적인 결과이다. 그럼에도 불구하고 개체는 그 고통을 감내하며 이길 수 없는 싸움을 계속해야만 한다. 바로 살려는 힘, 자유의지의 힘 때문이다. 그것이 그에게 주어진 운명이다. 김우진의 "작가는 이러한 고난에 찬 싸움을 통찰하여 창작하는 존재"[29]인 것이다.

인과율과 자유의지의 문제는 김우진의 수상(隨想) 「자유의지의 문제」에서 가장 적극적으로 논의되고 있다. 여기서 김우진은, 인간에게는 자

---

27) 앞의 글, 104~105면.
28) '자유의지'는 김우진의 인생관 및 세계관을 가장 잘 드러내주는 용어로 '생명력'과 유사한 맥락에 위치한다. 사진실은 김우진이 '생명력'과 '자유의지'를 거의 차별 없이 사용하고 있다고 주장하며, '자유의지'는 쇼의 '생명력'을 여과 없이 받아들인 개념으로 본다.
  사진실, 「김우진의 근대극 이론 연구」, 『한국극예술연구』 제8집, 1998, 74면 참조.
29) 사진실, 「김우진의 근대극 이론—연극사 서술 방법론의 모색을 위하여」, 『극예술연구』 8집, 1998, 90면.

의(自意, Voluntariness)와 부자의(不自意, Invountariness)가 있는데 이중 부자의의 운동을 결정해 주는 것이 인과법칙이라고 설명한다. 인과율은 '성하다고 생각하는 이, 장하고 자기들만 건전한 신사, 양반, 천재라고 생각하는 이' 사이에도 호흡하는 공기처럼 절대 지배를 하고 있으며, 그것은 민중심리, 사회의식도 지배한다고 말한다. 그렇기에 "역사란 인과율의 간단업는 반복"30)이다. 인과율에 지배당하지 않는 현실이 딱 하나 있는데, 그것이 자유의지이다. "살냐는 맹목적, 결정적, 숙명적인 자유의지다. 아모 것도 지배할 수 업고 아무 힘도 결박하거나 죽이지 못할 생명의 힘"31)이 자유의지이다. 자유의지는 지식이나 의식보다 강하다. 김우진은 그것을 공장노동자와 사회운동가를 예로 들어 설명한다.32) 자유의지에게는 타협도 안이도 없다. 인과율과의 끝없는 싸움과 투쟁이 김우진이 보는 생명력이요, 자유의지이다.

김우진은 '불완전한 인간을 만들어 놓은 신에 대한 불만은 바로 인간에게 자유의지를 준 것 하나로 갚을 수 있다'33)고 주장한다. 그만큼 자유의지는 인간 존재의 근원이자 이유이다. "이것이야말로 자유의지야말로 참의 신이다. 불완전한 인간의 본체이다. 이것을 사람 자신이 가진 것이 행인지 불행인지 복인지 화인지 몰으겟다. 그러나 숙명이며 정체다. 이것을 이용하고 배양식하는 것 외에 무슨 삶이야"34)라고 토로한다. 그런데 그 투쟁에는 비전이 없다. 그는 현실에 기반을 두지 않는 낙원의 존재나 낙관적 미래는 믿지 않는다. 그가 믿는 것은 현실이며 오직 간단

---

30) 『전집 Ⅱ』, 402면.
31) 위의 책, 403면.
32) 위의 책, 404면 참조.
33) 위의 책, 400면 참조.
34) 위의 책, 400면.

없는 투쟁뿐이다.

3막으로 이루어진 표현주의 희곡 <난파>는 바로 이러한 배경에 놓인 작품이다. 김우진이 받아들인 표현주의는 '정신'이자 '영원한 쟁투의 의지'였다. 표현주의 희곡의 형식상 여러 특징이 물론 <난파>에도 나타나고 있지만, 정작 김우진에게 '형식'은 중요하지 않았다. 추상화된 알레고리적 인물들, 전보문체와 같은 대화, 시청각적 왜곡, 꿈이나 악몽과 같은 느낌, 인과율의 파괴 등 표현주의 연극의 외형적 특징은 표현주의가 지니는 '생명력의 실현 의지', '현실적 실천'을 표현하기 위한 수단이었다. 김우진을 경도시킨 것은 '혁명과 폭탄으로서의 예술'인 표현주의, '고민이요, 전투'인 삶에 정면으로 맞서는 예술적 '총칼을 든' 문학운동으로서의 표현주의였던 것이다. 시인인 김우진에게 문학은 혁명과 쟁투의 구체적 실천인데, 표현주의는 바로 그러한 문학적 실천의 가장 적절하고 강렬한 예였던 것이다.

바로 그런 이유로 '자유의지'와 '인과율'의 문제는 <난파>에서 특히 핵심적이다. '인과율의 간단없는 반복'인 현실을 타개할 수 있는 유일한 힘이, 바로 김우진이 받아들인 생명력인 자유의지이기 때문이다. 여기에는 타협 끝도 없다. 오직 영원한 투쟁만이 있을 뿐이다. 김우진에게 있어 인간의 위대함은 바로 이 간단없는 투쟁에 있으며, 작가는 그 투쟁을 창작으로 하는 자이다. 그 영원한 투쟁을 보여주는 인물이 바로 <난파>의 시인이다.

시인은 '불완전하게' 태어난 자이다. 그 점을 탓하는 시인에게 母는 '사람은 불완전하기 때문에 완전을 찾는 것'이라 역설한다. 그녀는 '인생의 본상(本相), 부단한 생명력과 부단한 진화에 대한 신념'을 높이 사며, 자신 '속에서 올라오는 참을 수 없는 충동', 즉, '생명력'에 대해서 이야기한다. 시인에게도 스스로 눈을 뜨라고 종용한다. 그러나 母와는 달리 父와 神主는 '시인되기 전에 내 손자, 내 아들의 자식 노릇을 해야 헌다'고 주장한다. 그들은 세속의 법칙과 도리, 즉 '인과율'을 강조하고 있는 것이다. 이렇게 <난파>의 시인은 母와 父, 비비 등 여러 인물들과 갈등하며 '인과율'과 '자유의지'의 사이에서 투쟁한다. 이럴 때 끝없는 투쟁을 하는 시인은 김우진이 여러 평문에서 강조했던 '혁명가로서의 예술가'의 형상화이다. 즉, <난파>는 김우진이 열렬히 강조하고 주장해 마지않았던 진정한 혁명으로서, 끝없는 투쟁으로서의 문학적 이상을 구현하는 작품이다.

3. 이어 쓰기로서의 <난파>

<난파>는 빅토르 위고의 희곡을 원작으로 하는 베르디의 오페라 <리골레토(Rigoletto)> 중 1막의 아리아 <카로 노메(Caro nome, 그리운 이름)>를 모티프로 하고 있다.35) 이 아리아는 주인공 리골레토가 주변 사람들 몰래 숨겨 기르고 있는 딸 질다가 부르는 것으로, 우연히 교회에서

---

35) <난파>가 오페라 <리골레토>의 음악을 라이트모티프로 하고 있듯, 버나드 쇼의 <인간과 초인>의 극중극이라 할 수 있는 <돈 주앙> 역시 오페라 아리아를 모티프로 하고 있어 주목된다. 이 작품에서 등장인물들은 자신의 테마 음악을 하나씩 지니고 있는데, 돈 주앙과 석상의 기사는 모차르트의 <돈 죠바니>에 나오는 자신들의 주제음악을, 악마는 구노의 <파우스트>에 나오는 악마의 테마 음악을 동기로 사용한다. 뿐만 아니라 이들 주인공들은 끊임없이 자신들이 속한 원전들, <돈 쥬앙>, <파우스트>, 성서의 <욥기> 등을 인용할 뿐 아니라 현재의 행동과 상황의 근거를 자신들과 관련된 문학 및 예술작품에 빗대어 설명한다. 김우진이 <인간과 초인>을 연구하여 학위논문을 받았음을 생각할 때, 다른 문학작품들에서 가져오는 수많은 인물들과 문장들이 존재하는 <난파>의 극 구성 방식은 버나드 쇼의 <인간과 초인>에서 아이디어를 얻었을 가능성이 있다.

만난 한 청년에 대한 사랑과 그리움을 표현한 것이다. <난파>에서 이 곡은 1막의 마지막 부분에서 처음으로 울리는데, 김우진은 지문에 "괄티에르 말데(Gualtier Malde)! 대신에 카로 노메(Caro Nome)"[36]라고 명기하고 있다. 즉, <난파>에서 리골레토의 주인공 질다나 말데(사실은 만토바 공작)의 구체적 사랑이야기는 중요하지 않다. 중요한 것은 아리아 자체이다. 그것의 분위기, 음조, 가사가 담고 있는 막연한 그리움의 정조이다.

그런데 이 노래에서 찬미되고 있는 사랑의 대상, '그리운 이름'은 허상이다. 질다가 대학생이라고 생각하고 사랑하는 청년은 사실 가난한 대학생이 아닌 천하의 난봉꾼 만토바 공작이다. 그녀는 '꿈속에서 듣던 목소리, 사랑의 목소리'로 생각하고 그를 그리지만, 그 대상이라는 것은 처음부터 존재하지 않는다. 그녀의 사랑과 동경은 공중에 뜬, 현실에 기반을 두지 못한 허상이다. <난파>는 바로 이 영원한 동경의 대상, 실체가 없는 동경의 대상에 대한 그리움을 모티프로 삼고 있는 것이며, 시인은 점점 고조되어 가는 이 아리아의 음율 속에서 난파하는 것이다.

<카로 노메>는 1막에서부터 3막의 피날레까지 총 7번 지문에 등장하는데, 종막이 가까울수록 빈도도 잦아지고 소리도 커지며 템포도 빨라진다. 1막에서 처음 이 아리아가 아주 낮고 부드러운 소리(sotto voce)로 울릴 때, 시인은 "깜짝 놀내여 멀거니 서서 듯고 잇다가 고만 업드려진다."[37] 그런데 <카로 노메>에 대한 父와 母의 반응이 상반되어 흥미를 끈다. 아리아가 울리자마자 父와 神主는 질색을 하지만, 母는 오히려 만족해한다. 그녀는 소리내어 웃으며 "나가서 일음 부를 사람을 구하라"[38]고 시

---

36) 『전집 Ⅰ』, 80면.
   여기서 Guallier Malde는 Gualtier Malde의 오기이거나 오타이다.
37) 위의 책, 80면.
38) 위의 책, 80면.

인에게 명한다. '그리운 이름(카로 노메)'의 대상될 이를 찾으라는 것이다. 극 전체를 아우르면서 '일음 부를 사람을 찾는 일'과 '약속'은 母를 통해 시인이 해야 할 과제와 궁극적 목표로 가장 중요하게 언급된다. 그리고 극 전체의 모티프로 작용하며 3막 내내 극을 이끌어나가는 아리아 <카로 노메>는 바로 '일름 부를 사람을 찾는 일'과 '약속'에 대한 유도 동기이다.

'약속'은 시인의 운명이자 母의 운명이다. 1막 내내 母는 끊임없이 시인에게 움직일 것을 종용하는데, "박갓흐로 나가서 현실(現實)을 보려므나. 그리고 너와 갓히 불완전한 더러운 다른 인간들과 싸워 보려므나", "불완전하닛까 싸우란 말야!"39)라고 하며, 시인이 세상과 부딪히고 싸울 것을 촉구한다. 母는 시인을 父와 비교하면서 "모든 약속 밋헤서 나온 져 애야말로 이 쟁투(爭鬪)의 장본인이외다"40)라고 명명한다. 시인은 투쟁자요, 혁명가가 되어야 할 운명인 것이다. 한편, 쟁투가 시인의 운명이라면, 불완전한 시인, 그렇기에 영원히 쟁투해야 할 시인을 낳은 것은 母의 운명이다. 母와 시인의 대화에 의하면, 母는 '불완전한 시인'을 낳기 위해 위로 "쟐나고 어엽부고 튼튼하고 똑똑하고 영리하고 귀여운"41) 형을 둘이나 죽였다. 그녀는 자신의 탄생을 불만족하게 생각하는 시인에게 '악챡시러운 너의 현실을 맨드러 내일 충동(衝動)'으로 그를 만들었다고 말한다. 母는 '불완전한 자'인 시인을 만들기 위해 형들을 죽인 것이다. 그것은 그녀의 '운명'이자 '책무'라고 母는 말한다. 또한 이 것이 '약속'이라고 말한다.42) 母는 "약속(約束) 밋헤서만 고통(苦痛)이 잇

---

39) 앞의 책, 74면.
40) 앞의 책, 74면.
41) 앞의 책, 72면.
42) 앞의 책, 75면.

지. 고통(苦痛)이 잇서야 인생(人生)이 아니냐"43)고 주장한다. 불완전한 자인 시인이 <카로 노메> 소리에 맞추어 '일음 부를 사람'을 찾는 것은 이러한 인생을 찾아가는 그 시작이며 '약속'의 완성을 향해 가는 첫 걸음이다. 이런 의미에서 母는 원시적 충동이자 미분화된(불완전한) 생명력의 원천이다.

그런데 시인의 탄생은 어머니로부터도 기인하지만 아버지로부터도 기인한다. 즉, 아버지로부터의 역사, 법칙, 도리, 의무로부터 기인하는 것이다. 그렇기에 시인은 그 인과율로부터 자유로울 수 없다. 즉 자의(自意)가 아닌 부자의(不自意)의 운동으로부터 벗어나지 못할 운명인 것이다. 시인은 자신의 '불완전함'과 동시에 인과율에 묶인 운명에 대해서도 한탄한다. "왜 구태여 내게 이런 인과율의 줄을 얼거 놧느냐 말애요."44) 시인의 존재는 바로 인과율에 묶인 채 불완전하게 태어난 것에 그 의미가 있는 것이다. 바로 여기서부터 생명의 충동이 싹트는 것이고 투쟁이 시작되는 것이다.

다만 시인은 아직 자신의 운명을 기꺼이 받아들이지 못한다. 시인은 그러한 자신의 운명을 두려워하며 정말(丁抹, 덴마크)의 왕자 햄릿의 운명과 비교한다. 즉, "정말(丁抹)의 왕자(王子) 모양으로 「때의 관절(關節)이 위골이 된 것을」 엇더케 해요"45)라고 자신의 괴로움을 호소한다. 그는 인과율과 자유의지 사이의 쟁투를 두려워하며, 햄릿처럼 쟁투의 무거운 운명을 지니고 태어난 자신을 저주하는 것이다. '때의 관절이 위골 되었다'는 시인의 호소는 <햄릿> 1막 5장의 유명한 독백 "지금은 <u>온통</u>

---

43) 앞의 책, 72면.
44) 앞의 책, 75면.
45) 앞의 책, 79면.

<u>꼬이고 휘어진 세상</u>, 오 저주 받은 운명이여, 이를 바로 잡기 위해 내가 태어나다니!"[46]에 대한 언급이다. 햄릿의 독백과 운명이 시인의 운명에 투영되고 있는 것이다. 햄릿은 잘못된 역사를 바로잡고 이를 위해 죽음보다 더한 길고 무거운 투쟁의 길을 걸어야 했던 인물이다. 동시에 그는 시인이자 예술가의 상징이기도 하다. <난파>는 햄릿을 인용하고 그 의미를 가지고 들어옴으로써 시인에게 주어진 운명의 비극성과 장엄함을 확장한다.

그런데 시인이 갖고 태어난 운명은 모든 인간의 운명이기도 하다. 인과율에 속박된 것은 모든 인간의 운명이며, 그로부터 벗어나려는 투쟁을 하는 것도 모든 인간의 운명이다. '약속'은 바로 이로부터의 영원한 쟁투의 운명이다.

> 여긔에서 나는 인간의 운명을 본다. 격랑악파(激浪惡波)는 절벽의 암석을 깨트려 버리려고 밀녀오는 것이 아니다. 암석은 다러지든 안 다러지든, 깨여지든 안 끼여지든, 파랑(波浪)은 자신의 끗칠 수 업는 힘으로 밀쳐온다. 개인의 생의 역(力)은 영원하다. 그러나 사회의 법칙은 한번 잇게 되면 그래도 존속하야 가려고 한다. 여긔에서 개인과 사회의 충돌은 필연적으로 이러난다.[47]

母가 시인에게 종용하는 인과율로부터의 자유, 아버지로부터의 자유는 인간의 운명이요, 시인은 그러한 운명을 타고난 모든 인간의 은유이다. 시인이 해야 하는 개인의 투쟁은 김우진이 「아관 계급문학과 비평가」

---

46) 영문 현대역은 다음과 같다.
"The time is out of joint : --O cursed spite,/ That ever I was born to set it right!"(출처 : http://www.hamlet.org/hamlet/)
47) 『전집 Ⅱ』, 286면.

에서 이야기한 "한 보 더 나가서 갓흔 경우에 잇는 개인의 수량적 집단"
인 "민중이라는 큰 개인"48)의 투쟁이 된다. 시인은 바로 김우진이 말한
이들의 대언자이다. 그렇기에 母는 아버지나 신주가 시인을 자극하고 충
동하는 것을 오히려 기꺼워하며, 그로써 시인이 눈을 뜨게 될 것을 기대
한다. 그가 자신의 살려는 힘을 구속하는 부정의를 느낄 수 있고 그럼으
로써 생명력을 느낄 수 있기 때문이다.49) 그녀는 백의녀를 잃고 절망하
고 있는 시인에게 말한다. "아들아. 내가 나가지고 제일 미워하는 내 아
들아! (舞臺 어두어지면서 Caro Nome 소리 Moderato로) 나가거라. 져 소리를
따러. 네 눈을 뜨기 위해. 네 눈을 뜨기 위해."50) <난파>의 시인이 인과
율과 투쟁하는 모든 인간 영혼의 대언자이듯, 母는 '생명력'의 충동을
지닌 모든 어머니의 대리자이다. 어머니는 시인을 낳고자 할 때 느꼈던
"내 속에서 올너오는 참을 수 없는 충동"51)에 대해서 이야기한다. 그녀
는 구체적인 어머니, 현실적인 어머니가 아닌, 생명을 잉태하는 능력을
가진 '생명력의 원천'으로서의 어머니인 것이다. 아버지로 대표되는 '인
과율'에 저항하고 '불완전한' 시인, 그 자신에 맞설 '자유의지'와 '생명
충동'의 시원으로서의 어머니인 것이다.

그녀가 관념과 추상의 母이기에 그녀 안에는 모든 어머니의 모습이
함축되어 있으며, 더불어 비비의 어머니 워렌 부인의 모습도 지닌다. 3
막에 등장하는 母의 사자 갈레오토의 존재는 워렌 부인과 母의 이와 같

---

48) 앞의 책, 290~292면.
49) "그러기 때문에 살냐는 힘을 구속하는 모든 것은 제이의적(第二義的)이다. 제이의적이
　　기 때문에 죄악이다. 부자연이고 부정의다. 이 부자연하고 부정의하고 죄악인 것을 바
　　라지 안거든 '생명의 의식'이 잇서야 한다." 『전집 II』, 378~379면.
50) 『전집 I』, 83면.
51) 위의 책, 74면.

은 관계에 대한 암시 혹은 문학적 유희이기도 하다. 워렌 부인의 직업이 뚜쟁이이듯, 갈레오토도 뚜쟁이이기 때문이다.[52] 갈레오토는 연인들의 사랑을 이어주지만 동시에 파멸로 이끄는 매개자, 모든 뚜쟁이를에 대한 문학적 상징이다. 母의 속에 워렌 부인의 모습이 있기에 母는 비비가 등장하자 '햇빛에 녹어가는 눈 모양으로' 사라지는 것이다.

워렌 부인은 확실히 속된 인물이지만, 비비를 낳고 기르고 교육시킬 의지와 생명력을 지니고 있다는 점에서 긍정적이다.[53] 새로운 생명을 낳으려는 여성의 의지, 미래를 향해 인류를 진화시키려는 의지, 자식에게 원망을 받더라도 그 일을 해야만 하는 어머니[54]로서의 의미라는 점에서 母와 같은 부분을 공유한 것이다. 이러한 워렌 부인의 부정한 자본으로 교육의 혜택을 받은 비비는 그녀를 극복하고 자립하려 한다. 그녀는 성장하여 독립하게 되자 분연히 어머니와 이연(離緣)하고 자신의 길을 간다. 그러한 비비의 행동은 지성과 논리의 결과로 나온 것이다. 그녀는 "믿는

---

52) 갈레오토의 존재를 김우진은 호세 에체가라이의 희곡 <El Grand Galeoto>에서 가져왔으나, 에체가라이의 작품은 단테의 <신곡> 중 '지옥 편'(제5곡 136~137절)에서 그 모티프를 가져왔으며(Jose Echegaray, James H. Hodddie edi., 『El Grand Galeoto』, Catebra : Madrid, 1989, 24~25면), 단테는 다시 아서왕의 전설의 기네비어와 란셀롯의 사랑 이야기로부터 갈레오토를 가져왔다. 에체가라이의 작품에서는 '소문'이 이루어질 수 없는 신분의 두 남녀를 이어주는 갈레오토(뚜쟁이)의 역할을 한다.
갈레오토는 기네비어와 란셀롯의 불경한 사랑에 대해 쓴 사람이다, 단테의 <신곡> '지옥 편'의 5절은 음란죄를 저지른 자들의 지옥이 묘사되고 있는데, 여기서 고통받고 있는 프란체스카는 바로 그 책을 읽다가 그 장면에 매혹되고 그만 부정한 키스를 하게 된 것이다. 그녀는 "그 책과 그 책을 쓴 사람이 결국 뚜쟁이가 된 것이지요"라고 토로하는데, 에체가라이의 작품은 바로 여기서 모티프를 가져온 것이다. 갈레오토는 운명적이며 파토스적인 사랑의 욕망에서 비롯된 영원한 형벌에 대한 은유이다.

53) 버나드 쇼는 워렌 부인이 가지고 있는 이러한 활력, 생명력, 솔직성 등을 극에서 세심하게 강조한다.

54) 형을 죽이고 자신을 낳은 것에 대해 원망하는 시인에게 母는 이렇게 말한다. "애 그런 말 마라. 나는 사람이 아닌 줄 아니? 난들 왜 너의들 원망을 어들 이런 어머니 짓을 하고 잇겟니? 내 속에서 올너오는 참을 수 업는 衝動이 나를 식히는 게지."『전집 Ⅰ』, 74면.

것과 사는 방식을 별개로 하는”55) 어머니를 인정하지 않는다. 이에 대하여 비비는 워렌 부인이 ‘인습에 사로잡혀 있기 때문에’ 그녀와 결별하는 것이라 설명한다. 이것이 버나드 쇼의 이상으로부터 태어난 새로운 여성 비비가 워렌 부인을 극복하는 방법이다. 비비는 현실보다는 이지의 논리를 따르고 있다.

<워렌 부인의 직업>에서 이미 이것을 실천한 비비는 이 같은 논리를 <난파>의 시인에게도 설파한다. 그녀가 <난파>의 2막 2장에서 시인과 나누는 모든 대화는 사실 <워렌 부인의 직업>에서 프레드와 비비가 나누는 대화의 인용이며 패러디이다.56) 원작에서 이 부분은 비비가 그 이전에 존재하지 않았던 새로운 여성임을, 즉 빅토리아 시대의 전형적 여성상을 파괴하는 급진적 존재임을 가장 잘 보여주는 장면이다. 이러한 대화를 <난파> 안으로 가져옴으로써 비비는 시인에게도 자신과 같은 길을 갈 것을, 즉 “손톱 끈는 것보다두 힘업시 어머니와 이연(離緣)할 것”57)을 종용하는 것이다. 이럴 때 <난파>의 비비는 이지의 결론으로 ‘모든 어머니들과 결별하는 것’, 즉 버나드 쇼의 이지적 이상에 대한 상징이 된다. 이러한 그녀의 명쾌한 논리는 백의녀와 비의녀를 모두 잃고 방황하는 시인에게는 ‘불 켜진 등대’처럼 느껴지고, 나아가 시인이 찾아야 할 ‘일음 부를 사람’으로 느껴진다. 비비의 말에 크게 감동받은 시인은 아리아 <카로 노메>가 알레그로(allegro)로 울리는 가운데 그녀를 따라간다.

그러나 비비는 시인의 ‘일음 부를 이’가 될 수 없다. 시인은 비비로부

---

55) 버나드 쇼, 정광숙 역, 『워렌 부인의 직업』, 동인출판사, 2001, 221면.
56) 위의 책, 37~38면.
57) 『전집 Ⅰ』, 88면.

터 가슴 아픈 배신을 맛본다. 현실에 기반 하지 않은 차갑고 냉정한 이지는 母가 원한 이가 아니며 시인이 구하는 이가 될 수도 없다. 전통적인 덕목과 관습을 부정하고, 도덕관, 결혼제도를 조롱하는 비비의 주장은 차가운 이상이다. 그녀는 '운명, 이상, 로맨스, 의'를 중요하게 생각하지 않는다. 시인은 그것을 잊어버리는 시인은 시인이 아니라고 항변한다. 그렇기에 비비가 시인을 배신하는 것은 당연한 귀결이다. 더구나 생명의 근원인 어머니와의 이연을 종용하는, 또한 결혼과 사랑을 부정하는 차가운 이지의 산물 비비와의 결합은 '인과율'과의 진정한 쟁투가 될 수 없다. 그것들을 일소에 부정해 버리고 마는 것은 현실에 근간을 둔 쟁투가 아니요, 머릿속으로 나온 이상일 뿐이다. 이러한 비판의식은 김우진이 버나드 쇼의 생명력 사상을 비판하고 현실에 기반을 둔 자신 고유의 생명력 사상, 개인의 자유의지의 문제를 전개해 나간 것과도 상통한다. 그리하여 결국 버나드 쇼의 이상인 비비는 사라지게 되고, 대신 3막에는 '영원히 그리울 수밖에 없는', '현실에는 존재하지 않는' 카로 노메(그리운 이름)가 등장하게 된다.

비비의 배신으로 상처를 입기는 했지만 시인은 그 만남으로 사랑의 힘을 깨닫는다. 시인은 그것을 이복제에게 강조한다.

이복제　（나오며）뭇님. 날 좀 엇더케 해줘요. 이 가슴을
시　인　（가심 터지는 소리로）나는 시인이 아니니? 내 시도 수습을 못하는대. 게다가 아버지 져 얼굴 좀 보렴.
이복제　（시인의 손을 붓자부며）외 필냐는 꼿을 이럿케 틀어 감어야 함닛까. 외 져멋대로 크게 가만 두지 안이하면 못 됩니가.
시　인　애 그래도 너는 필냐는 힘이나 잇지? 또 뿌리에서 물이나 올너오지?

이복제   난 힘도 물도 養分도 업서요.
시 인   (냉정하게) 그게 무슨 소리니? 힘이나 양분이 나는 업다고 햐쟈.
         그래두 어머니의 사랑이 잇지 안허니? 盲目的이라고 하지 마라.
         사랑에서 힘이 나온다. 사랑은 盲目 目的이라고 갑업는 것이 아
         니다.58)

시인은 인생에 두 개의 암초가 있는데, 하나는 신이요, 하나는 사랑이
라고 한다. 그러면서도 사랑의 힘에 대해서는 부정하지 않는다. 그것은
'맹목적'일지는 모르지만 '힘'이 있기 때문이다. '꽃이 피려는 힘', 즉
'살아가려는 힘'의 원천이 되어주기 때문이다.

이제 母는 약속이 다 되었음을, 운명의 시간이 다가옴을 유성(流星)을
통해 시인에게 암시한다. 자신의 운명을 가까이 느끼며 시인은 살고 싶
어 한다. 살고 싶은 충동은 시인에게 고통이면서 동시에 환희이다.59) 역
설적으로 시인이 그 점을 깨달았기에 운명의 시간은 가까워 온다. 어머
니의 사자 갈레오토는 바로 이 같은 사실을 시인에게 알려주기 위해 온
다. 그와 함께 아리아 <카로 노메> 소리는 점점 가까워진다. 갈레오토
는 뚜쟁이로서의 자신의 역할대로 시인에게 카로 노메를 소개한다. 카로
노메는 시인이 '자신의 눈을 뜨기 위한' 마지막 준비된 만남의 대상이다.
운명의 매개자로서, 위대한 뚜쟁이로서의 갈레오토의 존재는 그 점을 확
실히 한다. 그가 연결하는 사랑은 적합한 만남이 아니기 때문이다. 갈레
오토는 자신 때문에 그 둘이 만났다는 것을 상기시키며, "그러나 별이

---

58) 앞의 책, 90면.
59) 유성이 떨어지는 것을 보며 시인은 자신이 아직 죽기는 이르다고, 인생이 군두 뛰는 것
   인 줄 알고 싶다고, 어머니 말이 아프기는 해도 듣고 싶다고 이야기 한다. 어머니가 퇴
   장하고 갈레오토가 등장하기 전 다음과 같은 지문이 있다. "(멀리로서 Caro Nome 소리.
   시인 惡痛과 歡喜의 期待)" 『전집 Ⅰ』, 92면.

발서 떨어진 줄 잇지 마십쇼. 두 분이 다.”[60]라고 경고한다.

시인은 비비와 헤어져 카로 노메를 만난 것을 비로소 ‘일음 부를 이’를 만난 것으로 생각하며 기뻐하지만, 카로 노메가 그저 비비의 말 “나는 인제 濕氣 잇는 땅으로 욉겨 심운 나무얘요. 참 養分되는 水氣를 마음껏 빠러들여야 해요. 살어야 함니다. 튼튼하게 씩씩하게 살어야 함니다”만을 반복하자, 그는 비로소 ‘카로 노메(그리운 이름)’가 그저 허상임을 깨닫는다. ‘인과율’과 ‘자유의지’의 관계에 결정된 미래나 예정된 낙관은 없다. 그저 영원한 투쟁만이 있을 뿐이다. 시인은 비비의 변이인 카로 노메를 통해 이지의 힘에 의지하는, 이상을 꿈꾸는 것의 허구성을 완전히 깨닫는다. 카로 노메는 실제로 존재하지 않는, 그저 그립기만 한, 영원히 그립기만 할 이름인 것이다. 시인은 카로 노메에게 냉정하게 이야기한다. “나는 理知의 勝利를 못 믿게 되엿습니다.”[61] 즉, 시인 ‘스스로 제 눈을 뜬’[62] 것이다. 이제 그는 자신의 운명 ‘난파’에 맞선다.

4. “행복한 난파”의 의미

많은 연구자들에게 ‘행복한 난파’의 의미는 ‘좌절’과 ‘도피’로 받아들여졌다.[63] 시인이 주어진 현실을 극복하려는 적극적 태도는 보이지도 않

---

60) 앞의 책, 94면.
61) 앞의 책, 96면.
62) 그것은 <산돼지>에서 원봉이 자신의 산돼지 탈을 스스로 받아들이는 것과 같은 맥락으로 볼 수 있다.
63) <난파>의 ‘난파’와 그것의 ‘행복’에 대한 부정적 견해는 많은 연구자에 의해 논의되었다. 김성희는 시인이 결과적으로 역사적 퇴행현상을 표출한다고 해석하고, <난파>가 비극적 세계인식, 염세적 세계관을 드러낸다고 하면서 표현주의 양식보다는 퇴폐주의

은 채 모성회귀라는 퇴행적 도피, 혹은 난파로 표현되는 자살로 자신의
좌절을 표현한다고 보는 것이다. 그러나 시인의 난파는 비비와 카로 노
메에 대한 비판에 기인하고 있음을 주목해야 한다. 그의 난파는 현실에
대한 직시의 결과이지 퇴폐적인 좌절과는 다르다. 그는 자신의 난파를
예언하고 그것을 카로 노메(동시에 비비이기도 한)에게 제시하며 그녀조차
그 같은 결과를 인정하도록 종용한다.

> 카 로   나는 인제 습기(濕氣) 잇는 땅으로 웜겨 심운 나무애요, 챰 양
>   분(養分)되는 수기(水氣)를 마음것 빠러들여야 해요. 살어야 함
>   니다. 튼튼하게 씩씩하게 살어야 함니다.
> 시 인   아 그게 비비 말솜씨오 그려. 그리고 또 인생(人生)이란 군두뛰
>   는 것과도 갓다구?
> 카 로   그럿치요.
> 시 인   (두 사람 침묵(沈默). 시인 냉정하게) 나는 이 쟈리에셔 곳 이지
>   (理知)의 승리(勝利)를 못 밋게 되엿슴니다.
> 카 로   그게 무슨 되지 못한 소리요.

경향의 희곡이라고 주장한다(김성희, 「<난파> 등장인물에 대한 기호학적 분석」, 『한국
현대극작가론 1－김우진』, 태학사, 1996, 260~261면). 윤금선 역시 <난파>의 시인이
보여주는 '모성회귀현상은 일종의 퇴행현상'(신용님, 「김우진 희곡 연구」, 연세대학교
석사학위논문, 1982, 58면)이라는 다른 연구자의 의견을 긍정적으로 인용하면서, 어머
니를 찌르고 어머니를 극복해야 할 시인이 결국 모든 것을 포기하고 그 품을 선택했으
며, 결국 죽음을 통한 안식을 얻는다고 주장한다(윤금선, 「김우진 희곡 연구－작가와
작중인물의 심리적 전이관계를 중심으로), 『극예술연구』 제13집, 2001, 59면). 이상호는
'난파'를 앞의 연구자들과 같은 '좌절'로 해석하면서도 그 의의는 다르게 이해하고 있
어 주목을 요한다. "이는 부정해야 할 어떤 전통이 완강하게 버티고 있다는 시대적 한
계이자 그 벽을 의식하면서도 끝내 허물기 어려운 허약한 지성인의 개인적 한계를 통
시에 보여주는 것이다. 결국 이러한 작품의 구조는 일종의 문제 제기의 의미를 갖는다
고 할 수 있다." 즉, 부조리한 현실로부터 이상세계로 나아가기 위한 새로운 의식의 요
구를 담고 있다는 것이다. 연구자는 그러한 요구를 다음 작품인 「산돼지」에서 구현하
고 있다고 주장한다(이상호, 「김우진의 <산돼지> 연구」, 『한국극예술연구』 18집, 2003,
85면).

시 인   그러나 사실(事實)을 엇더케 하우. 여름에 너무 성(盛)햇다가 가
        을에 떨어지는 참나무 입사구 모양으로. 변(變)할 수 업는 사실
        (事實)을.

카ー로   봄이 또 오지 안 허우? 나 모양으로.

시 인   아 이지(理知)의 환멸(幻滅)이라닛까! 그래도 날 몰으시오 그려.

카ー로   (의아(疑訝)롭게) 환멸(幻滅)?

시 인   (압흘 가르치며) 져게 무엇인지 보이시오?

카ー로   암초(暗礁)

시 인   그 엽헤는?

카ー로   난파한 쪼각나무.

시 인   그 밋헤는?

카ー로   사람과 재물(財物)과, 사랑과 희망(希望)과, 정인(情人)과 구수(仇
        讐)와. (침묵)

시 인   그리고 또?

카ー로   (갑작히 시인의게 돌나서서) 아 이게 무슨 꼴이요. 날 이 구경
        식히려구 불너냇소? (냉담(冷淡)하게) 고맙습니다.[64]

시인은 카로 노메(혹은 비비)에게 의지하는 일은 부표를 잡는 일과 같
으며 그것은 곧 구원 받을 길 없는 필연적 난파임을 역설한다. 물에 뜬
부표를 막연하게 믿는 일은 옳은 방향을 택하는 것이 아니요, 계획 없고
믿을 수 없는 다른 방향으로 흘러가는 일이다. 시인은 카로 노메에게 그
현장을 보여준다. 시인이 가리키는 그곳에서 카로 노메는 암초, 난파한
조각나무, 사람, 재물, 사랑, 희망, 정인, 구수 그리고 그녀를 침묵하게
만드는 그 무엇을 본다. 카로 노메는 잠시의 침묵 후, "아 이게 무슨 꼴
이요. 날 이 구경 식히려고 불너냇소?"라고 항의하는데, 그녀가 본 것은
아마 그토록 부정하고 싶었던 현실과의 대면, 즉 허상에 불과한 자신과

─────────────

64) 『전집 Ⅰ』, 96면.

의 대면이었을 것이다.65)

이 '목격' 이후 시인과 카로 노메의 관계는 변화한다. 인생의 봄이 온다는 것을 시인에게 당당히 주장하던 카로 노메는 이제 두려워하고 불안해한다. 그녀 스스로 광명의 신과 암흑의 신 사이에서 괴로워하며, 시인에게 제발 부표라도 잡으라고 거의 애원하게 된다. 그러나 시인은 "가심 터지는 소리로"66) 그것의 불가능함을 주장한다. 그것을 믿고 싶은 것은 희망이요, 소망이지만, 그것은 현실이 아니기 때문이다.

> 개념으로 엇던 행동이 시작될 때 그 행동이 불순한 것은 물론이고, 그 행동의 결과가 또한 무의미한 것이 되여 뻐린다. 예술에서도 이러 개념을 베려야 한다. 이런 개념적 행동이 시작될 때 질은 미궁으로 끌녀 들어가고 결과는 무의미한 유희에 불과하게 된다.67)

시인은 '습기 있는 땅으로 옮겨 심은 나무'에 불과한 비비나 카로 노

---

65) 『난파』에서 시인이 카로 노메와 함께 '난파'의 현장을 보는 장면은 여러 가지 의미에서 피란델로를 상기시킨다. 사실 『난파』는 많은 부분에서 메타 드라마적인 성향을 드러낸다. 예를 들어 시인의 속에서 나왔다는 비비의 말이 그렇다. 그녀는 말한다. "나? 당신 어머니 속에서 왓소. 또는 당신 속에셔 나왔소. (시인이 부정하려 한다) 그것이 실흐면 엇던 애란인 머리 속에서 나왓다고나 해 둘가. 어듸서 왓기로 상관 잇소" (『전집 I』, 86면) 사실 김우진이 루이지 피란델로의 작품을 상당수 읽었고 또 그에 대한 장문의 논문을 쓰는 등 많은 관심이 있었다는 것을 상기하면, 메타 드라마로서의 『난파』 및 피란델로와의 관계에 대해서도 연구할 필요가 있다. 김우진은 피란델로를 언급하면서 "무대상의 전혀 새로운 효과"(『전집 II』, 144면)를 만들어 내었다는 점에서 피란델로와 버나드 쇼를 비교하고 있는데, 이 점에 대해서 후일 다시 연구하겠다고만 하고 더 이상 논하지 않고 있다. 그런데 그가 언급한 맥락에서 짐작할 때 '연극'으로의 해결을 의미한다고 할 수 있다. 그는 특히 버나드 쇼의 작품 중 「인간과 초인」의 <돈 쥬앙>에 대해 언급하며, 또 두 작가의 작품 모두에서 찾을 수 있는 '타인의 행동의 진상을 파악하기 어렵다'는 점에 관심을 갖는다. 연극과 환상의 교차, 꿈과 현실의 교차, 현실이 연극으로 해결되고 연극이 현실과 뒤섞이는 부분을 의미하는 것이다. 즉, 그는 버나드 쇼의 작품에서도 피란델로의 작품처럼 '환상 속에서, 특히 무대 위에서 현실을 본 것'이다.
66) 『전집 I』, 97면.
67) 『전집 II』, 416면.

메를 믿을 수는 없다. 나무가 양분을 빨아들이고 잘 자랄 것이라 무조건 믿는 것은 '이지(理知)로 만들어 낸 이상'이다. 시인은 '이지의 승리'를 믿지 않는다고 말한다. 그것은 현실에 기반을 둔 것이 아니기 때문이다. 다만, 시인이 믿는 것은 "습기 잇는 땅으로 모종된 것만 꼭 알고 잇서요"68)라는 분명한 사실 뿐이다. 여기에서부터 진행될 앞으로의 미래에 대해서 시인은 긍정도 부정도 하지 않는다. 그저 가능성만을 이야기 한다. 그것은 현실이기 때문이다. 예술과 시대의 필연적 관계, 실생활에 뿌리를 두지 못한 관계를 시인은 믿지 않는다. 그는 개념이나 이지가 아닌 "실현코저 하는 힘"을 지닌 혁명가가 요구되는 것을 안다. 그에게 삶의 진화를, 이상의 실현을 쉽게 믿는 것은 난파하는 것보다 오히려 더 소극적인 일이다.69)

그리하여 오늘의 시인은 난파한다. 난파는 "이 모든 외부적인 것에 대한 반역의 선언"70)이다. 이러한 선택은 김우진이 모범으로 삼았던 표현주의 극작가들이 작품에서 보여주는, 타협을 거부하는 투쟁의 정신이기도 했다. 그들은 극단적인 감정(extreme emotion), 격렬하고(violent) 거칠고(harsh) 모순적(contradictory)인 표현을 드러내거나, 극단적인 결말을 가져오곤 했는데, 이것은 이전의 간접적이고 소극적인 예술작업에 대하여 '자극'과 '충동'을 줌으로써 관객을 공격하기 위함이었다.71) 그들은 현대의 물질주의, 인습들, 비인간성에 항거하기 위하여 투쟁하며, 좌절되거나

---

68) 『전집 Ⅰ』, 97면.

69) 1925년의 「아관 계급문학과 비평가」에서 김우진은 "자연적, 사회적 진화의 경로를 믿는 소극적 태도보다도 프로메테우스의 반발력과 생명력과 의욕력이 더 인생과 사회에 가치가 있다"고 주장한다. 『전집 Ⅱ』, 292면.

70) 위의 책, 421면.

71) Michael Kirby, 「An introduction of the Expressionism Issue」, 『The Drama Review』, Vol.19, Sep., 1975, 3면 참조.

타협하기보다는 자살이라는 극단적인 방법을 선택한다. 따라서 그들의
자살은 좌절이라기보다는 관객을 향한 절규였다.[72]

시인은 현실에 기반을 두지 않은 이지의 승리를 믿지 못한다는 것을
보여주기 위해 난파한다. 그렇기에 시인의 난파는 수동적으로 행해지는
것이 아니요, 의식적이고 능동적으로 선택되는 것이다. 이럴 때 난파는
좌절이라기보다는 투쟁이다. 그는 세계와 화해하거나 귀속되는 대신에
영원한 투쟁과 고통을 스스로, 자신의 '자유의지'로 선택한 것이다. 그렇
기에 단순한 좌절이 아닌, 깨달음을 내포한 난파는 '행복한 난파'가 된
다. 그것은 '눈을 뜨는 일'이요, '약속', '재탄생'을 의미하기 때문이며,
그렇기에 그것은 '아프면서도 달콤한', 고통이며 동시에 환희이다.

시인의 '난파'는 좌절이 아니라, 버나드 쇼의 문학이 보여주는 이지적
활동의 결론으로 나온 이상에 대한 김우진 식의 자유의지와 생명력의
저항이며, 모든 시대, 모든 불완전한 인간에게 요구되는 혁명가로서의
시인의 운명이다.

---

72) 손화숙은 김우진의 후기시를 통하여 죽음이 삶의 에너지의 다른 의미임을 밝히고 있어
주목을 요한다. 손화숙은 김우진 후기 시에서 죽음은 종종 물의 이미지와 함께 나타난
다고 하면서, 죽음과 물과 모성의 의미를 연결시킨다. 물론 물=모성=모태 회귀의 의
미화는 일방적이고 도식적인 배열이므로 좀 더 구체적인 텍스트의 무의식을 들여다보
아야 할 것이지만, 죽음=난파=좌절의 단순한 의미를 재고할 여지를 준다는 점에서 손
화숙의 연구는 주목할 필요가 있다. 연구자는 김우진의 시에서 보이는 죽음은 진정한
삶이 될 수 있다고 주장한다. 한 예로 김우진의 시 <한가지 깃붐>에서는 '에네르기의
배꼽지'로서의 죽음이 찬미되고 있다고 말한다.
"마맛 한가지인 에네르기의 배꼽지, 다만 하나인 榮光의 主流 그 일음은 죽엄!"(<한가
지 깃붐>, 1926년 5월, 『전집 Ⅰ』, 369면), 손화숙, 「김우진 시 연구」, 『어문논집』 33집,
안암어문학회, 1994, 438면 참조.

5. 결어

김우진이 한국근대연극사에 머무른 시간은 길지 않았지만, 평론가로서 또 극작가로서 그는 어느 누구보다도 열정적이고 선구적인 족적을 남겼다. 그는 연극운동을 꿈꾸었고 문예혁명을 꿈꾸었다. 김우진이 와세다 대학 영문과에서 수학하면서 접했던 수많은 서양의 사상, 철학, 문학은 그에게 새로운 가능성을 던져주었을 것이다. 특히 문학과 연극을 통해 이것을 실천하려 했던 김우진에게 독일의 표현주의 운동은 하나의 훌륭한 모범이었다. 그가 독일의 표현주의 연극에서 본 것은 형식이나 소재, 극 구성상의 특징이 아니었다. 그에게 독일 표현주의 연극은 하나의 혁명 정신이요 구체적이고 실천적인 문예운동이었다. 그가 꿈꾸었던 혁명으로서의 창작활동의 예를 그는 독일의 표현주의 연극에서 찾은 것이다.

김우진의 <난파>는 바로 이러한 정신에서 창작된 것이다. 그는 <난파>의 시인을 통해 '예술가이면서 혁명가'인 인물, '생명력'과 '자유의지'를 분출할 인물을 표현한다. 그러나 그것은 버나드 쇼의 작품에서 주장되듯 이상적이고 이지적인 인물은 아니었다. 버나드 쇼의 생명력은 현실에 기반을 두지 않은 이성적, 보편적 세계의지이다. 그러나 우리에게 그러한 추상적 힘으로서의 생명력은 필요하지 않다. '생의 충동이 아닌, 그것을 실현하려는 힘', '알고만 있을 것이 아니라, 그것을 실현하려는 힘'이 필요한 것이다. 버나드 쇼적인, 이성적이고 보편적 세계의지로서의 생명력은 <난파>에서 비비로 형상화된다. 그녀는 이상이지만, 그것은 현실에 기반을 두지 못한 차가운 이상이다. 그렇기에 비비는 카로 노메, 즉 그리운 이름이 된다. <리골레토>의 카로 노메(괄티에르 말데)가 허

상이자 존재하지 않는 자였던 것처럼 <난파>의 비비 역시 허상이자 현
실에 존재할 수 없는 자, 허상인 자, 카로 노메인 것이다. <난파> 전체
가 <리골레토> 중 아리아 '카로 노메'를 모티프로 사용하고 있다는 것
은 바로 이 점에서 의미심장하다. 허상, 현실에 기반 하지 않은 이성적
이고 차가운 이상, 실천이 함께 하지 않은 생명력에 대한 경고를 <난
파>는 작품 전체에 짙게 깔고 있는 것이다.

시인은 이상보다는 현실에 중심을 두고, 그 속에서 고뇌하고 방황하다
가 '난파'하는 것을 선택한다. 시인의 난파는 좌절이 아닌 저항과 극복
으로서의 난파이다. 그것은 영원한 쟁투로서의 난파이며, 쟁투의 운명을
받아들이는 의미로서의 난파이다. 왜냐하면 그에게 있어 삶의 진화를,
이상의 실현을 쉽게 믿는 것은 난파하는 것보다 오히려 더 소극적인 일
이요 희망 없는 일이기 때문이다. 시인은 쉽게 세계에 귀속되거나 미래
의 희망을 노래하는 대신, 영원한 투쟁과 불화, 고통을 의미하는 난파를
선택한다. 그의 난파는 스스로 선택한 난파이며 적극적 결단의 난파이
다. 이렇듯 현실에 대한 자각과 깨달음을 바탕으로 하기에 '난파'는 '눈
을 뜨는 일'이요, '약속'과 '재탄생'을 의미하는 일로 명명되며, 시인 스
스로에 의해 '행복한 난파'로 명명된다.

<난파>의 세계와 주인공인 시인의 운명은 김우진의 작가의식, 세계
관이기도 했다. 그에게 작가 / 시인은 곧 혁명가이며, 불완전한 인간의 존
재 이유는 바로 타협을 허용하지 않는 영원한 투쟁에 있기 때문이다. 불
완전한 인간을 옭아매는 인과율과의 끝없는 싸움과 투쟁이 곧 김우진이
말하는 생명력이요, 자유의지였던 것이다.

김우진은 자신의 세계관과 문학관을 <난파> 안에서 다른 문학들과의
충돌과 대화를 통해 풀어나간다. 그는 작품의 주인공으로 예술가로서의

시인을 내세우고 그 주변에 수많은 서구적 이상들, 문학적 담론들을 얽어 놓는다. 오페라의 아리아를 중요한 모티프로 사용함으로써 극에 청각적 효과와 분위기를 부여하고 더불어 그 작품의 맥락을 인용함으로써 인물의 대사나 갈등 구조를 통하지 않고도 주제를 암시한다. 시인의 역할과 생의 의미는 햄릿에게 투영됨으로써 그 무게를 더 하고, 일종의 문학적 원형으로서의 갈레오토를 등장시킴으로써 시인의 운명에 영원성과 숙명성을 부여한다. 직접적으로 인용되거나 언급되는 인물, 비비나 워렌부인 등을 비롯하여 이러한 다양하고 이질적인 문학작품들의 참여는 김우진의 <난파>를 더욱 풍성하게 하면서 서로 다른 세계 간의 충돌과 대화로써 끝없는 의미를 창출하게 만든다.

김우진의 <난파>는 예술과 예술가에 대한, 인간과 세계에 대한, 문학과 세계에 대한 영원한 주제를 논하고 있다. 시대가 예술과 예술가의 존재 이유를 되물어야 할 때 김우진의 <난파>는 언제나 다시 읽힐 것이다.

참고문헌

[1차 자료]
김우진·서연호·홍창수 편『김우진 전집 Ⅰ, Ⅱ, Ⅲ』, 연극과 인간, 2000.

[2차 자료]
김성희, 「김우진 희곡의 현대성과 그 방법적 특성」, 『공연예술연구소 논문집』 제2권,
　　　단국대학교, 1996.
김성희, 「<난파> 등장인물에 대한 기호학적 분석」, 『한국현대극작가론 1─김우진』,
　　　태학사, 1996.
김유진, 「메타드라마의 요소를 통해 본 김우진 희곡 연구」, 이화여자대학교 석사학위
　　　논문, 1995.
사진실, 「김우진의 근대극 이론 연구」, 『한국극예술연구』 제8집, 한국극예술학회,
　　　1998.
서연호, 「김우진의 생애와 문학세계」, 『한국현대극작가론 1─김우진』, 태학사, 1996,
서연호, 『한국최초의 실험적 예술가─김우진』, 건국대학교 출판부, 2000.
손화숙, 「김우진 시 연구」, 『어문논집』 33집, 안암어문학회, 1994
신아영, 「1920~1930년대 한국희곡의 극적 구조와 수용에 관한 연구 : 김우진, 채만식,
　　　유치진의 작품을 중심으로」, 이화여자대학교 박사학위논문, 1996.
신아영, 「여성주의 관점에서 본 근대희곡 연구─1910, 20년대를 중심으로」, 『한국극예
　　　술연구』 4집, 1994.
양승국, 「극작가 김우진 재론」, 『한국극예술연구』 7집, 1997.
양승국, 『김우진, 그의 삶과 문학』, 태학사, 1998.
양승국, 『한국현대희곡론』, 연극과인간, 2001,
유민영, 『한국현대희곡사』, 기린원, 1991.
유민영, 「서구에의 탐닉과 자기 파열」, 『한국현대극작가론 1─김우진』, 태학사, 1996.
유민영, 「선각자 김우진의 연극실험」, 『한국현대극작가론 1─김우진』, 태학사, 1996.
윤금선, 「김우진 희곡 연구─작가와 작중인물의 심리적 전이관계를 중심으로」, 『극예
　　　술연구』 13집, 2001.

윤선경, 「김우진 희곡 <난파> 연구-표현주의와 정신분석학을 중심으로」, 단국대학교 교육대학원 석사학위논문, 2000.

윤진현, 「김우진 문학 연구」, 인하대학교 박사학위논문, 2002.

이덕기, 「김우진 희곡의 여성 형상화 연구」, 『한국극예술연구』 17집, 2003.

이상호, 「김우진의 <산돼지> 연구-난파와의 연관성을 중심으로」, 『한국극예술연구』 18집, 2003.

이미원, 「김우진 희곡과 표현주의」, 『한국근대극연구』, 현대미학사, 1994.

이은경, 「김우진의 희곡 <난파> 연구」, 『문명연지』 제5권 3호, 2004.

홍창수, 「김우진의 표현주의와 <난파> 연구」, 『목원어문학』 12집, 1993.

Echegaray Jose, James H. Hodddie edi., *El Grand Galeoto*, Catebra : Madrid, 1989.

Kirby, Michael, 「An introduction of the Expressionism Issue」, *The Drama Review*, Vol.19, Sep., 1975.

Kloslova, Zdenka, 최원식 역, 「김우진과 카렐 차뻭」, 『민족문학사연구』 4집, 민족문학사학회, 1993.

Pavis, P., 한덕화 역, 「현대연극-드라마 텍스트 분석이론」, 『연극평론』, 2003·2004 겨울호.

Shaw, G. B., 이종수 역, 『인간과 초인』, 정음사, 1981.

Shaw, G. B., 정광숙 역, 『워렌 부인의 직업』, 동인출판사, 2001.

Shakespeare, W., 신정옥 역, 『햄릿』, 전예원, 1989.

제 8 장

〈관동별곡〉 해석의 문학교육적 의미망

한 창 훈
전북대학교 국어교육과

1. 서론

문학교육에 대한 전반적인 논의가 상당히 진전되고 있음에 비하여, 상대적으로 고전문학 교육에 대한 논의의 수준과 적절성에 대하여는 일정 부분 의문을 감출 수 없다. 물론 다소 고답화의 모습까지 보였던, 기존 국문학 연구 결과를 바탕으로 한 훈고학적 지식을 그대로 교육 현장에 적용시켜야 한다는 논의는 더 이상 찾아보기 힘들다. 그러나 그것을 대체할 만한 교육 내용이 체계적으로 전개되고, 교육 관계자들의 합의를 거쳐 만족할 만한 수준으로 교육 현장에 도입된 것 같지도 않다.

일각에서는 이러한 현실을 비판하면서 고전 작품의 교육에 대해 구체적인 방법론을 다루는 현장 중심의 논의도 많이 하고 있으며, 많은 일선의 교사들이 이를 참고하여 수업에 임하고 있다. 하지만 그 내용을 가만히 관찰하면, 실상 구현해야 될 교육 목표는 부재중이고, 단지 과거 이루어져 왔던 교육의 반발로서 고전문학 교육을 재미있게 만들어보자는 의지만이 과도해진 것 같은 느낌을 지우기 힘들다.

문학교육에서 '작품읽기'는 기본적이면서도 핵심적인 교육 내용을 차지한다. 어찌되었건, 학습자들은 우선 작품을 읽음으로써 수용과 창작의 능력을 함양하여 새로운 문학의 주체로 성장하는 것이다. 이 과정에서 교사가 학습자들에게 미치는 영향도 무시할 수 없다. 현실적으로 교사나 기타 참고 도서의 작품 읽기는 곧 학생들의 작품 읽기 방향을 결정하는 데 많은 역할을 하는 것으로 보인다.

본 논문은 우선 핵심적인 고전 작품을 대상으로 하여, 그것의 해석 과정의 경과를 살피고, 그 속에서 드러나는 문학교육적 가치를 다시 읽어 내는 작업이 중요함을 강조하고자 하는 목표를 가지고 출발한다. 이를 위해 우선 송강 정철의 <관동별곡>(1580)을 대상으로 선택했다. 널리 알려져 있듯이, 이 작품은 송강 정철의 여타 가사 작품, 고산 윤선도의 시조, 그리고 고전소설 <구운몽>, <춘향전>과 더불어 일찍이 국문학의 고전으로 자리 잡았다. 그리고 아주 오랜 세월 변치 않고 국정인 고등학교 '국어' 교과서에 실려 문학교육의 전통에서도 핵심적인 위치를 차지하고 있는 작품이다. 7차 교육과정이 시행되는 현재도 국정 고등학교 '국어(하)' 교과서에 작품 전편이 실려 주요하게 다루어지고 있다.

그러나 국문학계의 합의나 문학교육의 내용을 결정하는 이들의 적극적 권장에도 불구하고 실제 일선 교육 현장에서 이 작품을 바라보는 시각은 그다지 호의적이지 않은 것으로 보인다. 필자는 사범대학에 근무하고 있어 많은 일선 교사들을 교육대학원에서 지도하고 있는데, 지역이나 학생들의 수준에 상관없이 <관동별곡> 학습을 거의 제2외국어 학습과 동일시하며 기피한다고 한다. 수능에 한 차례, 교사 임용 시험에 두 차례나 출제되어 사범대학 학생들도 공부는 열심히 하지만, 학습에서 느끼는 흥미나 감동은 그다지 크지 않은 것 같다.

이런 현상은 예외적인 것 같지 않다. 일선 교사들이 교육적으로 가치 있다고 여기는 고전 시가 작품을 알아보고자, 전국의 교사 428명을 대상으로 2001년에 실시한 설문에서 <관동별곡>은 8위에 그쳤다. 1위에서 7위까지의 작품은 <청산별곡>, <제망매가>, <춘향가>, <시집살이 노래>, <가시리>, <바리데기>, <송인>인 바, 이는 고전 작품의 선정 과정에서 작품 자체의 수준이나 교훈성보다 현대의 독자들이 느낄 수 있는 공감의 폭이 더욱 중요한 기준이 되고 있음을 보여준다(류수열 외,

2001 : 19).

2000년 1학기 고려대학교 교육대학원 고전시가교육론을 수강했던 한 교사의 설문에 의하면,[1] 서울 S여고 2학년 학생 100명 중 <관동별곡> 학습에 전혀 흥미를 느끼지 못하는 학생이 82명에 달했다. 이들이 선호하는 고전시가는 <황조가>, <청산별곡>, <제망매가> 등이었는데, 앞의 설문과 유사한 결과를 보여준다. 학습 효과에서도 수업 후 몇 달이 경과하면 <관동별곡>에 대해 기억나지 않거나 조금밖에 기억나지 않는다고 답한 학생이 62명에 달하고, <관동별곡>에 대해 아는 것을 모두 쓰라고 했을 때도 34명이 전혀 답하지 못하거나 엉뚱한 내용을 답했다. <관동별곡> 학습의 어려움에 대한 질문에서는 역시 66명의 학생이 '고어, 어려운 낱말 풀이'를 들었고, 해석을 해도 실감을 할 수 없었다는 학생도 16명이나 되었다.

예전에 비해 상황이 많이 개선되기는 했지만, 일선 고등학교의 <관동별곡> 수업은 많은 경우 어구 해석이나 문법적 설명을 중심으로 이루어지고 있다. 이런 수업을 통해서는 학습자들의 흥미를 유발할 수 없고, 보편적인 삶에 대한 체험을 확대하고 삶의 지평을 넓히도록 한다는 고전문학 교육의 기본적 목적도 달성할 수 없다. 이 때문에 문학사적으로 큰 가치를 인정받고 있는 이 작품을 학습자들은 그저 고어 표기로 되어 있어서 이해하기 어려운 작품, 재미없는 작품으로만 기억하고 있는 것이다. 현대역을 교과서 오른쪽에 배치한 7차 교육과정에서도 사정은 크게 호전되지 않은 것처럼 보인다.

이에 교수·학습의 방향을 바꾸는 경우, 작품의 기행성을 강조하는

---

1) 이에 관한 세부적인 내용과 데이터 등은 당시 과목 담당자였던 백순철 동학으로부터 얻었다. 이 자리를 빌려 감사드린다.

쪽으로 수업이 흐르게 된다. 정선의 <금강전도> 등 시청각 교재가 등장하고, 작품의 여정을 (화면상이나마) 실제 따라가 보고, 비슷한 상황에서 학습자들이 느낀 바를 말하거나 쓰게 하고, <관동별곡>과 비교하는 식의 수업이 진행된다.2) 이렇게 하면 확실히 수업의 흥미도는 높아진다고 한다. 그러나 여기서 필자는 다시 의문에 빠진다. 그러면 현대 독자들이 더 흥미를 느낄만한 사실적 기행문이 넘치는 현실에서, 왜 우리가 굳이 학습 단원으로 <관동별곡>을 고집해야 하는가? 본 논문이 감당해야 될 또 다른 문제가 아닐 수 없다.

2. <관동별곡> 해석의 통시적 양상

<관동별곡>이 국문학의 고전으로 자리 잡게 된 배경에는 우선 당대인들의 이 작품에 대한 높은 평가가 자리하고 있다. <관동별곡>의 당대적 비평 양상은 주로 홍만종이 <순오지>에서 언급한 바, "狀物이 절묘하고 造語가 특이하다"라는 평어를 중심으로 한 몇 가지 언급들이 논의되어 왔다. 그러나 사실 조선 후기 문집 자료들에 산재되어 존재하는 <관동별곡>의 비평적 언급은 종류도 많고 내용도 다양하다. 그리고 그러한 비평의 시각도 17세기와 18세기가 일정 정도의 변별점을 보이는 등 단일하지 않다.3)

---

2) 이런 수업의 전형적인 모습을 보려면, EBS 교육 방송을 시청하면 된다.
3) 1993년 2학기 고려대 대학원 고전비평 연구 시간에 이 문제를 집중적으로 다루었는데, <관동별곡>의 경우, 김창원(정문연)·박연호(충북대) 교수가 많은 자료를 찾아내었다. 그 전체적이고 세부적인 내용은 아직 발표가 되지 않아, 부득이 여기에서는 논지 전개에 필요하다고 판단되는 부분만 단편적으로 인용하기로 한다.

전체적으로 보아서 17세기에는 작품 자체의 품격과 더불어 연행되는 공간의 전체적인 분위기 속에서 느껴지는 흥취가 비평의 대상이 된다. 그러나 18세기에는 독자의 직접적인 경험을 토대로 작품 부분 부분의 사실성이나 진실성 여부에 비평의 초점이 맞추어져 있다. 따라서 전자가 작품 전체를 음악적인 측면과 관련시켜 비평하는 반면, 후자는 작품의 부분 부분을 회화적인 측면에서 평가하고 있다. 이러한 비평 초점의 차이는 독자와 작품의 거리에서 초래되는 것이다. 전자는 작품과의 거리를 두지 않고 자신의 현실적인 처지를 작품에 투영하여 동일시한 경우이고, 후자는 작품과 일정 정도의 거리를 두고 작품의 논리적인 객관성을 확인 비평하는 것이다.

17세기 문인이었던 조우인(1561~1625)의 "우연히 송강의 관동별곡을 얻어서 보니 다만 글이 극히 뛰어나고 절주가 좋을 뿐만 아니라 수천마디의 말이 감분하고 격양하는 마음이 핍진하게 그려져 있어 진실로 걸작이었다."라는 언급이나, 유명한 김득신(1604~1684)의 "관동별곡을 잘 부르는 어린 기생의 노래를 들으니 고상한 기운이 파도 같을 뿐만 아니라 호호한 문재가 있어 진실로 기이한 곡조였다 …… 중이 부르는 관동별곡을 들으니 세속을 떠난 기운이 있어 마음에 품은 회포가 조금 풀어졌다." 등이 이를 잘 보여준다. 17세기 문인들의 감흥 비평은 자신의 처지에서 느끼는 감정을 한마디로 응축시켜 작품을 평가했고, 가사 자체의 표현뿐만 아니라 기생이나 중이 부르는 노래의 개성, 그 노래를 듣는 주위 환경 등 총체적인 분위기 속에서 흥취와 미감을 느낀 것으로 보인다. 따라서 작품이 구연되고 있는 전체적인 환경과 분위기가 비평의 대상이었음을 알 수 있다.

이런 비평적 시각은 현대에 이르러 주로 율격에 대한 관심으로 재등장한다. 물론 현대 독서 환경의 변화에 의하여, 당시 <관동별곡>의 핵심 미의식의 기저를 이루고 있는 가창 등의 음악적 연행의 요소는 배재된다. 3·4조의 기본 율격 단위나 對句을 논하거나(염은열, 1999 : 379~381), '대우나 반복을 통한 경쾌함의 미학'이 구현되었다고 설명하거나, '율격적인 리듬감은 점으로 존재하는 神情의 대체물을 선으로 연결시키며, 이를 통해 박진감을 형성한다'고 논의한다(이종묵, 1992 : 668~671). 문제는 이런 연구 및 비평의 관심이 실제 교육 현장에서 어떻게 활용되는가 하는 점인데, 일찍이 김대행(1989)의 진지한 고민('의미의 율격'을 포함하여)이 있기는 했으나, 현실적으로 그다지 큰 영역을 차지하고 있지 못하다. 필자의 조사 결과로는 작품의 형식을 이론적으로 간략히 다루거나 수업 시간에 일정 분량을 정해서 낭독해 보는 활동이 대부분인데, 이 경우 가사라는 갈래의 율독 교육은 될 수 있을지 모르나 <관동별곡>의 독특한 형식적 특성에 대한 교육은 될 수 없을 것이다.

18세기 문인으로 넘어가면서 <관동별곡> 비평은 변화를 맞는다. 이들은 작품 자체에 대한 경험의 진실성과 이를 통한 객관적, 구체적 서술을 가장 중요한 비평의 준거로 삼고 있다. 때문에 작품의 회화적인 부분 부분을 세밀하게 검증하고, 묘사의 진실성이 작품 평가의 기준이 된다.

권섭(1671~1759)은 자신이 직접 관동을 유람하며 일출을 보고, 정철의 가사나 이전 사람들의 일출에 대한 언급과 자신의 경험을 비교하며 그 느낌이 다름을 문제 삼는다. 하여 사람들이 자신의 느낌을 표현하지 않고, 정철의 표현을 관습적으로 차용함을 비판한다. "며칠 더 머무르며 다시 바람과 파도와 해를 보며 비교하여 승부를 내지 못함이 안타깝다. 다만 해가 바다 위로 올라와 하늘에 있어서 밝은 후에야 인간이 보아 그 차이를 비교할 수 있다. 저 중에 방에 일어나 앉았다라는 말은 무슨 말인가?”라는 언급은 이를 잘 보여준다. <관동별곡>에 나타나는 정철의 언급은 일출을 보고 싶어하는 기다림과 조급함을 나타낸 것인데,4) 권섭은 이를 논리적으로 판단하여 해는 새벽에 떠오르는 것인데, 한밤중에 일어나 앉았다는 것은 논리적으로 맞지 않는다고 비판하는 것이다. 이는 사실성에 대한 지나친 고려가 낳은 과도한 해석으로 보아야 할 것이다.

남숙관, 홍만종, 김창협 등의 언급도 이와 유사한데, 특히 김창협의 ‘語眞卽事’라는 평어는 이런 비평적 입장을 대변한다. 이는 刑의 충실한 묘사에 바탕하여 神을 추구하는 초상화의 기법과 흡사하다. 즉 표현 대상의 외재적 형체를 핍진하게 묘사함으로써 그 대상의 정신적 풍모까지를 드러낼 수 있어야 한다는 것이다(정우봉, 1992). 따라서, <관동별곡>에 대한 김창협의 비평은 정철이 금강산에 대한 정치하고 구체적인 묘사를 통하여 시인의 정신적인 면모까지 드러낼 뿐만 아니라 금강산의 본질적인 모습을 가장 잘 나타내고 있다고 인식하는 것으로 보인다.

이러한 경향은 약간의 변별성은 있지만, 이후 서인이나 노론 계열의 문인(최규수, 2002)을 포함하여 근기 지방의 실학자들과 연암 박지원 주변의 문인들 사이에서도 공통적으로 나타나고 있었던 것으로 보인다. 이들은 모두 작품의 소재 및 대상을 조선의 산수 자연, 주변의 일상생활, 생동감 있는 사물 등에서 취택하였고, 이를 실증적 관찰을 통해 세밀한 묘사로 드러내고자 하였다(김남형, 1988 ; 최숙인, 1989). 이처럼 사실적 묘사를 중시하는 경향은 지엽적인 현상이 아니라 문화적으로 상당한 비중으로 작용하였던 하나의 풍조였을 가능성이 있다. 이는 당시 문인들의 여행벽과도 관련이 있다. 실제로 18세기에는 문인들의 구체적 여행 기록

---

4) “日일出츌을 보리라 밤듕만 니러ᄒ니,祥샹雲운이 집픠는 동, 六뉵龍뇽이 바퇴는 동,바다 희 쩌날 제는 萬만國국이 일위더니,天텬中듕의 티쓰니 毫호髮발을 혜리로다.”

및 감상 자료5) 등이 많이 나타난다.

이러한 경향은 특히 18세기의 회화에서 잘 드러난다. 우리 미술사에 있어 18세기는 전대에 관념속의 선경을 그리거나 중국의 그림을 모방하는 단계에서 벗어나 우리나라의 산수를 있는 그대로 그리려고 하는 경향이 겸재 정선의 진경산수화로 결실을 보게 된다. 그리고 이를 통해 가장 많이 그려지는 그림이 관동팔경의 일부인 금강산이다(안휘준, 1980). 문학에서도 회화와 마찬가지로 금강산을 기행하고 지은 가사들이 18세기 이후 집중적으로 나타나게 된다. 그들의 회화나 가사는 모두 금강산에 직접 가 보고 이를 그리거나 묘사한 것들이 대부분인데, 이는 18세기 예술사의 일면을 방증하는 자료라 할 수 있다. 때문에 현재 교과서에서 <관동별곡> 교육의 참조 자료로 정선의 <금강전도>를 제시하는 것은 전적으로 타당하다(교육부, 2002).

이런 비평적 시각의 현대적이고 교육적인 수용은, 특히 김대행(1995), 염은열(1999)에 의해 강조되었다. 염은열에 의하면 <관동별곡>은 현대 학습자들을 위한 표현 교육을 설계할 때 중요한 자료가 될 수 있다고 본다. 자신이 처한 시공간으로부터 만들어진 상상력에 의해 대상의 어떤 측면을 발견하여 언어로 재구조화하는 것이 바로 표현이며, <관동별곡>을 통해 본 바, 표현할 내용을 생산하는 문제가 몰역사적인 보편 주체의 아이디어 생성 문제가 아니라 역사적이고 문화적인 상황 속에 놓인 개인의 창의적 사고의 문제라고 보는 것이다. 이에 <관동별곡> 분석을 통해, '造語之奇'의 관점에서 '對句 형식의 반복을 통한 율격적 흐름'6)을 중요시 여기고, '狀物之妙'의 차원에서 '유사성에 근거한(유비추리)

---

5) 이름만 대충 들면, 김창협, 권섭, 이하곤, 성해응, 홍경모, 서영보, 이면수, 서기수, 송지양 등이 있다.

은유의 방식으로 계열축에 속하는 이미지들을 쭉 나열함으로써 시상을 전개해나가는 방식'에 주목한다. 그리고 이러한 표현의 기저에 '유교적 자연관 및 표현관이 작용'하고 있다고 하고, '발상을 위한 대상 인식 태도로서의 觀物'에 의미를 부여한다(염은열, 1999 : 379~393).

이처럼 17~18세기 문인들은 물론이거니와 현대의 연구자들에게도, <관동별곡>은 표현 기교가 뛰어나고 빼어난 율격적 장치를 가지고 있다는 점에서 교육적 가치를 크게 인정받고 있다. 상상컨대, 현대의 많은 시인들이 '관동 8경 유람'이라는 동일한 제재의 글을 쓴다 하더라도 이처럼 뛰어나게 쓰지는 못할 것이다. 또 댓구의 방식을 활용한 의미의 율격을 채용하여 읽을 때 경쾌한 느낌을 자아내고 우리말의 묘미를 십분 살리고 있는 표현들을 활용하여 글을 쓰고 있다는 것은 이 작품을 빛나게 하는 원동력이다.

학습자들은 이 작품의 감상을 통해 직접 자연의 경물을 독창적으로 표현한 구절들을 찾아 읽어보면서 선인들의 높은 문학 수준과 당시 언어의 아름다움을 느낄 수 있을 것이다. 이처럼 문학적 성취가 뛰어난 고전시가가 보여주는 표현법은, 당대는 물론이고 시대를 뛰어넘어 살아있는 보편적인 가치를 담지하고 있다. 바로 지금의 문학이 아닌 고전문학 표현이 지닌, 이러한 보편성의 발견 내지 보편성의 확인으로 이어질 때

---

6) "百백川천洞동 겨퇴 두고 萬만瀑폭洞동 드러가니, 銀은 ▽툰 무지게, 玉옥 ▽툰 龍룡의 초리, 섯돌며 뿜는 소러 十십里리의 즈자시니,들을 제는 우레러니 보니는 눈이로다."(만폭동 묘사 장면) "小쇼香향爐노 大대香향爐노 눈 아래 구버보고,正졍陽양寺亽 眞진歇혈臺딕 고텨 올나 안준마리,廬녀山산 眞진面면目목이 여긔야 다 뵈ᄂᆞ다.어와, 造조化화翁옹이 헌亽토 헌亽홀샤.놀거든 뛰디 마나, 셧거든 솟디 마나.芙부蓉용을 고잣는 둣, 白빅玉옥을 믓것는 둣, 東동溟명을 박츠는 닷, 北북極극을 괴왓는 둣. 놉흘시고 望망高고臺딕, 외로올샤 穴혈望망峰봉이, 하늘의 추미러 무ᄉ 일을 亽로리라.千천萬만劫겁 디나ᄃᆞ록 구필 줄 모ᄅᆞ는다. 어와 너여이고, 너 ▽ᄐ니 쏘 잇는가." (진헐대에서 본 금강산 묘사 장면)을 대상으로.

의 기쁨 또한 우리가 고전을 살피는 이유의 하나가 된다. 과거와 연결된 나의 정체성을 확인하는 일이나 과거로부터 오늘에 이르는 보편적인 표현의 원리를 발견하는 것은 그 자체로 교육적 가치를 갖는다(염은열, 2000 : 188 ; 한창훈, 2001 : 152).

3. 7차 교육과정에 있어서 〈관동별곡〉의 위상

현재 일선 학교에서 시행되고 있는 7차 교육과정에서도 〈관동별곡〉은 주요한 위치를 차지하고 있다. 대한민국 국민이면 거의 대부분이 배운다고 볼 수 있는 고등학교 국어(하) "감동을 주는 언어" 단원에 작품 전문이 실려 있다. 교사용 해설서에 의하면, 7차 교육과정에서 〈관동별곡〉은 '문학 작품의 아름다움을 파악하는 능력과 태도를 기른다.'는 교과 과정상의 목표를 달성하기 위한 제재로 선정된 것이고, 함께 배치된 정선의 회화들은 〈관동별곡〉의 이해와 감상을 돕기 위한 자료이면서 문학이 추구하는 아름다움을 미술이 추구하는 아름다움과 비교하여 이해할 수 있는 자료로 기능한다(교육인적자원부, 2002 : 247).

〈관동별곡〉을 중심으로 단원을 설정한 취지에 대해 "셋째, 이 작품이 관동 팔경의 아름다움을 노래한 것이므로 문학 작품의 아름다움을 이해하는 데 쉽게 접근할 수 있다. 넷째, 자연의 아름다움을 노래한 작품을 통해 자연에 대한 이해를 심화시키고, 오늘날 생태적 위기 속에 자연과 인간의 관계를 다시 성찰하게 하는 계기로 삼을 수 있기 때문이다."라고 했는데, 필자가 보기에 적절한 선택 및 배치라고 생각한다.

문제는 이를 구체적으로 교육 현장에서 실현시키기 위한 교수·학습 방법론의 설정이라고 생각하는데, 현 교육과정은 이를 일반 미적 범주의 교육을 통해 실현하고자 한다. 인간이 대상(자연)을 대하는 방식에서 미가 드러난다는 것은 인간과 대상의 관계가 어떻게 이루어지느냐에 따라 미가 다르게 실현된다는 뜻이다. 그런데 인간과 대상의 관계는 매우 다양하므로 일률적으로 말할 수 없다. 자연을 변형하거나 모방하거나 자연의 조화를 본받는 것들도 그러한 관계에 속하는 것일 뿐이다. 때문에 미에 대한 교육은 일반론으로 흐르게 되고, 이에 대한 이론적 기반으로서 백기수와 조동일의 미학 체계가 제시되고, 이에 맞추어 작품의 부분 부분을 이해하도록 되어 있다.

그리하여 학습자는 일단 숭고·우아·비장·골계 이상 4분의 미적 범주를 이론적으로 이해해야 한다. 교육과정에서는 이런 미적 범주를 다음과 같이 정리한다.

> 자연은 그 나름대로의 이치와 질서를 지니고 있는 것으로 인식된다. 이를 자연의 조화라고 한다. 자연을 바라보는 '나'가 자연의 조화라는 가치에 순응하는 태도를 보일 때 그 아름다움은 우아로 나타난다. 반대로 자연의 질서나 이치를 의의 있는 것으로 존중하지 않고 추락시킬 때 골계가 나타난다. … 자연을 인식하는 '나'가 자연의 조화를 현실에서 추구하고 실현하고자 하는 태도를 보일 때, 그 아름다움은 숭고로 나타난다. 그러나 그러한 '나'의 실현 의지가 현실적 여건 때문에 좌절될 때 비장이 나타난다.
>
> — 교육인적자원부, 2002 : 254〜259

이런 선행 이해를 한 학습자는 '仙션槎사룰 씌워 내여 斗두牛우로 向향ㅎ살가, 仙션人인을 츠즈려 丹단六혈의 머므살가'라는 <관동별곡> 구절을 통해, 작가가 현실 세계를 벗어나 초월적인 세계로 나아가고자 하는 소망을 나타내었으나 이를 이루지는 못한다는 사실을 간취해야 한다. 이 점이 전제되어야 이 대목의 아름다움이 비장의 범주에 속한다는 것을 알 수 있기 때문이다. '陰음 崖애예 이온 플을 다 살와 내여스라.'라는 구절을 통해, 모든 백성을 골고루 행복하게 하겠다는 높은 이상을 현실에 실현하고자 하는 화자의 목소리를 읽고, 그 미의식을 숭고의 범주로 분류해야 하는 학습 활동도 앞의 것과 동궤를 이룬다.

필자가 보기에 <관동별곡>을 통해 문학적 아름다움을 가르친다고 했을 때, 현재의 교육과정이 가지고 있는 연역적 이론 체계와 그것의 적용 훈련이 소기의 목적을 효율적으로 달성시킬 수 있는지에 대해 회의적이다. 다소 개별화된다는 단점을 고려하더라도, 학습자 수준에서의 감상과 거기서 자연스럽게 느끼는 미의식에 대한 고려가 검토되는 것이 교육적으로 보아 더욱 효율적이고 실제적으로 보이기 때문이다. 이와 비교하면, 자연과 인간의 관계를 고려하는 학습 활동은 학습자의 입장에서 큰 무리 없이 적용 가능한 내용으로 판단된다.

일반적으로 자연과 인간은 밀접한 관계를 가지고 있는 것으로 생각되는데, 여기서 인간은 자연을 단순히 있는 그대로만 보지 않고 그것에서 의미를 찾거나 부여한다. 때문에 작품에서 이러한 관계를 맺거나 맺은 상태에서의 표현을 찾아보라는 학습 활동은 그 자체로 교육적 가치를 가진다고 본다. 언어적 소통이 불가능한 화자와 오작의 관계에서 화자가 오작에게 말을 건네는 장면에서 '공감'이라는 요소를 끌어낸다거나, '어와 너여이고, 너 ㄱ토니 쏘 잇눈가.'라는 구절에서 지고지선한 경지나 인생의 가장 중요한 의미를 추구하는 것과 관련된 모습을 찾는 활동들이 그러할 것이다.

<관동별곡>에서 이러한 표현의 이해를 통해 소위 '생태학적 사유'를 찾아내고 이를 교육과정에 반영시키는 문제는, 고전 '작품'의 교육이기보다는, 고전 작품을 '통한' 교육이라 할 수 있다(박인기 외, 2005). 많은 고전시가 작품들은 사물을 보는 또 다른 하나의 관점, 즉 자연과 인간을 분리하지 않고 내면적으로 깊이 결부시켜 파악하는 관점을 일깨워 준다. <관동별곡>은 이 과정에서 모든 것을 자연에 맡기는 관심과는 구별되게, 자연에 친화하면서도 주체인 인간을 더 중요시 여기는 사고를 취한 것으로 보인다. 그렇다면 이때 이런 사상이 담겨 있는 <관동별곡>의 교육은, 현대 자본주의 사회라는 관점에서도 그 고전적 가치를 잃지 않을 것이다. 고전시가 교육이 담지 해야 할 '문화 전달과 창조' 기능이란, 이런 실천적 작업에의 관심과 적용을 위한 노력을 의미하는 것이 아니겠는가(한창훈, 2001).

4. <관동별곡> 해석의 몇 가지 가능성에 대하여

일견 평범해 보이는 표지가 실상 고전에서 인용된 것이라든지 혹은 별로 알려지지 않은 시구에서 인용된 경우가 많다. 대개의 경우 인용 부호가 걸려 있지만 그렇지 않을 때도 있다. 그리하여 우리가 그 인용된 구절이나 어구의 출처를 의식하면서 그것을 읽는다면 이에 따라 함축미 있는 여러 가지 효과를 감지하게 된다. 이렇게 해서 한 단어나 구절은 그 배후에 역사적 맥락을 지니고 있다. 그리하여 보이지 않는 이 무수한 인용부호는 한 낱말이나 어구를 후광처럼 싸고돌면서 하나의 연상대를 형성한다. 한 단어나 어구를 읽으면서 보이지 않는 이 무수한 인용부호를 의식한다는 것, 이것이 전통을 의식한다는 것이다. 엘리엇이 말하는 '역사의식'이라는 것도 결국은 이런 것이다. 독자를 강박하는 이 보이지 않는 인용 부호의 압력, 이것이 전통의 위력이다(유종호, 1995 : 31).

위의 내용은 고전문학 읽기 교육의 핵심적 내용을 잘 요약하고 있다고 생각한다. 이미 이종묵이 적절하게 논한 바 있듯이(이종묵, 1992), <관동별곡>은 關東의 절경을 가사라는 표현 양식을 통해 잘 보여주기도 하지만, 그와 유관된 과거의 문학 유습을 함께 즐긴다고 하겠다. '啓明星'이라는 시어를 통해 이백의 시를 연상토록 하고, 금강대에서 보이는 학을 묘사하면서 西湖主人 林逋의 고사를 끌어들이기도 한다. 이처럼 역사 전고에 의해 포개어져 표출되는 주제 의식은 화자의 두 의식 즉 戀君과 善政에의 의지와 신선류의 풍류 의식이 자연스럽게 합쳐질 수 있게 한다. 이런 시각은 '用事'를 단순한 어구 차용의 방법이 아니라 고사와 시적 상황을 관련지어 새로운 의경을 창출하는 발상의 방법이라 보는 시각과도 일치하며(서명희, 1999), 상황간의 유사성을 통하여 대상의 새로운 면모를 창안할 수 있다는 시각은 고전의 재창조라는 고전문학 교육의 해묵은 목적의 하나를 구체적으로 실현시킬 수 있는 좋은 방법의 하나로 여겨진다.

당대부터 우수한 작품으로 널리 인정되던 고전문학 작품이 오랜 세월을 거쳐 널리 향수되다가 현대에 이르러 그에 상응하는 대접을 받지 못하는 경우, 대개 그 작품의 미적 기반에 대한 맥락적 이해가 부족해서 생기는 경우가 일반적이다. 원래 조선 전기의 가사라고 하는 역사적 갈래 자체가 사대부들의 생활과 사고를 노래한 것인데, 그들은 특정한 역사적 사회적 계층이기에, 소위 '君恩'과 자신의 생활을 동떨어지게 사고할 수 없는 것이다. <관동별곡> 서사는 이런 점에서 아주 특징적이다.

江강湖호애 病병이 깁퍼 竹듁林님의 누엇더니,關관東동 八팔百빅里니
에 方방面면을 맛디시니,어와 聖성恩은이야 가디록 罔망極극ᄒ다.延연秋
츄門문 드리ᄃ라 慶경會회 南남門문 ᄇ라보며,下하直직고 믈너나니 玉옥
節졀이 알퓌 셧다.

여기서 보듯, 화자는 강호 자연과 關東을 별개의 공간으로 인식한다.
그 사이의 갈등 양상에 대해서는 이 문면만으로 파악하기는 곤란하나,
화자에게 있어 '關東'이라는 공간은 자신의 정치적 포부를 펼칠 수 있는
정치 현실로서 존재한다는 사실은 명백하다. 여기서 작자로 여겨지는 화
자는, 스스로가 江湖를 사랑하는 것이 깊은 병이라 하였으나, 왕명으로
부를 때에는 언제 그러한 말을 하였으랴 하리 마치 아무런 주저나 미련
없이 江湖를 떠난다.

때문에 여기서 현대의 학습자가 모순되게 느낄 수 있는 사실을, 작자
로 상정되는 사대부들은 모순으로 느끼지 않는다는 사실을 이해하는 것
이 중요할 수 있다. 이러한 이해는 사대부들의 정신세계를 지배하고 있
었던 유학 특히 성리학에 대한 전제적 지식이 필요하다. 때문에 <관동
별곡>에 대한 교육적 접근은 작자층인 사대부들에 대한 철학적 이해가
전제되거나, 작품 이해 과정을 통해서 작자와 작품에 드러난 사대부적
인간상의 이해가 동반되어야 한다는 생각이 타당하게 된다(한창훈, 2001 :
167~169).

때문에 이와 관련하여 '심미적 이성'이란 명제로 유명한 김우창의 독
특한 <관동별곡> 독법은 우리에게 문학교육과 관련하여 중요한 점을
시사한다. 그는 <관동별곡>의 땅 또는 산수는 심미적 기쁨의 체험인 동
시에 현실적 전체로서 또 형이상학적 전체로서 말해진다고 본다. 그것은

산수와 별들의 세계를 포함하는 우주와의 일체적 합일 속에 드러난다. 물론 이 전체성이나 합일은 신비적인 것이기도 하다.

仙션槎사룰 씌워 내여 斗두牛우로 向향ᄒ살가,仙션人인을 ᄎᄌ려 丹단穴혈의 머므살가.天텬根근을 못내 보와 望망洋양亭뎡의 올은말이, 바다 밧근 하놀이니 하놀 밧근 므서신고.ᄀᆺ득 노한 고래, 뉘라셔 놀내관디,블거니 씀거니 어즈러이 구는디고.銀은山산을 것거 내여 六뉵合합의 ᄂ리는 듯,五오月월 長댱天텬의 白빅雪셜은 므스 일고.져근덧 밤이 드러 風풍浪낭이 定뎡ᄒ거놀,扶부桑상 咫지尺쳑의 明명月월을 기ᄃ리니,瑞셔光광 千쳔丈댱이 뵈는 듯 숨는고야.珠쥬簾렴을 고텨 것고, 玉옥階계롤 다시 쓸며,啓계明명星셩 돗도록 곳초 안자 브라보니,白빅蓮년花화 ᄒ 가지롤 뉘라셔 보내신고. 일이 됴흔 世세界계 눔대되 다 뵈고져.流뉴霞하酒쥬 ᄀᆺ득 부어 둘ᄃ려 무론 말이,英영雄웅은 어디 가며, 四ᄉ仙션은 긔 뉘러니,아미나 맛나 보아 녯 긔별 뭇쟈 ᄒ니, 仙션山산 東동海희예 갈 길히 머도 멀샤.

이 지점에서 고신으로 이르던 화자의 모습은 어느덧 취선으로 변모한다. 관직으로 인한 여행은 끝나지만 남아 있는 정신적 에너지는 그것으로 충족되는 것이 아니다. 그리하여 화자는 우주 공간으로 배를 띄우고 떠나는 것을 꿈꾼다. 이에 여기서의 체험은 현실적 체험이면서 동시에 현세적이 아닌 신비의 체험으로 제시될 수 있다. 여기서 매개자가 되는 것은 화자가 보게 되는 고래의 물을 뿜어대는 광경이다. 고래는 그 동작으로 하늘과 땅을 연결한다. 현실이든 상상 속에서든 고래의 존재는, 하늘과 땅 또 바다를 하나로 묶어, 우주 공간을 포괄하는 것은 단지 자연 공간의 일이 아니라 동적인 정신적 움직임 또는 자기 초월의 변신이라는 것을 암시하는 것일 수 있다. 그러나 화자의 우주적 비전은 비전으로서 끝난다. 그것은 진정한 의미에서 신비의 세계로 떠나가는 것은 아니다. 화자가 우주적 비전으로 도약했다가, 그것을 하나의 꿈으로 돌리고 다시 가시적 세계로 돌아오는 것은 중요한 일이다. 그의 비전은 우주적 차원을 가지고 있음에도 불구하고 굳건히 땅 위에 자리하고 있는 것이라고 말할 수도 있다. 이것은 존재의 피안적 차원을 부정하는 사대부로서의 그의 입장으로 볼 때, 합당한 일이다(김우창, 2003 : 60~70).

필자는 김우창의 이런 독특한 독법에 대해 예상되는 각각의 반응이 곧 그들이 문학교육을 이해하는 토대를 보여줄 수 있다고 생각한다. 실증주의자들은 이런 감상에 일고의 가치도 부여하지 않을 것이고, 해석주의자들은 과도한 주관적 감상이라고 기피할 것이다. 그러나 필자는 김우창의 이런 감상 속에서, 퇴계 이황의 한시나 <도산십이곡>을 조금의 머뭇거림 없이 도학적 초월 의식으로 열심히 설명하던 漢文學者의 모습을 떠올린다. 모르긴 몰라도 아마 문학 비평가들은 이런 감상을 공감함은 물론, 또 다른 기발하고 독특한(?) 해석을 추가할 수도 있을 것이다. 여기서 이러한 언급을 굳이 인용하고 논의하고 있는 이유는, 그 결과가 어떻게 나오든지 간에 김우창의 시선이 작품에 드러나는 화자의 정신세계를 작품 문면과 이면을 동시에 고려하면서 따라가고자 하기 때문이다.

<관동별곡>의 화자는 고신으로 시작하여 취선, 적선, 진선으로 변화한다. 16, 17세기 사대부 시가에 간헐적으로, 그러나 무시할 수 없을 만큼의 비중을 띠고 나타나는 謫仙體驗은, 대개 화자가 천상의 세계에서 현실계로 내려 와서 선계를 그리워하는 구조를 가진다. 부정적인 정치 현실로부터 소외되어 나라를 걱정하고 임금을 그리워하는 심경을 천상계로부터 쫓겨난 謫仙體驗의 형식을 빌려 표현한 것이다. 그러나 이 경우 謫仙體驗은 謫仙意識으로만 나타나는 것이 아니라, 흔히는 천상의 옥황을 만날 수 없는 데서 오는 소외 의식을 동반하기도 한다(한창훈, 200

0 : 211).

그러나 <관동별곡>은 이런 謫仙意識이 眞仙으로 변모하며 새로운 시의식을 보여준다. 우리는 여기에서 <관동별곡>이 가지고 있는 시적 성취의 최고봉을 만날 수 있다. 특히 여기서 작자는 시에서는 흔치 않았던 꿈이라는 모티브를 설정하여, 화자에게 자신의 정체성을 독자들에게 드러내 보일 수 있는 기회를 제공한다. 꿈속에서 이루어진 대화를 통해 화자는 잃었던 자신의 정체감을 '眞仙'으로 분명히 하고, 자신의 임무를 "이 술 가져다가 사해예 고로 난화 억만 창생을 다 취케 밍글겠"다고 다짐하는 것이다.

5. <관동별곡> 해석의 문학교육적 의미

일찍이 김병국은 「가면 혹은 진실」이라는 논문에서, <관동별곡>의 우수성은 '가면과 진실'이라는 인간의 양면적 심리를 표현한데서 드러난다고 하였다(김병국, 1995). 여기서 가면은 관찰사라는 공인의 입장에서 가지게 되는 사회와 국가에 대한 의무로서의 얼굴로 일종의 대사회적 가면이라고 볼 수 있고, 진실이란 타고난 그대로의 인간으로서의 얼굴을 말하는 것으로 술을 마시고 이백과 사선을 동경하는 등 인간의 본래적 모습을 의미한다.

여기서 특이한 점은 화자의 두 가지 대립된 심리적 상태가 각각 산과 바다라는 이미지로 형상화되고 있다는 점이다. 산의 경치를 묘사한 부분들을 보면 백색의 이미지로 표현되어 있다. 백색의 이미지는 일반적으로 성스러움, 고결, 승화 등의 이미지를 가지는데 이는 나라를 걱정하는 마

음과 善政에의 포부 등 화자의 성스럽고 고결한 정신을 암시적으로 드러
내고 있는 것이다. 즉 이 부분에서는 위정자로서의 화자의 모습이 강조
된다.

그러나 화자가 바다로 나오게 되면 산에서는 일찍이 드러나지 않았던
인간 본연의 모습이 드러난다. 관찰사로서의 직무와 책임에 충실하려는
정신에서 전환되어 자유분방한 인간 본연의 정신을 표현하게 된다는 것
이다. 특히 '불거니 뿜거니 어지러이 구는 노한 고래'로 비유된 파도의
이미지에서 화자의 심리적 혼돈 상태에 갈등은 절정에 이른다.

이렇게 계속된 화자의 갈등은 흥미롭게도 꿈속에서 신선과 만남으로
써 해결된다. 꿈에 나타난 신선이 한 잔의 술을 권하며 '그대는 상계의
진선'임을 말해 준다. 상계라 함은 인간이 지향하는 것이고 술이라 함은
인간의 도취를 상정하는 것이다. 꿈에서 신선을 만나 그와 더불어 술을
마심으로서 갈등하던 화자의 양면성은 서로 어우러지고 결국 그 양면성
이 공존하는 것이 인간임을 확인하게 된다.

> 松숑根근을 베여 누어 픗줌을 얼픗 드니, 꿈애 흔 사룸이 날두려 닐온
> 말이, 그디롤 내 모루랴, 上샹界계예 眞진仙션이라. 黃황庭뎡經경 一일字주
> 룰 엇디 그룻 닐거 두고, 人인間간의 내려와서 우리롤 쏠오는다. 져근덧 가
> 디 마오. 이 술 흔 잔 머거 보오. 北븍斗두星셩 기우려 滄챵海히水슈 부어
> 내여, 저 먹고 날 머겨눌 서너 잔 거후로니, 和화風풍이 習습習습ᄒ야 兩
> 냥腋익을 추혀 드니, 九구萬만里리 長댱空공애 져기면 눌리로다. 이 술 가
> 져다가 四ᄉ海히예 고로 논화, 億억萬만 蒼챵生성을 다 醉취케 밍근 後후
> 의, 그제야 고텨 맛나 쏘 흔 잔 ᄒ쟛고야. 말 디쟈 鶴학을 투고 九구空공의
> 올나가니, 空공中듕 玉옥簫쇼 소리 어제런가 그제런가. 나도 줌을 씨여 바
> 다훌 구버보니, 기픠롤 모루거니 ᄀ인들 엇디 알리. 明명月월이 千쳔山산萬
> 만落낙의 아니 비쵠 디 업다.

상계의 진선이 하계의 적선이 되었고, 이제 다시 진선이 될 수 있다는 희망이 뒤섞이며 풍류의 흥취가 한층 고조된 장면이다. 그러나 화자는 결국 꿈에서 깨어 현실로 돌아오고, 꿈속의 진선은 학을 타고 상계로 돌아갔다. 여기서 우리는 화자의 내면적 욕구와 현실적 의무감이 겹쳐서 제시됨을 읽을 수 있다. 이처럼 작품이 진전되면서 결사에 이를수록, 화자는 자신의 현실적 위치를 확인하게 된다. 밝은 달이 온 세상을 비추고 있다는 마지막 시구는 화자의 현실에서의 자신감이 상징적으로 드러난 것이라 할 수 있다.

<관동별곡>이 이상 세계를 지향하되 거기서 멈추지 않고, 이 지향을 현실의 문맥으로 끌어내려 구체적으로 실현시키고자 하는 화자의 모습을 보여주는 것은 이 시기 다른 문학 작품들과 비교해 볼 때 대단히 특징적이다. 때문에 <관동별곡>에 나타나는 기행은 여타 기행과는 다르게, 구체적 여정에 따른 완상에 그치는 것이 아니라 화자의 내면 심리를 쫓는 내면의 탐색 과정이 될 수 있다. 때문에 필자는 기존의 권위 있는 해석들을 진지하게 받아들이면서도, 꿈속에 등장하는 신선을 화자의 이상을 현실적으로 실현시켜줄 수 있는 존재인 왕으로도 볼 수 있고, 혹은 화자 자신의 양면성과 분열상을 입체적으로 보여주기 위한 효과적인 장치로도 해석할 수 있다고 보는 것이다.

이런 측면에서 볼 때, <관동별곡>은 자아 성찰의 문제를 기행가사라는 외피를 빌려, 역설적으로 다루고 있는 진지한 인간성 탐색의 문학 작품이라고 할 수 있다. 이는 교육적으로 높은 가치를 담지하는 사항이 된다. 인간과 자연은 기본적으로 일정한 관계를 맺고 있다. 인간은 자연을 떠나서 존재할 수 없으며, 그 관계는 적대적일 수도 있고 그렇지 않을 수도 있다. 그런데 인간은 자연을 단순히 있는 그대로만 보지 않고 그것

에서 의미를 찾거나 부여한다. 이런 와중에 인간의 내면이 분열되어 그 갈등이 더욱 심각하게 되면서도, 그 과정에서 동시에 이루어지는 정신적이고 도덕적인 노력의 모습에 무한한 가치를 부여할 수 있다.

이처럼 <관동별곡>은 사물을 보는 또 다른 하나의 관점, 즉 자연과 인간을 구분하지 않고 내면적으로 깊이 결부시켜 파악하는 관점을 일깨워준다. 교육을 통해 문학으로 형상화된 언어를 경험한다는 것은, 객관적으로 존재하는 의미의 구조에 적응하는 것만이 아니라, 그것을 수용하여 성장의 내용으로 삼으며, 또한 그것으로 인하여 스스로 성장할 수 있게 하는 힘을 생산하는 것이다(이돈희, 1993). 때문에 그 고뇌의 결과가 '숭고'로 끝나든 '우아'로 끝나든, 이러한 과정에서 이루어지는 정신 행위에 대한 가치는 곧바로 교육적 가치로 환원될 수 있다. 문학을 포함하는 국어교육은 지식을 가르치는 교육이 아니라, 표현과 이해를 통하여 사람됨을 가르치는 교육이기 때문이다.

6. 결론

지금까지 대략적으로 살핀 것처럼, <관동별곡>의 화자는 강원도 관찰사로서의 임무와 강호 자연 속에서 풍류를 즐기고자 하는 인간 본연의 욕구 사이에서 갈등을 느낀다. 유교적 이념이 사회 전체를 지배했던 당시 시대적 배경을 고려해 볼 때, 강호 자연에 있다가 임금의 부름을 받고 관찰사라는 임무를 가지게 되었을 때에는 그만큼 큰 책임감을 가졌을 것이다. 또한 강호 자연 속에서 풍류를 즐기고자 하는 화자의 모습도, 퇴계 이황처럼 이 당시 권력에는 큰 관심을 갖지 않고 강호 자연에 묻혀 유유자적하며 일생을 보낸 사대부들이 많았다는 사실을 감안한다면 더욱 잘 이해할 수 있을 것이다. 이러한 갈등을 이해하는 것이 당대적 배경을 고려하면서 <관동별곡>을 감상해야 하는 이유이기도 하다.

그러나 한편으로 자신이 해야 할 의무와 하고자 하는 욕구 사이에서 갈등을 느끼는 것은 시대를 초월하여 사람이라면 누구나 가지고 있는 인간의 보편적 갈등이다. 그러므로 학습자들도 살아오면서 자기에게 주어진 책임과 욕구 사이에서 갈등을 겪었던 경험을 떠올려 보며 화자의 심경에 공감을 할 수도 있을 것이다. 그리고 나아가 자신의 경우에 이러한 갈등을 어떻게 해결해 나아갈 것인지를 생각해 보고, 작품 속 화자와 비교도 해 보면서 고전문학이 결코 먼 옛날의 이야기만은 아니라는 점, 현재의 삶과 통하는 보편성을 가지고 있다는 점을 깨달을 수도 있을 것이다.

고전문학의 교육은 그 작품이 생산되고 향유되었던 당대적 배경을 소거하거나 또는 그 고전이 오늘을 사는 우리들의 삶이나 정신 속에 어떻게 나타나는지 살피지 않은 채 작품 그 자체에만 매달려서는 안 된다. 즉 고전문학의 교육은 그 작품이 향유되던 당대의 삶과 정서를 이해하는 관점에서도 다루어지고 오늘의 삶을 이해하는데도 기여할 수 있는 방향으로 지도되어야 한다는 것이다. 때문에, 고전 작품의 다시 읽기는 그것이 하나의 의미체로 생성되고 존립하는 데 작용한 제 요인을 해석의 유효 요소로 인정하면서, 우리의 시각, 체험, 의식이 그것과 소통되도록 중재하는 데에서 찾아져야 할 것이다.

누군가를 이해한다는 것은, 그의 행위가 지닌 외부적 상황 관계와 내면적 모색·선택의 얽힘을 파악하고, 그것을 다시 사람살이의 개연성과의 상호 참조 속에 수용하는 것이다. 오늘날의 시인 작가들이 살과 피를 가지고 우리와 더불어 생각하며 살아가는 존재인 것처럼, 현재 우리와는 시간적으로 멀리 떨어져 있는 몇 세기 전의 문인들도 시대적 환경은 다르지만 마찬가지 삶의 짐을 그 시대의 화법으로 썼다는 것을 이해하는 것은 비상하게 흥미로우며 감명 깊은 교육적 체험이 될 수 있다(김홍규, 1999).

참고문헌

교육인적자원부, 『고등학교 국어(하) 교사용지도서』, 교육부, 2002.

김남형, 『조선 후기 근기 실학파의 예술론 연구』, 고려대학교 박사학위논문, 1988.

김대행, 『국어 교과학의 지평』, 서울대학교 출판부, 1995.

김대행, 『우리 시의 틀』, 문학과 비평사, 1989.

김병국, 「가면 혹은 진실－<관동별곡> 평설」, 『한국 고전문학의 비평적 이해』, 서울
　　　대학교 출판부, 1995.

김우창, 『풍경과 마음』, 생각의 나무, 2003

김흥규, 『한국 고전문학과 비평의 성찰』, 고려대학교 출판부, 1999.

류수열 외, 「우리 시대 문학교육은 어떻게 살고 있는가」, 『계간 문학과 교육』, 문학과
　　　교육 연구회, 2001 겨울.

박인기 외, 『문학을 통한 교육』, 삼지원, 2005.

서명희, 『用事의 언어 문화론적 연구』, 서울대학교 석사학위논문, 1999.

안휘준, 『한국회화사』, 일지사, 1980.

염은열, 『고전문학과 표현 교육론』, 도서출판 역락, 2000.

염은열, 「표현자료로서의 <관동별곡> 연구」, 『독서연구』 4호, 한국독서학회, 1999.

유종호, 『비순수의 선언』, 민음사, 1995.

이돈희, 『교육적 경험의 이해』, 교육과학사, 1993.

이종묵, 「<관동별곡>을 읽는 재미」, 『한국고전시가작품론』, 집문당, 1992.

이종묵, 「고전시가에서 用事와 點化의 미적 특질」, 『한국시가연구』 3호, 한국시가학회,
　　　1998.

정우봉, 『19세기 시론 연구』, 고려대학교 박사학위논문, 1992.

최규수, 『송강 정철 시가의 수용사적 탐색』, 월인, 2002.

최숙인, 『조선 후기 문학에 나타난 회화성 연구』, 이화여자대학교 박사학위논문, 1989.

한창훈, 『시가교육의 가치론』, 월인, 2001.

한창훈, 『시가와 시가교육의 탐구』, 월인, 2000.

제 9 장

〈구운몽〉의 서사 전략과 텍스트 읽기

―고전 읽기 방법의 재검토 측면에서―

전 성 운

순천향대학교 국어국문학과

1. 머리말

현재 고전 교육의 관건은 타자화 현상을 극복하는 것에 달려 있다. 고전 작품은 현재의 문화적 상황과 연속적이다. 그러나 고전 작품의 문화적 연속성이 교육 현장에서 발생하는 타자화 현상을 극복하게 할 수 있게 요건은 되지 못한다. 그 연속성을 부정할 수 없는 것과 마찬가지로 타자화 현상 역시 엄존하는 현실이다. 한마디로 고전 작품은 현재의 문화적 감각으로 쉽게 해석되거나 이해되지 않는다. 이는 현재적 경험의 문화적 배경과 고전 작품의 문화적 세계가 괴리되어 있음을 의미한다. 고전 작품은 점점 더 완전한 화석의 길에 접어들었다고 해도 그리 틀린 말은 아니다.

이는 고전 작품에 대한 개념적 해석과 평가가 지속적으로 진행됨에도 불구하고, 문화적 거리감을 좁혀 주지는 못하였음을 뜻한다. 고전 연구가 그 실체를 파악할 수 없는 상황과의 상상적 독백이 되는 경우가 빈발하고 있는 것이다. 이런 현상이, 고전 작품의 해석과 이해를 상징적 기호인 문자언어의 생산과 독해를 중심으로 진행했기 때문은 아니었는가 하는 반성을 할 필요가 있다. 현재의 지식 생산 체계는 상징적 기호를 대체할 입체화된 혹은 시각적 이미지 중심의 도상적(圖象的)·지표적(指標的) 기호의 생산과 독해의 문제가 중심이 된다. 이와 같은 상황은 고전 작품에 대한 연구와 교육 또한 작품의 주제나 구조적 측면에만 국한되지 말고 변화해야 함을 뜻한다. 고전 작품을 다양한 측면에서 조망하고 이를 통해 새로운 가능성을 읽어내야 하는 것이다.

그러나 고전 작품에 대한 연구 시각이나 연구 성과는 여전히 특정 국면에 편중되어 있다. <구운몽> 연구 역시 이와 다를 바 없다. 작가 연구나 문헌학적 연구와 같은 문학 외적 측면에 대한 연구를 논외로 하면 거의 대부분의 연구는 공사상(空思想)과 환몽구조를 해명하는 데 집중되어 있다. 요컨대 <구운몽>의 사상적 주제와 서사구조라는 측면만을 지속적으로 탐구하여 왔다.

물론 주제를 전달하는 문학 고유의 직접 전달 방식을 주목해야 한다는 비판도[1] 있었고, 기왕의 연구들이 서사장르로서 소설이 지닌 텍스트성을 사상(捨象)시키고 있다는 지적이[2] 있기도 했다. 그러나 이와 같은 지적 역시 문학 고유의 전달 방식에 대한 주목으로까지 나가지는 못했다. 연구의 초점은 동시대 독자와의 관계 속에서의 환기하고자 했던 문제의식은 무엇이었으며, 이를 담아내기 위한 텍스트로서의 <구운몽>의 성격을 고찰했을 뿐이다. 말하자면 <구운몽>이 환몽구조를 통해서 동시대 독자에게 환기하려는 문제의식은 무엇인가를 밝히려고 했을 뿐이다. 요컨대 <구운몽> 연구는 여전히 배경 사상과 관련된 주제나 문제의식 그리고 이를 전달하기 위한 장치로의 서사구조를 해명하는데 머물러 있다고 하겠다.[3]

---

1) 김병국, 「구운몽」, 『한국고전소설작품론』, 집문당, 1990, 249~250면.
2) 강상순, 「<구운몽>의 상상적 형식과 욕망에 대한 연구」, 고려대학교 박사학위논문, 1999.
3) 그간 <구운몽>의 기법이나 표현과 관련된 논의가 전혀 없었던 것은 아니다. 신재홍은 그간 연구가 주제와 배경 사상에 초점을 맞춰왔던 점을 반성하고 <구운몽>의 서사적 추동력을 탐색한 후에 이를 근거로 이념성을 설명하고자 했다. 그는 <구운몽>의 서사적 추동력이 속임수와 유머에 있다고 판단하고 이것이 어떤 이념적 기반에서 체현될 수 있었나를 서술하였다. 즉 서사의 전개 원리와 그것이 기반하고 있는 이념성을 밝히고자 하였다(신재홍, 「<구운몽>의 서술 원리와 이념성」, 『한국몽유소설연구』, 계명문화사, 1994, 341~375면).
   신재홍과 같이 <구운몽>의 서술 원리에 대한 것이 아니라 표현에 주목한 경우도 있었이와 같은 학계의 연구 경향은 <구운몽>의 교육에서도 그대로 이어졌다. <구운몽> 교육은 고어(古語)나 한자어의 개념을 훈고적(訓詁的)으로 해설하는 것과 구조, 배경사상, 주제에 대한 것이 교육 내용의 전부다. 이는 교과서에 <구운몽> 제16회가 실렸다는 점에서도 드러난다. 제16회는 성진이 양소유로서의 삶이 허무하다는 것을 깨닫고 꿈에서 깨어 크게 깨닫는 부분이다. 그렇기 때문에 제16회는 공사상의 핵심적 내용과 환몽구조를 분명하게 드러낸다. 이른바 제16회는 주제와 구조를 설명하기에 가장 적합한 장회이다. 결국 <구운몽> 교육은 제16회를 토대로 중심 배경 사상은 불교이고 주제는 공사상이며, 환몽구조를 취하고 있다는 점을 강조하여 교육하고 있을 뿐이다. 요컨대 <구운몽> 교육은 연구자들의 연구 경향과 성과를 그대로 받아들인 채 이루어지고 있다고 하겠다.

그러나 서사(텍스트)물로서 <구운몽>의 우수성은 주제와 구조에만 있는 것은 아니다. 건축물의 아름다움이 골조나 집의 용도에만 있는 것이 아닌 것처럼 말이다. 건물에 사용된 벽돌 하나하나의 아름다움과 그것을 쌓아가는 방식의 빼어남에 주목할 필요도 있다. 고전 작품 역시 서사(이야기)를 엮어내는 기교나 방식과 같은 서사 전략 또한 작품의 뛰어남을 보장하는 것이 된다. 마찬가지로 독자들은 작가의 세심한 배려와 기교를

다. 김종철은 <구운몽>에서 성진이 겪는 경험 세계와 각각의 세계를 표현하는 언어의 문제에 주목하였다. 그는 <구운몽>의 성진이 가치를 추구하는 과정과 조응(調應)하는 표현에 주목하여, '꿈에서 깨기 전까지의 낭만적 구상적 표현, 꿈에서 깬 후의 논증적 언어로 구사되는 표현 등을 지적하고 각각의 세계로 소설이 전개되는 과정의 배경 사상과 대사가 다르게 표현되고 있음을 밝혔다. 그간 그 누구도 주목하려 하지 않았던 표현의 아름다움을 주목한 논문이다. 다만 논문의 초점이 주제나 사상을 명확하게 파악하기 위한 방법으로 표현에 주목하고 있다는 점에서 논문의 초점은 여전히 주제에 대한 관심에 머물러 있다고 하겠다(김종철, 「<구운몽>의 세계와 그 표현」, 『한글』 226, 한글학회, 1994, 33~55면).

읽어냄으로써 작품을 읽는 재미를 더 잘 느낄 수 있다. 본고의 초점은 <구운몽>이란 작품에서 읽어낼 수 있는 기교나 방법 혹은 표현의 방식을 살피고자 하는 것이다. 그리고 이를 통해 현재의 독자들이 <구운몽>을 좀 더 즐겁게 읽고 이해할 수 있기를 바란다.

요컨대 본고는 환몽구조와 같은 <구운몽>의 서사 구조나 배경사상, 주제에 대한 일체의 고찰은 유보하고, 작품의 서사 전략이나 기법 그리고 그것이 주는 재미를 살피고자 한다.

2. <구운몽>의 서사 전략과 그 의미

<구운몽>의 서사 전략은 환몽 구조라는 거대한 틀 속에만 존재하는 것은 아니다. 환몽구조가 작품 전체를 지탱하고 있는 거시적 틀이라면, 작품에는 좀 더 미시적인 서사 전략도 존재하기 마련이다. 예컨대 서사가 진행되는 상황에서의 미시적인 배경과 사건, 인물에 주목할 필요가 있다. 이들이 어떤 맥락에서 창조되었고, 배치되었나를 살필 필요가 있다. 그래서 본 절에서는 <구운몽>에 등장하는 여러 인물과 사건, 배경을 중심으로 그것들을 어떻게 그리고 배치하여 이야기를 이끌어 가는가를 고찰하도록 하겠다. 이를 위해 배경을 설정하거나 인물을 창조하는 방식, 사건을 일으키는 방식, 서사의 진행을 위해 고려된 갖가지 장치나 기법을 살피도록 하겠다. 이런 고찰은 <구운몽>이 창작되어 유행하던 당시의 독자가 느꼈을 미감의 실체에 좀 더 가깝게 도달하게 할 것이며, 타자화된 고전 작품의 세계를 이해하는 유효한 방법이 될 것이다.4)

1) 배경의 설정과 그 방식

배경은 인물이 등장하여 사건을 벌이는 공간적·시간적 좌표이다. 인물의 형상과 사건의 내용은 배경에 따라 분위기와 의미를 가지게 된다. 그렇기 때문에 작가는 인물과 사건에 가장 적합한 배경을 설정하기 위해 고심한다. 그렇다면 <구운몽>의 배경 전환 방식은 어떠하며, 그 의미는 무엇인가? 먼저 작품 서두에서 배경인 남악 형산의 연화봉이라는 신성 공간을 어떻게 설정하고 있는가를 살펴보자.

> 텬ᄒᆞ의 일홈난 뫼히 다ᄉᆞ시 이시니 동은 굴온 동악 틱산이오 셔는 굴론 셔악 화산이오 가온디는 굴온 듕악 슝산이오 북은 굴온 북악 홍산이오 남은 굴온 남악 형산이니 이 닐온 오악이라 오악 듕의 형산이 뉴의 머니 구의산이 남녁히 잇고 동정회 북의 잇고 장강 믈이 삼면의 둘럿□ 일흔 두봉 가온디 다ᄉᆞᆺ 봉우리 ᄀᆞ쟝 놉고 놉흐니 츅늉봉과 ᄌᆞ개봉과 텬쥬봉과 셕뉴봉과 년화봉이라 샹ᄒᆡ 구름 속의 ᄃᆞ러 청명훈 날이 아니면 그곳을 보디 못ᄒᆞᆯ너라[5]

남악 형산의 연화봉을 공간적 배경으로 설정하기 위한 서술이다. 그런데 서술자는 단숨에 남악 형산을 공간적 배경으로 적시하지 않는다. 서술자의 눈은 동시대인의 인식으로 천하라고 여겼을 중국 전체를 조감하며 남악 형산의 위치를 찾아낸다. 동, 서, 중앙, 북, 남의 순으로 천하의 명산을 짚어낸 후에 마지막으로 남악 형산을 언급하면서 남악 형산이 가장 뛰어나다고 평가한다.

---

[4] 미시적 서사 전략의 모든 국면을 제한된 분량의 원고에서 모두 살피는 것은 불가능하다. 그러므로 여기서는 제1회와 제2회를 중심으로 <구운몽>의 서사 전략을 살피기로 하겠다. 그리고 필요에 따라 일부 전체적인 내용을 포함시키도록 하겠다.

[5] 서울대 국문본 <구운몽> 제1회.

서술자는 잠시 호흡을 고르고 다시 남악 형산 주변의 지리적 특성을 묘사하기 시작한다. 남쪽에는 구의산(九疑山)이 있고 북쪽에는 동정호(洞庭湖)가 있으며, 양자강 물이 남악 형산의 세 면을 휘감아 도는 형상을 지적하였다. 남악 형산을 중심으로 한 배산임수(背山臨水)의 지리적 특성을 보았다. 그러나 서술자의 시선은 남악 형산의 주변 공간에만 머물지 않는다. 서술자는 남악 자체로 시선을 모은다. 남악을 클로즈업하여 조감한다. 남악에 있는 일흔 두 개의 봉우리와 그 가운데서도 가장 빼어난 다섯 개의 봉우리를 언급하며 최후로 연화봉에 시선을 고정시킨다. 연화봉을 중심으로 확대를 계속하던 서술자의 시선은 연화봉에 고정되며, 연화봉이 항상 구름 속에 잠겨 있는 신비한 봉우리임을 언급하는 것으로 끝이 난다.

서술자는 시선은 오악을 기준으로 한 천하→남악과 그 주변 형세→남악의 72봉→연화봉의 순서로 옮겨가고 있다. 그와 같은 시선은 단순히 시선의 이동에 따른 것이 아니다. 오히려 현대 영화에서 흔히 볼 수 있는 것과 같은 기법 즉 카메라가 먼 우주 공간에서부터 사건 발생 지점까지 한 두 호흡으로 달려가는 기법과 흡사하다. 천하에서 남악 형산을 찾아 멈춘 후 남악 형산과 그 주변을 보고 다시 일흔 두 봉 가운데서 연화봉을 찾아내고 있다. 작가는 먼 곳에서 가까운 곳으로, 불명확한 상태에서 명확한 상태로 전체적인 위치에서 구체적인 곳으로 이동하며 배경을 그려내고 있는 것이다. 그렇다면 시간적 배경을 설정하는 방식은 어떠할까? 다음을 보자.

태죄(禹의 오기, 필자 주) 홍슈롤 다스리고 형산의 올나 비롤 세워 공덕을 긔록ᄒ니 하늘 글의 구름 던지 이시니 쇼쇼히 완연ᄒ야 진티 아녓

고 진시절 녀션 위부인이 도를 어다 하늘 벼슬을 ᄒᆞ여 션관옥녀를 거ᄂᆞ
려 형산을 진정ᄒᆞ야시니 닐온 남악 위부인이라 녜로브터 오므로 녕훈 쟈
최와 긔이훈 일을 이로 긔록디 못ᄒᆞᆯ너라 당시절의 셔역 즁이 텬츅국으로
브터 듕국의 드러와 형산의 ᄲᅡ혀난 줄을 사랑ᄒᆞ여 연화봉 아러 초암을
짓고 대승법을 강논ᄒᆞ여 사룸을 가르치고 귀신을 졔도ᄒᆞ니 교홰 크게 힝
ᄒᆞ여 모다 닐오디 산부톄 세상의 낫다 ᄒᆞ여 가음연 사룸은 지믈을 너고
가난훈 사룸은 힘을 드려 큰 졀을 지으니6)

시간적 배경을 설정하는 서술자의 기술은 아득한 신화의 시대에서부
터 시작된다. 우의 치수가 이루어진 순(舜)의 시대에서 위부인이 신으로
좌정한 진(晉)으로, 그리고 서역에서 온 중이 절을 개창하는 당(唐)으로
시대는 내려온다. 우주에서 연화봉으로, 공간을 보는 시선이 하강하듯이
시간 역시 태고에서 당으로 하강하고 있다. 사건 발생이 가능한 구체적
시간 속으로 점점 진입해가고 있다. 태고적 시간에서 분명한 역사적 시
간으로 나아가고 있다.

그러나 이와 같은 역사적 시간의 순차적 제시가 단순히 시대의 나열
적 순차적 기술이라고 할 수는 없다. 연화봉이란 구체적 공간과 만나는
각 시대는 그 시대의 가장 특기할만한 일이나 신이한 사건의 기술과 공
간과 함께 제시된다. 연화봉은 요순 시대에 이루어진 우의 치수라는 신
화적 사건을 증빙할 공덕비가 있다. 그 공덕비는 하늘 글(=天文)과 구름
같은 던지(篆字)가 새겨진 채 여전히 남아 있어 연화봉이 신령스런 공간
임을 보증한다. 이것은 진 시대를 기술하는 내용 역시 이와 마찬가지다.
진 시대에는, 남악에 그 지역을 관장하는 지역신으로 위부인을 모셨고,
이로써 신령스럽고 기이한 이적(異蹟)이 무수히 발생하게 되었다. 이것은

---

6) <구운몽> 제1회.

남악이 내려오는 신령스런 공간이었음을 강조하는 것이다. 특정 시대와 결합한 공간의 신성성은 <구운몽>의 구체적 사건이 발생하는 당(唐) 시대에도 그대로 이어진다. 국제적인 성향의 당 시대답게 서역으로부터 이국의 승려가 들어온다. 그는 대승법(大乘法)을 강론하여 귀신과 사람을 제도할 뿐만 아니라 많은 이적을 행한다. 당은 불교가 융성하고 달마 이래 선불교가 발달했을 뿐만 아니라 화려하고 낭만적 성향이 강한 국제주의적 성향의 국가이다. 당대(唐代)나라야말로 양소유의 낭만적 성취가 현실과 어긋나거나 갈등하지 않는 가장 적합한 시대인 셈이다. 이와 같은 시대에 육관대사의 이적에 교화를 받은 사람들은 그를 '산부톄'의 재생으로 인식하고, 재물과 노동력을 제공하여 연화봉 아래에 장려(壯麗)한 절을 개창하게 된다.

<구운몽>의 서사가 발생하는 공간적 시간적 배경은 바로 이 지점이다. 천하의 명산 가운데서도 가장 신령스럽고 풍광이 빼어난 형산이란 공간적 배경과, 시대마다 신령스런 자취를 간직한 채 낭만적인 분위기의 당 시대에까지 이어지는 시간적 배경이 교차하는 지점에서 성진이라는 환상적 인물이 창조되고, 양소유라는 인간이 탄생하게 되는 것이다. 그러나 남악을 신령스런 공간으로 받아들여질 수 있던 것은 작가의 세심한 배치에 의한 것만은 아니다. 실제 세계에서도 남악은 오악 가운데 가장 신령스런 산으로 인식되었다.

요컨대 신령스럽고 이적이 많은 현묘한 산이라는 실제적 인식에 작가의 세심한 배려가 결합하여 남악 형산이라는 신성 공간이 설정된 것이다. 이렇게 설정된 사건 배경은 그 신령스러움에 걸맞을 정도로 장려하게 그려진다.7) 멀리서 봤을 때, 동정호를 향하여 열려 있는 절의 문과 적사호에 박혀 있는 것처럼 보이는 기둥은 그 웅장함을 잘 드러내고 있

다. 이와 같은 기술이 연화봉 도장이 남북에서 가장 뛰어나다는 기술을 진실된 것으로 받아들이게 한다.

작가가 앞으로 전개될 사건을 고려하고 세심하게 배려하여 시공간을 설정한 예는 허다하다. 다음에 인용한 성진과 팔선녀의 만남이 이루어지는 장면의 경우도 그렇다. 팔선녀는 위부인의 명을 받아 연화도장으로 심부름을 온다. 그녀들은 모처럼 외출하게 된 좋은 기회에 연화봉을 구경하고, 자신들이 구경한 것을 동료들에게 자랑하려고 한다.

> 날호여 거러 절정의 올나 폭포 근원을 구버보고 믈줄을 조차 도로 나려 셕교의 다드르니 이쩨 졍히 츈삼월의 온갖 쏫치 골의 ᄀ득ᄒ여시니 글근 안기 씨인듯ᄒ고 새즘싱의 빅가지 소리 싱황을 쥬ᄒ는듯ᄒ니 봄긔운이 사롬의 ᄆᄋᆷ을 티탕킈ᄒ더라 팔인이 다리 우희 안쟈 믈을 구버보니 여러 골 믈이 교하의 모다 너론 딩담이 되여 차고 믈그미 광능 짜 보미예 거울을 새로 닷근 듯ᄒ니 프론 눈섭과 블근 단쟝이 믈 속의 쩌러져 마치 혼 폭 쥬방의 미인도ᄀ더라 팔인이 그림재롤 희롱ᄒ며 스스로 스랑ᄒ여 능히 쩌나지 못ᄒ여 뫼날이 댱츳 져므는 쥴을 씨둣디 못ᄒ더라[8]

인용문은 팔선녀가 연화봉 경치를 구경하는 내용이다. 팔선녀는 천천히 걸어 연화봉 꼭대기 올라 폭포의 발원지를 구경한다. 그리고 다시 물줄기를 따라 산을 내려 와 골짜기에 도달한다. 그 골짜기는 온갖 꽃이 흐드러지게 피었고, 새들이 우는 소리가 아름다운 음악처럼 울려 퍼지고 있었다. 꽃과 새들이 가득한 봄기운을 한껏 즐기고 있는 공간이다.

---

7) 절문은 동졍 쓸히 여럿고 법당 기동은 젹사회예 박혓고 오월의 찬 바람은 브텨의 쎼닝ᄒ고 여섯 쩌 하놀 풍뉴는 향노의 동회ᄒ니 연화봉 도댱이 거록ᄒ니 남북의 웃듬이 되엿더라(<구운몽> 제1회).

8) <구운몽> 제1회.

팔선녀는 위부인의 궁궐이라는 제한된 공간에서 생활해야만 했다. 이 것은 제약이고 구속인데, 위부인의 심부름은 그 제약과 구속에서 일시적 으로 벗어날 기회를 제공한 것이다. 팔선녀는 갑자기 찾아온 자유를 만 끽하고자 하며, 봄기운이 가득한 골짜기에서 해방감은 한껏 고양된다. 이들은 일상적 억압에서 일시적으로 해방의 상태를 맞은 셈이다. 이들이 누리게 된 자유와 해방의 심리는 연화봉을 오르고 폭포 물줄기를 따라 내려오며 고양되며, 붉은 꽃이 가득하고 온갖 새소리가 우짖는 봄기운 가득한 골짜기에서 절정에 달하게 된다.[9] 팔선녀는 연화봉 골짜기에 가 득한 봄기운에 잔뜩 취했으며, 이는 "봄긔운이 사롬의 ᄆᆞ옴을 티탕"케 하였다는 표현으로 집약된다.

봄기운에 마음이 흔들린 팔선녀는 새삼스럽게 스스로에게 주의를 돌 린다. 여러 계곡의 물이 한 곳에 모여 맑은 연못을 이루었는데, 연못 위 에는 돌다리가 놓였다. 팔선녀는 돌다리 위에 앉아 못물에 비친 자신들 의 모습을 본다. 짙푸른 눈썹과 붉게 단장한 자신들의 아름다운 얼굴을 비로소 발견하게 된 것이다. 팔선녀는 돌연히 깨닫게 된 자신들의 아름 다운 모습을 아끼고 사랑하여 돌다리에서 떠나지 못한다. 그들은 그동안 위부인의 궁궐이라는 금욕적이고 제한된 신성 공간에 갇혀 젊고 아름다 운 자신들의 실체를 제대로 인식하지 못했다. 그러나 봄기운에 잔뜩 흔 들린 마음으로 아름다운 자신의 모습과 대면함으로써 자신이 욕망하는 것이 무엇인지를 어렴풋하게 알아채게 된다. "연화도장으로 외출 → 연 화봉의 풍경 구경 → 골짜기의 봄기운 체험 → 석교 위의 정경"으로 이어

---

9) 김종철은 위 인용 부분을, 연화봉의 봄을 감각적으로 그린 것으로 이를 통해 팔선녀 자 신들이 청춘의 환희를 즐길 수 있는 존재임을 느끼게 된다고 하였다(김종철, 앞의 논문, 37~38면 참조).

지는 일련의 시공점 전환 과정에서 이성과 청춘에 대한 욕망이 발생하게 되는 것이다.

그렇다면 성진의 경우는 어떠한가. 성진의 경우도 팔선녀와 방불한 시공점의 전환 과정을 겪는다. 육관대사의 심부름으로 수부에 간 성진은 용왕의 강권으로 술을 마시게 된다. 계율을 지키려는 성진의 의지를 용왕의 관곡(寬曲)한 정이 꺾어버린 것이다.

성진이 왕의 괴로이 권ᄒᆞ믈 벙으리왓디 못ᄒᆞ여 년ᄒᆞ여 세 잔을 먹고 농왕긔 하딕ᄒᆞ고 바람을 타고 년화봉으로 도라올시 뫼 아러 니르러는 스스로 ᄯᅵ드르니 술긔운이 올나 낫치 달호이거놀 ᄆᆞ음의 싱각ᄒᆞ디 만일 낫치 븕으면 스뷔 고이히 너겨 칙디 아니ᄒᆞ리오 ᄒᆞ고 즉시 니믈의 나아가 웃옷슬 벗고 두 손으로 믈을 우희여 낫츨 ᄲᅵᆺ더니 홀연 긔이ᄒᆞᆫ 내 코을 거스려 향노 긔운도 아니오 화초 향닉는 아니로디 사름의 골속의 스ᄆᆞᆺ챠 정신이 진탕ᄒᆞ여 가히 형언치 못ᄒᆞᆯ너라 성진이 싱각ᄒᆞ디 이 믈 상뉴의 므슨 곳치 피엿관디 이런 이향이 물의 품겻난고 다시 의복을 정졔히 하고 믈을 조차 나려오더니[10]

연거푸 석 잔을 마신 성진은 술기운이 오른 얼굴로 용궁을 떠난다. 그리고 자신이 주계를 범한 것을 감추기 위해 냇가로 나가 웃옷을 벗고 얼굴을 씻는다. 성진의 움직임을 따라 변화되는 배경은 사뭇 자연스럽게 받아들여진다. 용궁에서 연화봉 골짜기 입구로의 동선 이동은 이것이 작가의 의도적 장치에 의한 것임을 짐작할 수 없을 정도로 매끄럽다.

이후의 배경 전환 역시 마찬가지다. 계곡물에 얼굴을 씻던 성진은 물에 밴 기이한 냄새를 따라 상류로 거슬러 올라간다. 성진은 기이한 냄새

---

10) <구운몽> 제1회.

를 맡고 야릇한 홍분에 빠져 상류로 거슬러 올라가는 것이다. 성진을 이 끄는 것은 향로 기운도 아니고 꽃 냄새도 아닌 그 무엇, 바로 여자의 체취다. 처음 느껴보는 이성의 체취는 성진으로 하여금 "골속의 스믓챠 정신이 진탕"해지게 한다. 이와 같은 상황에서 이향(異香)을 좇아 물을 거슬러 올라가는 성진의 행동은 독자에게 낭만적 홍취를 느끼게 한다.

작가는 용궁에서 계곡 어귀 그리고 석교로 이어지는 일련의 배경 전환 과정에 술과 향기 그리고 여인을 배치함으로써 자연스럽게 이어질 수 있도록 하였다. 술과 여인의 향기로 맑고 깨끗한 젊은 수도자의 마음에 이성에 대한 관심이 스며들 수 있도록 배려한 것이다. 평소라면 이성에 대한 관심이나 계율에서 벗어난 행위를 하지 않았을 것이다. 그러나 연속적으로 배치된 일련의 장치 덕분에 성진은 세속적 욕망의 눈을 뜨지 않을 수 없었다.

작가는 카메라의 렌즈를 조정하는 것과 유사한 방식으로 독자의 시선을 멀리서 혹은 가까이로 이끌며 가장 이상적인 배경을 찾아내기도 하고, 인물의 심리 상황의 변화와 긴밀하게 연관된 배경을 만들어내기도 한다. 여기서 배경이 인물의 심리 상황보다 중요한 것도 아니고 역으로 인물의 심리 상황을 조성하기 위해서 억지를 배경을 전환시킨 것도 아니다. 상황에 맞는 배경과 인물을 배치한 것이다. <구운몽>의 우수성은, 바로 배경 설정이 만들어내는 분위기 또는 배경과 인물 심리 변화의 절묘한 결합에서도 찾아 볼 수 있다.

2) 인물 창조의 방식

작가의 세심한 배려는 인물의 창조에도 내재한다. 작가는 서사 진행에 어울리는 배경을 창출하기 위해 시선을 조절하고, 인물 심리와 일치된 상황을 조성한 것처럼 인물 개개인이 갖고 있는 이미지와 작품의 서사 전개를 일치시키려 했다. 이는 인물 형상화를 위해서 다양한 문학적 전고를 활용한 것과[11] 등장인물의 명명 방식에서도 확인할 수 있다.[12]

먼저 인물 창조의 방식과 관련된 다채로운 명명(命名)의 방식을 보기로 하자. 사건의 진행과 작품의 주제를 암시하는 명명 방식의 대표적인 예는 성진, 양소유, 육관대사 등이다. 주인공은 성진(性眞)과 양소유(楊少遊)란 두 개의 이름으로 그려진다. 성진은 견성(見性)과 진리(眞理)를 가리키는 '진정한 깨달음'이란 의미를 지니고 있으며, 양소유(楊少遊)는 성적(性的) 풍류와 애정을 상징하는 버드나무(楊)와 잠깐 인간 세상에 나가 노닌다(少遊)의 의미를 지니고 있다. 그리고 육여화상(六如和尙) 혹은 육관대사(六觀大師)는 인생을 여섯 가지에 비유한다는 육유(六喩)를 의미한다. 즉 세상의 모든 것이 꿈, 환상, 물거품, 그림자, 이슬, 번개와 같이 덧없음을 비유적으로 이르는 말이다. 그러므로 성진, 양소유, 육여화상 혹은 육관대사란 명명과 이들 사이의 관계만으로도 작품의 주지를 읽어낼 수 있다. 요컨대 잠깐 동안의 풍류로운 노닒을 통해 육여의 진리를 견성케 하는 내용임을 짐작할 수 있는 것이다. 이는 이름을 통해서 사건의 진행을 암시하고 주제를 노출시키는 중의적(重意的) 수법이라 하겠다.

다음으로 명명에 문학적 비유나 혹은 역사적 전고를 동원하여 사건의

---

11) <구운몽>에 등장하는 인물 형상을 창조하기 위해 활용된 여러 문학적 전고에 대해서는 필자의 다음 논문을 참고할 수 있다. 그러므로 여기서는 이와 관련된 측면은 논의를 생략하도록 하겠다(전성운, 『한・중소설 대비의 지평』, 보고사, 2005, 186~195면).

12) 등장인물의 이름이 지닌 중의적 의미를 밝힌 연구 성과가 적지 않다. 그러나 이와 관련된 기왕의 연구 성과를 매거하진 않았다. 다만 이들 인물 형상이 지닌 작품 내적 의미에 대해서는 다음의 논문을 참고할 수 있다(전성운, 『조선후기 장편국문소설의 조망』, 보고사, 2002, 193~215면).

진행을 암시하는 경우가 있다. 계섬월(桂蟾月)은 계수나무, 두꺼비, 달이란 서로 다른 대상을 지칭한다. 그러나 이들은 또한 동일한 대상을 비유하는 단어이기도 하다. 계수나무는 달에 있는 나무이기 때문에 계화(桂花), 계지(桂枝)는 모두 달을 비유적으로 일컫는 단어가 된다. 또 계화와 계지는 가장 뛰어난 글을 지은 사람을 가리킨다. 그래서 계수나무 가지를 꺾는다는 계절일지(桂折一枝) 혹은 절계(折桂)[13]는 과거 급제를 비유하는 말로 항상 사용되었다. 월전(月殿)과 섬궁(蟾宮)도 마찬가지다. 이들은 모두 달을 비유하는 말이며, 달의 궁전에 오른다(=登月殿蟾宮)는 것 역시 과거 급제를 비유하는 것이다. 그러나 이것이 작품 내에서 단순히 과거 급제만을 의미하지는 않는다. 양소유가 낙양 선비들의 시회(詩會)를 기화로 계섬월과 결연을 이루는 것을 의미하기도 한다. 즉 절계(折桂)는 계섬월을 꺾다는 의미로 섬월과 양소유의 성적 결합을 가리키는 말이다. 또한 월전과 섬궁에 오른다는 것은 양소유가 섬월의 육체 위로 오르는 것을 가리키는 말로 그들의 성적 결합을 지칭하는 것이 된다.

요컨대 계수나무, 두꺼비, 달을 가리키는 계섬월이란 이름은 문학적 전고에 근거한 명명 방식이면서 양소유가 계섬월과 결연을 이룬 후에 장차 과거에 급제할 것이라는 복선 역할을 한다.

가춘운(賈春雲)의 경우, 앞서 살핀 것과 같은 명명의 방식 이외에 말재롱에 근거한 명명의 양상이 드러난다. 가춘운의 인물 형상은 기본적으로 <무산신녀고사(巫山神女故事)>의 신녀와 <재귀기(才鬼記)>나 <유신완조고사(劉晨阮肇故事)>의 귀신 여자의 이미지가 결합하여 이루어졌다. 춘운이 처음에는 신선의 모습을 하고 후에는 귀신으로 분장하여 양소유를

---

13) 白居易, <喜敏中及第偶示所懷>, "自知群從爲孺少 豈料詞場中第頻 桂折一枝先許我 楊穿三葉盡驚人".

속인다. 그녀는 양소유에게 자신은 요지왕모(瑤池王母)의 시녀였고, 양소유는 상청선자(上淸仙子)였다고 말한다.14) 이와 같은 내용은 춘운(春雲)이란 이름에서도 확인된다. 춘운은 '봄'과 '구름(雲)'의 의미가 결합된 이름이다. 이름에 봄(=春)이란 글자가 들어간 것은 그녀가 봄기운을 이기지 못하고 낮잠을 잔 것에서 시작되었기 때문이다. 춘운이 신에 수를 놓다가 봄기운을 이기지 못하여 수틀에 기대어 조는 것을 본 정경패가 그녀의 시를 읽고 이를 계기로 양소유와 춘운은 결연할 수 있게 된다. 봄기운이 빌미가 되어 양소유와 춘운의 결연이 발생했기 때문에 '봄'을 이름에 넣은 것이다. 그리고 이름에 구름(雲)이 들어간 것은 무산신녀의 이야기와 관련된다. 즉 아침에는 구름이 되고 저녁에는 비가 되어(=朝雲暮雨) 초(楚) 양왕과 만남을 이룬 것에서 차용한 글자인 것이다.

그런데 여기서 주목되는 것은 춘운의 성(姓)과 관련된 수법이다. 그녀의 성으로 채택된 가(賈)는 양소유와 그녀 사이에서 벌어질 사건의 요체를 그대로 암시하고 있다. 춘운과 양소유의 결합은, 과거 자신이 속았던 수치를 갚고야 말겠다는 정경패의 의도가 개입하여 이루어졌다. 속임수가 양소유와 춘운의 결합에 작용하는 중요한 사건이 되는 것이다.15) 여기서 가춘운의 성씨 가(賈, jia)란 글자가 거짓말을 의미하는 가(假, jia)와 발음이 같다는 사실에 주목할 필요가 있다. 즉 가(假)와 음이 같은 가(賈)란 글자를 활용해서 춘운의 성을 삼고 이로써 사건 진행을 암시하고 있는 것이다.16) 이는 동음을 이용한 언어 유희를 명명에 활용한 것이다.

---

14) 妾本瑤池王母侍女 郎君卽上淸仙子(<구운몽> 제5회).

15) 서사 진행과 속임수의 관계는 신재홍의 논문에서 잘 밝히고 있다(신재홍, 앞의 논문 참조).

16) 우리 소설은 아니지만, <금병매>나 <홍루몽>의 경우에도 발음이 같은 것을 빌려 주인공의 이름을 짓는 방식이 존재한다. 즉 반금련의 금련(金蓮), 이병아의 병아(瓶兒)는 모두 성적인 상징물이며, 가보옥의 가(賈)는 가(假)를, 임대옥의 임(林)은 죽림(竹林)을

<구운몽>에는 이와 같이 다중적인 의미를 지니도록 인물을 명명하는 방식이 너무 많아 하나하나 열거하기 힘들 정도다. 예컨대 퉁소를 잘 불었던 소사(簫史)와 농옥(弄玉)의 결연이라는 전고에서 이소화(李簫和)란 이름이 지어졌다. 이것은 양소유와 이소화가 퉁소를 매개로 결연함을 드러내기 위한 장치다. 후에 그녀가 사는 궁(宮)의 이름이 봉소궁(鳳簫宮)이 된 것도 또한 이 때문이다. 그리고 백능파(白凌波)의 이름은, 춤을 추면 물위를 걷는 신선과 같았기 때문에 별호를 능파선자(凌波仙子)라고 했다는 전당(錢塘), 고포(菰蒲)의 여자에 대한 고사에서 따온 것이다. 백능파가 머물던 처소의 이름이 빙설각(氷雪閣)인 것도 이와 관련된다. 이외에도 전단(栴檀)과 영락(瓔珞)이란 불가의 보배로운 물건에서 이름을 딴 양소유의 두 딸 이름 등도 작품의 성격이나 등장인물의 성향을 암시하는 명명법의 예라 하겠다.17)

요컨대 <구운몽>은 등장인물의 형상과 관련된 명명, 사건의 진행과 관련된 명명, 문학적 혹은 역사적 전고를 활용한 명명, 말재롱에 가까운 발음이나 의미의 동일함에 근거한 명명의 방식 등을 활용한 다양한 명명의 방식을 보인다. 이와 같은 명명은 모두 사건의 진행 방향을 암시하고 독자로 하여금 작품 이해의 정도를 높이는데 기여한다. 뿐만 아니라 독자는 명명의 공교함이나 기발함 혹은 전고의 해박함에 감탄하게 된다. 독자는 다양한 명명의 방식을 활용한 서사 전략에 빠져들게 되는 것이다.

설보채의 설(薛)은 설(雪)을 중의하고 있으며 우씨(尤氏)의 우(尤)는 우물(尤物)을 가리키는 명칭이다.

17) <구운몽>에 등장하는 인물의 명칭, 지명 창작 방식과 관련해서는 다음의 책을 참조할 수 있다(지연숙, 『장편소설과 여와전』, 보고사, 2003, 289~318면).

3) 서사 진행과 배치

앞서 살핀 것처럼 <구운몽>은 배경을 설정하고 인물을 창조하는 데 있어 세심한 배려를 했다. 마찬가지로 서사 진행을 위한 여러 방법과 장치들에서도 작가의 주도면밀함이 발견된다. 여기서는 이와 관련해서 장회를 나누는 방식과 삽입시의 배치 방식을 살피고 그것이 가지는 의미는 무엇인가 하는 점을 살펴보도록 하겠다.

먼저 <구운몽>에 나타난 분회의 방식과 그것이 지닌 의미를 보도록 하겠다. 이를 위해 우선 제1회 끝부분을 보도록 하자.

> 셩진이 이후ᄂᆞᆫ ᄇᆡ 고프면 울고 울면 젓 먹이니 처음은 ᄆᆞᄋᆞᆷ 속의 남악 년화봉을 잇디 아니ᄒᆞ더니 졈졈 자라 부모의 은졍을 아니 젼ᄉᆡᆼ 일은 망연이 잇고 ᄉᆡᆼ각디 못ᄒᆞᆯ너라 쳐시 ᄋᆞᄌᆞ의 골격이 쳥슈ᄒᆞ믈 보고 머리ᄅᆞᆯ ᄡᅳ다듬아 ᄀᆞᆯ오ᄃᆡ 이 아ᄒᆡ 벅벅이 하늘 사ᄅᆞᆷ으로 젹강ᄒᆞ여 도다 ᄒᆞ고 일홈을 쇼유라 ᄒᆞ고 ᄌᆞᄅᆞᆯ 쳔녀라 ᄒᆞ다 인간 셰월이 믈디나ᄃᆞᆺᄒᆞ여 쇼유의 나히 십셰 되니 얼골은 옥으로 다ᄉᆞ린 ᄃᆞᆺᄒᆞ고 눈은 새ᄇᆡᆨ별ᄀᆞᆺ고 댱이 크게 일고 디혜 사ᄅᆞᆷ의게 디나니 쳐시 뉴시ᄃᆞ려 왈 ᄂᆡ 본ᄃᆡ 셰상 사ᄅᆞᆷ이 아니라 그ᄃᆡ로 더브러 진셰의 인인이 잇ᄂᆞᆫ 고로 오래 이 ᄡᅡ히 머므더니 … ᄆᆞᄎᆞᆷᄂᆡ 집의 도라오디 아니ᄒᆞ니라[18)]

인용한 부분은 <구운몽> 제1회로 "노존ᄉᆞ남악강묘법 쇼사미셕교봉선녀"라는 회목(回目)이 붙은 부분이다. 그런데 여기서 주목해서 살펴야 할 것은 분회의 지점이다. 서사 진행상 제1회의 끝은 성진이 양소유로 태어나 자라면서 남악 연화봉 일을 온통 잊게 되었다는 부분, 또는 양처사가 아들의 이름을 소유라 짓고 자를 천려라고 했다는 부분에서 끝이

18) <구운몽> 제1회.

나야 마땅하다. 그런데 실제 분회가 이루어진 부분은 그보다 뒤다. 여기에 양처사가 집을 떠나는 내용이 덧붙여진 이후 끝이 맺어진다. 작게나마 완결된 이야기에 무엇인가 새로운 사건을 덧붙이고 분회를 하는 양상이다.

이것은 제2회의 분회가 이루어지는 부분을 봐도 마찬가지다. 양소유는 낙양에 도착하여 연거푸 술을 마신 후 좀 더 좋은 술을 찾아 천진교로 가는 장면에서 제2회가 끝이 난다. 서사 진행의 측면에서 보자면, 제2회의 끝은 양소유가 어머니의 훈계를 받고 과거시험을 보기 위해 길을 떠나는 장면에서 끝나는 것이 자연스럽다. 그런데도 굳이 낙양에 도착해서 몇 잔의 술을 마시고 다시 천진교가 주루를 찾아 떠나는 장면에서 끝을 맺고 있다. 이 역시 새로운 사건을 시작한 연후에 제2회를 맺고 있는 양상을 보인다. 독자들이 무슨 일이 발생할 것인가 하는 호기심이 생기면 분회가 이루어지고 있다. 다음의 인용을 보자.

> 일찍이 사가(史家)의 여러 연의서(演義書)를 보니 그 말을 세우고 드리운 것이 모두 부과하여, 실제로는 거짓인데 이를 잘 다듬어서 없는 것을 가지고 늘였다. 그 일을 나누어 그 제목을 따로 붙이고, 앞의 일을 끝맺기 전에 다시 하회(下回)를 일으켰다. 이는 모두 사람의 눈을 끄는데 이롭게 하고 사람을 기쁘게 하는데 도움이 되게 하려는 것이다. <천군연의> 한 책은 누가 지은 것인지 알지 못한다.[19]

<천군연의>에 붙인 정태제의 서문이다. 정태제는 여기서 연의소설의 내용이 허구적이라는 점, 장회의 형식을 지닌다는 점, 장회로 구분한 이

---

19) 嘗見史家諸書演義 其立言遺辭 皆是浮誇 實虛而修之 有無而張之 分其事而別其題 未結於 前尾 而更起於下回 盖欲利於引目 而務於悅人也 天君演義一書 不知何人所小作也 정태제 「천군연의 서」(김광순 편, 『현토천군연의』, 형설출판사, 1982).

유는 독자의 눈을 끄는데 매우 유효한 방법이기 때문이라는 점 등을 지적하였다. 즉 연의소설이 "일을 나누어 각기 제목을 붙이고 앞의 사건을 채 끝맺기도 전에 다음 회를 시작하는 체제"를 갖추었다고 말하고 있다.

이와 같은 정태제의 발언은 <구운몽>의 분회 방식과 지점에서 발생하는 의문을 해소해준다. 일반적인 시각에서 판단하면 새로운 사건은 새로운 회에서 시작되어야 할 듯하다. 그런데도 <구운몽>의 작가는, 굳이 이를 앞 회의 끝부분에 배치해두었다. 이것은 정태제가, 연의소설은 분회(分回)할 때, 한 사건이 완전히 끝난 지점에서 회를 나누는 것이 아니라 한 사건이 끝나기 전에 회를 나눔으로써 독자의 시선을 붙잡아 두는데 유리하게 한다고 말한 것과 일치한다. 연의소설은 분회할 때 독자의 시선을 붙잡아 둘 방법을 고려하여 분회했으며, 이런 기법은 <구운몽>에도 그대로 나타나고 있다. 이른바 한 사건이 마무리가 되면 새로운 사건을 일으켜 독자의 궁금증을 유발한 후에 분회를 하는 방법인 것이다.

요컨대 <구운몽>은 일반 독자의 시선을 붙잡아두기 위해 매우 세심한 배려를 했으며, 그것이 장회 구분의 방식으로 나타났음을 알 수 있다.[20] 이는 현대 드라마의 각회 끝부분 처리 방식과 매우 유사하다. 드라마의 각회는 다음 회까지 시청이 이어질 수 있도록 시청자의 호기심을 고양시킨 지점에서 끝맺는다. 그런데 <구운몽>은 작품이 창작되던 당시에 이미 이와 같은 서사 배치 방식을 택하고 있었던 셈이다.

다음으로 삽입시의 배치를 통해 서사 진행을 자연스럽게 유도하고 작

---

[20] 지연숙은 <구운몽>이 하나의 사건이 완결되는 곳에서 분회되는 것이 아니라 새로운 사건이 시작되려 하거나 사건이 전환되는 지점, 다시 말해 독자의 호기심이 잔뜩 고조되는 지점에서 분회되는 것을 지적한 바 있다(지연숙, 앞의 책, 308면 참조). 또한 전성운은 <천군연의>의 분회 방식도 이와 동일한 양상을 띠며 그것이 연의소설과 <천군연의>의 상관성을 드러내는 요소 가운데 하나라고 하였다 (전성운, 앞의 책, 42~44면 참조).

품 내적 분위기를 고양시키는 방식을 살피기로 하겠다. 작품에 맨 먼저 등장하는 <양류사>를 보도록 하자.

楊柳何靑靑	버들이 ㅈ못 프르고 프르니
長條拂綺楹	긴 가지 빗난 기둥의 떨쳣도다
願君莫漫折	원컨디 그디는 브졀 업시 꺽지 말나
此樹最多情	이 남기 가장 졍이 만흐니라21)

양소유가 진채봉의 집 앞에 있던 버드나무에 감발하여 읊은 시이다. 이 시는 양소유와 진채봉의 만남을 매개할 뿐만 아니라 양소유의 삶의 태도를 잘 보여주고 있는 작품이다. 이 시의 시상은 "此樹最多情"이란 구절로 집약된다. 특히 다정(多情)이란 두 글자는 양소유가 살아갈 삶의 노정을 예견한다. 뿐만 아니라 이 시를 통해 가인 진채봉과 만남을 이루게 됨을 암시하고 있다. 그런데 이 시는 왕유(王維, 699~759)가 홍두(紅豆)란 나무의 애정과 그리움을 표현한 <상사(相思)>란 작품을 패러디 하였다.

紅豆生南國	홍두는 남국에서 나는데
春來發幾枝	봄이 되어 몇 가지 생겨났네
願君多采撷	원컨대 그대는 많이 뜯으시길
此物最相思	이 물건이 가장 상사롭습니다.22)

왕유는 봄이 되어 홍두(紅豆, 붉은 색의 홍두나무 열매로 장식용, 약용 또는 식용으로 쓰임)가 생겨난 것을 소재로 하였다. 홍두는 남녀간의 애정을 상

---

21) <구운몽> 제2회.
22) 王維, <相思>, 『唐詩鑑賞辭典』, 上海辭書出版社, 1983, 186면.

징하는 물건 혹은 서로가 서로를 그리워하는 마음의 상징으로 사용되었다. 그렇기 때문에 홍두를 많이 뜯기를 바라는 마음을 시로써 표현한 것이다. 한마디로 애정에 대한 갈구를 낭만적으로 그린 작품이다.

양소유의 <양류사> 역시 이와 다를 바 없다. 홍두가 버드나무로 치환되고 많이 뜯는 것을 꺾지 말라고 한 것이 상반되지만, 버드나무와 홍두를 통해 애정을 갈구하는 마음을 드러냈다는 점에서는 동일하다. 즉 애정을 갈구하는 왕유의 낭만적인 시를, 버드나무가 누각을 얼핏 가리고 있는 작품의 분위기에 맞게 바꾸어 제시함으로써 진채봉과의 낭만적 만남을 예비하였다. 요컨대 버드나무 늘어진 곳의 분위기에 <상사>란 작품을 곧바로 제시하는 것도, 반대로 아무런 시도 제시하지 않는 것도 작품의 분위기나 서사 진행과는 어울리지 않기 때문이다. 삽입시 하나하나까지 작품의 분위기에 맞춰 변환·배치한 경우라 하겠다. 다음에 제시된 삽입시에서도 이러한 배치의 양상을 볼 수 있다.

旗亭暮雪按凉州　　긔정 져믄 눈의 양쥐스롤 브르니
最是王郎得意秋　　이 가장 완낭의 득의혼 쩌로다
千古斯文元一脈　　쳔고스문원일믹호니
莫教前輩擅風流　　젼비로 호야금 풍뉴롤 젼쥬호디 말나23)

인용한 시는 천진교 삼장시(三章詩)의 세 번째 작품이다. 이 작품은 시에 얽혀 있는 고사를 알지 못하면 이해하기 힘든 작품이다. 여기에는 당(唐) 개원(開元) 연간의 고사로 성용약(薛用弱)의 <집이기(集異記)>에 수록된 <양주사> 관련 고사가 활용되었다. 당시 왕지환(王之渙), 왕창령(王昌齡),

---

23) <구운몽> 제3회.

고적(高適) 세 사람이 어느 춥고 눈 오는 날에 함께 술집(旗亭)에 가서 술을 마셨다. 이들은 술을 마시면서, 기생이 누가 지은 노래를 부르는가를 두고 내기를 했다. 먼저 기생은 왕창령의 노래를 부르고, 후에 고적의 노래를 불렀다고 한다. 그런데 기생은 마지막으로 왕지환의 <양주사(凉州詞)>를 거듭 불러 결국은 왕지환이 내기에서 이겼다고 한다.24) 술집을 의미하는 기정(旗亭), 눈 오는 저녁을 가리키는 모설(暮雪), 왕랑(＝王之渙)이란 단어가 등장하는 것도 이들의 고사에서 차용한 때문이다. 즉 작가는 낙양 시회에서 양소유와 계섬월이 만나는 장면을 <집이기>에 나오는 고사에 근거해서 설정했던 것이다. 그렇기 때문에 전배로 하여금 풍류를 독점하지 하지 말라고 말 할 수 있었다.

이와 같은 삽입시가 존재할 수 있는 것은 기생이 왕지환의 노래를 거듭 불러서 내기에 이긴 것처럼 계섬월이 양소유의 노래를 부르는 것을 염두에 두었기 때문에 가능하다. 작가는 독자가 고사와 삽입시를 함께 이해할 수 있도록 배려한 것이다. 이는 작가가 서사 진행에 필요한 사건과 삽입시 배치를 함에 있어 얼마나 치밀하게 구상하였는가 하는 점을 알 수 있다. 작가가 세 문인의 고사를 인용하여 작품의 특정 부분을 착안하고, 다시 이와 관련된 전고가 들어 있는 삽입시를 배치했음을 모두 알아야 <구운몽>을 제대로 이해한 것이 된다. 다음 시를 보자.

紫禁春光醉碧桃	즈금봄볏치 벽도롤 취케 ᄒ니
何來好鳥語交交	어디셔온 됴흔 새ᄂ 말을 교교히 ᄒᄂ고
樓頭御妓傳新曲	누 우히 디궐 겨집이 새 곡됴롤 뎐ᄒ니
南國穠華與鵲巢	남국에 능화가 다못 쟉쇠로다

---

24) 『唐詩鑑賞辭典』, 74면 참조.

春心禁掖百花繁   봄이 금익에 깁허시니 일빅꼿치 번화ᄒ다
靈鵲飛來報喜言   영작이 ᄂᆞ라와 말을 보ᄒᆞᆫ도다
銀浦作橋須努力   은하슈 ᄃᆞ리짓기를 모롭즉이 힘쓸지어다
一時齊渡兩天孫   일시의 두 텬숀이 건너리라[25]

　　인용한 두 시는 영양공주가 되는 정경패와 난양공주인 이소화가 각각
지은 것이다. 태후가 정경패의 시재를 시험하기 위해 "碧桃花上喜鵲聲"
이란 시제를 주고 칠보시를 짓게 하자, 정경패와 이소화가 각각 이 시를
지어 올렸다. 태후는 이들이 여자 가운데 이청련과 조자건이라며 칭찬한
다. 이에 늙은 소상궁이 그들의 시를 풀어달라고 하자 태후는 흔쾌히 응
락한다. 그리고 정경패의 시는 『시경』 소남(召南)의 <하피농의(何彼穠矣)>
와[26] <작소(鵲巢)>의[27] 내용을 따왔음을 지적하면서, 벽도(碧桃)는 황손
이 그리고 작소(鵲巢)는 제후의 딸이 시집가는 것을 나타낸다는 요지의
명쾌한 해석을 제시한다.

　　정경패와 이소화의 뛰어난 작시 능력을 태후의 해설로 뒷받침하는 양
상이다. 그러나 태후가 시제를 내고 이들의 작시한 것을 그대로 받아들
이는 것은 순진하다. 이는 작가의 의도적 배치에 따른 결과이다. 작가는
『시경』에 황손과 제후의 딸이 시집가서 덕성과 교화를 베푸는 내용의
시가 있음을 인지한 상태에서, "碧桃花上喜鵲聲"란 시제를 제시한 것이
다. 그리고 이 시를 토대로 정경패가 이소화에게 겸양해하는 태도와 이
소화의 정경패 존중하는 태도를 그려냈던 것이다. 물론 여기에는 후에

---

25) <구운몽> 제11회.
26) 『原本詩傳』, 召南, <何彼穠矣>, 何彼穠矣 華如桃李 平王之孫 齊侯之子.
27) 『原本詩傳』, 召南, <鵲巢>, 維鵲有巢 維鳩居之 之子于歸 百兩御之 維鵲有巢 維鳩方之
　　之子于歸 百兩將之 維鵲有巢 維鳩盈之 之子于歸 百兩成之.

이어지는 진채봉과 가춘운의 시에 대한 고려도 존재한다. 진채봉이 『시경』의 "守妾之分"을 인용하여 작시한 것이나 가춘운이 "逐鳳來儀"를 말하여 봉으로 비유된 정경패를 따라 양소유에게 시집가고자 하는 마음을 드러낸 것도 바로 이와 같은 배치의 연속상에 있는 것이다.

이상에서 살핀 것처럼, <구운몽>은 독자의 긴장과 흥미를 유지한 채 독서할 수 있도록 장회에 세심한 배려를 했다. 또한 널리 알려진 시의 의미와 분위기를 십분 활용하여 서사 진행에 적극 활용하기도 했다. 이와 같은 <구운몽>의 서사 전략은 이 시기에 유행하던 소설이 달성한 기법적 경지를 보여주는 한 예가 될 수 있다. 또한 소설 창작이 독자와 긴밀한 관계 속에서 형성되었음도 드러내주고 주고 있다. 물론 <구운몽>이 지닌 이와 같은 세심한 서사 전략은 전적으로 뛰어난 작가적 역량에 의한 것일 수도 있으며, 이 시기 소설 모두가 <구운몽>과 같은 기법적 성취를 달성했다고 단언할 수는 없다. 그러나 특정 시기 소설의 서사 기법이 어느 한 작가의 손에서 전적으로 나온 것이라고 할 수 없다면, <구운몽>이 달성한 서사 전략이 이 시기의 특징을 기법의 일부라고 추정하는 것도 무리는 아닐 것이다.

3. 맺는말

본고는 교육 현장에서 <구운몽>을 좀 더 정확하게 읽고 이해할 수 있는 방법의 하나로 서사 전략을 주목하여 살폈다. 그렇기 때문에 작품이 지닌 문학사적 가치나 작가의 이념적 기반과 배경 사상의 일치, 주제의 소설사적 의미 등에 대해서는 고찰하지 못했다. 이는 작품의 미시적 측면에 집착하여 정작 중요하고 의미 있는 것을 간과한 셈일 수 있다. 또한 <구운몽>이 이와 같은 서사 전략을 지녔는데, 그것이 문학사적으로 어떤 의미를 가지는 것인가라는 질문에도 소홀하였다. 오직 <구운몽>의 서사 전략을 집중 조명함으로써, 작품 이해의 정도를 높이고 이를 교육적으로 활용할 수 있기를 기대했다.

이와 같은 목적을 달성하기 위해 <구운몽>의 서사 전략을 구체적으로 살폈다. 필자가 주목한 서사 전략은 환몽 구조라는 거대한 틀 속에 존재하지 않는다. 오히려 작품의 미시적인 서사 전략을 꼼꼼하게 살폈다. 이것은 작품에 설정된 배경과 사건은 어떤 맥락에서 이루어졌고 배치되었으며, 인물 형상은 어떤 의미를 가졌나 하는 점을 고찰하는 것이다. 요컨대 본고는 <구운몽>에 등장하는 여러 인물과 사건, 배경을 중심으로 그것들을 어떻게 그리고 배치하여 이야기를 이끌어 가는가 하는 점을 주로 고찰하였다. 이는 <구운몽>의 창작되어 유행하던 당시의 독자가 이해했던 <구운몽>의 세계에 좀 더 가깝게 도달하기 위한 방편이 될 수 있다. 요컨대 타자화된 고전 작품의 세계를 이해하는 유효한 방법인 것이며, 고전을 의미 있게 읽어내는 유효한 방법이 될 것이다.

이과 같은 고찰을 통해, <구운몽>은 당시 독자들이 긴장과 흥미 유지한 채 독서할 수 있도록 세심하게 배려한 작품임을 알 수 있었다. 배경 설정에 동원된 현대적 카메라 기법, 인물 형상에 동원된 다양한 명명 방식의 존재와 의미, 장회 처리의 기법, 삽입시의 활용 방식 등은 <구운몽>의 서사 전략을 분명하게 이해시켜 준다. 또한 이 시기 국문소설의 창작 기법이 도달한 지경을 보여준다. 나아가 당시 국문소설의 창작이 독자와의 관계 속에서 형성되고 있음을 보여주고 있다.

그간 <구운몽>에 대한 연구와 교육은 주제와 사상, 서사 구조와 문학사적 의의에 대한 것으로 일관되었다. 그리고 이와 같은 연구는 상당할 수준에 올라 왔다. 그러나 작품의 작은 부분 특히 서사물 본래의 특징에 대한 주목은 거의 이루어지지 않았다. 이에 본고는 작품이 어떤 문학사적 의의를 가졌는가 하는 것보다는 구체적 서사 전략에 대한 세심한 이해를 높이고자 했다. 그리고 이를 통해 <구운몽>을 현대적 관점에서 더 쉽게 이해할 수 있기를 바랐다. 다만 한 가지, 본고는 <구운몽>의 표현에 대한 고찰은 하지 않았다. 그것은 표현의 문제를 하나하나 거론하다보면 기타 부분은 미처 언급할 기회도 얻지 못할 것 같았기 때문이다. 이와 관련된 논의는 다음 기회로 미루겠다.

참고문헌

<구운몽>, 서울대 국문본.(정규복 외, 『한국고소설선』, 문학아카데미, 1989).

<구운몽>, 노존B 강전섭본.(정규복 외, 『김만중문학연구』, 국학자료원, 1993).

『原本詩傳』, 중화당.

『唐詩鑑賞辭典』, 上海辭書出版社, 1983.

김광순 편, 『현토천군연의』, 형설출판사, 1982.

김병국, 「구운몽」, 『한국고전소설작품론』, 집문당, 1990.

강상순, 「<구운몽>의 상상적 형식과 욕망에 대한 연구」, 고려대학교 박사학위논문, 1999.

신재홍, 「<구운몽>의 서술 원리와 이념성」, 『한국몽유소설연구』, 계명문화사, 1994.

김종철, 「<구운몽>의 세계와 그 표현」, 『한글』 226, 한글학회, 1994.

전성운, 『한·중소설 대비의 지평』, 보고사, 2005.

전성운, 『조선후기 장편국문소설의 조망』, 보고사, 2002.

정규복, 『구운몽연구』, 고려대학교 출판부, 1974.

지연숙, 『장편소설과 여와전』, 보고사, 2003.

제10장

문화코드 읽기와 문학교육

― 〈면앙정가〉와 〈성산별곡〉을 대상으로 ―

박 연 호

충북대학교 국어국문학과

1. 서론

고전문학교육의 목적 중 하나는 '문학전통의 계승과 창조', 즉 '가치 있는 문화를 전승하면서 동시에 새로운 문화를 창조하는 것'[1]이다. 문화를 계승하려면 당대의 문화를 당대인의 시각에서 이해해야 한다. 그래야만 "고전문학으로 하여금 그 시대에 문학으로 생성되고 존재하게 된 이유"를 이해하고, "고전문학의 역사성이 학습자의 문학 이해와 성장에 의미 있는 요소로서 체험되도록" 할 수 있기 때문이다.[2]

당대의 문화를 타자가 아닌 당대인의 시각에서 이해해야 한다는 것은 지극히 옳은 명제이지만, 구체적인 작품을 대상으로 교수·학습의 현장에서 이 명제를 실천하기란 좀처럼 쉽지 않다. 가장 큰 난제는 체계성이다. 구체적인 작품을 통해 당대의 문화와 문학문화를 체계적으로 이해시킨다는 것은 쉬운 일이 아니기 때문이다.

<면앙정가>와 <성산별곡>은 구체적인 공간과 관련되어 있으며, 그 공간을 구성하는 요소가 문화 기호(略號, code)[3]의 형태로 구체적으로 제

---

1) 구인환 외, 『문학교육론』, 삼지원, 1988, 34~35면.
2) 김흥규, 「고전문학 교육과 역사적 이해의 원근법」, 『현대 비평의 이론』 3호, 한신문화사, 1992. 김흥규, 『한국 고전문학과 비평의 성찰』에 재수록, 307~308면.
3) code와 symbol은 기호라는 면에서 같지만 의미의 자장이 다르다. 'symbol(象徵)'은 원형적이며 시공간적으로 영속적인 이미지와 의미를 갖는다. 반면에 'code'는 특정한 시기에 특정한 집단에 의해 특별한 의미로 사용된다는 점에서 시·공간적으로 제한된 이미지와 의미로 통용된다.
예를 들어 '지팡이'는 '지도자', '권력'을 의미하는 symbol이지만, '된장녀'는 21세기 한국이라는 특정한 시·공간에서 특정한 의미로 통용되는 code라고 할 수 있다. 이 점에서 symbol은 원형적 이미지를 표상하지만, code는 특정한 시·공간에서 통용되는 의사소통의 도구라고 할 수 있다. 때문에 당대의 code를 이해한다는 것은 당대의 언어(의미)를 이

시되어 있기 때문에 당대의 문화를 당대인의 시각에서 체계적으로 이해
할 수 있는 좋은 자료이다. 또한 두 작품은 가사의 존재양식, 즉 가사의
장르적 전범을 구현하고 있다는 점에서 가사 텍스트의 측면에서 볼 때
正典에 가깝다.[4]

또한 <면앙정가>와 <성산별곡>은 조선전기 사대부의 세계인식과
대응방식, 지향 등을 대비적 측면에서 살펴볼 수 있는 작품이다. 따라서
본고에서는 두 작품을 문학교육의 측면에서 살펴보기로 하겠다.

2. 문화코드로 읽기

<면앙정가>와 <성산별곡>은 원림 문학이다.[5] <俛仰亭歌>는 <俛仰
亭記>, <俛仰亭賦>, <俛仰亭三十詠>, <俛仰亭短歌>와 더불어 면앙정
원림과 관련된 원림문학의 하나이다. 식영정 원림과 관련된 원림문학도
<星山別曲>뿐만 아니라, <息影亭記>와 <息影亭二十詠> 등이 있다. 즉

해한다는 것을 의미한다.

4) 우한용 외, 『문학교육과정론』(삼지원, 1997)에서는 정전을 다음과 같이 정의하고 있다.
"정전이란 이상화된 태도들의 영역, 일종의 문화적 문법이라 할 영역에 사람들을 접하게
하는 하나의 제도적 수단인 것이다."(211면)
"교육의 국면에서 정전은 가르쳐야 할 텍스트의 公式的 實體이며, 공식적 실체로서 그것
은 典範的이고 規範的인 진술을 한다. 理想的이고 代表的인 질서로 존재함으로써 정전은
과거와 현재 사이의 영속적이고 통일적인 연관을 자명한 것으로 만든다."(213면)

5) '園林'은 본래 중국에서 일정한 크기로 구획된 공간 안에 인공의 못과 산을 조성한 후
동식물을 기르는 왕실의 정원이었다. 이런 점에서 정자 주변의 자연경관을 끌어들이는
형식을 취하고 있는 식영정 원림이나 면앙정 원림은 전통적인 의미의 원림과 차이가 있
다. 그러나 식영정 원림이나 면앙정 원림 등도 원림 경영자의 의도에 따라 안아 들이는
공간이 일정한 범위를 가지고 있다는 점에서 공간적으로 제한되어 있다. 또한 건축학이
나 정원학에서 이와 같은 형태를 일반적으로 山水園林이라고 명명하고 있기에, 본고에서
도 원림이라는 용어를 사용하기로 한다.

일반적으로 누정을 완성하게 되면 누정의 건립과정과 건립목적 등을 ‘樓亭記’로 기록하고, 누정이 포괄하는 공간 안의 경물들을 경영자의 지향에 의거하여 선택적으로 點景하여 ‘樓亭題詠’의 제목으로 삼는다. <면앙정삼십영>과 <식영정이십영>은 바로 ‘누정제영’에 해당한다.

‘누정제영’에 點景된 경물들은 누정 경영자가 구축하고자 한 세계를 구성하는 구체적인 요소들이다. 따라서 ‘누정기’와 마찬가지로 ‘누정제영’도 누정이 지향하는 세계를 나타내고 있는 것이다. 다른 점이 있다면, ‘누정기’는 ‘記’라는 양식의 특성에 따라 누정이 지향하는 세계를 직설적인 언어를 통해 구체적이고 사실적으로 서술하고 있는 반면, ‘누정제영’은 공간을 구성하는 개별적인 경물들을 ‘詩’로 표현하고 있다는 것이다.

특히 ‘樓亭題詠’의 제목들은 원림에서 보고 즐기려했던 구체적인 대상이며, 그것들은 당대인들에게 문화적으로 매우 익숙한 관습적 기호(code)였다. 때문에 누정제영은 원림문화를 구체적이고 체계적으로 이해하는 데 도움이 된다.

1) 면앙정 원림

기대승은 <俛仰亭記>에서 면앙정의 미덕은 “놀기에 적함하고 즐기기에 완벽한 곳”[6]이라고 하였다. <면앙정기>에 제시된 내용을 근거로 이를 좀 더 부연하면, 대숲과 솔숲에 의해 외부와 차단된 정자 안에서는 고요히 수양을 할 수 있고,[7] 정자 밖으로는 광활한 공간 안에 펼쳐진 아

---

6) 기대승 <면앙정기>, 『고봉선생문집』, 민족문화추진회, 고전국역총서. 이하 <면앙정기>
　　의 인용문은 같은 글.

름다운 자연경관과 생업에 힘쓰는 백성들의 모습을8) 조망하면서 호탕한
정취를 느낄 수 있다는 것이다.9) 이처럼 <면앙정기>에는 수양의 공간
이자 완상의 공간이라는 면앙정이 지향하는 의미를 구체적이고 포괄적
으로 제시하고 있다.

그러면 <면앙정삼십영>을 통해 면앙정 원림이 지향하는 세계를 문화
코드의 관점에서 살펴보도록 하자.

① 산 : 秋月翠壁, 龍龜晩雲, 夢仙蒼松, 佛臺洛照, 魚登暮雨, 湧珍寄峯, 錦城
杳靄, 瑞石晴嵐, 金城古迹, 翁巖孤標
② 강 : 二川秋月, 極浦平沙, 漆水歸鴈, 穴浦曉霧, 淸波跳魚, 沙頭眠鷺
③ 사계 : 七曲春花(春), 竹谷淸風, 澗曲紅蓼(夏), 曠野黃稻(秋), 平郊霽雪(冬)
④ 백성들의 모습 : 大秋樵歌, 木山漁笛, 遠樹炊烟
⑤ 지배층의 모습 : 山城早角, 前溪小橋
⑥ 정자 주변 : 松林細逕, 後林幽鳥
⑦ 기타10) : 神通修竹, 石佛疎鍾

---

7) "정자가 있는 곳은 이미 지형이 높아 명랑하고 대나무와 나무들이 둘러싸고 있어서 인
간 세상과 서로 접하지 않으니, 아득하여 마치 별천지(別天地)와 같다. 빈 정자 안에서
바라보면 그 시원한 모습과 우뚝 솟은 산세가 이어져 구물구물하는 듯하고 뛰어서 나오
는 듯하니, 마치 귀신이나 이상한 물건이 남몰래 와서 흥취를 북돋아주는 듯하다."
8) "도랑과 밭두둑이 아로새긴 듯이 널려 있고 마을이 여기저기 흩어져 있는데, 그 사이에
서 농사짓는 사람들이 봄이면 밭을 갈고 여름이면 김을 매고 가을이면 수확하여 한때도
쉼이 없으며, 사시(四時)의 경치도 또한 이와 더불어 무궁하게 펼쳐진다. 복건(幅巾)을 쓰
고 짧은 잠방이를 입고서 난간 위에 기대고 있노라면 높은 산과 멀리 흐르는 물, 떠 있
는 구름과 노니는 새와 짐승, 또는 물고기들이 모두 자유롭게 와서 내 흥취를 돋운다.
명아주지팡이를 짚고 나막신을 끌고 뜰 아래에서 조용히 거니노라면, 푸른 연기는 절로
멈춰 있고 맑은 바람은 때로 불어온다. 소나무와 회나무에서는 바람소리가 들리고, 온갖
울긋불긋한 꽃들은 향기가 온통 가득하니, 자유롭게 육신(肉身)을 잊어버리고 한가롭게
조물주와 놀 수 있어서 일찍이 다함이 없다."
9) "아, 아름답다. 이 정자여! 그 안에 가 있어보면 빙 둘러 있는 산과 그윽한 경치를 고요
히 보면서 즐길 수 있고, 그 밖을 바라보면 확 트이고 멀고 아득해 보여서 호탕한 흉금
을 열 수 있으니, 유자(柳子 유종원(柳宗元)을 가리킴)의 말에 "놀기에 적당한 것이 대개
두 가지가 있다."는 것은, 바로 이런 것을 말한 것일 것이다."

누정제영의 제목은 일반적으로 네 글자로 이루어져 있으며, 앞의 두 글자는 때와 장소를, 뒤의 두 글자는 구체적인 경물을 지시한다.

자연경관을 노래한 제영 제목 앞부분에 제시된 구체적인 지명들도 그 것 나름의 의미를 갖고 있지만,[11] 문화코드와 관련하여 주목되는 것은 뒤의 두 글자[12]이다. 구름(晩雲), 낙조(洛照), 비(暮雨), 아지랑이(杳靄), 산기운(晴嵐), 달(秋月), 모래사장(平沙), 안개(曉霧), 바람(淸風), 눈(霽雪) 등은 새(歸鴈, 眠鷺), 물고기(跳魚), 꽃(春花, 紅蓼) 등과 어우러져, 일반적으로 자연의 조화와 섭리, 충일한 생명성 등을 의미하는 문화코드들이며, 강호시가에서 관습적으로 나타나는 기호들이다.

<면앙정삼십영>에서 주목되는 것은 백성과 지배층의 모습을 點景하고 있다는 점이다. '炊煙'이나 '暮煙' 등 '밥 짓는 연기'는 경제적 풍요를 토대로 다른 걱정이 없이 생업에 힘쓰며 태평성대를 구가하는 백성들의 모습을 표상하는 대표적인 문화코드이다. '黃稻'와 '樵歌', '漁笛' 등도 마찬가지 의미를 갖는다.

<면앙정기>와 <명앙정가>에는 나타나지 않지만, <면앙정삼십영>에는 백성들의 삶을 보살피는 지배층의 모습을 노래한 '山城早角'과 '前溪小橋'가 있다. 두 가지 경관요소는 백성들의 삶을 소재로 한 경관요소와 더불어 면앙정 원림이 지향하는 바를 이해하는 데 중요한 열쇠가 된다. '산성조각'은 산성의 관아에서 들려오는 새벽 뿔피리 소리로, 새벽에 일찍 일어나 백성들을 돌보는 이상적인 목민관의 모습을 표상한다. '전

---

10) 신통사와 석불사는 정확한 위치를 확인할 수 없어서 기타로 분류하였다.
11) 추월산을 중심으로 들을 감싸고 있는 산들은 원림의 내부와 외부를 가르는 경계 역할을 하며, 두 내(二川 : 餘溪와 白灘)는 들을 가로지르며 넓은 들에 생명력을 부여한다.
12) 翠壁, 晩雲, 蒼松, 洛照, 暮雨, 寄峯, 杳靄, 晴嵐, 秋月, 平沙, 歸鴈, 曉霧, 跳魚, 眠鷺, 春花(春), 淸風, 紅蓼(夏), 黃稻(秋), 霽雪(冬) 등.

계소교'는 백성들이 편하게 다리를 건너 생계에 전념하도록 배려하는 지배층의 모습을 표상하고 있다.

면앙정 원림에 구현된, 조화와 섭리 속에서 충일한 생명력으로 가득 찬 자연과 그 안에서 자연의 섭리에 따라 생업에 힘쓰는 백성들의 모습, 그리고 백성들의 삶을 보살피기 위해 노력하는 지배층의 모습 등은 사대부가 희구하는 이상세계이다.

이처럼 백성들이 경제적 풍요 속에서 태평성대를 구가하는 모습을 '炊煙(暮煙)', '黃稻(觀稼)',13) '牧笛(漁笛)', '漁火(夜火)', '樵歌(漁歌)'14) 등의 문화코드로 표현하는 전통은 고려 후기부터 나타나기 시작했으며, 이런 모습은 여말선초의 관료문인들이 추구하던 유가적 이상세계였다. 면앙정 원림을 통해 구현하려했던 세계도 이와 같은 유가적 이상세계이며, <면앙정가>는 이와 같은 세계를 향촌 단위에서 구현하고, 그 세계를 조망하며 느낀 자부심과 흥취를 노래한 작품이라 할 수 있다.15)

---

13) 산 밑엔 누구 집인가 멀어서 마을 같네 / 지붕으로 오르는 연기는 태평세월의 표시로세 / 때때로 허물어진 울타리에 개 짖는 소리 들리나니 / 불을 빌어 와서 문을 두드리는 사람이 있는가보이(山下誰家遠似村 屋頭煙帶大平痕 時聞一犬吠籬落 乞火有人來扣門). 『동문선』 제21권.
인용문은 李齊賢(1287~1367)의 <和季明叔雲錦樓四詠> 중 '山舍朝炊'로, '屋頭煙'을 '大平痕'이라고 하였다.
박상(1474~1530)의 <咸昌八景>[『訥齋先生集』 卷第四] 중 '陶谷暮煙'(冥冥十里樹浮村 落日人煙一帶昏 豚社罷來人笑語 幾家扶醉濁醪罇)이다. 멀리 십리 밖의 마을에서 풍성한 수확에 감사하며 저물녘에 돼지를 잡아 신에게 제를 지낸 후 탁주잔을 돌리며 태평성대를 구가하는 모습을 그리고 있다.
14) 서거정(1420~1488)의 <通津梁誠之大補谷別墅八詠>(『四佳詩集』 補遺三) 중 '隔岸漁火'(今年禾黍足豐登 何處漁村耿夜燈 摠說江南秋水減 白鱸黃蟹亦堪饟)와 '南浦漕船'(帆檣織織簇如麻 租賦南方較舊多 獨喜靑山漕不得 年年長屬野人家)에서도 풍년과 풍어를 맞은 어촌의 풍경과 전보다 많은 租賦가 걷히고 인가가 늘어나는 모습을 통해 경제적 풍요에 기반한 태평성대를 노래하고 있다. 이런 풍경을 '漁火'와 '漕船'으로 표현하고 있다.
15) 이상 면앙정 원림 및 <면앙정가>와 관련된 자세한 논의는 박연호, 「면앙정 원림과 <면앙정가>」, 『개신어문연구』 22집(개신어문학회, 2004) 참조.

2) 식영정 원림

식영정 원림은 면앙정 원림과 전혀 다른 모습을 담고 있다. 임억령의 <식영정기>에 제시된 '息影'의 의미는 밝음과 빛의 세계에서 벗어나 그늘 속에 몸을 감춘다(그림자를 없앤다)는 의미이다. 즉 '식영정 원림'은 빛의 세계에서 벗어난 은둔의 공간이며, 세속적 얽매임으로부터 벗어난 無心(세속적 욕망, 즉 機心이 없음)의 공간을 지향한다.16) <식영정이십영>에 點景된 경관요소들도 세속과의 격절성 및 무심을 상징하는 문화코드가 중심을 이루고 있다.

① 山水 自然：瑞石閒雲・蒼松晴雪・平郊牧笛・蒼溪白波・環碧靈湫・短橋歸僧・白沙睡鴨・鸕鷀岩・紫薇灘・桃花逕・芳草洲・鶴洞暮煙・仙遊洞
② 생활 양태：石亭納凉・釣臺雙松・松潭泛舟
③ 원림 내부：水檻觀魚・陽坡種瓜・碧梧凉月・芙蓉塘

<식영정이십영> 중 가장 먼저 제시된 것이 '瑞石閒雲'이다. 環璧堂 뒤편으로 마을을 감싸고 있는 서석산(無等山)은 외부로부터 원림을 차단시키는 기능을 한다. 세속과의 격절성은 식영정원림을 지배하는 중요한 이미지이다. 그것을 표상하는 대표적인 경관요소가 '桃花逕'17)이다. 武陵桃源은 일반적으로 이상향과 은둔처라는 두 가지 이미지를 갖고 있다. 은둔처의 의미는 <桃花園記>에 서술된 바, 사람들이 난세(秦나라의 난리)

---

16) 이에 대한 자세한 논의는 박연호, 「식영정 원림의 공간특성과 <성산별곡>」, 『한국문학논총』 40집(한국문학회, 2005) 참조.
17) 돌길은 구름에 묻혀 희미하고 / 복사꽃잎 비가 되어 가지런히 떨어지네 / 오늘은 더욱 적막하니 / 진정 옛사람(어부)을 미혹하겠군(石徑雲埋小 桃花雨剪齊 更添今日寂 正似昔人迷)(임억령)

를 피해 인적이 닿을 수 없는 곳에 숨어들어 다시는 나가지 않았다는 내용18)에서 만들어진 것이다.19) 이는 난세를 피해 성산에 은둔한 임억령의 처지 및 식영정 원림의 선계 이미지와 유사하다.

'鶴洞暮煙'20)의 '鶴洞'은 靑鶴洞의 이미지에서 나타나는 바, 속세와 격절된 폐쇄적인 이미지를 갖고 있으며, 脫俗性으로 인해 仙界 이미지로 전이되는 것이 일반적이다. <면앙정삼십영>에서 확인한 바, '暮煙'은 일반적으로 끼니를 거르지 않고 밥을 짓는 백성들의 모습, 즉 태평성대를 표상하는 대표적인 문화코드로 사용되었다. 그런데 <식영정이십영>에서는 '鶴洞'과 연결되어 세속과의 격절성을 부각시키는 기호로 사용하고 있다. 나아가 원림 주변을 '仙遊洞'으로 명명함으로써 세속과의 격절성 및 탈속성을 부각시키고 있다. '鶴洞暮煙'의 학과 '노자암'의 가마우지의 모습도 세속과 격절된 공간의 성격을 부각시키는 소재들이다.21)

식영정 원림을 지배하는 또 하나의 중요한 이미지는 무심함이며, 한가함(閑)은 무심의 소산이라는 점에서 유사한 이미지로 볼 수 있다. '서석한운'에서 '閒雲'은 無心(忘機)을 의미한다. 이전부터 無心이 구름의 중요한 의미 중 하나22)였다는 점에서 구름은 무심을 표상하는 문화코드라고

---

18) 先世避秦時亂 率妻子邑人 來此絶境 不復出焉 遂與外人閒隔. <桃花園記>, 『靖節先生集』.
19) 이상향의 이미지는 唐代 이후 '桃花園'을 선계로 인식하기 시작하면서 만들어졌다고 한다. 자세한 사항은 배병균, 「<桃花園記> 小攷」, 『중어중문학』 7(한국중어중문학회, 1985) 참고.
20) 한줄기 연기가 野店에서 피어올라 / 고요히 산허리를 감도네 / 멀리 솔숲의 학이 / 놀라며 날아올라 둥지에 내려오지 않네(孤烟生野店 漠漠帶山腰 遙想松間鶴 驚飛不下巢)(임억령).
21) 물 가운데 있는 푸른 돌에 / 저녁햇빛이 부서지네 / 가마우지 행인의 인기척에 놀라 / 靈湫로 날아가 버리네(蒼石水中央 夕陽明滅處 鸕鶿驚路人 飛向靈湫去)(임억령).
22) 이색(1328~1396)은 <詠雲>이라는 시에서 구름을 무심의 표상으로 노래하였다.
구름은 비를 내려 만물을 움트게 하니 / 그 공은 아득한 어둠 속에 흔적을 남기는 神龍과 짝이 되네. / 갑자기 동쪽에 나타났다가 서쪽으로 가니 / 비로소 風伯만이 신령함으로 알겠네. / 누각에 걸린 달은 삼경에 밝고 / 마을을 가로지른 산은 만리에 푸르네. /

할 수 있다. '平郊牧笛'[23)의 목동이나 '白沙睡鴨'[24)의 오리, '短橋歸僧'[25)에서 '歸僧', '芳草洲'[26)의 白頭翁, '鸕鶿巖'[27)의 가마우지 등도 모두 무심과 한가함을 표상하는 경관요소들이다.

세속과의 격절성과 무심은 부조리한 현실(세속)과 대립되는 자연의 청정함, 조화로움으로 연결된다. 이런 이미지를 가장 잘 표현하고 있는 것이 '蒼溪白波'이다. 20가지의 경관요소 중 절반인 10경[28)이 창계에 배치되어 있다는 점에서 '창계'의 이미지는 특별한 의미를 갖는다. '蒼溪'는 석양이나 햇빛·바람·달빛 등과 어우러져 은빛으로 출렁이며 유유히

다만 무심하기에 비웃음을 받지 않으니 / 종일토록 청려장을 짚고 홀로 뜰을 거니네(雲能子雨澤群萌 功配神龍跡渺冥 乍見東同又西去 始知風伯獨爲靈 半遮樓月三更白 橫斷鄉山萬里青 只是無心嘲不得 杖黎終日獨行庭). 『牧隱詩稿』卷之三十二.
강희맹(1424~1483)도 <淡淡亭十二詠> 중 '冠岳春雲'에서 구름을 자유로움과 무심함의 표상으로 사용하고 있다. '구름을 마주하며 함께 기심을 잊는다'라고 하였다[뭉게뭉게 봄 구름 산에 덮혀 / 고요히 마주 보며 함께 기심을 잊네 / 무심하게 산굴에서 솟아나 한가하게 비를 뿌리니 / 때때로 고향으로 가다 머물다 하네(數朶春雲壓翠微。澹然相對兩忘機。無心出岫閑行雨。時向故山飛處飛)]. 『私淑齋集』卷之一.

23) 목동이 소를 거꾸로 타고 / 가랑비 내리는 들판을 가네 / 길손이 주가를 물으니 / 短笛으로 산촌을 가리키네(牧童倒騎牛 平郊細雨裏 行人問酒家 短笛山村指)(임억령).

24) 냇가의 모래밭 희디희고 / 모래밭의 오리 어여쁘네 / 海客은 세속을 잊은 지 오래인지라 / 소나무를 사이에 두고 서로 조네(溪邊沙皎皎 沙上鴨娟娟 海客忘機久 松間相對眠)(임억령).

25) 물 가운데 있는 푸른 돌에 / 저녁햇빛이 부서지네 / 가마우지 행인의 인기척에 놀라 / 靈湫로 날아가 버리네(蒼石水中央 夕陽明滅處 鸕鶿驚路人 飛向靈湫去)(임억령) 물 가운데 우뚝 서있어 / 사람의 자취 닿지 않았네 / 가마우지가 사는 곳이기에 / 바위 이름을 삼았네(屹立水之中 無由着人迹 鸕鶿知所棲 因以名其石)(송순). 석양이 노자암을 비추니 / 푸른 바위 깃을 말리는 곳이라네 / 정자 위에서 시구를 완성하니 / 인기척에 놀라 날아 가네(西日照盧玆 蒼巖晒翅處 亭上句垂成 人驚遠飛去)(고경명).

26) 비갠 모래밭은 눈처럼 희고 / 어린 풀 하늘하늘 길게 이어졌네 / 그 안에 머리 흰 늙은 이 / 송아지를 따라 한가로이 쉬고 있네(晴沙明沙雪 細草軟勝綿 中有白頭翁 間隨黃犢眠)(임억령).

27) 우연히 물 가운데 바위 때문에 / 가마우지의 둥지를 보게 되었네 / 물고기에 마음을 두지 않고 / 물결을 따라 한가로이 노니네(偶因水中巖 目以鸕鶿處 其意不須魚 煙波自來去)(정철).

28) 蒼溪白波·釣臺雙松·環碧靈湫·松潭泛舟·短橋歸僧·白沙睡鴨·鸕鶿岩·紫薇灘·桃花逕·芳草洲.

흐르기도 하고, 거센 물보라를 일으키며 세차고 우렁차게 흐르기도 한다.29) 이러한 속성 때문에 물은 일찍부터 조화로운 자연의 섭리와 생명성을 의미하는 문화코드로 자리를 잡았으며, 식영정 원림에서도 마찬가지 의미를 갖는다. 창계 주변의 자연 경관요소들 또한 기본적으로 창계의 이와 같은 속성을 공유한다.

이 안에서 생활하는 인간도 세속적 욕망에서 벗어나 한가로이 심신을 수양한다. 화자의 생활양태와 관련 있는 경관요소는 松潭泛舟・釣臺雙松・石亭納涼・水檻觀魚・陽坡種瓜・碧梧涼月・芙蓉塘 등이다. '陽坡種瓜'의 '種瓜'는 隱者를 의미하는 대표적인 문화코드로, 이 경관요소를 통해 주인 스스로 은자임을 표방하였다.

'水檻觀魚'에서 '觀魚'는 자연물인 물고기를 관찰함으로써 자연의 이치를 깨닫는 사대부의 대표적인 수양방법이기 때문에, '修己'에 힘쓰는 사대부의 모습을 표상하는 문화코드로 자리를 잡았다. 觀魚의 의미와 지향은 『莊子』 <秋水>의 莊子와 惠子의 대화에서 가져온 것으로, 觀物窮理를 통해 진리를 깨닫고, 物我의 구분을 잊고 眞樂을 즐기는 것이다. 松潭의 물고기를 보며 機心을 잊은 주인의 고고한 태도를 노래한 '釣臺雙松'30)도 觀魚와 관련된 작품이다. '芙蓉塘'의 연꽃(芙蓉)도 주돈이의 <愛

---

29) 옛 골짜기엔 석양이 드리우고 / 푸른 용은 은빛 물보라를 뿜어내네 / 주머니에 담을 수만 있다면 / 더위에 지친 사람들에게 보내줄 텐데(古峽斜陽裡 蒼龍噴水銀 囊中如可拾 欲寄熱中人)(임억령).
가는 물결 깁처럼 길게 이어져 / 은빛으로 출렁이며 넓게 퍼졌네 / 바람불면 골짜기에서 큰 소리를 내고 / 비가 오면 한 밤중에 사람을 놀라게 하네(細熨長長練 平鋪漾漾銀 遇風時吼峽 得雨夜驚人)(정철).
햇볕이 수면에 부서지면 / 선계는 은세계가 되네 / 밤이 되면 하늘 끝 멀리 / 외로이 달 속의 사람을 건네주네(映日光搖練 涵虛界作銀 夜來堆盡處 孤渡月中人)(고경명).
30) 아! 해가 쌍송 아래 비치면 / 못 속에서 헤엄치는 고기가 보이네 / 저물도록 조대에 오르지 않으니 / 세속을 잊은 건 오로지 주인이라네(日哦二松下 潭底見游鱗 終夕不登釣 忘機惟主人)(정철).

蓮說>과 관련하여 군자를 지향하는 사대부의 삶의 태도를 의미하는 관습적 문화코드이다.

'釣臺雙松'과 '碧梧凉月', '環碧龍(靈)湫' 등은 식영정 주인이 세속과 격절된 공간(林泉)에서 은둔하는 이유와 지향하는 바를 담고 있는 중요한 경관요소이다.

'釣臺雙松'[31]에서 '釣臺'는 渭水에서 곧은 낚시를 하며 때를 기다리던 주나라의 太公望의 삶의 태도를 표상하는 문화코드로, 식영정 원림에서의 의미도 이와 같다. 그가 기다리는 것은 '碧梧凉月'[32]에 제시된 봉황이 오는 때이다. 오동나무(碧梧)는 봉황이 깃을 들인다는 고사와 관련된 문화코드이고, 봉황은 태평성대를 의미하는 문화코드이다.[33] 즉 식영정 주인이 세월을 낚으며 기다리는 것은 태평성대인 것이다.

식영정 원림의 의미가 가장 응축된 경관요소는 '環碧龍(靈)湫'이다. 용은 물을 관장하는 신으로, 용의 직분은 가뭄으로 만물이 시들어 갈 때 큰 비를 내려 만물을 소생시키는 것이다. 그러나 '環碧龍(靈)湫'에서 용은 깊은 소(沼)에 몸을 숨기고 있다. 임억령은 <臥龍淵>에서 용이 올빼미와 수달의 괴롭힘을 피하기 위해서, 그들의 힘이 미치지 못하는 깊은 못 속에 몸을 숨기고 있다고 하였다.[34] 여기에서 龍은 화자의 모습에 다

---

31) 비가 돌을 씻어 때를 없애고 / 서리가 소나무에 내려 비늘을 만드네 / 이 늙은이 오직 알맞은 때를 취하니 이것이 주나라의 강태공이 아닌가(雨洗石無垢 霜侵松有鱗 此翁唯取 適 不是釣周人)(임억령).

32) 가을 산이 토해낸 서늘한 달 / 한밤중 뜰의 오동나무에 걸렸네 / 봉황은 언제나 오려나 / 이 몸은 천명이 다한 듯한데(秋山吐凉月 中夜掛庭梧 鳳鳥何時至 吾今命矣夫)(임억령).

33) 『論語』<子罕>에 "봉황도 오지 않고 黃河에서 河圖도 나오지 않으니 나는 이제 끝이로다(子曰 鳳鳥不至 河不出圖 吾已義父)"라는 구절이 있다. 鳳凰과 河圖는 성군이 나타나 태평성대를 이룩한다는 것을 의미한다.

34) 그(물) 속에 깊이 잠겨있는 까닭은 / 올빼미와 수달의 침탈을 받지 않기 위함이라네 / 때때로 바람과 구름을 타고 / 하늘 밖에서 소요한다네 / 어찌 지극한 신물이 / 지금도 깊은 굴 속에 숨어있는 줄 알리오(所以潛其中 不受梟獺制 有時升風雲 逍遙天地外 安知

름 아니다. 사대부의 직분은 도탄에 빠진 백성들을 구제하여 태평성대를 이룩하는 것이다. 그러나 소인배들이 권력을 농단하는 부조리한 현실에서는 자신의 뜻을 펼칠 수가 없기 때문에, 그들의 핍박을 피하기 위해 세속과 철저하게 격절된 공간(林泉)에서 은둔하여 심성을 수양하며 사대부로서의 직분을 수행할 수 있는 때를 기다리는 것이다. 이것이 바로 '息影'의 의미이며, 식영을 완벽하게 수행할 수 있는 공간이 식영정 원림인 것이다.

<성산별곡>을 이해할 때 또 하나 고려해야 할 점은 이 작품이 찬양문학이라는 것이다. 누정기와 누정제영은 누정 경영자에 의해 창작되는 경우도 많지만, 다른 사람들에 의해 지어지는 경우도 많다. 이 경우 누정 경영자의 삶과 공간을 찬양하는 것이 상례이다. 특히 누정제영의 경우에는 누정 경영자의 의도에 따라 경관요소들을 點景한 후, 각 경관요소의 의미를 네 글자의 제목에 응축시켜 놓는다. 때문에 누가 제영을 짓더라도 경관요소에 설정된 의미망을 벗어나서는 안 된다. <성산별곡>도 <식영정이십영>에 제시된 경관요소들을 모두 담고 있으며, 각 경관요소들에 부여된 의미망에 의거하여 창작되었다는 점에서 <성산별곡>과 식영정 원림이 지향하는 것은 동일하다고 할 수 있다.

이상에서 살펴본 바, <면앙정가>와 <성산별곡>은 대비적인 측면에서 16세기 호남사림의 전형적인 세계인식과 대응방식, 의식지향 등을 보여준다. 16세기 호남사림은 "도학사상을 바탕으로 현실참여에 적극성을 띤 한편 실천적 經世意志를 강조하였다."35) 즉 송강을 비롯한 16세기

至神物 幽窟今猶在).『石川先生詩集』卷之一.
35) 조원래, 「士禍期 호남사림의 學脈과 金宏弼의 道學思想」,『東洋學』25집(단국대 동양학

호남사림들이 궁극적으로 지향하는 바는 현실 정치에 참여하여 유가적 이상세계를 건설하는 것이며, 이상세계의 건설이라는 사대부로서의 직분을 완수한 이후에만 자연에 동화되어 그것을 즐기는 것이 의미가 있고, 또한 진정으로 즐길 수 있다고 생각했다. 바꾸어 말하면, 이상세계의 건설이라는 사대부의 직분을 완수하지 못한 상황에서의 자연은 동화나 즐김의 대상이 될 수 없다는 것이다.[36]

송순의 <면앙정가>에 나타난 대단한 자부심과 흥취, 역동이고 다채로운 자연의 이미지 등은 그가 원림을 통해 이상세계를 구현했기 때문에 가능했던 것이다. 반면에 <성산별곡>은 매우 정적이며 폐쇄적인 이미지를 담고 있다. 이 작품에서 자연은 '息影'의 공간일 뿐 동화나 즐김의 대상이 아니다. 그것은 사대부로서의 직분을 완수하지 못한 상태에서 선택할 수밖에 없었던 은둔과 기다림의 공간이었기 때문이다.[37]

연구소, 1995).

신영명, 「16세기 강호시조의 연구」(고려대학교 박사학위논문, 1990)은 퇴계를 필두로 한 16세기 영남사림을 '보수적 이상주의'로, 기호·호남 사림은 '개혁적 현실주의'로 구분하고, 전자는 獨善其身을, 후자는 '兼善天下'를 지향하는 것으로 보았다. 박영주, 「송강문학에 나타난 출처관」, 『반교어문연구』 11(반교어문학회, 2000)도 송강이 경국제민이라는 사대부의 이념과 가치의식에 충실했다고 하였다.

36) 이런 인식은 조선초기 관료문인인 정도전이나 강희맹 등에 의해 표방되었다. 자세한 논의는 박연호, 「면앙정 원림과 <면앙정가>」, 『개신어문연구』 22집(개신어문학회, 2004), 155~156면 참조.

37) 이에 대한 자세한 논의는 박연호, 「식영정 원림의 공간특성과 <성산별곡>」, 『한국문학논총』 40집(한국문학회, 2005) 참조.

3. 문학교육적 의미

1) 문학 이해의 측면

앞 장에서 살펴본 바, 원림경영자가 원림이라는 공간을 통해 추구하는 바는 누정기와 누정제영을 통해 제시되며, 누정제영들은 당대에 매우 익숙한 문화코드들로 이루어져 있다. 또한 <면앙정가>와 <성산별곡>은 누정제영을 기초로 창작되었다는 점에서 당대인의 시각에서 작품을 이해할 수 있는 좋은 자료로 활용할 수 있다.

지금까지 강호가사에 대한 연구는 조선전기 사대부의 자연인식이나 정치현실과 관련된 작가론의 차원에서 이루어져 왔다. 그러나 자연관이나 작가론 차원의 연구 성과는 작품 자체의 연구는 아니라고 할 수 있다. 더구나 자연관은 너무 추상적이고 포괄적이어서 개념 자체를 전달하는 데도 어려움이 있을 뿐만 아니라, 다양한 작품의 개별적 특성과 문학적 의미를 구체적으로 설명해 줄 수가 없다. 그런데 강호가사를 누정제영과 관련시켜 접근할 경우, 원림이 추구하는 공간의 의미를 개별적인 경관요소별로 나누어서 다룰 수 있기 때문에 작품을 체계적이고 구체적인 차원에서 교수·학습할 수 있다.

<면앙정가>는 <면앙정삼십영>을 기초로 창작된 면앙정 원림 문학의 일부이다. 면앙정 원림을 통해 구현한 세계는 왕도정치가 실현된 유가의 이상세계이다. 이 세계는 조화와 섭리가 완벽하게 구현된 자연, 그리고 생업에만 힘쓰며 풍요롭게 살아가는 백성들, 백성들을 돌보기 위해 노력하는 지배층이 어우러진 모습으로 형상화되어 있다. 조화로운 자연과 풍요로운 백성들의 모습으로 구성된 유가적 이상세계는 여말선초 누

정문학에서 흔히 나타나는 하나의 전형이며, 특히 백성들의 모습과 관련된 炊煙(暮煙), 樵歌, 漁火, 黃稻 등의 문화코드를 點景한 작품들은 공통적으로 유가적 이상세계를 구현하는 데 초점이 맞추어져 있다.[38)]

즉 누정제영은 원림이 추구하는 바에 따라 일정한 문화코드들로 전형화되어 있기 때문에 누정제영의 구성만으로도 원림이 추구하는 세계를 파악할 수 있는 것이다. 누정제영에 사용된 문화코드의 이러한 개별성과 전형성 때문에 원림문화와 원림문학에 대한 지식을 구체적인 차원에서 체계화할 수 있는 것이다.

또한 누정제영에서 활용되고 있는 문화코드들은 당대인들의 다른 문학 작품에서도 동일한 의미를 갖거나, 의미가 변형된다고 해도 일정한 범위 안에서 의미의 변형이 이루어지기 때문에 당대의 문화와 문학을 근본적인 차원에서 총체적으로 이해할 수 있는 중요한 지식적 기반이 된다. 문화코드를 이해한다는 것은 당대인의 시각에서 대상을 인식하는 것이라는 점에서 작품이 "창출·수용된 시대의 역사성"[39)]에 기반하여 작품을 이해하는 것이기도 하다.

한편 면앙정과 식영정 원림을 구성하는 데 활용된 문화코드들은 일정한 지역성과 역사성을 갖고 있다. 때문에 기호사림이나 영남사림들이 사

---

38) 신광한(申光漢 : 1484~1555)의 『企齋集』 卷之七에 수록된 <詠歸堂十詠>의 제목 : 松灘翫月, 松臺御風, 柳淵泛槎, 龍品釣魚, 中塘採蓴, 春洞牧笛, 長川落照, 漁村夜火, 枾品朝嵐, 棲林暮煙.
　　이승소(李承召 : 1422~1484)의 『三灘先生集』 卷之一에 수록된 <淡淡亭十二詠>의 제목 : 麻浦夜雨, 栗島晴嵐, 冠岳春雲, 楊花秋月, 西湖帆影, 南郊雁聲, 仍火芳草, 喜雨斜陽, 龍山漁火, 蠶嶺樵歌, 盤磯釣雪, 瓮村薪煙.
　　유희경(劉希慶 : 1545~1636)의 『村隱集』 卷之一 <枕流臺二十詠>의 제목 : 北岳丹楓, 南山翠靄, 叉溪浣紗, 鵂巖採樵, 尼院暮鐘, 天壇曉磬, 三山暮雨, 萬井炊煙, 上林玩月, 御苑賞花, 花階蝶舞, 柳市鶯歌, 古井秋螢, 新豊酒旗, 星嶺長松, 曲城殘照, 弼峯晴雪, 御溝紅葉, 西沜濯纓, 東澗採春.
39) 김흥규, 앞의 논문, 307면.

용한 문화코드나 17세기 이후의 원림문학에서 사용된 문화코드들과 대비해서 교수·학습한다면 원림문화의 지역성과 역사성을 체계적으로 전달할 수 있을 것이다. 이것은 강호시가에 대한 이해뿐만 아니라 문화인식의 폭을 넓히는 일이기도 하다.

앞서 살펴본 바, 누정제영을 통해 제시된 개별적인 경관요소들은 독립적인 이미지와 의미를 갖는다. 그러나 그것들은 산수자연, 인간의 모습, 원림 경영자의 생활양태 등 보다 큰 차원의 이미지로 통합된다. 그리고 이렇게 통합된 이미지들이 모여 원림 경영자가 추구하는 완결된 세계를 구축하게 된다. 이런 특성은 가사의 존재양식이기도 하다. 가사도 독립된 시상들이 보다 큰 시상으로 통합되어 독립된 단락을 형성한다. 그리고 단락 단위의 시상들이 통합되어 작품의 전체 주제를 형성한다.40) 즉 독립된 이미지나 의미를 나열·축적하고 통합함으로써 하나의 완성된 세계를 구축하는 방식은 가사와 원림문화의 공통된 특성이다. 따라서 원림문학을 통해 원림이 나름의 세계를 구축해 나가는 방법을 이해하는 것은 가사의 장르적 특성을 이해하는 데 도움이 된다.

2) 교육방법적 측면

원림 경영자는 누정제영을 통해 특정한 사물에 이름을 붙이고 의미를 부여한다. 그리고 부여된 의미에 따라 개별적인 의미들을 일정한 모습으로 통합하고 체계화함으로써 독립적으로 완결된 하나의 세계를 창조한다. 이것을 인식적 상상력41)이라고 한다. 누정제영은 일정한 역사적·문

---

40) 자세한 논의는 박연호, 『가사문학장르론』, 도서출판 다운샘, 2003 참조
41) 무질서하게 주어진 소재를 의미 있게 질서화하는 능력을 말한다. 이러한 능력은 사물에

화적 부피를 가지고 있는 문화코드의 형태로 제시되어 있다는 점에서 함축적이고 상징적이며 은유적인 성격이 강하다. 때문에 상상력을 발전시키는 데 도움이 될 수 있다.

또한 문화코드를 만들고 조직하는 원리는 가사문학의 장르적 속성에 대한 이해뿐만 아니라, '문학을 통한 창조적 체험'에도 활용할 수 있다. 교수·학습 현장에서 가사문학 작품을 체험하게 하는 방법 중 하나는 직접 가사를 지어보게 하는 것이다. 이 과정에서 가장 많이 활용되는 작품자료가 <면앙정가>나 <성산별곡>이다. 그러나 <면앙정가>나 <성산별곡>만으로는 이 작품들이 어떤 과정을 거쳐 창작되었는지 알 수 없기 때문에 창작과정이나 방법을 구체적으로 제시할 수가 없다.

<면앙정가>나 <성산별곡>의 핵심적인 소재는 누정제영에 제시되어 있다. 그러나 <면앙정가>와 <성산별곡>은 경관요소의 의미를 구체적으로 제시하기보다는 경관요소의 이미지와 의미를 통해 촉발되는 내면의 정서를 표출하는 데 초점이 맞추어져 있다. 즉 <면앙정가>나 <성산별곡>은 원림이 지향하는 '공간의 성격 설정 → 개별 경관요소의 선별 → 경관요소의 의미부여 및 이름 붙이기 → 공간의 구현'이라는 일련의 과정이 완료된 후, 이미 구현된 공간을 총체적으로 경험하면서 그 과정에서 촉발된 내면의 정서를 작품화한 것이다. 더구나 가사에서는 개별 경관요소들을 작가의 의도에 따라 배제하기도 하며, 그것들의 의미를 변형하거나 통합하기도 한다.

따라서 <면앙정가>와 <성산별곡>만으로는 원림을 구성하는 경관요소의 의미 및 이것들의 결합을 통해 원림이 지향하는 세계를 구현해 나

대한 명칭의 부여와 그 속성을 闡明하는 형태로 나타난다. 구인환 외, 『문학교육론』삼지원, 1988, 76면.

가는 과정과 원리를 구체적으로 이해시키는 데는 한계가 있을 수밖에 없다. '문학을 통한 창조적 체험'을 위해서는 원림문화를 형성하는 과정과 원리에 대한 이해가 선행되어야 한다. 즉 <면앙정가>나 <성산별곡>만을 단순하게 모방하는 수준을 넘어 자신이 추구하는 세계를 '세계(공간)의 성격 설정→공간의 성격에 부합하는 경관요소의 선택→경관요소별 의미부여→경관요소별 이름붙이기→공간의 구현'라는 일련의 과정을 거친 후 작품을 창작해야 한다. 이상에서 제시한 일련의 과정들은 대단히 추상적인 차원에서 이루어져야 하기 때문에 많은 상상력을 필요로 한다. 또한 고전작품을 통해 습득한 지식을 기반으로, 오늘날의 학습자 자신에게 유의미한 공간을 추상적인 과정을 통해 창조하고 문학적으로 체험하게 한다는 점에서 '문학을 통한 창조적 체험'이라는 문학교육의 목적을 달성하는 데 도움이 될 것으로 생각한다.

4. 결론

이상에서 살펴본 바, <면앙정가>와 <성산별곡>은 원림문학의 일부이다. 따라서 작품 자체의 개별적인 의미보다는 원림문화라는 큰 테두리 안에서 이 작품들이 갖는 의미를 구명해 보았다. 그 결과 <면앙정가>는 고려 중기 이래 관료 문인들에 의해 구축된 유가적 이상세계를 구현하고 있으며, <성산별곡>은 자신의 뜻을 펼칠 수 있는 때가 오기를 기다렸던 16세기 호남사림이 이상적으로 생각한 은둔과 기다림의 공간을 형상하고 있음을 확인할 수 있었다.

문학교육적 측면에서 주목되는 점은, 이와 같은 공간을 문화코드에 의지하여 문학적으로 형상하고 있다는 점이다. 중세문학의 강한 전통성과 관습성은 중세인들이 코드를 활용하여 자신이 의도하는 특정한 세계를 구현했던 문학적 전통에서 기인한 것이다. 중세문학의 이와 같은 특성은 고전문학의 교수·학습에 많은 도움을 줄 것으로 기대한다. 특히 앞서 제시한 원림문학의 형성과정은 '문학을 통한 창조적 체험'뿐만 아니라 문학문화를 이해하는 데도 많은 도움을 줄 수 있을 것으로 생각한다.

한편 코드를 활용하여 특정한 세계를 형상하는 것은 중세문학뿐만 아니라 중세문화의 특징이라는 점에서, <면앙정가>와 <성산별곡>은 원림문학뿐만 아니라 중세문학 전반을 이해할 수 있는 계기를 마련해 줄 것으로 생각한다.

참고문헌

『고봉선생문집』, 민족문화추진회, 고전국역총서.

『企齋集』 卷之七.

『論語』 <子罕>.

『訥齋先生集』 卷第四.

『동문선』 제21권.

『牧隱詩稿』 卷之三十二.

『四佳詩集』 補遺三.

『私淑齋集』 卷之一.

『三灘先生集』 卷之一

『石川先生詩集』 卷之一.

『靖節先生集』, <桃花園記>.

구인환 외, 『문학교육론』, 삼지원, 1988.

김흥규, 「고전문학 교육과 역사적 이해의 원근법」, 『한국 고전문학과 비평의 성찰』.

박연호, 「면앙정 원림과 <면앙정가>」, 『개신어문연구』 22집, 개신어문학회, 2004.

박연호, 「식영정 원림의 공간특성과 <성산별곡>」, 『한국문학논총』 40집, 한국문학회, 2005.

박연호, 『가사문학장르론』, 도서출판 다운샘, 2003.

박영주, 「송강문학에 나타난 출처관」, 『반교어문연구』 11, 반교어문학회, 2000.

배병균, 「<桃花園記> 小攷」, 『중어중문학』 7, 한국중어중문학회, 1985.

신영명, 「16세기 강호시조의 연구」, 고려대학교 박사학위논문, 1990.

우한용 외, 『문학교육과정론』, 삼지원, 1997.

조원래, 「士禍期 호남사림의 學脈과 金宏弼의 道學思想」, 『東洋學』 25집, 단국대 동양학연구소, 1995.

"

제4부
아동문학교육과 텍스트

제 11 장

아동문학 텍스트와 초등 문학교육

원 종 찬

인하대학교 한국어문학과

1. 아동문학 텍스트는 문학 텍스트인가?

아동문학 텍스트는 문학 텍스트다. 적어도 이에 시비를 걸거나 도전한 이론가는 없었다. 하지만 이 당연한 명제가 수시로 의심을 받아왔다는 사실까지 부인할 수는 없겠다. 의심은 깊이 따져볼 계제도 없이 받아들이곤 하는 통념과 선입견의 작용으로부터 비롯된다. '어린이는 순수하지만 세상에 무지한 존재다. 어린이는 세속의 먼지가 없는 진공의 화원에서 보호받아야 하는 존재다. 어린이에게 주는 문학은 순수성을 지키고 도덕심을 기르는 내용이어야 한다.' 이렇게 해서 이른바 동심천사주의와 교훈주의라는 아동문학의 통념이 만들어졌다. 아동문학 텍스트는 의당 그런 것이려니 하고 넘어가려 들지만, 문학 텍스트로서는 함량미달일 수밖에 없다는 인식이 뿌리 깊은 것이다.

아동문학 텍스트의 특성을 왜곡시키는 동심천사주의와 교훈주의의 통념은 제도적인 뒷받침 속에서 재생산된다. 그 중 초등교육의 문제점이 가장 크다. 초등학교 교과서와 교육과정은 아동문학에 대한 그릇된 통념을 낳아온 주된 통로였다. 그런데 초등 교사를 양성하는 대학에서조차 이를 교정할 장치가 마련되어 있지 않다. 아동문학을 교육과정에 포함하고 있는 교육대학은 매우 드물다. 이는 아동문학을 전공한 교수가 없기 때문이기도 하고, 그에 앞서 아동문학을 학문의 대상으로 삼는 연구풍토가 희박했기 때문이기도 하다. 이 대목에서 다시 한 번 솔직하게 질문과 마주해볼 필요가 있다. 우리는 정말 아동문학 텍스트를 문학 텍스트로 여기고 있는가?

질문의 요지는 아동문학 텍스트를 문학 텍스트로 보느냐 마느냐에 있다기보다 어떠한 문학 텍스트로 보느냐에 있다. 흔히 아동문학이라고 하면 '단순함과 유치함'을 먼저 떠올린다. 여기서 두 부류를 생각해볼 수 있다. 아동문학 텍스트도 문학 텍스트지만 일반적인 기준으로는 함량미달인 것을 그 특성상 양해할 수 있다는 것이 그 하나고, "아동문학의 단순성은 그 자체가 하나의 예술적 장치, 종종 성인문학에는 부족한 어떤 장치"[1]라는 진술에서 보듯, 고유한 원리를 지닌 또 하나의 문학 텍스트임을 강조하는 것이 다른 하나다. 질 낮은 문학 텍스트를 두고 '통속적'이라고 하는 것처럼, 질 낮은 아동문학 텍스트를 두고 '유치하다'고 하는 것은 문제가 되지 않는다. 그러나 착각하지 말자. '아동문학 텍스트는 유치하다'는 명제가 오류인 것은 '문학 텍스트는 통속적이다'는 명제가 오류인 것과 같다.

아동문학 텍스트의 미적 자질을 판별하는 일은 그리 쉬운 게 아니다. 그 명칭이 가리키듯이, 아동문학은 문학의 범주에 속해 있으면서도 그 안에서 따로 존재해야 하는 이유를 내세운다는 점에서 특별한 긴장을 유발한다. 우리는 다른 문학과 같은 방법으로 아동문학에 반응하도록 노력해야 하지만, 그와 동시에 아동문학 텍스트가 다른 텍스트와 구별되는 점에 대해서도 인식할 필요가 있다.[2] 주지하다시피 아동기는 인생의 특별한 한 시기이며 아이들에겐 그들만의 특별한 요구가 있다는 근대의 자각과 더불어 아동문학은 성립·발전해 왔다. 즉 아동문학은 어른들이, 아이들은 자신들과 달라서 그들만의 특별한 텍스트가 필요하다고 믿기 때문에 존재하는 것이다. 그렇다면 어린이는 어른과 얼마나 다른 존재인

---

1) 마리아 니콜라예바, 김서정 옮김, 『용의 아이들』, 문학과지성사, 1998, 78면.
2) 페리 노들먼, 김서정 옮김, 『어린이문학의 즐거움』, 시공주니어, 2001, 52면.

가? 또, 어떤 텍스트가 어린이에게 더욱 적합한 것일까? 우리는 여기서 아동관의 문제와 마주치게 된다.

2. 아동문학 텍스트와 아동의 관계를 어떻게 볼 것인가?

아동문학을 둘러싼 논란은 대개 아동관의 차이에서 비롯되고 있다. 동심천사주의와 교훈주의도 아동관의 문제에서 파생되어 나온 것이다. 따라서 어린이를 바라보는 어른의 태도에 주의를 기울이지 않으면 안 된다. 아동문학은 어린이, 더 정확히는 '어린이에 대한 어른의 생각'―그들이 무엇을 이해할 수 있고 무엇을 즐기는지, 그들이 무엇을 요구하고 또한 그들에게 무엇이 필요한지에 대한 생각―과 관련된 특성을 지닌다. 아동문학 텍스트의 공통적인 특성은 내포독자가 어린이를 향해 있다는 점인데, 이때의 내포독자는 어디까지나 가설에 의해 규정된 어린이라는 뜻이다. 한정된 지식과 한정된 능력을 갖고 있는 어린이, 교육과 보호가 필요한 어린이 등의 가설 말이다.[3]

페리 노들먼은 이런 가설들의 위험을 경계해야 한다고 주장한다. 아동기에 대한 가설은 이데올로기적으로 설정되어 있으며, 사회적 규범에 순응하는 걸 포함하고 있다.[4] 어른은 그들이 가진 이미지를 문학 안에서 어린이에게 만들어준다. 그리하여 아동문학은 어른이 어린이를 식민지화하는 데 지대한 효력을 발휘한다.[5] 아동기를 단순하고 순수하게만 보

---

3) 페리 노들먼, 앞의 책, 304면.
4) 페리 노들먼, 앞의 책, 162면.
5) 페리 노들먼, 앞의 책, 166면.

려는 시각은 검열과 배제를 정당시하고 어른의 입맛에 맞도록 텍스트를 순화시킨다. 수많은 아동문학 텍스트에 그려진 순수성의 형태는 어른의 욕구에서 비롯된 순수성일 뿐이다. 이처럼 어른에 의해서 아동문학 텍스트에 가해지는 검열과 배제, 순화과정 같은 것이 어린이의 자율성과 성장욕구를 박탈하는 식민지화의 시도가 아니고 무엇일까?

이오덕은 아동을 '사회적 존재'이자 '성장하는 인간'으로 바라봐야 한다고 했다.[6] 동심천사주의와 교훈주의의 바탕에서 세워지는 아동성(이른바 '동심')과 교육성은 식민지화의 시도라고 할 수 있다. 사회적 존재로서의 어린이를 주목한 리얼리즘 계열의 아동문학은 오랫동안 검열과 배제의 대상이었다. 동요의 '혀짤배기소리'와 동화의 '착한 어린이표' 이미지도 이렇게 해서 만들어진 것이다. 이런 이미지를 지닌 아동문학 텍스트가 유치하다거나 함량미달이라고 평가되는 것은 당연하다. 한편, 성장하는 인간으로서의 어린이를 망각하면 아동문학 텍스트의 특성을 성인문학 텍스트와의 차이점 중심으로 지나치게 단순화해서 파악하기 쉽다. 아동문학 텍스트는 유아용 책에서부터 청소년소설에 이르기까지 폭넓게 걸쳐 있다. 그러므로 아동문학 텍스트의 특성을 논할 때에는 대상 연령에 따른 단계성 곧 '내부편차'를 지워버리는 일이 없도록 주의해야 한다.

동심천사주의와 교훈주의는 어린이의 약동하는 생명력과는 거리가 먼 상투적인 발상을 낳고 있으며, 성장의 욕구를 제한하는 문제점을 지닌다. "기차는 기차는 바아보…" "구름은 구름은 요술쟁이…" 같은 발상의 동시는 화자가 얼마나 귀여운지, 어린이의 무지에서 즐거움을 느끼라고 요구하는 것처럼 보인다. 흙이 벌레를 징그러워하고 거름냄새를 싫어한

---

6) 이오덕, 『시정신과 유희정신』, 창작과비평사, 1977, 115면.

다든지, 도토리가 나무에서 떨어지면 아플까봐 걱정하는 식의 발상으로 지어진 동화도 마찬가지다. 훈계가 들어설 틈을 손쉽게 만들어내고자 이런 작위적인 설정을 남발하는 것이다. 결말의 교훈을 위해 진실이 희생되어도 좋다는 발상인데, '도덕' 교과서의 예문 같은 것을 문학 텍스트로서 가치 있다고 볼 수는 없겠다.

어린이 서사문학은 크게 동화와 소년소설로 구분된다. 동화와 소년소설은 상이한 서사원리를 지니고 있으며 내포독자의 연령대에서도 차이가 난다. 이 둘의 경계에서 만들어진 이른바 생활동화(사실동화)는 일종의 변종에 가깝지만 현실주의 색채가 강한 우리 아동문학의 주류를 차지해 왔다. 그런데 그 대부분은 '행복한 결말' '화해적 결말' '교훈적 결말' 등의 강박증에 사로잡혀 삶의 진실을 등지는 쪽으로 나아갔다. 그래서 생활동화는 독자적인 장르로 발전했다기보다 '되다 만 동화, 되다 만 소설'이라는 불명예를 안게 되었다. 흔히 아동문학의 생명은 희망이라고 한다. 어린이는 인생의 시작단계에 있고 성장과 변화의 가능성이 있다고 여기기 때문이다. 결말에 성장과 변화의 여지가 남아 있는 것은 바람직하다. 그러나 아동문학의 행복한 결말은 일종의 소원 판타지에 해당하는 동화의 한 특성일 뿐이다. 전래동화나 옛이야기 형식을 계승한 창작동화는 자연과 인생을 상징적으로 반영하면서 궁극의 조화로 귀결되는 양식이고 내포독자가 소년소설보다 낮은 연령대에 걸쳐 있다. 즉 동화는 사회적 경험이 적고 보호가 더 요구되는 어린이를 내포독자로 하기 때문에, 실제로 경험하는 현실보다는 원형상징들로 구성된 사건을 초월적인 힘으로 해결하는 서사원리를 따르게 마련이다. 하지만 높은 연령으로 갈수록 사회적 책임감이 증대되며 자신에게 우호적이지만은 않은 현실의 모순을 경험하게 된다. 현실적인 경험을 다루는 소년소설은 동화와 다른 소설의 서사원리를 따르되 다만 소년층의 눈높이에서 인간과 세상의 진실을 탐구한다. 어린이가 성장단계에서 겪는 내면의 갈등을 초월자의 도움으로 통합시켜주는 동화의 판타지적 결말과 삶의 진실을 등진 생활동화 또는 소년소설의 화해적 결말은 전혀 다른 차원이므로 그 평가를 달리해야 하는 것이다.

3. 아동문학 텍스트의 가치는 어디에 있는가?

우리가 아동문학을 중요하게 여기는 이유는 그것이 어린이에게 가치 있는 경험을 제공할 수 있다고 믿기 때문이다. 일반적으로 더 가치 있는 문학 텍스트는 독자에게 더 많은 의미를 제공해줄 수 있는 텍스트를 가리킨다고 볼 때, 아동문학 텍스트에 대해서도 마찬가지 논리를 적용할 수 있다. 그리고 텍스트에서 의미를 길어 올리는 능력은 훈련에 의해 계발될 수 있다는 믿음이 아동문학 텍스트에 대해서도 문학교육이 필요하다는 논리를 성립시킨다. 그런데 아동문학에 대해서는 유독 '문학 텍스트가 아닌 교육 텍스트'로 바라보는 관점이 널리 퍼져 있다. 이런 비문학적 관점은 아동문학의 예술적 지위를 낮추어보는 풍토와도 관련되는 것으로, 어린이의 문학적 경험을 왜곡시킨다. 문학 텍스트의 교육적 가치는 문학적 효과로 달성되는 것이다. 따라서 아동문학 텍스트의 가치는 문학적 가치로 측정되어야 하며, 이것이 인간과 세상에 대해 더 깊은 이해를 도모하는 교육적 가치로 이어지는 것임을 인식해야 한다.

아동문학 텍스트가 상대적으로 단순한 특성을 지닌다고 할 것 같으면, 문학적 가치나 질적 수준면에서 어떻게 우열을 가려내야 하는 것일까?

이 문제는 텍스트에 포함된 더 깊은 의미, 혹은 텍스트 안의 '공란'7)과 더불어 생각해볼 수 있다. 모든 문학 텍스트는 일상 언어를 의도에 따라 조직하고 구성한 결과라는 점에서 그 자체로 함축적이다. 그렇기 때문에 문학 텍스트는 언어가 지시하는 것 이상의 많은 공란을 포함하고 있다. 텍스트 안의 공란은 독자의 서로 다른 기억과 연상으로 채워진다. 결국 독자는 자신의 경험과 지식에 기초해서 눈에 보이지 않는 텍스트의 의미를 완성해가는 것이라고 볼 수 있다. 텍스트 안의 공란을 고려하지 않는 문학수업은 정답 맞추기 식으로 되어 독서의 즐거움을 빼앗거나 교실의 수많은 아이들을 주눅 들게 할 것이다.

> 보슬보슬 봄비는
> 새파란 비지
> 그러기에 금잔디
> 파래지지요.

—강소천, 〈봄비〉(『동아일보』, 1935. 4. 14)

> 자주 꽃 핀 건 자주 감자,
> 파 보나 마나 자주 감자.
>
> 하얀 꽃 핀 건 하얀 감자,
> 파 보나 마나 하얀 감자.

—권태응, 〈감자꽃〉(『소학생』, 1948. 3)

---

7) '공란(Gap)'이란 독자가 이전에 존재했던 레퍼토리에서 얻은 지식으로 의미를 만들어 가는 텍스트의 모든 요소를 말한다. 즉 텍스트가 우리에게 실제로 이야기하지는 않지만, 텍스트의 의미를 이해하기 위해서 우리가 꼭 알아야 하는 것을 말한다(페리 노들먼, 앞의 책, 543면).

위의 두 텍스트는 언뜻 비슷한 발상처럼 보인다. 그리고 둘 다 언어의 반복성이 주는 가락의 흥취를 느끼게 해준다. 그러나 <봄비>는 어린이의 무지에서 즐거움을 느끼라는 투에 가까워서 유치함이 앞서는 데 비해, <감자꽃>은 경험에서 비롯된 동일성의 확인이 주는 발견의 묘미가 살아난다. <감자꽃>은 <봄비>에 비해 텍스트 안의 공란이 더 넓다. 이를테면 눈에 보이는 세계와 보이지 않는 세계가 일치하는 데 따른 믿음과 안도감이 그것이다. 반대로 실제 현실에서 두 세계가 어긋남을 경험한 독자는 동일성의 희구를 불러일으키는 시적 주술의 효과를 맛보게 된다. 즉 <감자꽃>은 표리부동한 현실에 대해 비판적인 텍스트로 의미가 전이될 수 있는 것이다. "조선 꽃 핀 건 조선 감자, / 파 보나 마나 조선 감자. // 왜놈 꽃 핀 건 왜놈 감자, / 파 보나 마나 왜놈 감자." 하는 패러디 시가 만들어져 널리 구전되었던 이유가 여기에 있다. <감자꽃>은 내용의 사실성 여부를 떠나서 삶의 진실성을 환기시켜주는 뛰어난 텍스트라고 하겠다.

권정생 동화 <강아지똥>(1969)이 비슷한 교훈을 전하는 다른 의인동화들보다 더 뛰어난 텍스트라는 평가도 거기 포함된 깊은 의미와 공란에서 말미암는다. 이 동화는 돌이네 흰둥이가 누고 간 똥이 닭과 참새에게 아무 쓸모가 없다고 조롱받다가 민들레 싹의 거름이 되어줌으로써 한 송이 아름다운 꽃으로 피어난다는 줄거리다. 자연의 질서와 조화를 고스란히 서사구조에 담아낸 행복한 결말의 동화지만, 주인공의 탄생에서 죽음에 이르는 현실적인 줄거리를 지닌 것이기도 하다. 한 편의 연애 서사로 읽어도 무방하다. 강아지 똥은 지상의 가장 낮은 존재로 태어났지만 아름다운 민들레꽃으로 스며든다. 그리고는 하늘의 별과 눈맞춤하면서 천상의 세계와도 합일한다. 버림받은 존재가 쓸모 있는 존재로, 더러운 존재가 아름다운 존재로, 낮은 존재가 높은 존재로 거듭난다는 이 텍스트의 의미망이, 버림받고 짓밟히면서 역사의 희생양으로 살아온 민중의 삶 또는 수난의 민족 현실과도 겹친다는 해석을 비약이라고만 할 수는 없을 것이다. <강아지똥>은 존재의 불안을 극복케 하고 위안과 용기를 주는 안데르센의 <미운 오리 새끼>와 상호텍스트성을 지니는 것이면서 사회적이고 역사적인 의미까지 포함하고 있다. 사회적 약자인 어린이는 종종 자신이 버림받은 존재가 아닌가 하는 불안과 두려움에 빠지곤 한다. 그리고 '강아지 똥'은 어린이에게 무척 친숙한 소재다. 그럼에도 이 텍스트는 그 상징적 의미의 '불온성'과 더러운 '똥'이란 어휘를 지녔다고 해서 순수성을 지고지순의 가치로 삼는 평자들에게 검열과 배제의 대상이 되었던 전력이 있다.

아동문학의 단순성에 대한 잘못된 고정관념은 전통적인 해피엔딩과는 다른 복합적인 결말의 동화를 낯설게 여기도록 해서 텍스트가 내포한 더 깊은 의미를 외면하게 만든다. 안데르센의 <인어공주>나 오스카 와일드의 <행복한 왕자>처럼 복합적인 결말을 지닌 텍스트는 단일한 결말을 지닌 텍스트로 통속화되는 과정을 겪기도 한다. 텍스트의 양가적 의미를 이항대립의 어느 한쪽 의미로 단순화해서 받아들이는 데 길들여지면 사물의 거죽에 머무는 천박성과 편협성을 넘어서기 힘들다. 복합적인 결말의 동화라고 해서 서사구조가 더 복잡한 것은 결코 아니다.

추워서 코가 새빨간 아가가 아장아장 전차 정류장으로 걸어 나왔습니다. 그리고 낑 하고 안전지대에 올라섰습니다.

이내 전차가 왔습니다. 아가는 갸웃하고 차장더러 물었습니다.

"우리 엄마 안 오?"

"너희 엄마를 내가 아니?"

하고 차장은 '땡땡' 하면서 지나갔습니다.

　또 전차가 왔습니다. 아가는 또 갸웃하고 차장더러 물었습니다.

　"우리 엄마 안 오?"

　"너희 엄마를 내가 아니?"

하고 이 차장도 '땡땡' 하면서 지나갔습니다.

　그 다음 전차가 또 왔습니다. 아가는 또 갸웃하고 차장더러 물었습니다.

　"우리 엄마 안 오?"

　"오! 엄마를 기다리는 아가구나."

하고 이번 차장은 내려와서,

　"다칠라. 너희 엄마 오시도록 한 군데만 가만히 섰거라 응?"

하고 갔습니다.

　아가는 바람이 불어도 꼼짝 안 하고, 전차가 와도 다시는 묻지도 않고, 코만 새빨개서 가만히 서 있습니다.

— 이태준, 〈엄마 마중〉 전문

일제시대의 『조선아동문학집』(조선일보사, 1938)에 실린 유아용 동화 텍스트다. 아가가 혼자 전차 정류장에 나와 엄마를 기다리는 단순한 내용으로 되어 있다. 엄마가 어디에 갔고 언제 올지는 전혀 나타나 있지 않다. 오로지 아가의 행동만이 간명하게 묘사되었을 뿐이다. '아가는 간절히 엄마를 기다렸습니다.' 하는 식의 설명도 없다. 그보다는 도착하는 전차마다 다가가서 '우리 엄마 안 오?' 하고 묻는 코가 새빨간 아가의 모습을 통해서 간접적으로 간절한 심리상태를 느끼게 해준다. 텍스트 중간중간에 드러나는 의성어와 의태어가 글의 분위기를 살리고 있다. 아가는 정류장으로 "아장아장" 걸어가 "끼" 하고 안전지대에 올라선다. 아가는 "갸웃하고" 차창에게 묻고 전차는 "땡땡" 하고 지나가 버린다. '갸웃'은 기대감을, '땡땡'은 공허한 울림을 전한다. 입속에서 울리는 소리들이다. 만약 이런 어휘가 등장하지 않았다면 이 텍스트는 무미건조하게 느껴졌을 것이고 언어적으로 느낄 수 있는 재미를 잃어버렸을 것이다. 짤막한 분량임에도 기승전결의 완벽한 구성요건을 갖춘 점이 눈길을 끈다. 아가는 세 번 전차를 맞이하고 세 번 물음을 던진다. 세 번째 반복에서는 차장의 대답이 변형되면서 이야기의 전환을 가져온다. 반복·점층·대조 등 동화의 특성이 잘 구현되고 있으며, 그 단순함으로 인해 머릿속에서 뚜렷하게 그림이 그려진다. 처음에 코가 빨개져서 등장한 아가는 끝에도 코가 빨간 채로 자리를 지키고 섰다. 첫머리와 꼬리가 일치함으로써 구성이 주는 편안함을 느끼게 해준다.

그런데 아가의 엄마는 언제 돌아올 것인가? 텍스트는 아가가 엄마 손을 잡고 집으로 '아장아장' 걸어 들어가는 행복한 결말을 보여주지 않는다. 추운 겨울날, 언제까지고 전차 정류장에 서 있을 아가의 마지막 모습이 텍스트를 다 읽고 난 뒤에도 오래도록 인상에 남는다. 엄마의 부재로 인해서 울림은 더욱 크게 다가온다. 그래서 이 텍스트는 "조국을 잃은 시대의 상징으로서 한 편의 시"[8]라 여기고 읽을 수도 있다. 그렇다고 분위기가 오로지 비극적으로 파악되는 것은 아니다. 이 동화를 가리켜, "만남이 실현될 가능성은 차단된 채 막막한 불안감과 비극적 전조의 우울함이 전체 작품을 감싸고 있다."[9]고 보는 시각이 있는데, 잘 어울리지 않거나 일면적이라고 판단된다. 상징적 차원에서 이 동화는 갈등의 심화와 해소, 그리고 팽팽한 대결구도를 지니고 있다. '기다리는 아가 / 오지

---

8) 원종찬, 「정지용과 이태준의 아동문학」, 『아동문학과 비평정신』, 창작과비평사, 2001, 321면.
9) 송인화, 「'예술'로 나아간 '동심', 그리고 폐쇄된 비극성의 세계 ─ 이태준 동화 연구」, 『동화와번역』 제9집, 건국대학교 동화와번역연구소, 2005, 25면.

않는 엄마', '무관심한 차장 / 관심을 보이는 차장', '추위와 기다림 / 기대감과 희망' 등등. 결말이 열려 있는 데다, '엄마 마중'이란 제목이 절망의 분위기와는 거리가 있다. 따라서 '가능성 차단' '불안감' '우울함' 등의 어휘를 동원해서 이 동화를 오로지 '비극적'인 내용으로 규정짓는 것은 천진한 동심의 바탕에서 이뤄낸 텍스트의 내적 긴장과 양가적 의미를 온전히 파악한 결과로 보기 힘들다. 이 텍스트가 독특한 여운을 주는 것은 엄마가 돌아오지 않은 채로 끝낸 결말의 구조에 어떤 '약속과 믿음'을 내포하고 있기 때문이다. '약속'은 세 번째 차장의 사려 깊고 따듯한 배려에서, 그리고 '믿음'은 천진하고 순수한 아가의 동심에서 비롯된다. 세 번째 차장과 아가 사이에는 엄마와 아가 사이처럼 깊은 신뢰감과 친연성이 놓여 있다. 이 텍스트는 당대 사회의 비극적 현실성과 일정하게 조응하면서도 동화 양식 특유의 '궁극의 조화로 귀결되는 안정감'을 끌어안고 있는 구조인 것이다.

대학생들은 이 텍스트에 다음과 같은 반응을 보였다.[10]

이토록 짧은 동화도 시대상을 비추는 거울이 되고 있다. 아가에게 엄마는 절대적인 존재다. 아가는 보호받아야 할 대상인데 그렇지 못하다는 데에 그 시대의 서글픈 아동현실이 자리하고 있다. 이러한 경험은 과거의 어린이에겐 공통의 기억에 속한다. 동요 「섬집 아이」에서 보듯, 엄마는 일하러 나가지 않으면 안 되었을 것이다. 아마도 아가는 노동계급의 자식일 것이다. 부잣집 아이라면 밖에서 일하다가 늦게 돌아오는 엄마를 기다릴 일이 없다.……

---

10) 인하대학교 한국어문학과 2007학년도 1학기 '아동문학 읽기' 수업에서 필자가 수강자들에게 사전정보 없이 텍스트를 제공하고 즉석에서 받은 감상문들 중에서 발췌한 것이다.

전차가 다닌다는 사실을 통해서 시골이 아니라 도시를 배경으로 했다는 것을 알게 된다. 이 동화는 근대적 사회현실을 반영한다. 만약 시골이었다면 아가가 '우리 엄마 안 오?' 하고 물었을 때, '너희 엄마를 내가 아니?' 하는 대답은 나오지 않았을 것이다. 즉 타인에게 무관심한 근대적 사회현실이 내용에 반영되어 있다.……

나약한 아가가 바람이 불어도 꼼짝 안하고, 전차가 와도 다시는 묻지도 않고, 코만 새빨개서 가만히 서 있으면서 엄마를 기다린다는 것은 확고한 믿음과 불굴의 의지의 표현이다. 엄마가 꼭 올 것이라는 확고한 믿음과 아무리 추워도 가만히 서서 엄마를 기다리겠다는 불굴의 의지는 일제치하라는 시대적 배경을 고려할 때 고도의 메타포가 된다.……

아가는 구원을 소망하지만 작품상에서 구원되지는 않는다. 하지만 희망의 여지는 보인다. 엄마가 오면 기다림, 그리움, 추위 등에서 구원받을 수 있다는 생각으로 아가는 기다릴 수 있는 것이다. 구원의 가능성과 실현은 동화이기 때문에 가능하다. 소설이었다면 카프카의 『변신』에서 벌레가 된 그레고르가 구원받지 못하고 죽는 것처럼 될 수도 있었을 것이다.……

<엄마 마중>은 함축적 텍스트를 구현하고 있어 아주 짧은 분량임에도 풀어낼 이야기가 많다. 텍스트의 완성도가 높고 공란이 클수록 문학적 효과는 증대한다. 이 텍스트의 아가는 귀엽다는 느낌이 전부가 아니며, 안쓰럽고 슬픈 감정도 모두 꿋꿋한 아가의 행동에서 비롯된다. 유치한 동심과 억지스러운 교훈이 없다. 텍스트에 대한 반응으로 마음이 따듯해지거나 울고 싶어지거나 그건 독자의 몫이다. <엄마 마중>은 지극히 단순한 텍스트지만 더 많은 의미 생산과 더불어 문학적 힘이 커질 수 있음을 보여준다.

4. 아동문학 텍스트는 초등교육과 어떻게 만나고 있는가?

아동문학에 대한 그릇된 통념은 '국민교육'의 장(場)에서 만들어져 나오고 이는 다시 '국민교육'의 장으로 흘러들어간다. 아동문학이 이데올로기와 무관하지 않은 이상, 지난 한 세기 동안 가장 강력하게 이데올로기의 통제를 받은 장소의 하나가 초등학교였기 때문이다. 초등 국정교과서의 아동문학 텍스트는 식민지시대와 분단시대를 관리하는 권력의 손 안에서 구성되었다. 검열과 배제의 논리가 관철되었음은 물론이다. 이렇게 구성된 텍스트목록이 아동문학이란 무엇인가에 대한 어린이의 생각, 종국엔 일반 '국민'의 생각을 결정지어 왔다.

초등 교과서의 아동문학 텍스트는 권력의 성격이 바뀌는 만큼씩 변화하고 있음이 사실이다. 그러나 초등교육의 여러 주체들이 어디에서 새로운 인식을 획득하느냐의 문제는 여전히 과제가 아닐 수 없다. 문학과 교육 부문의 전문연구자를 포함해서 대부분의 기성세대는 오랜 통념에서 자유롭지 못한 상태다. 아동문학은 '텍스트를 텍스트로 바라보려는 문학적 관점'이 학교교육에서 확고해졌을 때 비로소 온전한 문학적 경험으로 아이들에게 다가갈 수 있다. 아동문학을 교육 텍스트로 바라보려는 비문학적 관점에 의해 텍스트 선정과 감상이 이루어지는 한, 초등 문학교육은 바로서기 힘들다.

꼭 정치이데올로기의 차원이 아니더라도 이른바 '교육적 차원'에서 행해지는 검열과 배제의 논리는 텍스트 훼손을 아무렇지도 않게끔 여기게 한다. 교과서에서 방정환의 <양초 귀신>은 <양초 도깨비>로 탈바꿈해 있다. 이 밖에도 윤구병의 <심심해서 그랬어>를 <심심해서 그랬어요>로, 임길택의 <흔들리는 마음>이란 동시의 "아버지한테 매를 맞았다"를 "아버지께 꾸지람을 들었다"로, 권정생의 <강아지똥> 서두를 앙상한 요약문 식으로 바꾸는 등, 아동문학 텍스트를 문학 텍스트로 본다면 일어날 수 없는 일들이 적지 않다.[11] 이러한 비문학적 관점은 텍스트의 리얼리티에 손상을 주기도 하고, 함량미달의 텍스트를 가치 있는 것처럼 오도하기도 하면서 진정한 문학적 경험의 기회를 박탈한다.

제7차 교육과정의 초등 전 학년 '읽기', '말하기', '듣기', '쓰기' 교과서들을 살펴보면, 일부 질 높은 텍스트도 포함되어 있고 또 과거보다 정도가 덜하지만 아직도 그릇된 통념 아래서 나온 수준 이하의 텍스트가 많다. 유명문인의 작품이라고 해서 반드시 뛰어난 것은 아니다.

지난 밤에
눈이 소복이 왔네.
지붕이랑
길이랑 밭이랑
추워한다고
덮어 주는 이불인가 봐.

그러기에
추운 겨울에만 내리지.

—윤동주, 〈눈〉(국어, 쓰기 2-2)

윤동주 동시는 우열이 심한 편이다. 뛰어난 것들도 있지만, 어린이의 무지를 귀엽게 내려다보는 통념에서 나온 것들도 여럿이다. 위에 인용한

---

11) 김상욱, 『문학교육의 길 찾기』, 나라말, 2003 ; 김제곤, 『아동문학의 현실과 꿈』, 창작과 비평사, 2003 ; 정정순, 「동시 교육, 이렇게 하자—동시 교육의 실태와 변화 방향」, 『창비어린이』 2007년 여름호 참조.

동시도 그런 문제점이 엿보인다. 소복이 쌓인 눈에서 포근한 이불을 떠올린 것은 아이다운 발상 같지만 상투적인 유아적 표현에 가깝고, 그조차 "…인가 봐. // 그러기에"라는 어린애 흉내를 조장하는 구문에 갇혀 있다. 그런데 이런 텍스트를 참조해서 "생각이나 느낌이 잘 드러나게" 글을 쓰라고 요구하고 있으니, 통념이 어떻게 재생산되고 있는지를 단적으로 보여주는 사례라 하겠다. 초등 '국어' 교과서의 아동문학 텍스트를 아동문학의 한 전범으로 받아들이는 것은 위험한 일이다.

아동문학 텍스트를 언어기능교육의 참고자료로 보는 문제점은 누차 지적돼왔다. 저학년에서는 그 관점이 더욱 우세해서 흉내 내는 말(의성·의태어)로 퍼즐게임을 벌이는 텍스트가 지나치리만큼 되풀이 제시되어 있다. 그것도 "초롱초롱 맑은 눈" "삐악삐악 재잘재잘"처럼 상투적인 것들이 대부분이다. 개성적이고 투명한 눈을 길러주는 것이 아니라 표면에 자동반응을 하도록 길들이는 꼴이라 참다운 문학정신을 기르는 것과는 정반대의 교육을 조장하는 셈이다. 지면관계상 하나하나 대조해 보이는 일은 생략하겠는데, '겨레아동문학선집'(보리, 1999)에 실린 동시들을 보면 의성·의태어의 쓰임이 얼마나 다양하고 참신할 수 있는지, 그것이 텍스트 전체와 얼마나 긴밀히 호응하고 있는지를 한눈에 알아차릴 수 있다. 한편, 동시든 동화든 '아동문학은 작고 예쁘고 귀여운 것들의 세계'라는 통념은 저학년 교과서에서 여전히 큰 영향력을 행사하고 있다. "해야 해야 나오너라"처럼 자연과 조금도 거리감을 두지 않는 아이들의 구전동요를 봐도 그렇고, 제대로 된 어린이 시에는 거의 나오지 않는 접미사 '-님'을 붙여 의인화한 자연물은 단골메뉴로 등장한다. 예컨대 '해님, 달님, 별님, 꽃님……' 그리고 거기 어울리는 '씨앗, 이슬, 나비, 무지개……' 등등.

고학년 교과서에서 생활상의 문제를 다룬 아동문학 텍스트 역시 어른이 일방적으로 보여주고 싶은 것들이 대부분을 차지한다. 이를테면 우애, 협동, 자기다움, 전통문화의 긍지, 조국애, 희생적 가치 등의 덕목을 앞세우느라 삶의 진실을 놓치는 것들이 많다. 다만 과거의 교과서처럼 노골적인 것들은 줄어들었기 때문에 자세히 살피지 않으면 얼른 알아채기 힘들다는 게 달라진 점이다. 크게 보아 '착한 어린이표' 인물은 여전히 주종을 이룬다. 서사구조상 아이와 아이의 갈등, 아이와 부모의 갈등, 아이와 교사의 갈등은 피할 수 없는데, 사회적·현실적·심리적 층위까지 깊이 파고들지 못하는 까닭에 결국은 어느 한쪽의 사소한 오해로 밝혀진다든지 반성적이거나 동정적인 해결방식으로 갈등은 미봉된다. 삶의 때가 없고 생활의 실감이 부족한 이런 텍스트는 몰입을 방해해서 재미도 덜 느끼게 할 것이다.

여기에서는 다소 논쟁적일 수도 있지만, 손연자의 <방구 아저씨>(국어, 읽기 6-1)가 지닌 문제점을 살펴보려고 한다. '논쟁적'이라는 것은 이 작품에 대한 긍정적인 평가도 적지 않다는 사실을 염두에 둔 표현이다. 일제시대를 배경으로 하는 이 작품은 동네아이들과 친구처럼 격의 없이 지내는 방구 아저씨가 일본순사에게 맞서다가 억울하게 맞아죽는 줄거리로 되어 있다. 이처럼 민족의 수난과 저항을 그린 텍스트는 역사적 사실에 입각한 것으로 봐서 별다른 문제의식 없이 받아들이는 경향인데, 인물과 사건이 작가이데올로기에 매달린 상투성을 드러낸다는 점을 지적할 수 있다. 서두에 제시된 인물형상은 일단 개성적이다.

> 안골 마을 목수인 김봉구 아저씨는 방귀쟁이입니다. 아이들만 보면 살금살금 다가가 엉덩이를 쑥 내밀고 '뿡!' 방귀를 뀝니다. 그러고는 싸우

지들 말고 사이좋게 나누어 먹으라고 점잖게 말합니다. 아이들이 코를 싸쥐고 야단인 시늉을 하면, 또 번개처럼 "옛다, 이건 덤이다." 한 번 더 얹어 줍니다. 방귀 덤을 들쓴 아이들은 팔팔 뛰고, 동무들은 깔깔거리며 배를 잡습니다.(31면)

하지만 일제말의 탄압상이 날로 더해지는 시기를 배경으로 목수인 방구 아저씨가 혜안을 드러내는 대목에서는 작가관념의 투사(投射)가 한결 짙어지는 것을 볼 수 있다.

"그래도…… 좋은 세상은…… 꼭 온다. 봐라. 밖은 지금 캄캄한 밤이다. 하지만, 한잠 자고 나면…… 아침이 와 있지 않던?"
방구 아저씨는 눈 끔뻑이며 느릿느릿 말하였습니다. 그러면서 '열흘 붉은 꽃 없고 달도 차면 기우는 법'이라고 쥐 오줌 얼룩진 천장을 보고 중얼거렸습니다.(34면)

방구 아저씨네 집안 윗목에 놓인 괴목장을 조선민속품 수집광인 산림관 히라노가 탐내면서 본격적으로 사건이 전개된다. 이 괴목장은 먼저 세상을 뜬 아내에게 제물로 바쳐진 것으로 방구 아저씨에겐 가장 소중한 물건이다. 이장이 와서 거간꾼 노릇을 하려다 방구 아저씨에게 망신을 당하고 물러간 뒤에, 하루는 히라노가 몸소 찾아와 흥정을 붙였으나 역시 거절을 당하고 되돌아간다. 마침내 히라노의 모함과 사주를 받은 일본순사 이토가 와서 조사할 게 있다며 괴목장을 지게에 지고 따라오라고 명령한다. 여기 장면이 문제다.

"역시 목재가 필요하겠군. 그래서 허가 없이 나무를 베었나?"
"난 그런 일 없소."

“없어? 그럼 우리 대일본의 산림관이 거짓말을 했단 말이야, 뭐야?”

이토가 다짜고짜 방구 아저씨의 뺨을 갈겼습니다.

(…중략…)

이토는 들고 있던 순사봉으로 방구 아저씨의 가슴을 쿡쿡 찍었습니다. 방구 아저씨 이마에 불뚝 힘줄이 솟았습니다.

“네 이노옴, 이 버르장머리 없는 놈. 어디 와서 함부로 행패냐, 행패가…….”

조선말! 그것은 조선말이었습니다.

눈 깜짝할 사이에 멱살을 잡힌 이토가 붕 날았습니다. 그러고는 빗물 스민 마당에다 코를 박았습니다. 이토는 진흙투성이 얼굴로 퉁기듯 일어났습니다.

“조선놈 주제에 감히!”

이토의 순사봉이 방구 아저씨 머리를 내리쳤습니다.

조선 사람 앞에만 서면 갑자기 어깨에 힘이 들어가는 이토. 이토의 나무 순사봉은 그 순간 쇠막대기가 되었습니다.

“억!”

방구 아저씨가 풀썩 무릎을 꿇었습니다. 피가 얼굴에 흘렀습니다. 잠시 그대로 있던 방구 아저씨가 스르르 무너졌습니다. 부릅뜬 눈에는 봄비 내리는 하늘이 가득 찼습니다.(37~39면)

이토는 갓 스물의 새파랗게 젊은 순사다. 방구 아저씨는 십수 년 전에 돌림병으로 처자식을 먼저 세상에 보냈으니 순사보다 두 배는 넘었을 나이다. 각별한 개성의 소유자로 그려내지 않는 이상에는 이토록 젊은 순사가 마을에 들어와서 아버지뻘 되는 사람에게 반말로 지껄인다든지 느닷없이 뺨을 갈기는 일은 있을 법하지 않은 아주 놀라운 행동에 속한다. 그러나 우리는 이미 이런 장면에 익숙해져 있다. 그 다음 장면도 도식적인 계급문학이나 반공문학 같은 데에서 흔히 봐왔던 ‘만행의 기록’

일 뿐이다. 물론 총칼로써 식민지 통치를 행사한 역사적 사실에 비추어 일본순사의 만행은 전형적인 행동으로 볼 수도 있다. 그래서일까? 이런 '포악한 일본순사'는 일제시대를 배경으로 하는 아동문학 텍스트마다 빠지지 않고 등장한다. 여기서 문제는 이토가 '포악'하게 그려진 데 있는 것이 아니라, 포악한 '이토'로 그려져 있지 않은 데 있다. 즉 추상적 일본순사, 개념의 인물에 그치고 있는 것이다.

이 텍스트에 대한 반응으로 일제에 대한 분노와 증오, 그리고 방구 아저씨의 억울하지만 영웅적인 죽음에 따른 슬픔과 존경심이 우러나온다면, 그것은 아마도 선동적인 효과일 것이다. 이런 감동은 한편으로 위험하다. 정해진 이념과 주의주장으로 몰고 가는 이데올로기 동원방식이기 때문이다. 과거 '국민교육'의 일환으로 만들어지던 반공동화들이 꼭 이런 모습이었던 이유가 여기에 있다. 도식적인 발상으로 지어진 것은, 성격(Character)이라기보다 한낱 기호(Name)나 마찬가지인 등장인물만 바꿔놓을 경우, 얼마든지 항일문학이 친일문학으로, 반제문학이 반공문학으로 뒤바뀔 수 있는 텍스트가 된다. 따라서 <방구 아저씨>는 그 한끝이 역사적 진실에 닿아 있다고 하더라도, 이미 지배이데올로기가 된 주류 역사인식을 되풀이하는 것에 지나지 않는 만큼, 자칫 인종적 편견과 다름없는 민족주의 반일감정을 불러일으킬 소지가 더 클 수 있음을 경계해야 한다고 본다.

5. 누가 무엇을 어떻게 변화시킬 것인가?

오랜 군사통치의 막이 내려지고 이 땅에 시민사회가 형성되면서 아동문학을 둘러싼 전반적인 판도 변화가 이루어졌다. 은밀한 형태의 뿌리는 아직도 완강하지만 명명백백한 동심천사주의와 교훈주의가 설 곳은 이제 없어진 것처럼 보인다. 초등 교과서와 교육과정에도 변화의 바람은 불었다. 최근 들어서는 초등 교과서와 교육과정의 문제점을 새로운 시각으로 밝힌 논문의 성과들이 적지 않다. 현재의 초등교육은 아동문학 텍스트를 대하는 문학적 관점과 비문학적 관점이 가닥 없이 섞여 있는 형편이다. 교육학적·언어기능론적 관점에서 '적합한' 텍스트에만 관심을 기울이는 것은 전반 교육과정상의 문제로 문학교육과는 조금 다른 차원에서 정리되어야 할 문제다.

그런데 눈을 문학교육 안으로 돌려 보더라도 아동문학 텍스트의 가치를 둘러싼 중요한 문제는 시원스러운 해결의 기미를 보이지 않는다. 무엇보다도 엄선되어야 할 교과서의 아동문학 텍스트목록에서 우열의 편차가 심하게 드러나고 있다. 이 문제는 아동문학 텍스트를 둘러싼 담론의 부재와 관련이 깊다. 은밀한 형태의 동심천사주의·교훈주의 잔재와 대결하는 일은 끝나지 않은 숙제다. 어쩌면 은밀한 형태의 잔재가 아니라 새로운 형태로 부활하고 있는지도 모른다. 문학예술의 우열을 가리는 일이란 게 칼로 무 자르듯 분명할 수는 없다. 그러기에 더욱 담론의 활성화가 절실하다. 비평은 '움직이는 미학'이 아니던가.

교과서, 교육과정, 교육실천의 변화는 필연적이다. 우리의 관심은 올바른 변화의 주체를 세우고 조직하는 문제일 것이다. 첫째는 학계의 연구다. 아동문학의 이론을 실천적으로 연구하는 단위가 없으면 악무한의 고리를 끊는 길은 밖으로 돌아가는 우회로일 수밖에 없다. '한국문학교육학회'와 '초등문학교육학회'의 연구 활동이 기대되는데, '연구를 위한 연구'가 되지 않으려면 현장교사와의 소통을 이뤄내야 한다. 둘째는 교육대학의 교육과정이다. 아동문학을 전공필수과목으로 포함시켜야 마땅하며, 아동문학 전공교수를 새로 확보하거나 문학 전공교수가 아동문학에 더 한층 관심을 기울여야 한다. 셋째는 현장교사 연수다. 교과서의 문제점에 대해 토론하고 원본 텍스트와 대안 텍스트로 올바른 관점에서 문학수업을 하는 현장교사들의 움직임이 주목된다. '전국초등국어교과모임'의 활동이 그것인데, 학교도서관의 활성화도 이 항목에 포함시킬 수 있겠다. 넷째는 어린이 책 관련 학부모·시민단체의 활동이다. 전국 곳곳의 수많은 '동화 읽는 어른' 모임의 연합체인 '어린이도서연구회'는 아동문학의 생산·유통·수용의 바람직한 변화를 앞장서서 이끌어왔다. 다섯째는 아동문학 작가와 비평가 집단이다. 교육제도의 권외에 존재하지만 텍스트를 생산하고 평가하는 중차대한 몫을 지니고 있다. 이들 각각의 주체는 '따로 또 함께' 초등 문학교육에 대해 발언하고 토론하면서 끊임없이 올바른 변화를 이끌어가야 할 것이다.

참고문헌

겨레아동문학연구회 엮음, 『겨레아동문학선집 1~10』, 보리, 1999.
김상욱, 『문학교육의 길 찾기』, 나라말, 2003.
김제곤, 『아동문학의 현실과 꿈』, 창작과비평사, 2003.
송인화, 「'예술'로 나아간 '동심', 그리고 폐쇄된 비극성의 세계—이태준 동화 연구」,
　　　『동화와번역』 제9집, 건국대학교 동화와번역연구소, 2005.
원종찬, 『아동문학과 비평정신』, 창작과비평사, 2001.
이오덕, 『시정신과 유희정신』, 창작과비평사, 1977.
정정순, 「동시 교육, 이렇게 하자—동시 교육의 실태와 변화 방향」, 『창비어린이』,
　　　2007년 여름호.
마리아 니콜라예바, 김서정 옮김, 『용의 아이들』, 문학과지성사, 1998.
페리 노들먼, 김서정 옮김, 『어린이문학의 즐거움』, 시공주니어, 2001.

제 12 장

'윤복이의 일기'의 재평가

이 지 호

전주교육대학교 국어교육과

1. 서론

　'윤복이의 일기'라 함은 1964년과 1967년에 각각 신태양사와 한미도 서출판사에서 발간한 『저 하늘에도 슬픔이』와 『저 하늘에 이 소식을』, 그리고 그 이후 여러 차례 다른 출판사에서 발간한 이윤복의 일기를 통칭한다. 가장 최근의 것은 2004년에 산하출판사에서 간행한 것이다.[1]

　『저 하늘에도 슬픔이』는 이윤복이가 초등학교 4학년 때인 1963년 6월 2일부터 1964년 1월 19일까지 약 8개월에 걸쳐서 쓴 일기를 모아 놓은 것이다. 이 일기는 책으로 출간되자마자 대단한 관심을 불러일으켰다.[2] 그래서 그 이듬해에 영화로도 제작되고 라디오 방송극으로도 제작된다. 원작의 유명세에 힘입어 영화 또한 흥행에 크게 성공한다.[3] 이 일기는 일본에서 『ユンボギの日記 あの空にも悲しみが』(太平出版社, 1965, 塚本勳 譯)라는 제목으로 번역되어 출판되기도 했다. 『저 하늘에 이 소식을』은 『저 하늘에도 슬픔이』의 속편이다. 이 일기는 이윤복이가 초등학교 5학년 때인 1964년 12월부터 중학교 1학년 때인 1966년 6월까지 쓴 것이다. 그런데 『저 하늘에 이 소식을』은 출판을 전제로 씌어진 기획된

---

1) 산하판 '윤복이의 일기'는 저작권자인 이윤식—고 이윤복의 동생—의 서문이 붙어 있어 주목되지만, 초판본의 내용이 적잖게 누락되어 있어 연구 자료로는 적합하지 못하다.
2) 필자가 가지고 있는 『저 하늘에도 슬픔이』(이윤복, 신태양사, 1965, 8판)에 붙어 있는 판권지에 따르면, 이 일기는 1964년 11월 15일에 초판이 간행되고, 그해 12월 30일에 4판이 간행되고, 이듬해 5월 30일에 8판이 간행된 것으로 나타나 있다.(앞으로, 이 책이 출전일 때는, 본문 속에 쪽수만 나타내기로 한다)
3) 1965년에 제작된 김수용 감독의 영화는 그 필름이 일실되었고, 지금 전해지는 것은 김수용 감독 그 자신이 1984년에 다시 제작한 것이다.

일기라는 혐의를 벗기가 어렵다. 이런 까닭에 우리의 관심은 『저 하늘에도 슬픔이』에 집중된다. 특별한 언급이 없는 한, 윤복이의 일기에 관한 논의는 『저 하늘에도 슬픔이』에 관한 것임을 밝혀둔다.

윤복이의 일기는 초등학생이 쓴 일기이고, 선생님의 격려와 지도를 받아서 쓴 일기이고, 또 수많은 사람들을 감동시켰던 일기이다. 이쯤 되면, 윤복이의 일기는 초등학교의 일기쓰기교육에서 전범으로 삼을 만도 하다. 그러나 실상은 그렇지 않다. 윤복이의 일기를 일기쓰기교육적 관점에서 논의한 사례도 찾아보기가 어렵고,4) 일기쓰기교육의 현장에서 학습 자료로 채택한 사례도 들어 본 적이 없다. 일기쓰기교육에서 윤복이의 일기를 홀대한 데는 그만한 까닭이 있을 것이다. 예컨대, 윤복이의 일기 또는 윤복이의 일기쓰기와 관련한 교수·학습 방법을 문제로 삼았을 것이라는 것이다.

이오덕은 『저 하늘에도 슬픔이』를 '동심의 승리'와 '동심의 패배'가 어우러진 일기로 평가한 바 있다.5) 윤복이의 일기는 윤복이가 그 자신의 티 묻지 않은 순수한 인간 정신으로 겪고 느낀 것을 정직하게 쓴 일기이기에 '동심의 승리'이고, 지도교사의 일방적인 수정으로 윤복이의 동심이 훼손되었기에 '동심의 패배'라는 것이다.

이오덕의 논의를 그대로 따른다면, 윤복이의 일기는 일기쓰기교육에서 전범으로 삼기가 곤란해진다. 우선 이오덕이 언급한 순수한 인간 정신과 정직한 글쓰기라는 것은 글쓴이의 품성과 글쓰기의 태도를 높게 평가한 것에 지나지 않는다. 일기쓰기교육은 일기를 쓰는 방법에 관한

---

4) 윤복이의 일기에 대한 연구나 비평 자체가 매우 드물다. 본격적인 논의로는 이오덕의 「동심의 승리」, 『시 정신과 유희 정신』(창작과비평사, 1977) 정도를 들 수 있을 뿐이다.
5) 이오덕, 위의 글 참고.

교육에 주안점을 두지 않으면 안 된다. 순수한 인간 정신과 정직한 글쓰기는 바람직한 일기쓰기의 전제 조건일 수는 있어도 그것을 이끌어내는 실제적인 방법일 수는 없는 것이다.

다음으로, 윤복이의 지도교사와 관련한 이오덕의 지적을 살펴보기로 하는데, 그것을 요약하면 다음과 같다. 첫째, 본문은 표준말이고 대화문은 사투리 투성이인데, 이것은 지도교사 또는 출판사의 의도적인 수정이다. 둘째, 윤복이의 일기쓰기는 거의 날마다 이루어졌는데, 이것은 자의적인 것이 아니라 타율적인 것이다. 셋째, 윤복이의 지도교사는 일기쓰기는 방법을 제대로 지도하지 않았다.

이오덕은 윤복이의 일기에 '저 하늘에도 슬픔이'라는 제목을 붙인 것도 윤복이의 뜻과는 무관한 것으로 파악한다. '무슨 유행적 문학 서적의 이름을 흉내내고 있는 것부터가 상품 제조적인 의도'이기 때문에 지도교사 또는 출판사의 작품이라는 것이다. 『저 하늘에도 슬픔이』의 장절을 나누는 제목 또한 같은 이유에서 붙여진 것으로 보인다. 1장의 제목은 '어머니가 없는 살림'이고, 그것의 1절의 제목은 '나는 「검」 장사예요'이다. 장절의 제목은 책 전체의 제목과 마찬가지로 거기에 포함된 일기의 모든 내용을 포괄하는 것이어야 하기 때문에 초등학생인 윤복이가 붙이기에는 버거운 것이다. 이런 것을 감안한다고 하더라도, 그 제목이 동정심을 불러일으키는 감상적인 것으로 붙여진 것을 납득하기는 어렵다. 더욱이 1장 1절의 제목은 윤복이 스스로 다른 사람의 동정심을 구걸하는 것처럼 들리는 것이었다. 제목 붙이기가 아주 잘못된 것이다.

이오덕이 지적한 것 말고도, 지도교사 또는 출판사가 손질한 것으로 보이는 것이 또 있다. 그것은 윤문이다. 『저 하늘에도 슬픔이』는 초등학생이 쓴 일기치고는 비문이 적다. 다음은 꼼꼼하게 읽으면서 하나씩 찾아낸 비문의 예이다.

- 아버지께선 궂은 날이면 병이 더 심해져서 한 쪽 옆구리가 결려 앓고 하신 적이 자주 있지만 나는 비가 오는 날은 장사도 잘 되지 않고 걱정만 되어서 비오는 날을 몹시 싫어합니다.(34면)
- 나는 집으로 돌아오면서 말세라는 말이 무슨 뜻인지 알 수가 없었읍니다.(54면)
- 어서 빨리 아버지께서 돈을 많이 벌어 오셔서 먹을 양식도 많이 사고 또 어머니와 순나도 찾아야겠다고 생각합니다.(140면)
- 먹을 것이 없을 때는 한 시도 마음이 놓이지 않고 걱정이 되며 또 동생들이 배고파 울 때를 생각하면 쌀 한 알이라도 아깝읍니다.(226면)

예로 든 문장은 윤복이의 원래 글이거나 그것에 가까운 글로 보인다. 크게 어려운 문장이 아닌데도 윤복이는 그것을 바르게 쓰지 못했다. 복문이기 때문이다. 물론 윤복이의 문장 실력은 또래 어린이의 그것에 비할 바가 아니다. 그러나 어른에 견줄 정도는 되지 못한다는 것을 위의 예문에서 확인할 수 있다. 윤복이는 복문을 아주 즐겨 사용하기 때문에, 『저 하늘에도 슬픔이』에는 비문이 나타날 가능성이 상당히 높다. 그런데도 예상과는 달리 비문이 그리 많지 않다. 물론 지도교사 또는 출판사의 윤문 덕분이다.

이에서 알 수 있듯이, 윤복이의 일기는 일기 그 자체가 순수하게 윤복이 그 자신의 어휘력과 문장력 그리고 제목 붙이는 능력에 의존한 것이 아니라서, 일기쓰기교육의 전범으로 삼기가 어려울지도 모른다. 그런데 그 어휘의 문제는 표준말과 사투리의 분별에 관한 것이고 그 문장의 문제는 어법에 관한 것이라서 크게 시비거리가 되지 않는다. 다만, 제목과 관련한 문제는 신중할 필요가 있다. 사정이 이러한데도, 윤복이의 일기를 일기쓰기교육의 전범으로 간주하기를 제안하는 것은 윤복이의 일기가 성취한 다양한 발상과 참신한 표현이 일기쓰기교육의 실천적 의미를 지니기 때문이다.

일기쓰기교육은 거칠게 말하면 일기를 잘 쓰게 하는 교육이다. 그런데 '잘 쓴 일기'에 대한 생각은 논자마다 다르다. 문제의 핵심은 평가의 준거로 문학성을 채택하느냐 채택하지 않느냐 하는 것이다. 이와 같은 견해 차이는 일기쓰기교육이 주로 초등학교에서 이루어지기 때문에 생긴 것으로 보인다. 초등글쓰기교육 또는 초등문학교육에서는 오랜 동안 초등학생의 글을 문학 작품으로 간주하는 것을 거부했다. 예컨대, 초등학생이 쓴 시는 그 성격이 문학 작품인 시와는 사뭇 다르다는 것이다. 이 것은 자가당착이다. 초등학생이 쓴 시를 시가 아닌 시라 했는데, 그러면 그것은 시인가 시 아닌 것인가.6) 초등학생의 글을, 그것이 시이든 일기이든, 문학의 한 양상으로 간주하지 못할 까닭이 없다. 그렇다면, 그것의 평가 준거를 문학성에서 마련하는 것은 지극히 당연하다.

일기쓰기의 지도 초점으로, 첫째 현재적 자아의 표상, 둘째 기존 경험의 의미화 지향, 셋째 의사소통 지향적 표현이 제안된 바 있다.7) 이것은 일기를 쓰는 그 순간의 자아가 드러나고, 반복적인 일상 경험에서 새로운 의미를 찾아내고, 먼 훗날의 자신을 포함한 다른 사람이 이해하고 공감할 수 있는 말로 기술한 일기가 문학성을 갖춘 좋은 일기임을 전제로 하는 것이다. 윤복이의 일기를 '다양한 발상'과 '참신한 표현'이라는 측면에서 살펴보는 것도 이에 따른 것이다.

윤복이의 일기는 윤복이 그 자신의 독특한 글쓰기방법에 의해서 그

---

6) 이지호, 「시·동시·어린이시」, 『문학교육학』 제12호, 한국문학교육학회, 2003 참고.
7) 이지호, 『글쓰기와 글쓰기교육』, 서울대학교 출판부, 2001, 395~418면 참고.

문학성을 획득하였다는 점에서 특히 주목을 끈다. 이오덕이 지적한 바와 같이, 윤복이의 지도교사는 윤복이한테 실제적인 글쓰기방법을 가르친 적이 없다. 기껏해야, 윤복이더러 나날이 일기를 쓰도록 권유하거나 그렇게 쓴 일기를 칭찬했을 뿐이다. 그런데 윤복이는 나날이 일기를 쓸 수 있는 형편이 아니었다. 일기는 써야 하는데, 일기를 쓸 수 없는 상황, 이러한 딜레마적인 상황을 극복하기 위해서 윤복이는 여러 가지 이러한 딜레마를 극복하기 위해서 여러 가지 방법으로 일기를 쓰는데, 그 일기의 문학성은 역설적이게도 이 과정에서 획득된다. 따라서 교사의 적절한 안내와 통제가 전제된다면 윤복이의 일기를 통해서 일기쓰기 방법을 효과적으로 가르칠 수 있을 것으로 보인다.

2. '윤복이의 일기'의 문학성

1) 발상의 다양성

윤복이가 소년 가장이긴 하지만 그의 삶이라고 해서 단조롭지 않은 것은 아니다. 아침에 밥을 얻으러 갔다가 학교에 가고 오후에는 밤늦도록 껌을 팔러 가는 생활이 반복되는 삶이기 때문이다. 그런데도 윤복이의 일기는 주제와 제재의 다양성이 크게 돋보인다. 이것은 일기쓰기에 대한 윤복이의 발상이 남달랐기 때문이다.

윤복이의 일기는 윤복이가 하루에 겪은 경험을 있는 그대로 나열하는 경우는 거의 없다. 이런 까닭에 반복되는 생활 속에서도 언제나 새로운 주제와 제재를 선택적으로 구조화하여 일기에 옮겨 놓을 수 있었다.

1963년 6월에 껌을 팔러 갔을 때의 일을 일기로 옮긴 사례를 중심으로
이를 확인하기로 해 본다.

- 껌 팔러 나갔다가 다방에서 수해를 걱정하는 손님의 이야기를 엿들음.
  삼십원을 벌었음.

  ―6월 3일 일기

- 저녁 열시쯤 껌을 팔다가 자신처럼 껌을 파는 동생 순나를 만남. 남은
  두 통의 껌을 팔고 가겠다는 순나의 이야기의 듣고 눈물이 날 것 같았음.

  ―6월 5일 일기

- 껌 팔러 나갔다가 어떤 아저씨 만나 집안 사정을 이야기하고 그 집에 가
  서 밥을 얻어 먹음. 그 아저씨를 잠시나마 의심했던 것을 미안하게 여김.

  ―6월 10일 일기

- 밤 열시까지 돌아다녔지만 껌을 한 통도 팔지 못함.

  ―6월 14일 일기

- 껌 팔러 나갔다가 희망원에 붙잡혀 들어감.

  ―6월 16일 일기

- 희망원에 붙잡혀 갈 것을 걱정하면서도 껌을 팔러 나감. 껌을 팔지 않
  으면 밥을 얻으러 다녀야 하는데, 그것보다는 힘이 들더라도 껌을 파
  는 것이 더 좋음.

  ―6월 29일 일기

이것 말고도, 1963년 7월 1일 일기에도 껌 팔러 나가는 일을 일기로
옮겼다. 그런데 이 날의 일기는 껌 팔러 나갈 때 문득 머리에 떠오르는
친구 상규에게 고마워하는 자신의 마음을 털어놓고 있다. 이상의 것들을

일별해 봐도 알 수 있듯이, 윤복이는 하루의 경험 가운데 일단 하나의 내용 범주를 선택한 다음, 그것을 다시 세분한 뒤에 그 가운데 하나의 소경험을 선택하여 일기의 주제와 제재를 확정한다.

그런데 이와 같은 방법으로도 거의 하루도 빼놓지 않고 일기를 써야 하는 윤복이로서는 주제와 제재의 중복을 피하기가 어렵다. 윤복이는 이러한 문제를 경험과 사유의 결합으로 해결한다. 경험과 사유의 결합은 다시 두 가지 형태로 나눌 수 있다. 하나가 경험의 내용을 보충 설명하거나 해석하는 것인데, 6월 29일 일기는 이러한 글쓰기 방법으로 쓴 것이다. 다음의 예도 이에 속한다.

> 학교를 가려고 책가방을 꾸리는데 집주인이 와서 당장 방을 비워 달라고 야단을 쳤습니다. 아버지께서 집주인 아저씨께 사정 이야기를 하니 "당신이 나갔으면 다른 사람이 벌써 들어와서 돈이라도 받았을 것인데 왜 이래 애를 믹이는 거요? 방을 못 비워 주면 밀린 방세라도 내놓아요." 하며 싸울 듯이 말했습니다. 옆에서 보고 있던 나는 기가 막혔습니다. 양식이 있으면 나무가 없고 나무가 있으면 양식이 없고 또 방을 비워 달라니 이 추운 날씨에 어디로 이사를 갈까요. 집주인이 마구 아버지와 입다툼을 하고 있는 것을 보니 눈물이 절로 나왔습니다. 누가 우리 아버지에게 일자리라도 하나 구해 주면 얼마나 좋을까요.
>
> ― 1963년 12월 7일

윤복이는 밀린 방세 때문에 집주인과 아버지가 다투는 것을 보고는 금방 자기네의 가난한 살림을 구체적으로 설명하기 시작한다. 이 대목에서 이야기할 것은 아니지만 그 표현이 놀랍다. 마치 옛이야기의 한 자락을 듣는 것 같은 기분이다. 그리고 그 가난한 살림이 아버지의 무직에서 비롯된 것임을 아버지의 구직 염원을 피력하는 방법으로 자연스럽게 설명하는 것도 흥미로운 표현 방법이다.

또 다른 하나는 경험의 내용과 결합할 수 있는 또 새로운 내용을 연상하는 것이다. 그런데 7월 1일 일기에서 볼 수 있듯이, 경험의 내용과 직접 관련성이 없는 엉뚱한 내용을 연상하는 경우도 있다. 여기에서는 연상의 글쓰기 방법만 소개하기로 한다.

> 염소집 주인이 준 「비닐」 우산을 쓰고 바위 위에서 풀을 뜯어 먹고 있는 염소들을 바라보면서 힘없이 앉아 있었습니다. 멀리 비산동 쪽에서 기차가 기적을 울리면서 달려옵니다. 나는 저 기차 속에 어머니가 타고 와서 집에 돌아와 주었으면 얼마나 좋을까 하고 생각해 봅니다. (아래 줄임)
>
> —1963년 7월 11일

윤복이는 염소에게 풀을 뜯기면서 바위 위에 앉아 있다가 저 멀리서 달려오는 기차를 바라본다. 그 기차가 바로 연상의 매개 고리가 된다. 윤복이를 향하여 달려오는 기차. 그 기차에 누군가가 타고 있다면, 그 사람 또한 윤복이한테 달려오는 것일 터. 윤복이한테 달려올 사람은 어머니뿐. 윤복이의 이 날치 일기는 그 뒷부분이 어머니가 집을 떠나게 된 사연으로 채워진다.

연상은 일기의 주제와 제재를 확장하는 데 생산성이 매우 높은 글쓰기 방법이다. 연상의 매개 고리가 될 수 있는 단서는 경험의 내용에서 얼마든지 찾을 수 있을 뿐만 아니라 연상의 방향을 선택하는 데도 아무런 제약이 없기 때문이다. 그러나 연상에 의한 글쓰기가 소기의 성과를 거두기 위해서는 경험의 내용과 연상의 내용을 내적으로 통합하기 위한 치밀한 전략이 필요함은 말할 것도 없다.

윤복이의 일기는 다양한 구성 방식을 구사하고 있는데, 이는 다양한 주제와 제재를 모색하는 그의 글쓰기 발상과 밀접한 관련성을 맺는다. 경험 그 자체를 구조화하는 일기에서는 사건의 시간적 순서나 인과 관계에 따라서 이야기를 구성하는 것이 자연스럽지만, 경험과 그것에 대한 사유를 결합시키는 일기에서 이야기를 그렇게 구성하는 것이 아예 허용되지 않을 수도 있는 것이다. 어느 경우이든 간에, 윤복이의 일기는 그 구성이 긴밀하다는 특징을 지닌다.

2) 표현의 참신성

윤복이의 일기는 초등학생의 일기라고는 믿어지지 않을 정도로 표현이 참신하다. 그런데 참신한 표현의 바탕이 되는 것은 정확한 설명과 섬세한 묘사 그리고 그것에 대한 적절한 통제이다. 다음을 보라.

학교에서 공부를 마치고 집으로 돌아갈 때의 일입니다. 명덕 「로타리」를 지나가는데 저쪽 골목에서 고등학교 학생들이 때를 지어 싸움을 하고 있었습니다. 골목에서 이쪽 「로타리」 쪽으로 몰려나오다 다시 골목 안으로 들어갔읍니다. 나는 쫓아가서 살며시 싸움하는 것을 구경했읍니다. 모자를 보니 모두 고등학교 학생들이었읍니다. 나는 한 쪽 벽에 붙어서서 보고 있으니 한 학생이 "그래 그 가시나가 그런 말 하드나?"하니 이쪽 학생이 "그래 그 애한테 들었다. 가서 물어봐라. 이 자슥아." 하며 허리에 손을 갖다 얹고 거만한 몸짓을 하니 저쪽 학생이 "이 새끼야. 그 가시나는 그런 말할 애가 아니다. 거짓말 하지 마라." 하고 이쪽 학생을 주먹으로 미니 저쪽 학생이 "니 참말이가 이카기 있나?"하며 치고 받고 서로 싸웁니다. 나는 재미나게 구경을 하고 있는데 옆에 섰던 학생들이 달려와서 "이 자슥들 안 가나 무슨 구경이가?"하고 소리를 치며 때리려고 하기에 나는 아이들과 쫓겨 골목 밖으로 도망을 쳤읍니다. 조금 뛰어와서 골목 길에 서서 뒤를 돌아다보았더니 서로 때리고 차고 하며 싸우는

데도 옆에 선 학생들은 말리지도 않고 구경만 하고 있습니다. 한 쪽 학생이 코를 맞아 코피가 터져 피를 묻혀 때리려고 하니 그만 한 학생이 도망치기 시작했습니다. 옆에서 구경을 하던 학생들은 모두 웃었읍니다. 나는 내가 저렇게 맞았으면 이담 꼭 복수를 할 것이라고 생각했읍니다. 내 옆에서 구경을 하시던 어른이 "세상은 말세야. 조른 놈들이 기집 다툼을 벌써 하니."하시면서 혀를 차고 지나가 버렸읍니다. 나는 집으로 돌아오면서 말세라는 말이 무슨 뜻인지 알 수가 없었읍니다.

— 1963년 7월 4일

이것은 쫓겨나면서도 끝까지 고등학생들이 싸움구경을 하고 있는 어린이 같은 윤복이의 모습을 덤으로 즐길 수 있는 흥미로운 글이다. 그런데 그 싸움은 윤복이의 일기를 읽는 우리도 머릿속에 생생하게 그려낼 수 있다. 그만큼 설명이 정확하고 묘사가 치밀하기 때문이다.

한편, 고등학생 사이의 대화를 주목해 보라. 윤복이의 일기를 읽는 독자는 그 대화의 내용을 금방 이해하지 못한다. 물론 그 인용된 대화 그 자체를 탓할 수는 없다. 윤복이는 들은 대로 옮겨 놓았을 것이 분명하기 때문이다. 그래도 독자는 윤복이에게 시비는 걸 수 있다. 그 대화의 의미를 독자가 쉽게 이해할 수 있도록 상황 맥락에 대한 보충 설명을 덧붙이지 않은 것에 대해서 말이다. 그런데 윤복이로서는 그럴 필요를 느끼지 않았다. 또 다른 구경꾼인 어른의 논평을 인용함으로써 통해서 독자의 궁금증을 간단하게 풀어 주는 방법을 마련해 두고 있었기 때문이다. 이와 같이, 윤복이는 때로는 설명과 묘사를 과감하게 생략하여 독자가 궁금증을 가지고 이야기 상황에 몰입하게 만들기도 했다.

이 일기의 표현과 관련하여 한 가지 더 이야기하고 싶은 것은 마지막의 덧붙임이다. 표면적으로 보면, 그것은 '말세'라는 말의 의미에 대한 윤복이 자신의 궁금증을 드러낸 것에 지나지 않는다. 여기에서도 확인할 수 있듯이, 윤복이는 자신이 모르는 것과 아는 것을 분별하고자 했고 또 모르는 것은 알고자 했다. 윤복이는 볼거리가 있으면 가던 길을 멈추고 서라도 지켜볼 정도로 지적 호기심이 강한 초등학생이었다. 윤복이가 주제와 제재를 바꾸어 가면서 일기를 끊임없이 쓸 수 있었던 것은 결코 우연이 아니었다.

물론 이런 이야기를 하기 위해서 덧붙임 표현을 언급하는 것은 아니다. 정작 말하고자 하는 바는 그것의 또 다른 표현 효과이다. 그것은 화제와 관련한 부수적인 궁금증에 관한 표현이기 때문에 오히려 독자를 화제로부터 이탈시킨다. 즉, 독자의 긴장을 이완시키는 표현이라는 것이다. 윤복이는 이와 같은 덧붙임 표현을 아주 적절하게 활용한다. 물론 그것의 표현적 효과는 그때그때 다르게 나타난다.

윤복이는 정확한 설명과 섬세한 묘사 그리고 그것을 적절하게 통제할 수 있는 능력을 갖추고 있었기 때문에 수사적인 기교를 부릴 수도 있었다. 윤복이가 가장 즐겨 사용한 수사법은 대조법이었다.

「검」을 팔러 나갔다 돌아오는 길이었읍니다. 제일극장 앞을 지나오는데 몇 시쯤 되었는지는 모르지만 예배당의 종소리가 땡땡 울렸읍니다. 가랑비는 보슬보슬 내리는데 우산을 받고 가는 사람들의 발걸음은 빨라져 갑니다. 찬송가와 성경책을 낀 사람들도 지나갑니다. 나는 저 사람들이 어떻게 돈을 벌어서 저렇게 잘 입고 잘 먹고 다닐까? 하고 생각해 보았읍니다. 이런 생각을 하면서 「반월당」 앞까지 걸어왔을 때 저쪽에서부터 우리 학교 선생님과 아이들이 손을 잡고 정답게 걸어오고 있었읍니다. 나는 「검」 통을 얼른 주머니에 넣고 자세히 바라보니 선생님 이름은 몰라도 얼굴은 잘 아는 사학년 남자 선생님과 우리 반 주희와 주희의 언니 이렇게 세 사람이었읍니다. 멍하니 바라보면서 있었는데 어떤 아저씨

가 갑자기 나의 멱살을 잡고 "너 「검」 파는 아이제?"하며 끌고 가기에
"와 이카십니까?"하니 "잔소리 말고 따라와."하고 끌고 가기에 명찰과
옷차림을 보니 시에서 나온 사람들이었읍니다. 나는 그 아저씨한테 한
번만 용서해 달라고 빌었으나 그 아저씬 놓아 주지 않고 길 옆에 세워
놓은 자동차에 태웠읍니다. 나는 자동차에 올라 태워지자 속으로 또 희
망원에 잡혀가게 되었구나 하고 생각하니 눈에서 눈물이 흘러 내렸읍니
다. 같이 잡혀온 옆에 아이가 "너도 「검」팔다 잡혔나?"하고 물었지만 나
는 아무 대답도 하지 않고 눈물만 닦고 있었습니다.

—1963년 6월 16일

이 일기에서 윤복이는 두 번이나 다른 부류의 사람들과 그 자신을 대
조하여 그리고 있다. 한 번은 잘 차려 입고 교회에 다니는 사람들과 밤
늦도록 껌을 팔러 다니는 자신을 대조하였고, 또 한 번은 선생님의 손을
잡고 정답게 걸어가는 같은 반 친구와 시청에서 나온 아저씨에게 붙잡
혀 희망원으로 끌려가는 자신을 대조하였다. 이와 같은 대조는 윤복이
자신의 팍팍한 삶을 극적으로 보여 주는 표현 기법임은 말할 것도 없다.
여기에서도 윤복이는 덧붙임 표현을 사용하고 있다. 독자는 윤복이와 같
은 삶을 사는 또 다른 또래 어린이와 맞닥뜨리게 되어, 대비 효과에 의
해서 고조된 윤복이의 대한 동정심을 완화시킬 수 있게 된다.

윤복이의 일기에서 대조법이 많이 사용된 데는 그만한 까닭이 있는
것으로 보인다. 그 자신의 삶이 또래 어린이의 삶과 선명하게 대립되고,
밥을 얻으려고 하고 껌을 팔려는 그 자신의 처지가 밥을 퍼 줄 수 있고
껌을 사 줄 수 있는 상대 어른의 처지와 정면으로 대립되기 때문이다.

윤복이의 일기에서 빼놓을 수 없는 것이 대화의 참신성이다. 윤복이는
그 자신도 말을 꽤 재미있게 하지만, 다른 사람들의 재미있는 말을 포착

하는 재주도 놀랍다. 몇 가지 예를 들어보기로 한다.

아저씨는 나를 보며 웃고
"니 정말 착한 아이다."
"아저씨도 좋은 일 햇심더."

―1963년 6월 13일 일기 중에서

윤복이는 같은 학교 6학년 아이들이 싸움을 하는 것을 보고 말려 보다가 그것이 여의치 않자 지나가는 아저씨에게 부탁을 한다. 싸움을 말린 아저씨가 윤복이를 착하다고 칭찬한다. 그러자 윤복이 또한 아저씨를 추켜세우는데, 그 말이 참 공교롭다.

"씨야 순나도 왔으면 마이 줏었을 끼다. 그쟈?"
"하마, 순나가 왔으면 일로 한 자루는 줏었을 끼다."
"씨야 이제 순나 집에 안 오나?"
"몰라. 언제든지 한 번 안 찾아오겠나?"
"운제 오노?"
"돌아뎅게 보고 고생되문 집에 올끼다. 윤식아 니도 순나 보고 싶나?"

―1963년 6월 23일 일기 중에서

이것은 윤복이가 동생 윤식이와 함께 보리 이삭을 주우러 가서 나눈 대화이다. 윤식이가 먼저 집을 나간 순나 이야기를 꺼낸다. 윤식이도 윤복이도 순나가 보리 이삭을 자기들만큼이나 또 그 이상으로 많이 주울 수 있다는 말로 순나에 대한 그리움을 진하게 드러낸다. 그리고 윤복이의 마지막 말은 형식은 질문이지만 내용은 진술이다.

다음은 새벽녘에 일어난 두 동생의 대화를 윤복이가 엿듣고 그대로 옮겨놓은 것이다.

> 윤식이가
> "태순아 니는 엄마가 좋나 아부지가 좋나?." 하고 물어 보았더니
> "내는 아버지가 더 좋다."라고 대답했습니다.
> "아부지가 와 좋노?"
> "엄마는 도망 가 부리지 않았나? 그래서 내는 아부지가 좋다."
> 하며 옆에 주무시는 아버지의 얼굴을 두 손으로 만지면서 말하니 또
> 윤식이가
> "나는 엄마가 좋다. 엄마가 있으면 밥도 해 주고 옷도 빨아 주고 하잖
> 나? 태순아 니 계숙이 엄마 바라. 계숙이 털 「샤쓰」도 사 주고 신도 빨간
> 구두 같은 거 안 신었드나?"
> "엄마를 찾으면 니도 계숙이 맨드로 빨간 신 신을 끼라."
> "엄마 찾으로 갈래?"
> "엄마 어데 있겠노? 나는 얼굴도 잘 모른다." 윤식이는 시무룩해서 말
> 했습니다.

> ―1963년 10월 10일 일기 중에서

두 동생의 대화에 대해서 윤복이는 다음과 같이 정리하고 있다. '아버지께서도 윤식이와 태순이가 지껄이는 말을 들었을 것입니다만 나는 그 말을 들으니 가슴이 아팠습니다.' 윤복이의 이 일기를 읽는 독자도 가슴이 아플 것이다. 두 동생의 대화는 천진스럽기 짝이 없다. 그래서 어머니에 대한 그들의 그리움이 더 순수하게 느껴진다.

3) 윤복이의 삶과 일기의 상관 관계

우리는 이미 윤복이의 일기가 다양한 발상과 참신한 표현으로 문학성

을 획득한 일기임을 확인했다. 그런데 윤복이가 그러한 발상과 표현을 할 수 있었던 것은 타고난 재능이나 교사의 가르침이 뛰어났기 때문이 아니었다. 그것은 윤복이 스스로 자신의 삶과 부대끼면서 터득한 것이었다. 글이 곧 사람이고 사람이 곧 글이라는 말이 있다. 윤복이에게만큼 이 말이 잘 어울리는 경우도 찾아보기 힘들 것이다.

윤복이의 삶은 단순하고도 복잡한 것이었다. 그가 일상적으로 하는 일은 겉으로 보면 똑같았다. 밥을 얻으러 다니고 껌을 팔러 다니고 학교에 다니는 것을 언제나 반복했다. 그러나 그 속을 들여다보면, 그것은 변화무쌍한 것이었다. 밥을 얻으러 가고 말고는 껌이 팔리고 안 팔리고에 달려 있었고, 학교에 가고 말고는 껌을 팔다가 희망원에 붙들려 가느냐 마느냐에 달려 있었다. 밥을 얻는 것과 껌을 파는 것도 날마다 달라야 했다. 같은 집에서 연거푸 밥을 얻을 수는 없었고, 같은 사람에게 두 번 세 번 껌을 팔 수는 없었다. 밥 얻는 집이 다르고 껌 사는 사람이 다르다고 해서 언제나 같은 방법으로 밥을 얻고 껌을 팔 수도 없었다. 윤복이는 삶 자체가 단순한 것 같으면서도 복잡한 것임을 일찍 깨달았고 그래서 그것에 대응하기 위해서는 다양한 발상이 필요하다는 것을 알게 되었던 것이다.

윤복이의 일기는 표현이 참신하다고 했는데, 따지고 보면 그것 또한 삶에서 배운 것이다. 윤복이는 대조법을 즐겨 사용한 것은 윤복이의 삶이 다른 사람의 삶과 너무나 대조적이었기 때문이라고 했다. 윤복이는 덧붙임 표현 또한 곧잘 사용했다. 이것도 그의 삶에서 배운 것으로 보인다. 윤복이는 언제나 설득 상황에 놓여 있었다. 밥을 얻는 것도 껌을 파는 것도 그의 설득 능력에 크게 좌우되었다. 말은 요점이 있어야 하지만, 그 요점을 너무 강할 때는 의도적으로 약화시킬 필요도 있는 것이다. 덧붙이는 단 한 마디의 말, 윤복이는 그것의 설득적 효과를 자신도 모르는 사이에 글쓰기에 응용하고 있었던 것이다.

윤복이의 삶은 그 자신이 홀로 꾸려갈 수 있는 것이 아니었다. 윤복이는 언제나 다른 사람을 만나야 했다. 그리고 그들에게 말을 걸어야 했고 또 그들의 말을 들어야 했다. 윤복이의 일기에 들어 있는 수많은 참신한 표현은 윤복이 자신이 홀로 만들어낸 표현이 아니었다. 윤복이가 만났던 수많은 사람들과 함께 만들어낸 표현이기에 그렇게 참신할 수 있었던 것이다.

이에서 짐작할 수 있듯이, 윤복이는 삶 자체를 그대로 일기 속에 집어넣었다. 윤복이의 일기가 그렇게 빛날 수 있었던 것은 그 속에 윤복이의 삶이 들어 있고 윤복이의 삶에 관여했던 다른 사람의 삶이 들어 있기 때문이다. 자신의 삶에 진지하지 못했더라면, 그리고 그것을 있는 그대로 드러낼 수 있는 용기가 없었더라면, 윤복이는 결코 그러한 일기를 쓰지 못했을 것이다.

3. '윤복이의 일기'의 글쓰기 양상

1)『저 하늘에도 슬픔이』의 되짚어쓰기·몰아쓰기·모아쓰기

『저 하늘에도 슬픔이』에는 거의 모든 날의 일기가 실려 있다. 일기를 쓴 기간 동안 일기를 쓴 날이 차지하는 비율이 78%라고 하지만,8) 달에

---

8) 이것은 매우 높은 비율이다. 이오덕의 통계에 따르면,『니안짱』은 30%,『안네의 일기』는 21%에 불과하다(이오덕,「동심의 승리」,『시 정신과 유희 정신』, 창작과비평사, 1977, 63면 참고).

따라서는 그 비율이 훨씬 더 높아진다. 예컨대, 일기를 쓰기 시작한 달인 1963년 6월의 경우에는 일기를 쓰지 않은 날은 단지 3일에 지나지 않는다(이 일기는 6월 2일부터 시작되기 때문에 실제로는 2일이라고 하여야 한다). 그리고 윤복이가 써 내려간 하루치의 일기는 분량이 만만치가 않다. 또래 어린이가 쓴 일기의 몇 갑절은 될 것이다. 한편, 윤복이에게는 일기를 쓸 시간이 넉넉하지 않았다. 껌을 팔든 밥을 얻으러 다니든, 일단 가족의 먹는 문제를 책임져야 했다. 게다가 국수를 삶거나 빨래를 하는 것도 그의 몫이었다. 학교를 빠질 때도 많았지만, 학교에 다닐 때는 숙제만큼은 꼭 하려고 애를 썼다. 이런 상황에서 그처럼 긴 일기를 날마다 쓰려면 특별한 노력을 기울이지 않을 수 없었을 것이다.

윤복이는 틈만 나면 일기를 쓴 것으로 보인다. 1963년 6월 22일 일기에는 그 일기를 한밤중에 썼다는 내용이 들어 있고, 1963년 8월 4일 일기에는 저녁 무렵에 일기를 썼다는 내용이 들어 있고, 1963년 8월 28일 일기에는 아침을 먹고 난 뒤에 바로 일기를 쓰려고 했다는 내용이 들어 있다. 잠자리에 들기 직전과 같은 특정한 시각을 정해 놓고 일기를 썼다면, 지금의 『저 하늘에도 슬픔이』는 있을 수 없었을 것이다. 이런 방법으로도 나날의 일기를 빠짐없이 채우기는 어려웠던 것 같다. 그래서 윤복이는 되짚어쓰기와 몰아쓰기를 시도한다. 밀린 일기와 그 날의 일기를 한꺼번에 쓰기 위해서는 어쩔 수 없었을 것이다.

앞에서 말한 1963년 8월 4일 일기를 보자.

저녁 때입니다. 나는 <u>일기</u>를 쓰고 있는데 동생 윤식이가 밥을 얻어 가지고 방 안으로 들어오고 있었읍니다. 깡통을 옆에 끼고 들어오는 것을 보니 꼭 거지 같았읍니다. 나는 일기를 쓰다 밀어 놓고 "윤식아 밥 많이 얻었나?” 하니 윤식이는 아무 대답도 하지 않고 깡통을 다리 사이에 끼고 앉아 밥을 먹고 있습니다. (아래 줄임)[9]

줄임 부분에는 윤식이가 얻어온 밥을 태순이와 윤복이가 함께 나누어 먹었다는 내용과, 윤복이가 먼저 숟가락을 놓고 물러나자 윤식이와 태순이가 서로 더 많이 먹으려고 다투었다는 내용이 들어 있다. 그런데 그 내용은 인용문의 밑줄 친 ‘일기’에는 씌어질 수 없는 것이다. 그렇다면 그 일기는 8월 4일 일기는 아니다. 결국 8월 4일에는 밑줄 친 일기를 먼저 쓰고 8월 4일의 일기를 또 썼던 것이다. 이와 같은 되짚어쓰기와 몰아쓰기는 일기 내용의 선택과 구성에도 영향을 미친 것으로 보인다.

윤복이는 언제나 새로운 내용으로 일기를 썼다. 같은 내용을 반복하는 경우가 없는 것은 아니다. 그러나 그러한 반복은 특별한 의도에 따른 것이다. 이를테면, 오래 전에 집을 나간 어머니에 대한 그리움과 원망, 껌팔이 생활의 고단함 그리고 얼마 전에 집을 나간 순나에 대한 그리움과 걱정 등은 윤복이 자신의 삶과 직결되는 것이기 때문에 반복하지 않을 수 없는 것이다.

초등학생이 그날그날의 일기를 언제나 새로운 내용으로 채운다는 것은 결코 쉽지 않다. 우선 나날이 새로운 사건을 경험한다는 것 그 자체가 쉽지 않다. 다음으로 새로운 사건이란 것이 몇날 며칠에 걸쳐서 전개되기가 십상이다. 이런 경우, 그 사건은 여러 날의 일기에 거듭 나타나게 된다. 마지막으로 하루에 마무리된 새로운 사건이라 할지라도 그것에 대한 생각이나 느낌은 다음날 그 다음날까지 계속될 수 있다. 이런 경우

---

9) 『저 하늘에도 슬픔이』, 94면(일기를 인용할 때는 원래의 행갈이는 무시하고 임의로 다시 행갈이를 하기로 한다. 이것은 지면을 아끼기 위한 방편이다).

도 같은 사건이 몇날며칠의 일기에 반복적으로 나타날 수 있다. 이 때문에 초등학생의 일기에서는 내용의 중복은 다반사이다. 그러나 윤복이는 달랐다. 다음을 보라.

> 순나가 삼 일 전에 나갔다 아직 돌아오지 않습니다. 나는 걱정이 되어서 어젯밤에도 늦게까지 잠을 이루지 못했습니다. 오늘도 하루종일 껌을 팔다 돌아왔습니다. 순나를 만나보려고 다방마다 살피고 다녔지만 순나를 보지 못했습니다. (아래 줄임)
>
> —1963년 6월 15일

순나가 집에 돌아오지 않은 지가 3일이나 되었다고 했다. 그런데 윤복이는 이 사건을 15일에 이르러서야 처음으로 이야기한다. 13일 일기는 학교 가는 길에 6학년 아이가 싸우는 것을 보고 지나가던 아저씨에게 부탁을 하여 싸움을 말리다 보니 지각했다는 내용을 다루었다. 이 날에 순나가 돌아오지 않은 것을 일기에 쓰지 않은 것은 이해할 수 있다. 13일 일기는 초저녁에 썼을 수도 있기 때문이다.

그러나 14일 일기는 달라야 한다. 15일 일기를 보면 어젯밤, 그러니까 14일 밤에 순나를 걱정하느라 늦도록 잠을 이루지 못했다고 했다. 이건 좀 이상하다. 정작 14일 일기에는 밤 10시까지 돌아다녔지만 껌 한 통 팔지 못했다는 이야기만 씌어져 있기 때문이다. 순나를 크게 걱정하고 있었던 밤 10시 이후에 쓴 것이 확실한 14일 일기에 순나에 관한 이야기가 전혀 없는 것이다. 어떻게 된 것일까.

15일 일기의 말미에는 순나가 어린이 보호 시설인 희망원에 잡혀갔을지도 모른다고 생각하는 대목이 나온다. 그런데 16일에 윤복이 그 자신이 껌을 팔다가 희망원에 잡혀간다. 흥미로운 것은, 윤복이는 16일 일기에서도 순나에 관한 이야기를 전혀 하지 않는다는 것이다. 순나를 찾아 보았다거나 순나가 안 보여서 더 걱정스럽다거나 하는 말이 있을 법도 한데 말이다. 이에 관한 궁금증은 17일 일기를 보면 쉽게 풀 수 있다.

> 학교에서 돌아오니 순나가 집에 있었습니다. 나는 순나를 보니 가슴이 울렁했습니다. 어제 내가 희망원에 잡혀 갔을 때 순나를 거기서 보았기 때문입니다. 나는 순나가 무사히 집에 돌아왔기에 기쁜 얼굴로 "순나야, 우예 도망왔노?"하니 "오빠 니가 없기에, 내도 오늘 아침 도망왔다." (가운데 줄임) "오빠, 나 내일부터 학교 갈란다." "오야, 내일부터 학교 나가 그라." "사흘이나 결석했다. 선생님 마이 걱정할 끼다. 거쟈?" (아래 줄임)
>
> —1963년 6월 17일

17일 일기에 따르면, 윤복이는 16일에 순나를 희망원에서 보았다. 그리고 16일 바로 그날 밤에 희망원을 도망쳤던 것으로 보인다. 그래야만 17일 아침에 학교에 갈 수 있으니까. 결국 윤복이는 16일에 순나가 희망원에 있다는 것을 확인해 놓고도 정작 16일 일기에는 그러한 사실을 쓰지 않았다.

그런데 15일 일기를 쓸 때도 윤복이는 순나의 행방을 알고 있었던 것 같다. 이렇게 추측할 수 있는 단서는 15일 일기의 서두이다. 순나가 집에 돌아오지 않은 날은 13일이었다. 13일 일기에 순나가 학교에 갔다는 내용이 있으므로, 12일에는 순나가 집에 돌아온 것으로 보아야 한다. 17일 일기를 보면, 순나가 사흘 동안 학교에 가지 못했다는 내용이 나온다. 월요일인 17일에도 순나는 학교에 가지 못했으므로, 그날을 포함해서 계산하면 순나가 학교에 가지 않은 것은 14일부터가 된다. 따라서 순나가 집에 돌아오지 않은 날은 13일이 확실하다. 그런데 윤복이는 15일 일기에서 순나가 사흘 전부터 집에 돌아오지 않았다고 했다. 윤복이가 착각한 것일까. 아니다. 윤복이는 희망원에서 도망쳐 온 뒤인 16일 밤늦게서야 15일 일기를 썼던 것이다.

정리해 보자. 순나는 13일 오후 또는 밤에 희망원에 잡혀가서 17일 오전에 집으로 도망쳐왔다. 이 기간 동안 윤복이는 단 이틀만 순나에 관한 이야기를 일기에 쓴다. 15일 일기와 17일 일기가 그것이다. 상식적으로 판단하면, 14일 일기와 16일 일기에도 순나에 관한 이야기가 씌어져야 한다. 14일은 순나가 집에 들어오지 않는 것을 처음으로 일기에 쓸 수 있는 날이고, 16일은 순나를 희망원에서 본 날이기 때문이다. 그러나 윤복이는 그렇게 하지 않았다. 그 결과, 내용의 중복을 피할 수 있었고, 사건의 핵심을 선명하게 드러낼 수 있었고, 갈등을 극적으로 반전시킬 수 있었다.

윤복이의 일기가 독자를 매료시킬 수 있었던 까닭 하나가 바로 이것이었던 것이다. 그런데 순나가 집에 들어오지 않은 사건의 전말을 윤복이가 온전히 파악하고 있지 않았더라면 그날그날의 일기 내용을 이렇게 의도적으로 선택하기란 거의 불가능했을 것이다. 윤복이는 되짚어쓰기와 몰아쓰기를 하고 있었기 때문에 그것이 가능했다.

되짚어쓰기와 몰아쓰기를 하다 보면, 아무래도 사건 단위로 내용을 선택할 수밖에 없다. 그런데 일기는 날짜 단위로 써야 한다. 따라서 이러한 방법으로 일기를 쓰려면 탁월한 구성 능력이 있어야 한다. 사건 단위와 날짜 단위가 서로 어긋날 때가 적지 않기 때문이다.

윤복이는 종종 모아쓰기를 하는데, 이것은 서로 다른 날에 일어난 사건을 한 날에 모아서 씀으로써 사건 단위와 날짜 단위를 통합하려는 그 나름의 노력이다. 1963년 8월 18일 일기가 좋은 예가 된다. 그 일기는 이렇게 시작한다. '어젯밤 아버지께서 순나가 경주에 가 있을지도 모른다는 말씀에 귀가 번쩍 뜨이는 것 같았습니다.' 그리고 이렇게 끝을 맺는다. '저녁 설거지를 하며 내일 순나를 찾으러 경주에 한번 가 볼까 하고 생각했습니다.' 가출한 순나에 관해서 어제 들은 이야기와 오늘 생각한 이야기를 18일 일기에서 한꺼번에 다룬 것이었다.

과연, 다음날 윤복이는 경주행을 시도한다. 그런데 이 사건은 18일에서 다루지 않았다. 바꾸어 말하면, 19일 일기에서 순나에 관한 소문, 순나를 찾으려는 결심, 순나를 찾아나선 사건을 다룰 수도 있었는데 그렇게 하지 않았다는 것이다. 이에는 그만한 까닭이 있었다. 19일에 순나를 찾아서 경주에 가려고 역까지 갔지만, 공짜 기차를 타려다가 역무원에게 붙들려 쫓겨났기 때문이다. 즉, 이 사건은 순나와 직접적으로 관련이 없기 때문에 별도로 빼낸 것이다.

그런데 사건의 유기적 구성에 치중한 나머지 사건이 일어난 날짜까지 왜곡하게 되는 경우도 있었다. 1963년 12월 3일 일기가 그러한 경우를 보여준다. 이 날의 일기는 윤복이가 김동식 선생님과 함께 신문에 난 사건을 주된 화제로 삼고 있다. 그리고 그 일기의 말미에는 윤복이에 관한 신문 기사를 읽은 어느 여대생이 윤복이에게 보낸 편지가 실려 있다.

그 편지는 이렇게 시작한다. '착한 어린이 윤복이 보렴! 처음 쓰는 이름이군. 오늘 아침 우연히 동아일보에서 너의 이름을 읽었어!' 그런데 그 편지의 발신일은 12월 3일이었다. 이 날의 윤복이의 일기에는 담임 선생님이 그 편지를 반 친구들 앞에서 읽어 주었다는 내용과 집에 돌아온 윤복이가 혼자서 그 편지를 자꾸 읽었다는 내용이 들어 있다. 이를 곧이곧대로 믿으면, 12월 3일에 신문에 난 윤복이의 기사를 본 어느 여대생이 12월 3일에 윤복이에게 편지를 쓰고, 윤복이와 윤복이의 반 친구 또한 12월 3일에 그 편지를 읽은 것이라고 하여야 한다.

지금까지 우리는 윤복이의 일기가 되짚어쓰기와 몰아쓰기 그리고 모아쓰기로 씌어졌음을 확인했다. 이와 같은 일기쓰기는 좋은 결과를 낳을 수도 있고 반대로 나쁜 결과를 낳을 수도 있다. 아무리 사소한 사건이라도 빠뜨리지 않고, 사건의 앞뒤 관계를 정확히 파악하고, 사건의 핵심을 예리하게 포착할 수만 있다면, 언제나 새로운 사건으로, 그것도 유기적으로 재구성한 사건으로 그날 그날의 일기를 채울 수 있다. 그러나 되짚어쓰기와 몰아쓰기 그리고 모아쓰기는 강압에 못 이겨 억지로 일기장을 붙들고 있는 초등학생도 곧잘 사용하는 방법이라는 것을 기억해 둘 필요가 있다.

윤복이의 형편으로 보면, 하루도 빠짐없이 거의 날마다 일기를 쓰는 것은 정말 어려운 일이었다. 그러나 윤복이는 되짚어쓰기와 몰아쓰기 그리고 모아쓰기로 이를 극복했다. 그날의 일기도 쓸 수 없는 날이 허다한데, 어쩌다 짬이 나면 밀린 일기까지 쓰려고 온갖 기억을 더듬어야 했으니, 그 고통이 어떠하였을지는 짐작할 수 있다. 그 고통은 일기에다가 자신의 모든 것을 걸지 않고서는 결코 이겨낼 수 없는 것이었다.

2) 『저 하늘에 이 소식을』의 다시쓰기

윤복이는 『저 하늘에 이 소식을』에 실려 있는 일기를 어떻게 마련했는지, <일기장을 뽑고 나서>라는 글에서 스스로 밝혔다. 이 역시 『저 하늘에 이 소식을』에 실려 있다.

박진석 아저씨! 일기장을 뽑아 쓰고 나서 이 글을 드립니다. 아저씨의 편지를 받은 그날 밤부터 오늘까지 꼭 두 달 동안 하루도 놀지 않고 제 딴엔 부지런히 썼어요. 그러나 아저씨와의 약속 날자보다 열흘이나 늦어져서 정말 죄송합니다. 지난 64년 11월, 탠순이를 데리고 순나를 찾으려고 서울로 간 날부터 시작하여 66년 6월, 어머니를 만나고 돌아온 그날까지 19개월 동안의 많은 일기 가운데서 중요하다고 생각되는 것을 다 뽑았으며 제가 하고 싶은 말과 쓰고 싶었던 것을 보태서 썼습니다. (아래 줄임)

윤복이는 64년 11월부터 66년 6월까지 19개월 동안 써 놓았던 많은 일기 가운데 중요한 일기를 가려낸 다음 하고 싶은 말을 덧붙여서『저 하늘에 이 소식을』의 원고로 정리했다고 했다. 그런데 원고 정리라는 것을 지난날에 써 두었던 일기를 선별하여 첨삭한 뒤에 정서한 것으로 이해할 수는 없을 것 같다. 이제 그 까닭을 살펴보기로 한다.

『저 하늘에 이 소식을』에 실려 있는 일기는 그것이 씌어진 달은 표시되어 있는데 그것이 씌어진 날은 표시되어 있지 않다. 그래서 각각의 일기에 제목을 붙이는 방법으로 서로 구별해 놓고 있다. 이것은 그 책에 실려 있는 일기에는 날짜와 관련하여 어떤 속사정이 있었음을 의미한다.

가장 직접적인 원인은 윤복이의 아버지가 윤복이의 일기장을 찢어 버린 사건에서 찾을 수 있을 것이다. 영화 속에서 나쁜 아버지로 그려진 것 때문에 마음이 뒤틀려 있던 윤복이의 아버지는『쫓겨난 어머니』란 책이 집에 있는 것을 보고는 화가 나서 윤복이의 일기장을 찢어 버렸다.[10] 그 책은 윤복이가 시장에서 사온 것인데,『저 하늘에도 슬픔이』를 바탕으로 해서 누군가가 상상력을 발휘해서 쓴 소설이었다. 윤복이는 찢어진 일기장 조각을 찾아서 하나하나 풀로 붙여 나갔지만, 원래 상태로 온전히 되돌릴 수는 없었을 것이다. 이런 일로 해서 일기를 쓴 날짜를

10) <찢어진 일기장>,『저 하늘에 이 소식을』참고.

알 수 없게 된 일기도 적잖았을 것이다.

그러나 이것으로는 설명이 충분치 않다. 그 사건은 1965년 10월에 있었다. 어림잡아서, 19개월치 일기 가운데 11개월치가 찢어졌다고 하자. 그 가운데 상당수는 일기를 쓴 날짜를 알아낼 수 있었을 것이다. 찢겨진 조각을 찾았을 수도 있고 또 내용으로 미루어 짐작할 수도 있으니까. 실제로, 책에 실려 있는 일기 가운데는 내용으로 날짜를 알 수 있는 것이 적지 않다. 따라서 일기를 쓴 날을 제거한 것은 의도적이었다고 생각할 수밖에 없다.

『저 하늘에 이 소식을』에 실린 일기는『저 하늘에도 슬픔이』에 실린 일기와 비교할 때 편수는 크게 줄어들고 분량은 엄청 늘어났다. 이것만 가지고도『저 하늘에도 슬픔이』에서 엄격하게 지키든 1일 1편의 원칙이『저 하늘에 이 소식을』에서는 완전히 무너졌음을 짐작할 수 있을 것이다.

구체적인 예를 들어 보자. 1965년 4월에 씌어진 것으로 표기된 <영화 개봉>은 '저 하늘에 슬픔이'라는 영화가 개봉되던 날의 일기이다. 이 일기는 책의 면수로 11면에 이르는 분량이다. 이것은 하루의 일기로 쓸 수 있는 분량을 훨씬 넘어서는 것이다. 그런데 이 날의 일기는 다른 제목으로 계속된다.11) 그 뒤의 <슬픔의 싹이 트다>도 같은 날에 있었던 같은 사건을 일기로 쓴 것인데, 이 또한 그 분량이 6면이나 된다. <영화 개봉>은 온 식구가 영화관에 가서 영화를 감상하는 사건을 이야기하고, <슬픔의 싹이 트다>는 영화를 보던 중에 화를 참지 못한 아버지가 영화관을 뛰쳐나가서 밤늦게야 술을 마시고 집에 돌아와 가족들에게 화풀이를 하는 사건을 이야기한다. 이러한 것은 결코 하루의 일기로 쓸 수 있는 것이 아니다.

---

11) 1965년 3월 <마산 아줌마>는 이와는 정반대이다. 이것은 토요일에 마산으로 가서 일요일에 대구로 돌아올 때까지 이틀 동안 겪었던 일을 한 편의 일기로 쓴 것이다.

이로 미루어볼 때, 윤복이가 했다는 원고 정리는 그 전에 써놓은 일기를 새로 재구성하여 완전히 다시쓰기를 하는 것을 의미한다고 하여야 할 것이다. 윤복이가 전혀 게으름을 피우지 않았는데도 원고 정리가 두 달 하고도 열흘이나 걸린 것도 그 때문이고, 윤복이 스스로 일기를 쓴 날짜를 지울 수밖에 없었던 것도 그 때문이고, 우리가 윤복이의 일기를 일기가 아니라 일기를 토대로 한 수기 또는 소설이라 한 것도 그 때문이다.

4. 결론을 대신하여 : '윤복이의 일기'의 일기쓰기교육적 의미

초등글쓰기교육은 운문에서는 동시가 산문에서는 일기가 중심이 된다(물론 초등학생도 여러 가지 형태의 산문을 쓴다. 생활문이라는 것도 그 가운데 하나이다. 그러나 생활문은 일기의 변형에 지나지 않는 것이다). 글쓰기교육에서는 전범으로 삼을 만한 글이 아주 중요하다. 좋은 글이 어떤 것인지는 오로지 좋은 글로만 가르칠 수 있기 때문이다. 동시의 경우에는 전범을 확보하는 데 전혀 어려움을 겪지 않는다. 동시라는 것은 원래 어른이 어린이를 위해서 썼던 것이기 때문이다.

그러나 일기의 경우에는 사정이 아주 다르다. 우선 일기는 특별한 경우가 아니면 보여 주지도 않고 보여 달라고도 할 수 없는 지극히 사적인 글이다(이 점을 들어, 일기쓰기교육을 아예 부정할 수도 있다. 그러나 일기쓰기는 글쓰기의 입문 단계에서 수행하기에 가장 적합한 글쓰기라는 것을 고려하지 않을 수 없다. 일기를 통해서 학생에 대한 정보를 수집하거나 학생의 동태를 감시한다거나 하는, 글쓰기교육 외적인 목적을 가지고 있지 않다면, 일기쓰기교육에 대한 학생의 동의를 얻기는 어렵지 않을 것이다). 게다가 어른이 쓴 일기는 어린이에게 전혀 도움이 되지 않는다. 적어도 일기를 쓸 때만큼은 어른 또한 바로 그 자신만을 염두에 두기 때문이다.

윤복이의 일기는 초등학생이 쓴 일기이고, 책으로 펴내어 공개하는 데 지은이가 동의한 일기이고, 또 많은 사람을 감동시킨 일기이다. 그러나 윤복이의 일기는 지금까지 초등학교 일기쓰기 교육에서는 아예 논의의 대상조차 되지 않았다. 이미 한 가지 이유는 살펴본 바 있다. 윤복이의 일기에 대한 지도교사의 개입이 그것이다. 그러나 그것보다 더 중요한 이유는 윤복이의 일기가 성취한 문학성에 대한 거부감 때문으로 보인다. 윤복이의 일기는 책으로도 발간되고 영화로도 제작되는 바람에 대다수 사람들에게 문학 작품으로 각인되어 버렸다. 초등학생의 글을 문학 작품에서 배제하는 관행에서는 문학 작품으로 간주된 윤복이의 일기를 일기쓰기교육의 전범으로 채택할 수는 없었을 것이다. 결국 윤복이의 일기는 예외적인 일기로 처리된다. 즉, 아주 특별한 상황에 놓인 아주 특별한 초등학생의 아주 특별한 글이 윤복이의 일기라는 것이다. 사실이 그러하다면, 너무 잘 쓴 일기라서 일기답지 않은 일기로 평가된 셈이다. 윤복이의 일기를 재평가하는 작업을 시도한 까닭이 바로 여기에 있다.

일기쓰기교육에 시사점을 던져 주는 일기가 있다. 그것은 『니안짱』이다. 이것은 윤복이의 일기와 곧잘 비교되는 것인데, 재일교포 초등학생인 야스모도 스에꼬(安本末子)가 1953년 1월 23일부터 1954년 9월 3일까지 쓴 일기이다. 이것은 우리나라에서는 『구름은 흘러도』라는 제목으로 번역되었다. 여기에는 일기 쓰는 방법에 관한 스에꼬 오빠의 가르침이 담긴 편지가 실려 있다. 그 일부를 옮겨 본다.

말숙아, 오빠는 너의 작문을 읽고 아주 감격했단다. 그리고 마음 속으로부터 슬퍼지기도 했다. 말숙아, 오빠는 네가 글을 짓는 힘이 점점 커가는 것을 느꼈다. 1년 전, 일기를 쓰기 시작했을 때의 것과 비교해 보면 완연히 알겠다. 그때 너는 있었던 일만 썼기 때문에 오빠가 그때, 그때의 경치라든가 생각한 것을 쓰면 더 좋을 것이라고 주의한 일이 있었지. 그 뒤 너는 '그때 찬바람이 불어와서 몸서리가 쳤다'고 썼었지. 그래서 오빠는 '귀신도 아닐진댄 대낮에 놀고 있는데 바람이 불어오자 어째서 몸서리가 쳤느냐고'고 지적해서 웃은 일도 있었지. 그러던 것에 비하면 너는 8월 12일의 일기는 진전을 보였다고 하겠다. '문득 화장터 쪽으로 눈을 돌리자 황혼이 접어드는 서쪽 하늘에는 한 줄기 연기가 흐르고 있다'는 표현은 화장터와 황혼의 하늘, 그리고 한 줄기 연기와 더불어 훌륭했다. 그런데 만일 황혼의 하늘이란 장면이 빠졌었다면 어떨까. 읽는 사람에 따라서는 청명한 하늘을 연상할지도 모를 일이니 좋은 글이라고는 느끼지 않았을 게다. 물론 너는 그런 것들을 생각지 않고 그저 하늘이 저물어 왔기 때문에 그대로 썼을지 모르지만 오빠는 모르면서도 그만치 쓰게 된 너의 글을 보고서 너의 글이 상당히 좋아졌다고 생각했다.[12]

스에꼬의 오빠는 일기에도 좀 더 잘 쓴 일기가 있고 그렇지 않은 일기가 있음을 분명하게 말하고 있다. 그리고 스에꼬의 일기쓰기 능력이 상당히 향상되었음을 자랑스럽게 여기고 있음을 감추지 않는다. 스에꼬의 일기가 감동적인 것은 결코 우연이 아니다. 스에꼬는 의식적이든 무의식적이든 일기 쓰기 방법을 끊임없이 고민했던 것이다.

스에꼬의 오빠는 스에꼬의 일기를 책으로 펴내면서, '누누히 말할 것도 없이 이 일기는 창작과 같은 작품이 아닙니다. 더욱이 출판이나 투고를 하여 발표하자는 것을 전제로 쓴 것도 아닙니다. 단순히 일기로 쓴 것뿐입니다.'라고 말했다. 일기를 문학 작품으로 인식하느냐 인식하지 않느냐는 사실 일기쓰기 교육에서는 아무 문제가 되지 않는다. 그 어떤

---

12) 야스모도 스에꼬, 유주현 옮김, 『구름은 흘러도』, 1959, 168~169면.

경우에도 일기는 잘 써야 하기 때문이다.

윤복이의 일기는 잘 쓴 일기이다. 잘 쓴 일기란 의미 있는 글쓰기 방법으로 씌어진 일기, 즉 발상과 표현에서 문학성을 읽을 수 있는 일기라는 것이다. 그래서 윤복이의 일기는 일기쓰기교육의 전범이 될 수 있다. 그러나 윤복이의 일기는 윤복이만 쓸 수 있는 일기이다. 윤복이와 같은 삶을 살아야만 윤복이의 일기와 같은 일기를 쓸 수 있다는 것이다. 그렇다고 해서, 윤복이와 같은 삶을 산다고 해서 윤복이의 일기와 같은 일기를 쓸 수 있는 것은 아니다. 삶이 곧 글이고 글이 곧 삶이긴 하지만, 그것은 삶과 글을 서로 전환시킬 수 있는 또 다른 사유 논리를 전제할 때나 성립되는 말이기 때문이다.

일기쓰기교육에서 윤복이의 일기를 전범으로 삼아야 할 까닭은 물론 윤복이가 그 자신의 일기에서 보여 주었던 다양한 발상과 참신한 표현에서 찾을 수 있다. 그런데 그것은 윤복이가 결코 타고난 것이 아니다. 윤복이는 자신의 삶에 대해서 정직하게 그리고 적극적으로 대응하는 과정에서 그것을 스스로 성취한 것이다. 윤복이의 일기에서 초등학생이 궁극적으로 배워야 할 것이 바로 이것이다.

윤복이의 일기에서 경계로 삼아야 할 것도 물론 있다. 윤복이가 하루도 빠짐없이 일기를 쓰려고 애를 쓴 것은 일기만이 교사의 관심에 부응하는 유일한 것이었고, 그것을 통해서 자신의 존재 의미를 찾을 수 있었기 때문이다. 그러나 이것은 일기쓰기의 동기로는 결코 일반화할 수 없는 것이다. 그러한 동기에서 비롯된 몰아쓰기는 특히 우려할 만한 것이었다. 그러나 시사하는 바가 있는 것도 있었다. 되짚어서 몰아쓰기가 바로 그것이다. 되짚어서 몰아쓰기는 사건별 일기를 지향하기 때문에 날짜별 일기에서 흔히 나타나는 소재와 주제의 반복을 극복할 수 있다.

참고문헌

이오덕, 「동심의 승리」, 『시 정신과 유희 정신』, 창작과비평사, 1977.
이윤복, 『저 하늘에도 슬픔이』, 신태양사, 1965, 8판.
이지호, 『글쓰기와 글쓰기교육』, 서울대학교 출판부, 2001.
이지호, 「시·동시·어린이시」, 『문학교육학』 제12호, 한국문학교육학회, 2003.
야스모도 스에꼬, 유주현 옮김, 『구름은 흘러도』, 신태양사, 1959.

제 13 장

동화 〈강아지똥〉에 대한 알레고리적 독해의 문제점

조 은 숙

춘천교육대학교 국어교육과

1. 동화 〈강아지똥〉의 매체 전환과 정전화

동화 〈강아지똥〉은 권정생의 등단작이자 대표작이다.[1] 〈강아지똥〉은 『기독교 교육』(1969. 4)에 처음 발표된 이래 여러 작품 선집에 거듭 실리면서 지속적인 관심을 받아 왔다. 그러나 이 작품이 아동문학에 대한 고정관념을 바꾸어놓은 '혁명'적인 동화이며,[2] "세계 어디에 내놓아도 빛이 날 겨레 아동문학의 꽃"[3]이라는 평가를 받으면서 아동문학 담론의 중심적인 위치를 차지하게 된 것은 대략 1990년대 중반부터라고 할 수 있다. 현재 〈강아지똥〉은 각종 독서 관련 기관의 아동을 위한 권장 도서 목록에 거의 빠짐없이 들어가는 작품 중 하나다.[4]

특히 1996년도에 발간된 그림책 『강아지똥』(정승각 그림)[5]은 이 작품에 대한 대중적 인지도를 높이는 데 결정적인 계기를 제공하였다. 그림책 발간 이후 〈강아지똥〉은 여러 가지 매체를 통해 다양한 양식으로 각색되면서 더욱 널리 알려지게 된다. 2003년에는 클레이 애니메이션으로

---

1) 〈강아지똥〉은 1969년 『기독교 교육』이 주관한 제 1회 '기독교 아동문학상'의 당선작이다. 이 작품을 통해 권정생은 동화 작가의 길을 걷기 시작했다.
2) 이재복, 「시궁창도 귀한 영혼이 숨쉬는 삶의 한 귀퉁이」, 『우리 동화 바로 읽기』, 한길사, 1995, 284면.
3) 원종찬, 「속죄양 권정생」, 『동화와 어린이』, 창비, 2004, 250면.
4) 대표적인 예로 2010년 '어린이 도서 연구회'는 그림책 『강아지 똥』은 유아(만 4~7세)를 위한 권장 도서로, 동화 〈강아지똥〉이 들어 있는 작품집 『먹구렁이 기차』(우리교육, 1999)는 초등학교 중학년, 『똘배가 보고 온 달나라』(창비, 1977)는 초등학교 고학년, 『권정생 이야기 1』(한걸음, 2002)은 교사와 학부모를 위한 권장 도서로 각각 추천하고 있다. 어린이도서연구회 홈페이지 참조.
(http://www.childbook.org/new2/book.html?html=book0.html)
5) 권정생 글, 정승각 그림, 『강아지똥』, 길벗어린이, 1996.

만들어져 국내외에서 큰 상을 받기도 했으며,[6] 연극이나 뮤지컬로 만들어져 무대에서도 수차례 공연되었다.[7] 최근에는 작품의 주요 내용을 바탕으로 노랫말을 만든 동요 음반이 나오기도 했다.[8]

2000년도부터는 교과서에도 수록되기 시작하였다. 2000년에 발간된 제7차 교육과정 초등학교 국어 '읽기'(1-2) 교과서에는 그림책『강아지똥』의 텍스트를 축약한 각색본이, 중학교 '국어'(1-1) 교과서에는 동화의 원문이 실렸다. 2009년에 발행된 개정 7차 교육과정 초등 국어『듣기·말하기 2-1』의 학습지도용 CD에는 아이타스카 스튜디오에서 제작한 애니메이션 <강아지똥>의 동영상 자료가 들어가 있다.

<강아지똥>이 7차 교육과정의 교육 제재로 채택된 것은 대략 두 가지 측면에서 이례적이었다고 할 수 있다. 첫째, 동시대적 작품이 빠르게 수용되었다는 점이다. 물론 <강아지똥>은 1969년에 처음 발표되었으므로 원작 자체는 최근의 작품이라고 하기 어렵다. 그러나 앞서 언급한 것처럼 <강아지똥>은 1990년대 이후 아동 도서 시장의 비약적인 확장 국면에서 그림책『강아지 똥』이 베스트셀러가 되는 것을 계기로 문학적 가치가 재인식된 작품이다. 초등교과서에 수록된 텍스트 또한 그림책 텍스트를 저본으로 하여 각색한 것이다. 1990년대 후반, 교과서 편성을 준비할 당시의 베스트셀러가 교과서 제재로 선택되었다는 것은 문학교육의 정전 목록에 당대적 작품이 한층 빠른 속도로 편입되고 있으며, 학습

---

6) 아이타스카 스튜디오에서 제작한 클레이 애니메이션 <강아지똥>(권오성 감독)은 2003년 동경 국제애니메이션 파일럿부문 최우수작품상, 2003년 대한민국 애니메이션 단편부문 우수상, 2003년 동아 LG국제만화 공모전 대상을 수상했다.
7) 대표적인 예로, 극단 '모시는 사람들'의 연극 <강아지똥>(김정숙 각색·연출)을 들 수 있다. 연극 <강아지똥>은 2001년,『한겨레 신문』의 '좋은 공연 시리즈' 첫 작품으로 기획된 이래 최근까지도 꾸준히 공연되고 있다.
8) 백창우,『노래하는 강아지 똥』, 길벗어린이, 2009.

자의 교실 안과 밖의 독서 경험을 상호 연계시키려는 노력이 어느 정도 실현되고 있음을 보여주는 것이라고 할 수 있다.

둘째, 한 작가의 같은 작품이 초등과 중등 교과서에 '동시에' 채택되었다는 점이다. <강아지똥>은 7차 교육과정 초등 1학년 2학기 '읽기' 교과서의 첫 단원 '상상의 날개를 펴요'에 보충·심화 학습용 자료로 그림책을 축약·수정한 텍스트가 수록되었으며, 중학교 1학년 1학기 '국어' 교과서의 첫 단원 '문학의 즐거움'에도 보충·심화 자료로서 동화의 전문이 실렸다. 이는 <강아지똥>이 현재의 문학교육 이념에 비추어 볼 때 여러 가지 면에서 안심하고 선택할 수 있는 전범이 되는 작품으로서 폭넓은 동의를 얻고 있다는 점을 방증해주는 것이라고 할 수 있을 것이다.

7차 교육과정의 초등 교과서의 경우 <강아지똥>과 관련된 학습 활동은, 누가, 무엇을 하였는지를 파악하면서 읽으라는 기본적인 내용 파악에 관련된 것 이외에는 대부분 ① 강아지 똥은 왜 울고, 왜 기뻐했을까 말해 보자, ② 민들레와 강아지 똥의 마음을 생각해 보면서 각 인물이 되어 이야기를 나누어 보자, ③ 느낀 것을 친구들 앞에서 말해 보자 등 강아지 똥을 비롯한 등장인물의 '마음'을 읽을 수 있는가 하는 것에 초점이 맞춰져 있다. 중학교 교과서의 경우에는 평소의 자신의 고민이나 경험에 비추어 보면서 사람의 참다운 '가치'에 대해 생각해 보라는 것이 학습활동으로 제시되어 있다. 학습활동의 내용으로 미루어 볼 때, <강아지똥>은 타자의 마음을 이해하고, 삶의 가치를 깨닫는 문학 감상 활동을 위해 채택된 제재라고 할 수 있다. 즉 <강아지똥>을 통해 '마음'을 가르친다는 것은, 초등 수준에서는 인물의 내면과 상황에 대한 공감(sympathy)의 능력, 중등 수준에서는 가치 판단의 능력을 배양하는 것으로

구체화되었다고 볼 수 있다.9)

　이와 같은 점을 종합해 볼 때, <강아지똥>은 1990년대 중반 이래 그림책을 비롯한 다양한 매체 전환을 거치면서 대중적인 인지도가 높아졌으며, 아동문학과 문학교육 장에서 두루 가치를 인정받으면서 정전으로 부상되고 있는 작품이라고 정리해 볼 수 있다.10) 본 논문은 <강아지똥>을 중심으로 우리 시대 아동문학과 문학교육 장의 정전화 과정에서는 어떠한 해석의 논리들이 관여하게 되는가를 살펴보고자 한다.

　<강아지똥>의 정전화는 매체의 전환과 맞물려 이루어졌다는 점을 고려할 때, 텍스트의 각색의 양상들은 주목을 요한다.11) 특히 초등 교과서의 텍스트는 원작 동화를 그림책으로 각색한 텍스트를 다시 축약·수정함으로써 원작으로부터 크게 변형되었다는 점을 감안할 때, 교과서 각색에 대한 검토는 필수적이다. 각색을 통한 텍스트의 변환은 이미 특정한 해석의 과정을 경유하여 나타난 결과라고 할 수 있다. 물론 교과서 텍스

---

9) ‘마음’은 일상생활에서 ‘몸’과 짝패를 이루는 말로, 인간의 의식, 의지, 감정 등 정신 현상을 두루 지시하는 등 외연이 큰 용어이다. 철학, 종교, 과학의 각종 학문의 역사에서 ‘마음’의 본질을 해명해 온 방식 또한 차이가 크다. 문학교육에서 ‘마음’을 가르친다는 것은 문학과 문학교육의 이념과 목적을 어떻게 설정하느냐, 어떤 수준에서의 목표냐에 따라서 다르게 표현될 수 있을 것이다. ‘마음’의 개념에 대해서는 아래의 글 등을 참조.
　우리사상연구소 편, 『우리말 철학사전2 : 생명, 상징, 예술』, 지식산업사, 2002.
　우리사상연구소 편, 『우리말 철학사전4 : 마음, 도, 초월』, 지식산업사, 2005.
10) 본 논문에서 ‘정전’이나 ‘정전화’ 등의 용어는 일단 <강아지똥>이 아동문학 비평에서 차지하는 위치와 문학교육을 위한 교과서 제재로 편입된 현상을 고려하여 사용한 것이지만, <강아지똥>이 갖는 정전으로서 성격과 정전화 과정에 대해서는 보다 구체적인 연구가 있어야 할 것이다. 문학교육과 정전의 문제에 대해서는 다음의 글을 참조할 수 있다.
　최지현, 「문학교육에서 정전과 학습자의 정서체험이 갖는 위계적 구조에 관한 연구」, 『문학교육학』 5, 2005.
　박용찬, 「문학 교과서와 정전의 문제」, 『국어교육연구』 38, 2005.
11) 최근 이건화는 <강아지똥>의 각색 양상을 분석하여, 동화의 개작이 문학교육적 측면에서 갖는 의의와 한계를 고찰하고, 초등 교과서 동화 제재의 수록 방향을 제안하였다. 이건화, 「동화 <강아지똥> 개작 양상 연구」, 한국교원대 석사학위논문, 2007.

트는 지면의 물리적 한계, 제도적 규제, 이데올로기적 검열 등의 복합적인 문제에 의해 제약된다는 점을 감안해야 하겠지만, 우리의 문학교육에서 이루어지는 해석의 방식 또한 각색의 과정에 관여하여 특정한 의미와 가치를 반복적으로 재생산해내고 있다는 점에 관심을 기울일 필요가 있다. 이는 궁극적으로 우리가 가지고 있는 텍스트 독법들이 문학교육을 통해 궁극적으로 목적하는 바를 달성할 수 있게 하는가 하는 질문과 닿아 있는 것이라고 할 수 있다.

2. 아동문학 비평에 나타난 알레고리적 독해의 문제점

<강아지똥>에 대한 기존의 해석들은 무엇보다 '똥'이라는 소재가 갖는 파격적인 가치 전복의 기능에 초점을 맞추어 왔다. 즉 "못 생기고, 더럽고, 버림받은"(43)[12] 똥과 같은 존재가 동화적 소재로 사용된 적이 없었다는 점, 이는 단순히 새로운 소재의 도입에 한정된 문제가 아니라 세계에 대한 전면적인 인식의 전환을 보여주는 것이라는 점에서 <강아지똥>은 기존 아동문학의 경향을 바꾸어 놓은 문학사적 의의를 지닌 작품으로 평가되어 왔던 것이다.

권정생의 첫 작품집 『강아지 똥』에 실린 서평에서 이오덕은 권정생의 동화 세계를 "학대받는 생명에 대한 사랑"이 가득한 세계로 요약했다.

동화라면 으레히 천사같은 아이들이 나오고, 그 아이들이 꿈꾸는 무지

---

12) 별도의 표기가 없는 한, <강아지똥>의 인용 부분의 숫자는 『기독교 교육』(1969. 6)의 면수이다.

개같은 세계가 펼쳐지는 것으로만 알고 있는 이들에게 권정생씨의 작품은 확실히 하나의 이변이요, 충격일 것 같다. 이 동화에는 천사는 물론이고, 옷, 밥 걱정 없이 학교에 다니는 행복한 아이들도 안 나온다. 아이들보다 사람들에게 학대받는 짐승이나 곤충이 많이 나오는데, 그것도 사람들이 가장 싫어하는 모기라든가, 지렁이, 구렁이, 파리 같은 것이다. 그리고 또, 흉악한 냄새가 나는 시궁창에 버려진 똘배, 사람들에게 뜯어 먹히는 물고기, 강아지의 똥, 사냥 당하는 산짐승—이런 미움받고, 버림당하고, 짓밟히고, 희생되는 목숨들의 얘기가 대부분이다. (…)

일찍이 우리 아동문학사에서 어느 작가도 그 속에 들어가 보지 못한, 시궁창에 버려져 짓밟힌 목숨들의 세계가 기실은 가장 인간스런 세계요, 아름다운 사랑의 세계임을 그는 보여준다.

— 이오덕, 「학대받는 생명에 대한 사랑」, 『강아지 똥』, 세종문화사, 1974 : 266

미움 받고 버림당한, 더럽고 냄새나는 소재를 고의적으로 채택하고 있는 권정생의 작품 세계가 "하나의 이변이요, 충격"이라는 이오덕의 평가는, 뒤의 비평들에도 계속해서 이어졌다. 이원수가 권정생의 동화를 가리켜 "우리 아동문학에서 특이한 자리를 차지하는 귀한 재산"[13]이 될 것이라고 한 것이나, 이재복이 <강아지똥>을 "고정관념의 벽을 일시에 허물어" 버린 "동화 문학의 혁명"[14]을 일으킨 작품이라고 언급한 것은 이러한 평가의 대표적인 예가 된다. 사실 권정생의 <강아지똥>이 그처럼 인상 깊은 이미지로 다가오는 것은 '똥'이라는 소재를 사용한 데에서 발생하는 것이며, 상식적인 이해를 전복시킴으로써 교훈적 메시지를 효과적으로 전달하는 것 또한 '똥'이라는 소재가 갖는 특이성에 크게 힘입고 있다는 것은 누구나 인정할 수밖에 없을 것이다.

---

13) 이원수, 「눈물과 피로 쓴 동화」, 『강아지 똥』, 세종문화사, 1974.
14) 이재복, 앞의 글.

그런데 이와 같은 똥이라는 파격적인 소재에 대한 관심은 곧 '강아지 똥은 과연 무엇을 상징하는가' 하는 알레고리적 독법과 결합되기 쉬웠으며, '강아지 똥'의 보다 추상적인 의미, 특히 사회·역사적 층위에서의 상징성을 해명하는 방향으로 탐구되곤 했다. <강아지똥>에 대한 비평적 작업들은 대개 작가가 '똥'이라는 특이한 소재 뒤에 숨겨놓은 원관념을 찾고, 이를 통해 표현하고자 했던 본래의 의도를 사회·역사적 층위 속에서 규명하는 것에 초점이 놓여 있었다고 할 수 있다. 예를 들어 이재복은 '강아지 똥의 운명'에서 식민지와 분단, 전쟁의 경험을 통해 끊임없이 고통 받았던 '민족의 역사'를 읽어 내었으며, 원종찬은 역사 현장의 한복판에서 강자에게 짓밟혀온 약자로서의 '민중의 삶'을 읽어 내었다.

> 우리에게는 독특한 우리의 역사가 있습니다. 우리의 역사는 남에게 끊임없이 고통을 받는 역사였습니다. 일제 식민지 시대를 거치고 분단을 거치고 전쟁을 겪으면서 우리 겨레는 용케도 죽지 않고 살아남았습니다.
> 이렇게 독특한 역사를 가진 우리 겨레에게는 서양과는 다른 동화 형식이 필요합니다. 왕자나 공주가 아니라 '강아지 똥'과 같은 운명을 살아야 했던 우리 겨레의 그 끈질긴 생명 의식을 이야기 속에 담아내야 합니다.
>
> ─ 이재복, 「이 세상 가장 낮은 곳 이야기」, 『강아지똥』, 길벗어린이, 1996 : 20~30

버림받은 존재가 쓸모 있는 존재로, 더러운 존재가 아름다운 존재로, 낮은 존재가 높은 존재로 거듭난다는 동화의 내용을 그대로 수난의 민족 현실과 직결해서 설명하려고 든다면 아마 비약이 될 것이다. 작가의 창작 태도가 그러했듯이 동화의 장르 특성에 대한 충분하고도 올바른 이해를 전제로 하는 조심스런 해석의 태도가 요구되는데, 적어도 버림받고 짓밟히고 희생되는 존재를 주인공으로 삼은 권정생 동화에서 서민 지향

특히 이러한 독법은 작가 권정생의 개인사에 대해 깊은 이해를 가지고 있는 경우 더욱 강화되는 경향을 보였다는 것이 특징이다.[15] 권정생은 일찍이 자신의 삶에 대한 진솔한 글들을 여러 가지 형태로 발표한 바 있어 그의 절박했던 생과 구원으로서의 문학 체험은 일반 독자들에게까지 널리 알려져 있는 편이다. 원종찬이 요약한 것처럼 권정생은 식민지 시기에 일본 동경의 빈민가에서 태어나 배고픔을 견디며 어린 시절을 보냈고, 해방 이후 고국으로 건너왔으나 가난 때문에 식구들이 뿔뿔이 흩어지는 아픔을 겪어야 했으며, 6 · 25 전쟁을 거치면서 형제의 생사조차 알 수 없는 분단의 희생양이 되었고, 전신 결핵이라는 큰 병이 걸린 상태에서 구걸 생활을 하기도 하였다.[16] 이러한 작가 개인의 고난에 찬 역정이 곧 민족사 또는 민중사의 수난과 고통의 궤적을 표상하는 것으로 받아들여질 때, 그의 작품 세계에서 '민족의 역사', '민중의 삶'을 읽는 것은 지극히 자연스러운 독법이 될 것이다. <강아지똥>을 생각하면 "늘 권정생의 삶이 먼저 떠오른"[17]다거나 권정생의 작품 세계에 관한

---

15) 권정생에 관한 비평에 나타나는 이러한 경향에 대해서는 다음의 글에서 간략히 언급한 바 있다.
　　조은숙, 「권정생, 새로 시작되는 질문」, 『창비 어린이』 12, 2006.
16) 원종찬, 앞의 글, 251면.

글을 쓰면서 "권정생 선생의 사진을 배경음악인 듯 떠올"18)렸다는 것은
단지 한두 사람에게 한정된 체험이 아닐 것이다. 물론 권정생의 많은 작
품들이 실제적 삶의 고투에 밑바탕을 두고 있다는 것은 의심할 여지가
없다. 하나의 작품이 역사적 고통과 맞물려 있는 작가의 절박한 삶을 바
탕으로 한 진지한 성찰의 소산이라는 것을 이해할 때 보다 큰 감동을 받
게 된다는 것은 부정할 수 없는 사실이다.

그러나 역사적인 의미를 관성적으로 대입시켜 해석하는 것은 작품에
대한 이해를 오히려 협소하게 고착시킬 수 있다는 점은 간과하지 말아
야 할 것이다. 이주영의 독서 경험은 이러한 독법이 어떠한 한계를 가질
수 있는가를 엿볼 수 있게 하는 예이다. 이주영은 권정생의 다른 작품인
<똬리골댁 할머니>를 읽으면서 "'똬리골댁 할머니 일생이 기막히다. 가
엾다. 얼마나 한이 많을까? 전쟁만 아니었더라면…….' 이렇게 가정해
놓고 책을 읽으니 울컥 올라오는 감동보다 관념이 앞서"는 것을 경험했
다고 하면서, 선입견을 접고 작품을 다시 읽는 과정에서 작가의 관심은
"전쟁이 얼마나 사람들을, 똬리골댁 할머니를 비참하게 했는가를 말하는
것이 아니라, 처음부터 이 땅에서 겨우 목숨을 이어 가는 불쌍한 거지
할머니 이야기를 말하고 있었던 것"을 알게 되었다고 했다.19) 이주영의
이와 같은 언급은 거시적 역사 담론을 서사의 인과적 해명에 도식적으
로 적용할 경우 작품에 대한 이해를 가로막을 가능성이 생겨날 수 있음
을 시사한다.

17) 이기영, 「<강아지똥> 다시 읽기」, 『권정생(어린이도서연구회 25주년 기념 자료집)』, 어
    린이도서연구회, 2005, 114면.
18) 김상욱, 「낮은 곳에서의 흐느낌 : 권정생론」, 『숲에서 어린이에게 길을 묻다』, 창작과
    비평사, 2002, 180면.
19) 이주영, 「마음으로 읽은 동화」, 『권정생(어린이도서연구회 25주년 기념 자료집)』, 어린
    이도서연구회, 2005, 85~86면.

또한 대부분의 평자들이 <강아지똥>을 "권정생이 강아지 똥이고 강아지 똥이 권정생처럼 느껴지는 동화"20)로 읽으면서 작품 배면에 '숨겨진' 작가의 의도를 찾는 동안, 정작 강아지 똥이 어린 아이와 같은 존재로 의인화되어 있다는 훤히 '드러나' 있는 사실은 그 동안 충분하게 고려되지 못해 왔다는 점을 생각해 볼 수 있다.21)

물론 강아지 똥은 "못 생기고, 더럽고, 버림받은"(43) 소외된 존재이기도 하지만, 흰둥이가 방금 누고 간 김이 "모락모락 오르"(42)는 똥으로 갓 태어난 어린아이와 같은 존재이기도 하다. 그럼에도 불구하고 강아지 똥이 "연약한 아기 같은"22) 존재로 설정되어 있다는 노골적인 사실은 최근에 들어서야 적극적으로 언급되기 시작했다.23) 이와 같은 새삼스러운 발견은 <강아지똥>이 그림책으로 각색되어 강아지 똥의 존재가 가시적으로 재현되는 것을 계기로 촉발되었다고 보아도 과언이 아닐 것이다. 울고 토라지고 무서워하고 외로워하는 강아지 똥의 아이 같은 모습이 시각적인 기호로 구현됨으로써 아동 서사의 캐릭터로서의 강아지 똥

---

20) 이기영, 앞의 글, 115면.
21) 수전 손택의 표현을 빌자면, 이는 "뻔히 보이는 것을 놓고 어떻게 반응해야 할지 모르겠다고 고백하는 꼴"이라고 할 수 있다.
　　수전 손택, 「해석에 반대한다」, 『해석에 반대한다』, 이민아 역, 이후, 2002, 28면.
22) 엄혜숙, 「똥 그림책에 담긴 철학의 깊이」, 『나의 즐거운 그림책 읽기』, 창작과 비평사, 2005, 21면.
23) 다음은 그 대표적인 예이다. 이 중 노제운의 글을 제외한 나머지 3편이 모두 그림책을 분석한 글이다.
　　노제운, 「동화 속의 숨은그림 찾기 : 정채봉의 <오세암>과 권정생의 <강아지똥> 분석」, 『어문논집』 38, 1998.
　　이기영, 「<강아지똥> 다시 읽기」, 『동화읽는 어른』, 어린이도서연구회, 2004. 5.
　　엄혜숙, 「똥 그림책에 담긴 철학의 깊이」, 『나의 즐거운 그림책 읽기』, 창작과 비평사, 2005.
　　박찬옥·신혜선, 「유아 그림책 『강아지 똥』에 나타난 주인공의 자아형성 과정 분석」, 『열린유아교육연구』 10, 2005.

의 특성이 일반 독자의 시야에 보다 뚜렷하게 들어오게 되었으며, 이에 따라 아동 독자들이 <강아지똥>을 좋아하는 이유를 자신과 비슷한 처지의 인물에 대한 동일시 효과로 설명하는 것이 한결 쉬워지게 되었다.24) 이와 더불어, <강아지똥>이 아동 서사로서의 특성이 재발견된 데에는 1990년대 이후, 대부분의 아이들이 '똥'이라는 대상에 대해 특별한 관심과 애착을 가진다는 심리학적 상식이 널리 유통되었던 것도 한몫을 했다.25)

그러나 똥 이야기이면 아이들이 무조건 좋아하더라는 식의 생각으로 <강아지똥>에 접근하는 것은, 이 또한 작품의 의의를 소재의 차원에 국한시키는 한계를 지닐 수 있다. 똥을 금기와 소외의 상징물로 이해하던 아이들이 특별한 관심을 갖는 애착물로 이해하건 간에 소재의 의미를 서사적 흐름 바깥에서부터 찾으려는 관점을 취하는 것이라면 텍스트에 접근하는 방식에서는 근본적으로 큰 차이가 없을 것이다. 이러한 방식들은 자칫 문학교육의 현장에서 문학적 읽기란 한 텍스트의 복잡하고 구체적인 서술 상황을 재빨리 통과하여 텍스트 심층의(혹은 바깥의) 추상적 의미를 채취하고 이를 개념화하는 것이라는 생각을 부추길 위험이 있다.

---

24) 그림책 효과는 이뿐만이 아니다. 전통적 화풍으로 구현된 그림책의 이미지는 <강아지똥>에서 구수한 된장찌개와 같은 "토종의 맛"(이재복, 「이 세상 가장 낮은 곳 이야기」, 30면), "전통적 세계관"(엄혜숙, 앞의 글, 22면)을 발견하는 '소급' 효과를 낳기도 했다. 그러나 뒤에서 살펴보겠지만, <강아지똥>의 밑바탕에 깔려있는 존재의 가치에 대한 물음이나 해명의 사유 방식은 고유한 전통적 세계관에 닿아있다기보다는 서구로부터 유입된 기독교적 사상과 더 밀접한 관련이 있다고 볼 것이 보다 타당할 것이다.

25) 확실히 <강아지똥>이 발표되었던 1960년대 말과 비교해 볼 때, 현재의 아동문학에 대한 독자 수용의 상황은 큰 차이가 있는 듯하다. 특히 1990년대 후반 이래 아동문학계의 상황에서 '똥'은 일탈적 놀이와 재미의 코드로 애용되는 유행 소재가 된 감이 있다. 그러나 금기가 깨어지자마자 유행이 되고, 유행 패턴이 상투적인 상품의 양산으로 이어지는 지금의 상황에서도 권정생의 '똥' 이야기는 『밥데기 죽데기』(바오로딸, 1999)에서 볼 수 있는 것처럼, 유머러스한 발상과 독특한 철학적 해석을 통해 새로운 서사 전략을 개척해 가는 모습을 꾸준히 보여주고 있다.

단순한 알레고리적 해석을 통해 작품의 의미를 앙상한 몇 개의 단어로 '해소'해 버리는 방식으로는 문학교육이 지향하는 텍스트 감상의 실제적 체험은 보장될 수 없을 것이다. <강아지똥>이 아동문학의 정전으로 자리 잡는 데에 일조해 온 기존 비평의 해석 방식들이 작가에 대한 이해를 깊게 하고, 텍스트와 연관된 역사적 현실 맥락을 환기시키는 데에 기여하는 측면이 있음에도 불구하고, 아동 서사로서 <강아지똥>이 취하고 있는 서술 전략의 특성을 중심으로 텍스트를 재검토할 필요성이 요청되는 것은 바로 이러한 측면 때문이다.

3. 초등 교과서 각색을 통해 본 알레고리적 독해의 문제점

서두에서 전제한 것처럼, <강아지똥>을 타자와 자신의 마음을 이해하고, 삶의 가치를 생각하게 하는 문학 감상의 경험을 제공하는 텍스트로 읽고자 할 때, 먼저 눈에 띄는 것은 어린 독자들이 텍스트의 상황에 쉽게 공감할 수 있도록 똥이라는 사물이 아이와 같은 존재로 '의인화(personification)'되었다는 점이다.

사람이 아닌 동식물이나 사물, 추상적인 개념 등을 의인화하여 표현하는 것은 흔히 사용되는 보편적인 수사법이며, 동서양 모두에서 오랜 전통을 가진 글쓰기 방식이다. 그러나 어떠한 장르에서 어떠한 방식으로 사용하는가에 따라 의인화 텍스트는 여러 가지로 섬세하게 분류될 수 있으며 그에 따른 독법 또한 달라질 수 있다. 예를 들어 가전이나 우화처럼 텍스트의 기호가 이중적으로 해석되도록 구성되어 있는 장르의 경우, 의인화 텍스트에 대한 알레고리적 독법은 유용한 것이 될 수 있을 것이다. 이때의 알레고리적 독해가 주는 즐거움이란 김성룡이 정리한 것처럼 "하나의 기호가 전연 다른 무엇을 표현하고 있는지를 해독함으로써 얻어지는 지적인 즐거움"이며, "수수께끼를 해독하는 즐거움과 비슷한 즐거움"이라고 할 수 있다. 이러한 독해는 "내용보다는 기호의 조직과 해독에서 더 큰 즐거움"을 선사한다는 특성이 있다.[26]

그러나 이 글에서 동화 <강아지똥>을 마음을 이해할 수 있게 하는 텍스트이라고 전제했을 때, 이는 단지 어떤 마음 상태를 지적으로 '간파' 해내는 텍스트로 유용하다는 것을 뜻한 것이 아니다. 문학적 텍스트를 통해 '마음'을 읽는다는 것은 인물의 입장과 상황에 대한 적절한 이해를 바탕으로 인물의 감정, 판단, 지향 등에 깊이 '공감(sympathy)'하는 경험 전반을 지향하는 것이라고 할 수 있을 것이다. 따라서 이 글에서 알레고리적 독법을 비판한다는 것은 모든 문학적 텍스트의 독법을 향한 말이 아니다. 이는 특별히 '동화' <강아지똥>을 단순한 교훈적 '우화'로 이해하고, '강아지 똥'을 몇 개의 상징 어휘로 '대치'시켜 읽는 방식을 향한 문제 제기라고 할 수 있다. 요컨대 '강아지 똥'이라는 의인화된 존재를 고난 받은 민족, 소외된 민중의 상징이나 작가의 숨겨진 초상이라는 원관념에 대한 대리물로 보기보다, 어린 아이와 같이 곱고 여린 인간적 심성과 더럽고 쓸모없는 똥이라는 사물의 속성이 결합하여 독특한 이미지 효과와 서사적 의미를 발생시켜내는 제3의 존재로 보고자 하는 것이다.[27]

---

26) 김성룡, 「이중 텍스트의 시학과 중층 독해 이론에 관한 연구」, 『문학교육학』 12, 2003.
27) 따라서 이 글에서 의인화 기법의 효과를 이해하는 데에 있어 비유에 관한 기본적인 관점은, 보조관념이 원관념을 대치한다거나(대치 이론), 혹은 두 대상 간의 이미 존재하는 유사성을 찾는 것이라는 관점(비교 이론)보다는 두 대상 간의 상호 작용에 의해 새로운 의미를 발생시키는 것이라는 관점(상호작용이론)을 취하고자 한다. 비유(metaphor)와 관련한 논의는 다음의 글 참조

1) 탄생 : 내면을 가진 어린 존재의 탄생

<강아지똥>은 주어가 없는 문장으로 시작한다. 첫 문장뿐 아니라, 두 번째, 세 번째 문장에도 주어의 자리는 계속해서 비워져 있다.

> 돌이네 흰둥이가 누고 간 똥입니다.
> 흰둥이는 아직 어린 강아지였기 때문에 강아지똥이 되겠습니다.
> 골목길 담 밑 구석자리였습니다. 바로 앞으로 소달구지 바퀴 자국이 나 있습니다.
> 추운 겨울, 서리가 하얗게 내린 아침이어서 모락모락 오르던 김이 금 방 식어버렸습니다.
> 강아지똥은 오들오들 추워집위집위집챕새 한 마리가 포로롱 날아와 강아지똥 곁에 앉더니 주둥이로 콕옐집쪼아보고, 퉤퉤 침을 뱉고는,
> "똥 똥 똥…… 에그 더러워!"
> 쫑알거리며 멀리 날아가 버립니다.
> 강아지똥은 어리둥절했습니다.
> (똥이라니? 그리고 더럽다니?)
> 무척 속상합니다. (42)

물론 주어의 자리를 차지하게 될 '그것(∅)'은 "흰둥이가 누고 간 똥" 이고, 흰둥이는 "아직 어린 강아지"이며, '그것(∅)'은 "소달구지 바퀴 자 국"이 나있는 "골목길 담 밑 구석자리"에 놓여 있고, 조금 전까지 김이 "모락모락 오르"고 있었다는 정보가 제공되기는 하지만, 동화의 첫 머리 에 주어의 자리는 의도적으로 계속 비워져 있다고 볼 수 있다. 주어로서 의 '그것(∅)'의 자리는 여섯 번째 문장인, "강아지 똥은 오들오들 추워

이상섭, 『문학비평용어사전』, 민음사, 1976, 103~108면.
오형엽, 「수사학적 시학의 은유와 환유 연구」, 『한민족어문학』 44, 2004.
정혜승, 「은유의 기능과 국어교육적 함의」, 『국어교육』 118, 2005.

집니다."에 이르러서야 비로소 채워진다. 한 개의 사물에 불과했던 강아지가 누고 간 똥이 "오들오들" 떨리는 추위를 느끼고, 참새의 말과 행동을 보고 들으며, "어리둥절"해지기도 하고, 속으로 생각하며, 속상해 할 줄 아는 '감각'과 '생각', '마음'을 가진 주체로 '탄생'하는 과정을 첫머리의 짧은 구절은 효과적으로 표현하고 있다. 지금까지 많은 평자들은 동화의 첫 머리를 인용하면서 문체의 아름다움에 찬사를 표했지만, 위의 대목은 생명을 가진 존재인 강아지 똥의 탄생을 효과적으로 표현했다는 점에서도 주목해 볼 만한 부분이다. 강아지 똥이 오들오들 떨기 시작하는 여섯 번째 문장 이전의 '강아지똥'이란 단순히 하나의 사물을 지칭하는 보통 명사로서 '어린 강아지가 누고 간 똥'을 가리킬 따름이며, 어리다는 것은 똥을 누고 간 '흰둥이'라는 강아지에게 속한 자질이었다고 할 수 있다. 그러나 여섯 번째 이후의 문장에서 '강아지 똥'이란 이제 막 태어나 생명의 속성을 부여받은 '강아지와 같이 어린 똥'을 지칭하는 개체적 명명법이 되며, 작고 어리다는 속성은 자연스럽게 똥에게로 전이되게 된다.[28]

추운 겨울날, 서리가 하얗게 내린 어느 아침에 골목길 한 구석자리에 별안간 뚝 떨어진 어린 생명은 자신이 누구인지 알지 못한다. 강아지 똥이 세상에 태어나 처음으로 하게 된 말은 "(내가) 똥이라니?"라는 의문형의 문장이었다. 이는 결국 '나는 누구인가'라는 존재론적 질문이라고

---

28) '강아지 똥'은 지면에 따라 '강아지 똥' 혹은 '강아지똥'으로 표기되어 있다. 가장 처음 발표된 『기독교 교육』에서는 제목을 제외한 본문에서는 '강아지똥'으로 표기하고 있으며, 그림책 『강아지똥』(길벗 어린이)과 『먹구렁이 기차』(우리 교육)에도 '강아지똥'으로 되어 있으나, 첫 작품집 『강아지 똥』을 비롯한 『똘배가 보고 온 달나라』(창비), 7차 교육과정 초등, 중등 교과서 등에는 '강아지 똥'으로 수록되어 있다. 사소한 차이 같지만, 강아지 똥의 존재를 어떻게 파악하는가 하는 해석의 문제와도 관련될 수 있는 문제라고 본다.

볼 수 있다. <강아지똥>은 처음부터 존재에 대한 질문을 던지는 것으로 시작하여, 그 본질과 가치를 찾아가는 문제해결형 서사가 될 수밖에 없다. 따라서 <강아지똥>에서 '나는 누구인가', '너는 누구인가?' 하는 것은 타자와의 만남 속에서 반복적으로 제기되는 질문이 된다.

2) 만남 : 자기 정체성의 구성과 모성적 심성의 가치

강아지 똥은 똥이라는 사물의 자연적이고 물리적인 특성과 어리고 여린 아이와 같은 인간적인 특성이 결합하여 이루어진 독특한 캐릭터이다. <강아지똥>에서 의인화 방식은 각각 사물, 혹은 생물이 지니고 있는 생태적 특성에 따라 다소 차이가 있다. 예를 들어 강아지 똥이나 흙덩이는 섬세한 감각과 부드러운 내면이 부여되는 방식으로 인격화되었으나 장소를 자유자재로 옮길 수는 없는 수동적 속성을 가지며 덩어리가 해체되는 순간 죽는 것으로 설정되었다. 닭과 병아리는 엄마나 아들, 딸과 같은 인간적 가족 관계를 갖도록 배치되었으나 모이를 찾아다니는 새의 이미지를 계속 유지하도록 설정되었고, 가랑잎과 같은 무생물의 경우에는 바람에 떠다니면서 멈춰있는 잠시 동안에만 시한부적으로 숨이 유지되는 것으로 설정되었다. 이처럼 동화 속 캐릭터들은 각각 개성적인 특성을 가지도록 구현되어 있지만 모두 삶과 죽음의 문제로부터 자유로울 수 없는 지상의 존재라는 점을 공통적으로 가지고 있다. <강아지똥> 전체의 내용은 존재적 질문을 품은 강아지 똥과 다른 인격화된 생명들, ① 참새 → ② 흙덩이 → (③ 가랑잎) → ④ 엄마 닭 → ⑤ 민들레 등과의 만남과 이별을 중심으로 전개되고 있다. 이러한 만남의 과정을 통해 강아지 똥은 자기 존재의 본질과 가치를 깨달아 가는 것이다.

　　먼저 참새로부터 자신이 더러운 똥이라는 사실을 전해 듣고 충격을 받은 강아지 똥을 놀리면서 등장한 것은 흙덩이이다. 자신을 놀리는 흙덩이에게 강아지 똥은 "그럼, 너는 뭐야? 울퉁불퉁하고, 시커멓고, 마치 도둑놈같이……."라고 응수한다. 무안해진 흙덩이는 자신도 사실은 강아지 똥처럼 못 생기고, 더럽고, 버림받은 몸이며 오히려 마음속은 강아지 똥보다 더 흉측할지도 모른다고 고백한다. 그러나 흙덩이는 골목길에 떨어지기 전에는 적어도 할 일이 많았던 쓸모 있는 존재로서 자신의 일에 자부심을 가지고 즐겁고 살아가고 있었다. 그가 주로 했던 일은 아기 감자나 기장과 조 등을 "기르는 일"이었는데, 흙덩이는 이를 "하나님께서 내게 시키신 일"이라고 표현했다. 곡식을 키우던 흙덩이는 어느 날 집을 짓는 데 사용될 예정으로 옮겨가던 중 수레에서 떨어진 것이다. 그런데 곡식을 돌보는 것과 마찬가지로 집은 "사람들을 따뜻하게 재워 주고 짐승들을 키우는 곳"이다. 무엇인가 다른 생명을 키우고 돌보는 것, "하나님께서 내게 시키신 일"의 요체는 모성적인 삶을 사는 것이라고 파악해 볼 수 있다. 흙덩이가 자신의 죽음을 예감하는 순간, 과거 자신이 저지른 '벌' 받을 만한 '나쁜 짓'으로 아기 고추나무를 말라 죽게 한 일을 고백하는 것은 이 때문이다. 흙덩이는 강아지 똥에게 부디 '나쁜 짓'을 하지 말고 착하게 살라고 한다. 강아지 똥이 더러운 똥에 불과한 자신이 어떻게 착하게 살 수 있겠냐고 반문하자, 흙덩이는 "하나님은 쓸데없는 물건은 하나도 만들지 않으셨어. 너도 꼭 무엇엔가 귀하게 쓰일 거야."라는 말을 남긴다. 나는 누구인가 하는 질문이 나는 어떻게 가치 있는 삶을 살 수 있는가 하는 질문으로 옮겨 가고 있는 것이다. 이상과 같은 흙덩이의 전언을 요약해 본다면, 생명을 가진 존재의 최대의 가치는 다른 생명을 살리는 모성적인 삶을 사는 것이며, 이는 하나님의 뜻을 따라

사는 가장 쓸모 있는 착한 삶이 된다. 즉, <하나님께서 시키신 일>=
<쓸모 있게 사는 일>=<착한 일>=<모성적인 삶>이다.

뒤이어 나타난 엄마 닭이 자신을 "걸어다니는 새님"이라고 부르는 것
에 화를 내면서 자신의 신분을 "여덟 마리의 아들과 다섯 마리의 딸을
데린 어엿한 병아리 어머니"라고 교정하는 것도 모성적 정체성이 그 무
엇보다 자부심을 느끼게 하는 것임을 보여주는 장면이다. <강아지똥>
에서 시종하는 존재의 가치를 묻는 질문인 나는 무엇인가에 대한 가장
훌륭한 대답은 '어머니'라고 할 수 있다. 그런데 이처럼 모성적 가치가
생의 어떤 가치보다도 앞서는 절대적인 것으로 제시됨으로써 서사 곳곳
에서 윤리적 딜레마의 상황이 연출되기도 한다. 즉 엄마 닭은 자신의 13
마리의 아기들을 위한다는 명목으로 아직 "아이"[29]인 강아지 똥을 점심
요기거리로 탐색하기를 주저하지 않으며, 강아지 똥은 자신의 생명이 위
협받는 공포스런 상황에서도 "점심으로 나를 먹어 주시겠다는 거죠? 좋
아요, 모두 맛나게 먹어 주어요."라고 대답한다. 이와 연관하여 앞에서
흙덩이가 자신이 직접적으로 해친 것이 아니라, 혹독한 가뭄 때문에 말
라 죽은 아기 고추의 일조차 자신의 죄로 받아들였던 것도 다시 생각해
볼 수 있다. 즉 <강아지똥>의 서사 공간은 이기적이고 편협한 모성이라
도 모성적 행위는 비난받지 않는 것이 되며, 반면 상황이 어떻든 간에
한 순간이라도 모성적 직분을 잃어버리는 것은 죄로 인식될 만큼 모성
적 가치가 극단적으로 절대화되어 있는 곳이다.

---

29) 자신에 대한 명명을 교정해주며, 엄마 닭은 "옳지, 아이들은 역시 잘못했을 때는 곧장
　　용서를 받은 것이 좋아."라고 말한다.

3) 죽음 혹은 초월

강아지 똥이 민들레의 싹을 며칠 전 자기 가슴 속에 심은 별의 씨앗이 싹터 나온 것이라고 생각하며, 기꺼이 민들레의 꽃을 피우기 위한 거름이 되겠다고 결심하는 것도 앞서 살펴본 모성적 헌신의 가치를 절대적인 것으로 체화했기 때문이라고 볼 수 있다. 죽음을 감수하면서까지 강아지 똥이 키우고자 했던 것은 그저 우연히 만난 민들레의 '꽃'이 아니라 자신의 마음속에서 싹을 틔운 "별처럼" 고운 꽃이었던 것이다. 민들레 싹과 만나기 며칠 전에 우연히 하늘에서 본 '별'은 삶과 죽음이 숙명으로 주어진 생명체가 아니다. 강아지 똥이 만난 존재 중 유일하게 비인격적이며, 탈현실적인 존재이다. 죽고 사는 현존의 시간과 공간을 초월해 있는 "영원히 꺼지지 않는 아름다운 불빛"인 것이다.

'영원히 꺼지지 않는 아름다운 불빛.'
이것만 가질 수 있다면 더러운 똥이라도 조금도 슬프지 않을 것 같았습니다.
강아지 똥은 자꾸만 울었습니다. 울면서 가슴 한 구석에다 그리운 별의 씨앗을 하나 심었습니다. (…)
"너는 뭐니?"
강아지 똥이 내려다보고 물었습니다.
"난 예쁜 꽃이 피는 민들레란다."
"예쁜 꽃이라니! 하늘에 별 만큼 고우니?"
"그럼!"
"반짝반짝 빛이 나니?"
"응, 샛노랗게 빛나."
강아지 똥은 가슴을 울렁거렸습니다. 어쩌면 며칠 전에 제 가슴 속에 심은 별의 씨앗이 싹터 나온 것이 아닌가 싶었기 때문입니다.(46)

‘강아지 똥’에게는 처음부터 모성이 결핍되어 있었다. 흰둥이의 몸에서 떨어져 나오기는 했지만, 그것은 생명으로 존재하기 이전의 일로 흰둥이는 인격화된 존재인 강아지 똥의 생명의 근원이 되지 못한다. 이 동화에서 설정된 생명의 근원은 오히려 “쓸 데 없는 물건은 하나도 만들지 않”은, 바꿔 말해 모든 쓸모 있는 것들을 만든 하나님이라고 볼 수 있다. 결국 지상의 개체로서 모든 생명을 키우는 하나님을 닮을 수 있는 길은 모성성을 획득하는 것이 될 수 있다. 즉 하나님을 닮은 ‘아기가 되는 것’은 ‘모성성을 획득하는 것’과 동시에 이루어지는 것이다. 강아지 똥이 죽음을 무릅쓰면서도 별의 씨앗을 키우는 모성성을 획득하고자 하는 것은 이 때문이다. 이처럼 강아지 똥은 희생양 예수의 상과 겹쳐지는 면이 있다. 강아지 똥의 희생 후 사흘 동안 내린 비와 이후 피어난 민들레 꽃을 ‘부활’로 이해하는 것은 이러한 맥락에서 가능할 것이다.

그러나 앞서 흙덩이의 경우에서 가정되었듯이 덩어리를 개체의 단위로 설정하여 의인화된 강아지 똥이 자신의 몸을 산산이 녹여내는 것은 일단 존재가 해체되는 죽음이다. 기독교적 알레고리가 아닌 의인화 동화로서 <강아지똥>은 아이와 같은 존재가 모성성의 실현을 위해 자신을 희생한다는 것, 자기 존재의 가치를 발현하는 것이 곧 자기 존재를 소멸하는 것과 동시에 이루어져야 한다는 것에서 윤리적, 논리적 해명의 어려움을 겪을 수밖에 없다. 기존의 해석은 강아지 똥이 민들레의 거름이 되는 것에 대해 죽음의 의미를 축소하고 희생의 미덕이나 부활의 상징으로 읽는 데에 초점을 두어 왔다. 기존의 해석이 강아지 똥의 죽음에 오래 머무르지 않고, 꽃으로의 비약적인 변신에 방점을 두었던 것은 의인화 동화로서 독해할 때 부딪히게 되는 해명의 곤혹스러움 회피하고자 하기 때문이라고 볼 수도 있다.[30]

이와 관련하여 최근 작가가 '원본'으로 인정되기를 희망하며 제시한 텍스트에 삽입되어 있는 '감나무 잎'의 전언을 간략히 살펴볼 필요가 있다.[31] 가랑잎은 흙덩이가 떠나간 어둡고 추운 골목에서 혼자 울고 있는 강아지 똥에게 다가와 누구나 한 번 태어나면 언젠가는 죽는 것이며 그것은 불쌍해도 어쩔 수 없는 것이라고 말한다. 또한 가랑잎은 자신이 엄마 나무로부터 떨어진 이유에 대해서 "우리(가랑잎들)가 떨어져 죽어야만 엄마는 내년 봄 아기 이파리를 피우거든."이라고 말한다. 작가는 죽음의 의미에 관해 말해주는 가랑잎이 등장 부분을 살려 놓고서 "이제 겨우 마음이 놓입니다."라고 했다. 작가의 의도에서도 죽음은 다른 생명을 위한 자기희생의 확실한 헌신 행위로서, 결코 자기 변신을 위한 중간적 행위가 아닌 것이다. 작가의 의도를 중심에 두고 작품을 해석하고자 한다면, 그의 동화는 첫 창작집 『강아지 똥』(1974) 머리말에서 작가 스스로가 밝힌 것처럼 아동 독자가 읽기에는 너무 어려운 동화인지도 모른다.[32]

---

30) 김상욱은 <강아지똥>에 대해 "눈시울이 뜨끈해지는 감동"을 주는 작품이라고 고평하면서도, 좋은 아동문학 작품의 세 계기인 현실성, 계몽성, 낭만성 중 계몽성으로 기울어져 있으며, 기독교적인 주제의식이 선명하게 드러난 나머지 다른 여타의 계기들과 적절한 균형을 이루지 못하고 있다는 점을 지적한 바 있다. <강아지똥>에 대한 기존 비평에서 드물게 볼 수 있는 비판적 언급으로 볼 수 있다.
김상욱, 앞의 글.

31) 권정생은 '어린이도서연구회'에 보낸 편지를 통해 평소 자신은 "<강아지똥>을 대할 때마다 항상 무언가 빠진 듯한 아쉬움"을 느껴왔으며, 그것은 원래 50장 분량으로 썼던 원본을 『기독교 교육』의 현상 모집에 기고하느라 분량을 맞추어 감나무 잎이 등장하는 장면과 마지막 장면 5장을 줄였기 때문이라고 했다. 작품은 그런대로 무리 없이 읽혔지만, 자신의 뜻과는 달리 삭제했던 것이므로 본래의 원고 형태로 되살리고 싶다는 취지를 밝혔다.
권정생, 「권정생 강아지똥 원본」, 『권정생(어린이도서연구회 25주년 기념 자료집)』, 어린이도서연구회, 2005, 119~120면.

32) 김현숙 또한 권정생의 초기 유년동화들이 독자들을 배려하기보다 작가 개인의 실존의 고민에 침잠해 있다는 점을 지적한 바 있다.
김현숙, 「또야는 친구들을 기다린다」, 『창비 어린이』 11, 2005.

　한편 그림책『강아지 똥』의 각색은 동화 <강아지똥>의 기독교적 세계관과 윤리적 딜레마를 대폭 조정함으로써, 종교적 색채를 완화하고 아동(유년) 독자의 수용을 고려하는 방향으로 이루어졌다. 그림책『강아지 똥』에는 강아지 똥이 '별'의 씨앗을 가슴에 심는다는 내용이 생략된다. 그림책『강아지 똥』은 동화의 종교적이고 초월적인 의미를 억압함으로써 보다 세속적인 형태로 전환하고자 했다고 볼 수 있을 것이다. 강아지 똥이 점점이 녹아서 민들레 꽃 속으로 들어가는 장면을 가시적으로 강조하여 형상화함으로써 강아지 똥의 죽음을 별("영원한 아름다움의 불빛")의 씨앗을 키우는 상징적인 행위라기보다는 자연 생태의 순환 과정으로 이해시키고자 했다. 이러한 각색을 통해 존재의 초월이라는 철학적 주제를 가진 <강아지똥>을 유아용 그림책의 베스트셀러로 재탄생시킬 수 있었던 것이다. 그러나 그 결과, 흙덩이가 전해준 모성적 존재로서의 생명의 책무라든가 엄마 닭의 모티프에서 보았던 극단적 모성적 자부심 등과 강아지 똥의 헌신의 모티프 사이에 유기적 연관성이 약화된 측면도 생겨났다. 어린 강아지 똥의 희생이 갖는 보다 영원한 것을 향한 초월의 의지와 모성 심성의 실천이 갖는 역설의 의미가 묻혀 버리는 현상이 발생하는 것이다.

　한편 초등학교 '문학' 교과서의 축약본은 이렇게 각색된 그림책 동화를 다시 한번 각색함으로써 강아지 똥의 내면이나 희생의 동기를 보다 단순화시켜 제시하고 있다. 우선 텍스트 전반에서 가장 중요한 가치였던 모성적 심성의 의미를 부여해 주는 모티프가 완전히 삭제된 것을 볼 수 있다. 어미닭이나 별과 같이 서사 전개에 중요한 역할을 했던 인물이 사라진 것은 물론이고, 흙덩이의 역할도 일부분만 남겨졌다. 흙덩이는 단지 강아지 똥이 세상에서 제일 더러운 존재라는 것을 알려주고 놀려주는 기능만을 할 뿐, 아기 고추를 말라 죽게 한 과거도 없고 그에 대한 죄책감은 더더욱 품을 수 없는 내면이 없는 인물이 되었다. 또한 강아지 똥에게 세상 모든 것에는 존재 가치가 있다는 메시지를 전달해 주는 중요한 역할도 담당하지 못하게 되었다. 이에 따라 강아지 똥이 자기 존재의 한계를 초월하고자 했던 내적 동기, 모성적 '마음'의 성취라는 중요한 테마는 실종되어 버린다. 동화의 마지막 구절, 버림받은 보잘것없는 존재가 모성적 심성의 실현을 통해 자기 존재의 의미를 얻는다는 주제를 압축적으로 표현해 주었던 "귀여운 강아지 똥의 눈물겨운 사랑"이 단순히 "고운 마음"으로 표현될 수밖에 없었던 이유는 이 때문이다.

> 봄이 한창인 어느 날, 민들레는 한송이 아름다운 꽃을 피었습니다. 샛노랗게 햇빛을 받고 별처럼 반짝이었습니다. 향긋한 내음이 바람을 타고 퍼져나갔습니다.
> 방긋방긋 웃는 꽃송이엔 귀여운 강아지 똥의 <u>눈물겨운 사랑</u>이 가득 어려 있었습니다.
>
> ―〈강아지똥〉, 『기독교 교육』 35, 1969. 6 : 47

> 햇살이 눈부신 어느 날, 민들레는 아름다운 꽃을 활짝 피었습니다. 꽃냄새가 봄바람을 타고 퍼져 나갔습니다. 강아지 똥의 <u>고운 마음</u>이 민들레 꽃송이에 가득 담겨 있었습니다.
>
> ―『(초등) 국어 읽기 1-2』, 28

이로 인해, 교과서 각색본은 특별한 내면의 동기 없이도 강아지 똥은 자신도 '쓸모'를 인정받았다는 이유 하나로 예쁜 꽃을 위해 보잘것없는 자신의 몸을 희생한다는 그야말로 보잘것없는 이야기가 되고 만다. 애초에 하나님이 "쓸데없는 물건"은 세상에 내놓지 않았다고 했을 때의 '쓸모 있음'이란 삶의 이유, 존재 자체의 절대적 가치를 의미하는 것이었지 이와 같은 '실용적인 쓰임새'를 뜻하는 것이 아니었다. 특정한 상황에서 희생은 미덕이 될 수도 있지만, 단순히 희생만을 미화하는 텍스트는 미덕이 될 수 없을 것이다. 교과서적 각색본은 강아지 똥이 거름이 되는 것을 통해 '촛불', '소금' 등이 남을 위해 자신을 희생하는 이타적 삶에 대한 낡은 메타포로 사용되는 것과 마찬가지의 관습적 읽기를 훈련시킬 뿐, 인식의 충격이나 마음의 공감을 얻는 텍스트로 읽는 과정은 고려하지 않고 있다고 볼 수 있다.

주지하다시피 텍스트의 축약은 단순히 텍스트의 양이 줄어드는 것을 의미하는 것이 아니라, 텍스트 자체가 달라진다는 것을 의미하는 것이다. 더욱이 문학 텍스트에 나타난 내면을 가진 인물의 의인적 형상화가 단지 희생이나 쓸모 있음 등의 몇몇의 도덕적 가치들을 덧씌우기 위한 수사적 장치로만 이해된다면 의인화 동화의 문학적 향유의 가능성은 발현되기 어렵다고 할 것이다. 교육 현장에 아무리 새로운 텍스트가 도입된다고 하더라도 그것이 매번 우화로 각색되어 앙상한 알레고리적 독해만이 권장된다면, 아동들 스스로가 텍스트 읽기의 즐거움을 만끽하며 적극적으로 의미를 생산하는 능동적인 독자로 성장하기란 지난한 일이 될 수밖에 없다.

4. 결론 : '마음'을 가르친다는 것

권정생의 동화 <강아지똥>이 문학교육의 장에서 정전화되고 있다는 점은 시대적 변화를 실감하게 하는 것이다. 7차 교육과정 이후 최근에는 교과서 제재로서 새로운 텍스트들이 보다 과감하게 수용되는 양상을 보여주고 있으며, 과거 특정 텍스트들이 독점했던 정전으로서의 권위도 상대적으로 약화되어 가는 추세이다. 그러나 교과서 제재로서 얼마나 적합한 텍스트가 선택되었는가를 따지는 것도 중요한 일이지만, 선택된 텍스트들이 어떠한 방식으로 어떠한 의미를 생산하도록 해석되고 있는가 하는 점에 대해서도 관심을 기울일 필요가 있다. 즉 '보편'이라는 명목 속에 반복적으로 강화되면서 고착되어 버린 '관성'적 해석의 방식 자체가 반성의 대상이 될 필요가 있다. 텍스트에 대한 이해가 달라지지 않는다면 아무리 다양하고 참신한 제재가 동원된다 하더라도 새로운 문학 수업은 기대할 수 없을 것이기 때문이다.

이 글은 특별히 <강아지똥>이 현재, 자신과 타자의 상황과 입장을 적절히 이해하고 이에 공감하는 마음을 가르치는 텍스트로 받아들여지고 있다는 판단 아래, 텍스트에 관한 독법을 검토하면서 특히 두 가지 측면에서 알레고리적 독법을 비판하는 데 초점을 두었다. 하나는 기존의 아동문학 비평에서 작품의 의미를 역사·사회적 층위에서 인과적으로 해명해왔던 것, 아동 독자보다는 작가의 삶과 의식에 관심이 집중되어 왔던 것과 관련된 것이고, 다른 하나는 작품을 교과서용 제재로 각색되는 과정에서 매개된 알레고리적 해석과 관련된 문제이다. 요약하자면 '관습적인 알레고리적 독법'과 '단순한 알레고리적 독법'으로 작품의 의미를 특정하게 고정시키는 현상에 대해 비판했던 것이다. 또한 <강아지똥>의 정전화가 여러 매체를 통한 각색에 의해 이루어졌다는 점에 주목하여, 각색에 따른 의미 해석의 이동 현상을 집중적으로 분석하고자 했다.

동화 <강아지똥>은 보잘것없는 존재인 '강아지 똥'이 갖는 존재론적 고민을 종교적 세계관을 바탕으로 모성적 심성을 수용하는 방식으로 극복하게 하는 서사 구조를 가지고 있으며, 어린 존재의 희생과 소멸의 모티프까지 내포하고 있다는 점에서 윤리적, 논리적 딜레마까지 품게 되는 어려운 작품으로 이해된다.

이러한 <강아지똥>이 지금과 같이 대중적으로 수용되고 아동 서사의 정전으로 부상할 수 있었던 것은 초월적 상징 표현이나 종교적 색채를 누그러뜨린 그림책의 각색 덕분이라고 할 수 있다. 그림책 각색은 아동(유년) 독자의 수용을 감안하고, 원본에서는 크게 두드러지지 않았던 자연 생태적 주제를 부각시키는 방향으로 이루어졌다. '강아지똥'이 똥의 물리적 속성을 반영하는 한편 아이와 같이 순수하고 여린 내면을 부여받는 방식으로 인격화되어 있다는 점, 따라서 아동 독자가 감정적으로 동일시하기 쉽도록 의인화되었다는 점도 그림을 통한 구체적 형상화 덕분에 강조될 수 있었다. 그러나 이와 같은 과정에서 작품이 전달하고자 했던 존재의 의미에 대한 해석이 단순화되고 작품 전체의 유기적 구성이 약화된 측면도 있다는 것을 확인할 수 있었다.

한편 교과서의 축약된 텍스트는 그림책의 각색을 다시 한번 단순화하고 그림 기호의 역할을 무시했을 뿐 아니라, 인물의 마음의 변화나 희생의 동기에 대해 주의를 기울이지 않음으로써 희생이나 쓸모와 같은 도덕적이고 실용적인 가치를 관행적인 읽기의 방식으로 찾아낼 수 있도록 각색되었다는 문제를 안고 있었다. 이는 작품 감상을 통해 인물의 '마음'을 이해하는 공감의 능력을 기른다는 학습 목표 달성을 원천적으로 불가능하게 하는 것이다. 교과서 텍스트가 작품의 원형을 훼손함으로써 생겨나는 문제에 대해서는 이미 누누이 지적된 바이지만, 이는 단지 작품의 본래의 모습을 훼손한다는 차원에서만이 아니라, 교과서라는 매체가 갖는 물리적, 이데올로기적 환경에 적합하도록 각색되는 과정을 통해 특정한 의미만이 재생산되어 반복 유통된다는 점이 보다 강조될 필요가 있을 것이다.

문학교육은 일차적으로 좋은 텍스트 없이는 불가능한 것이지만, 설혹 좋은 텍스트가 있다 하더라도 좋은 문학교육이 저절로 가능해지는 것은 아닐 것이다. 텍스트를 발견하고 해석하는 과정을 거치지 않는 좋은 텍스트란 존재하지 않기 때문이다. 교육 현장에 아무리 새로운 텍스트가 도입된다고 하더라도 계속해서 관성적인 독해만이 권장된다면, 아동들이 텍스트 해석에 적극적으로 동참하면서 의미 생산자로서 자신들의 주체적 역량을 키워 나갈 것을 기대하기란 어려운 일이 될 것이다.

참고문헌

권정생, <강아지 똥>, 『기독교 교육』 35, 1969. 6.

권정생, <강아지 똥>, 『강아지 똥』, 세종문화사, 1974.

권정생, <강아지똥>, 『똘배가 보고 온 나라』, 창작과 비평사, 1977.

권정생, <강아지똥>, 『무명저고리와 엄마』, 다리, 1994.

권정생, 정승각 그림, 『강아지똥』, 길벗어린이, 1996.

권정생, <강아지똥>, 『먹구렁이 기차』, 우리교육, 1999.

권정생, <강아지 똥>, 『국어(초등학교 1-2)』, 교육인적자원부, 2000.

권정생, <강아지 똥>, 『국어(중학교 1-1)』, 교육인적자원부, 2001.

권정생, 「권정생 강아지똥 원본」, 『권정생(어린이도서연구회 25주년 기념 자료집)』, 어린이도서연구회, 2005.

김상욱, 「낮은 곳에서의 흐느낌 : 권정생론」, 『숲에서 어린이에게 길을 묻다』, 창작과 비평사, 2002.

김성룡, 「이중 텍스트의 시학과 중층 독해 이론에 관한 연구」, 『문학교육학』 12, 2003.

김현숙, 「또야는 친구들을 기다린다」, 『창비 어린이』 11, 2005.

노제운, 「동화 속의 숨은그림 찾기 : 정채봉의 <오세암>과 권정생의 <강아지 똥> 분석」, 『어문논집』 38, 1998.

박용찬, 「문학 교과서와 정전의 문제」, 『국어교육연구』 38, 2005.

박찬옥·신혜선, 「유아 그림책 『강아지 똥』에 나타난 주인공의 자아형성 과정 분석」, 『열린유아교육연구』 10, 2005.

송 무, 「정전 문제와 영문학 교육의 전략」, 『영문학에 대한 반성』, 민음사, 1997.

엄혜숙, 「똥 그림책에 담긴 철학의 깊이」, 『나의 즐거운 그림책 읽기』, 창작과 비평사, 2005.

오형엽, 「수사학적 시학의 은유와 환유 연구」, 『한민족어문학』 44, 2004.

원종찬, 「속죄양 권정생」, 『동화와 어린이』, 창작과 비평사, 2004.

원종찬 편, 『권정생의 삶과 문학』, 창작과 비평사, 2008.

우리사상연구소 편, 『우리말 철학사전2 : 생명, 상징, 예술』, 지식산업사, 2002.

우리사상연구소 편, 『우리말 철학사전4 : 마음, 조, 초월』, 지식산업사, 2005.
이건화, 「동화 <강아지똥> 개작 양상 연구」, 한국교원대 석사논문, 2007.
이기영, 「<강아지똥> 다시 읽기」, 『동화읽는 어른』, 어린이도서연구회, 2004. 5.
이남호, 『교과서에 실린 문학작품을 어떻게 가르칠 것인가』, 현대문학사, 2001.
이상섭, 『문학비평용어사전』, 민음사, 1976.
이원수, 「눈물과 피로 쓴 동화」, 『강아지 똥』, 세종문화사, 1974.
이재복, 「시궁창도 귀한 영혼이 숨쉬는 삶의 한 귀퉁이」, 『우리 동화 바로 읽기』, 한길
　　　사, 1995.
이주영, 「마음으로 읽은 동화」, 『권정생(어린이도서연구회 25주년 기념 자료집)』, 어린
　　　이도서연구회, 2005.
정혜승, 「은유의 기능과 국어교육적 함의」, 『국어교육』 118호, 2005.
조은숙, 「권정생, 새로 시작되는 질문」, 『창비 어린이』 12호, 2006.
최지현, 「문학교육에서 정전과 학습자의 정서체험이 갖는 위계적 구조에 관한 연구」,
　　　『문학교육학』 5호, 2005.

Susan Songtag, 「해석에 반대한다」, 『해석에 반대한다』, 이민아 역, 2002.
John MacQueen, 『알레고리』, 송낙헌 역, 서울대출판사, 1980.

출처(논문 게재 순)

노 철, 「시 교육에서 해석의 방법 연구」, 『문학교육학』 제22호, 2007.

유영희, 「현대시 텍스트의 위계화 양상 및 방안」, 『문학교육학』 제23호, 2007.

최미숙, 「미디어 시대의 시 텍스트 변화 양상과 시 교육」, 『문학교육학』 제24호, 2007.

이명찬, 「김수영의 〈어느 날 고궁을 나오면서〉 다시 읽기」, 『문학교육학』 제17호, 2005.

김동환, 「단원 구성을 통한 소설 읽기 방법의 재검토—〈메밀꽃 필 무렵〉을 중심으로」, 『문학
        교육학』 제22호, 2007.

최인자, 「학습자의 발달 특성에 기반한 서사 텍스트 선정 원리 연구—청소년 학습자를 중심
        으로」, 『문학교육학』 제23호, 2007.

이진아, 「김우진의 〈난파〉 다시 읽기」, 『문학교육학』 제17호, 2005.

한창훈, 「〈관동별곡〉 해석의 문학교육적 의미망」, 『문학교육학』 제16호, 2005.

전성운, 「〈구운몽〉의 서사 전략과 텍스트 읽기—고전 읽기 방법의 재검토 측면에서」, 『문학
        교육학』 제17호, 2005.

박연호, 「문화코드 읽기와 문학교육—〈면앙정가〉와 〈성산별곡〉을 대상으로」, 『문학교육학』
        제22호, 2007.

원종찬, 「아동문학 텍스트와 초등 문학교육」, 『문학교육학』 제24호, 2007.

이지호, 「'윤복이의 일기'의 재평가」, 『문학교육학』 제17호, 2005.

조은숙, 「동화 〈강아지똥〉에 대한 알레고리적 독해의 문제점」, 『문학교육학』 제22호, 2007.

저자 소개(논문 게재 순)

노 철 전남대학교 국어교육과 교수
유영희 대구대학교 국어교육과 교수
최미숙 상명대학교 국어교육과 교수
이명찬 덕성여자대학교 국어국문학과 교수
김동환 한성대학교 한국어문학부 교수
최인자 신라대학교 국어교육과 교수
이진아 숙명여자대학교 국어국문학과 교수
한창훈 전북대학교 국어교육과 교수
전성운 순천향대학교 국어국문학과 교수
박연호 충북대학교 국어국문학과 교수
원종찬 인하대학교 한국어문학과 교수
이지호 전주교육대학교 국어교육과 교수
조은숙 춘천교육대학교 국어교육과 교수

문학교육총서 ❶
텍스트 읽기

초판 인쇄 2010년 8월 16일 | **초판 발행** 2010년 8월 26일
엮은이 한국문학교육학회
펴낸이 이대현 | **책임편집** 권분옥 | **편집** 이소희 박선주
펴낸곳 도서출판 역락 | **등록** 1999년 4월 19일 제303-2002-000014호
주소 서울시 서초구 반포4동 577-25 문창빌딩 2층
전화 02-3409-2060(편집부), 2058(영업부) | **팩시밀리** 02-3409-2059
전자우편 youkrack@hanmail.net
ISBN 978-89-5556-846-2 93370
      978-89-5556-845-5(전3권)

정가 28,000원
* 잘못된 책은 교환해 드립니다.